应用型本科高校"十四五"规划经济管理类专业数字化精品教材

TOURISM MARKETING: PROJECTS AND METHODS

旅游市场营销：项目与方法

主　编 ◎ 刘　勋　　吴卫东
副主编 ◎ 张燕燕　　白月华

http://press.hust.edu.cn
中国·武汉

内容简介

本书着重引导学生在探究式学习中提升旅游营销能力和素养。第一章从基本概念、体系、方法等出发，培养学生旅游营销思维。第二章培养学生应用SWOT分析等开展旅游环境分析的能力。第三章培养学生运用逻辑树等分析、引导旅游消费的能力。第四章培养学生运用金字塔原理等开展市场调研的能力。第五章培养学生开展市场细分、选择、定位的素养。第六章培养学生实施旅游产品策略的能力。第七章培养学生进行旅游产品设计、定价、销售和竞争的能力。第八章培养学生开展渠道开发、利用和管理的能力。第九章培养学生实施旅游促销的能力。第十章培养学生开展旅游营销策划的能力。

本书可为旅游营销相关人员开展教学、科研、管理，做决策等提供参考。

图书在版编目(CIP)数据

旅游市场营销:项目与方法/刘勋,吴卫东主编.—武汉:华中科技大学出版社,2023.11
ISBN 978-7-5772-0090-3

Ⅰ.①旅… Ⅱ.①刘… ②吴… Ⅲ.①旅游市场-市场营销学-教材 Ⅳ.①F590.8

中国国家版本馆CIP数据核字(2023)第221918号

旅游市场营销:项目与方法
Lüyou Shichang Yingxiao:Xiangmu yu Fangfa

刘　勋　吴卫东　主编

策划编辑：周晓方　宋　焱	
责任编辑：刘　凯	
封面设计：廖亚萍	
责任校对：张汇娟	
责任监印：周治超	
出版发行：华中科技大学出版社(中国·武汉)	电话：(027)81321913
武汉市东湖新技术开发区华工科技园	邮编：430223
录　　排：华中科技大学出版社美编室	
印　　刷：武汉科源印刷设计有限公司	
开　　本：787mm×1092mm　1/16	
印　　张：25.25	
字　　数：615千字	
版　　次：2023年11月第1版第1次印刷	
定　　价：68.00元	

本书若有印装质量问题,请向出版社营销中心调换
全国免费服务热线：400-6679-118　竭诚为您服务
版权所有　侵权必究

应用型本科高校"十四五"规划经济管理类专业数字化精品教材

编委会

顾 问

潘 敏

主任委员

张捍萍

副主任委员

黄其新　　王 超　　汪朝阳

委 员（以姓氏拼音为序）

何 静　　李 燕　　刘 勋
肖华东　　邹 蔚

主编简介

刘 勋

江汉大学商学院旅游与酒店管理系主任，副教授，博士。主要承担"智慧旅游地理信息系统与空间分析""旅游市场营销学""Excel商务应用""中国旅游史"等课程教学任务。主持或作为核心成员完成国家级、省部级等课题，以及河南襄城、武汉汉阳等地旅游与产业发展规划项目多项。

吴卫东

江汉大学商学院副教授，湖北大学旅游管理硕士，美国尼亚加拉大学访问学者。主要担任"导游业务""调酒艺术"等课程的教学工作。在《科技进步与对策》《湖北社会科学》等核心期刊及省级期刊上发表论文30多篇，主持完成省教育厅项目、市重点教研项目、市科协项目、江汉大学省重点学科（管理科学与工程）项目等10项。

# 总　序

在"ABCDE＋2I＋5G"(人工智能、区块链、云计算、数据科学、边缘计算＋互联网和物联网＋5G)等新科技的推动下,企业发展的外部环境日益数字化和智能化,企业数字化转型加速推进,互联网、大数据、人工智能与业务深度融合,商业模式、盈利模式的颠覆式创新不断涌现,企业组织平台化、生态化与网络化,行业将被生态覆盖,产品将被场景取代。面对新科技的迅猛发展和商业环境的巨大变化,江汉大学商学院根据江汉大学建设高水平城市大学的定位,大力推进新商科建设,努力建设符合学校办学宗旨的江汉大学新商科学科、教学、教材、管理、思想政治工作人才培养体系。

教材具有育人功能,在人才培养体系中具有十分重要的地位和作用。教育部《关于加快建设高水平本科教育　全面提高人才培养能力的意见》提出,要充分发挥教材的育人功能,加强教材研究,创新教材呈现方式和话语体系,实现理论体系向教材体系转化、教材体系向教学体系转化、教学体系向学生知识体系和价值体系转化,使教材更加体现科学性、前沿性,进一步增强教材的针对性和时效性。教育部《关于深化本科教育教学改革　全面提高人才培养质量的意见》指出,鼓励支持高水平专家学者编写既符合国家需要又体现个人学术专长的高水平教材。《高等学校课程思政建设指导纲要》指出,高校课程思政要落实到课程目标设计、教学大纲修订、教材编审选用、教案课件编写各方面。《深化新时代教育评价改革总体方案》指出,完善教材质量监控和评价机制,实施教材建设国家奖励制度。

为了深入贯彻习近平总书记关于教育的重要论述,认真落实上述文件精神,也为了推进江汉大学新商科人才培养体系建设,江汉大学商学院与华中科技大学出版社开展战略合作,规划编著应用型本科高校"十四五"规划经济管理类数字化精品系列教材。江汉大学商学院组织骨干教师在进行新商

科课程体系和教学内容改革的基础上,结合自己的研究成果,分工编著了本套教材。本套教材涵盖大数据管理与应用、工商管理、物流管理、金融学、国际经济与贸易、会计学和旅游管理7个专业的19门核心课程教材,具体包括《大数据概论》《国家税收》《品牌管理:战略、方法与实务》《现代物流管理》《供应链管理理论与案例》《国际贸易实务》《保险学基础与应用》《证券投资学精讲》《成本会计学》《管理会计学:理论、实务与案例》《国际财务管理理论与实务》《大数据时代的会计信息化》《管理会计信息化:架构、运维与整合》《导游业务》《旅游市场营销:项目与方法》《旅游学原理、方法与实训》《调酒项目策划与实践》《茶文化与茶艺:方法与操作》《旅游企业公共关系理论、方法与案例》。

  本套教材的编著力求凸显如下特色与创新之处。第一,针对性和时效性。本套教材配有数字化和立体化的题库、课件PPT、知识活页以及课程期末模拟考试卷等教辅资源,力求实现理论体系向教材体系转化、教材体系向教学体系转化、教学体系向学生知识体系和价值体系转化,使教材更加体现科学性、前沿性,进一步增强教材的针对性和时效性。第二,应用性和实务性。本套教材在介绍基本理论的同时,配有贴近实际的案例和实务训练,突出应用导向和实务特色。第三,融合思政元素和突出育人功能。本套教材为了推进课程思政建设,力求将课程思政元素融入教学内容,突出教材的育人功能。

  本套教材符合城市大学新商科人才培养体系建设对数字化精品教材的需求,将对江汉大学新商科人才培养体系建设起到推动作用,同时可以满足包括城市大学在内的地方高校在新商科建设中对数字化精品教材的需求。

  本套教材是在江汉大学商学院从事教学的骨干教师团队对教学实践和研究成果进行总结的基础上编著的,体现了新商科人才培养体系建设的需要,反映了学科动态和新技术的影响和应用。在本套教材编著过程中,我们参阅了国内外学者的大量研究成果和实践成果,并尽可能在参考文献和版权声明中列出,在此对研究者和实践者表示衷心感谢。

  编著一套教材是一项艰巨的工作,尽管我们付出了很大的努力,但书中难免存在不当和疏漏之处,欢迎读者批评指正,以便在修订、再版时改正。

丛书编委会
2022年3月2日

前 言

党的二十大报告提出,坚持以文塑旅、以旅彰文,推进文化和旅游深度融合发展。要坚持以文塑旅,用文化丰富旅游内涵、提升旅游品位,把更多文化内容、文化符号纳入旅游线路、融入景区景点,营造浓厚文化氛围。要坚持以旅彰文,用旅游带动文化传播、推动文化繁荣,发挥旅游覆盖面广、游客参与度高等优势,推动中华优秀传统文化"活起来"、革命文化和红色基因传下去、社会主义先进文化弘扬开,让人们在领略自然之美中感悟文化之美、陶冶心灵之美。

旅游市场营销学是一门实践性、应用性极强的课程,它通过对学生综合运用学科专业知识和技能、拓展创新学科思维和视野的训练,达到全面提升学生市场敏锐性、行业敏感性、技能全面性、思维活跃性等综合素质的目的。旅游市场营销是旅游市场发展与竞争的产物,其核心在于通过买卖双方相互兑现承诺,以了解并满足营销各方的需求。其重点是研究旅游企业营销活动的组织、策划,以及旅游消费者的基本消费规律。其主要内容是对旅游市场、旅游产品与服务、旅游企业与组织、旅游教育与管理部门等相关者在特定旅游背景、基础、保障等环境和条件下的作用、互动机制进行梳理和优化。

旅游市场营销本身就蕴含着深度践行二十大精神的重要诉求,也是贯彻落实《"十四五"旅游业发展规划》《"十四五"文化发展规划》等文件精神在教书育人领域的具体实现。推动文化和旅游融合发展走深走实、见行见效,业态融合、产品融合、市场融合、服务融合、交流融合取得可喜进展,红色旅游、旅游演艺等蓬勃发展,国家文化公园建设稳步推进,这些都需要培养大量的优秀人才,找准契合点,为形成兼具文化和旅游特色的新产品、新服务、新业态,建设一批富有文化底蕴的世界级旅游景区和度假区,打造一批文化特色鲜明的国家级旅游休闲城市和街区提供新引擎和智力支持。

为了更好地实现这一教学目标，需要通过一个个精心设置的项目，来加强学生对落实二十大精神、解决身边实际问题的知识和方法的渴望。本教材力求把学习的重心还给学生，每个项目都设立清晰的知识和能力目标，引导学生在一定的教学标准和框架内，为实现目标主动参与（自由选择）到学习和解决问题的过程中，让学生真正体验"探究—学习—思考—优化—成长"的乐趣。教师作为引导者和监督者，帮助学生按照自己的兴趣来设计学习过程，培养创造性和批判思维，以及分析解决实际问题、反思总结经验教训的能力。

本教材有两个主要特点。其一，鲜明的"武汉特色"和"湖北特色"。教材中的案例尽量使用与湖北（尤其是武汉）旅游事业发展相关的素材和资源。这不仅让学生有身临其境之感，从身边实际出发去探索、分析、解决身边的旅游营销问题，也让学生设身处地，通过身边的相关案例去检验、印证课堂所学理论知识与实践技能。这样一来，既方便了实地调研和随时沟通交流，也适应了对接社会发展需求、培养脚踏实地的地方建设者和接班人的目的。

其二，鲜明的"项目和方法"训练特色。本教材结合笔者及课程教学团队3年来的项目式教学改革和产学合作课程共建的经验教训、感悟积累等，以项目贯穿始终，以做项目带动知识点的学习，重视通过方法和思维训练，让学生在掌握理论知识的同时，提升运用专业视角和思维、专业方法和手段去分析解决身边的问题的能力，如武汉本土旅游和文化事业发展问题、湖北文旅发展前沿和趋势等问题。

本教材由江汉大学旅游与酒店管理系刘勋、吴卫东担任主编，武昌理工学院张燕燕、武汉东湖学院白月华担任副主编，由刘勋负责完成全书体例结构的设计和调整。本教材前言和第一、二章由刘勋、吴卫东、张燕燕编写，第三、四、五章由刘勋、白月华、吴卫东编写，第六、七章由刘勋、张燕燕、白月华编写，第八、九章由吴卫东、白月华、张燕燕编写，第十章由刘勋、白月华编写。

本教材的编写得到了华中科技大学出版社、江汉大学教务处、江汉大学商学院、江汉大学"城市圈经济与产业集成管理"学科群的大力支持和帮助，特别是华中科技大学出版社周晓方、宋焱、刘凯等老师，以及江汉大学汪朝阳教授等倾注了大量心血，教务处胡文军老师为教材出版提供了许多帮助，在此表示最衷心的感谢！

由于作者水平有限，书中错误和不当之处在所难免，敬请广大读者批评指正。

编　者

2023 年 4 月

目 录

第一章 旅游市场营销导论 ………………………………………… 1
第一节 市场与市场营销 …………………………………………… 4
第二节 市场营销学 ………………………………………………… 7
第三节 市场营销观念的演进 ……………………………………… 12
第四节 旅游市场营销学 …………………………………………… 22

第二章 旅游市场营销环境 ………………………………………… 28
第一节 旅游市场营销环境概述 …………………………………… 31
第二节 旅游市场营销微观环境 …………………………………… 33
第三节 旅游市场营销宏观环境 …………………………………… 39
第四节 旅游市场营销环境综合分析 ……………………………… 47

第三章 旅游消费行为 ……………………………………………… 58
第一节 旅游消费行为概述 ………………………………………… 61
第二节 旅游决策 …………………………………………………… 66
第三节 旅游消费行为模式 ………………………………………… 81

第四章 旅游市场调研 ……………………………………………… 89
第一节 旅游市场调研概述 ………………………………………… 100
第二节 问卷调查及其数据处理 …………………………………… 108
第三节 旅游市场调研数据利用 …………………………………… 120

第五章 旅游目标市场营销 ………………………………………… 137
第一节 旅游目标市场营销概述 …………………………………… 140
第二节 旅游市场细分 ……………………………………………… 143
第三节 旅游目标市场选择 ………………………………………… 155
第四节 旅游目标市场定位 ………………………………………… 165

第六章　旅游产品策略 ·· 183

第一节　旅游产品概述 ·· 188
第二节　旅游产品生命周期 ·· 195
第三节　旅游新产品开发 ··· 206
第四节　旅游产品组合及其优化 ······································ 214
第五节　旅游产品品牌管理 ·· 220

第七章　旅游价格策略 ·· 237

第一节　旅游价格概述 ·· 240
第二节　旅游产品定价基础 ·· 244
第三节　旅游产品定价方法 ·· 253
第四节　旅游产品定价策略 ·· 261

第八章　旅游渠道策略 ·· 270

第一节　旅游营销渠道概述 ·· 272
第二节　旅游营销渠道的类型 ··· 277
第三节　旅游中间商 ·· 282
第四节　旅游营销渠道的选择与管理 ································ 288

第九章　旅游促销策略 ·· 304

第一节　旅游促销概述 ·· 309
第二节　旅游广告 ·· 316
第三节　旅游销售促进 ·· 328
第四节　旅游公共关系 ·· 333
第五节　旅游人员推广 ·· 342

第十章　旅游营销策划 ·· 349

第一节　旅游营销策划原理 ·· 351
第二节　旅游营销策划方法 ·· 363
第三节　旅游营销策划实施 ·· 376

参考文献 ·· 388

第一章　旅游市场营销导论

◇ **本章目标**

■ **知识与技能**

能阐述营销的概念内涵,能解释营销的任务、作用和意义,能概括营销的主要过程,能理解营销的主要误区,能说出企业采取营销措施的目的、原因和策略,能比较五种不同的营销管理哲学,能分析有效营销的主要障碍,知道营销的学科交叉、发展过程和未来趋势。

■ **过程与方法**

能通过营销的基本观念、方法等,分析"最坏的营销",并让推销行为转换成营销思维;能通过阻止或引导客户使用产品和服务的案例分析与实践探索,初步建立"反营销"(Demarketing)思维。

■ **情感态度与价值观**

形成敬畏市场、尊重客户和反向营销(Reverse Marketing)的意识;建立"营销是现代社会每个人的必修课"的基本观念;能区分诈骗与营销并正确处理和应对;培养乐观向上、诚实守信的品质并积极主动改善人际关系;学习4Vs营销理论,特别是通过学习其作为中国方案和中国贡献对于市场营销理论发展的巨大里程碑意义,建立中国自信,积极倡导讲好中国故事,传递好中国声音,推广好中国方案和中国主张。

◇ 引 例

全国游客好评如潮,助力武汉夜游经济,《夜上黄鹤楼》成武汉文旅新名片

"最美好的城市记忆""此生不来一次《夜上黄鹤楼》,将会终生遗憾""美得让人觉得作为一个武汉人很骄傲"……这是全国各地游客对《夜上黄鹤楼》的评价。2020年10月1日,《夜上黄鹤楼》行浸式光影演艺体验版正式亮相,经过短短几个月的试运营,《夜上黄鹤楼》一跃成为武汉新的热门旅游打卡项目,成为武汉又一张靓丽的文旅新名片。

一、科技与艺术,创造文旅新世界

《2020中国夜间经济发展报告》显示,大众夜游市场需求强势回归,夜间游客数量回暖加速,都市、近郊、省内夜游热度高,演出、文化集市等成为最有吸引力的夜间文化场景,微演艺、行浸式夜游、文创集市等成为城市夜间经济发展的重要"活力因子"。

在此背景下,武汉旅游体育集团快速适应旅游市场新变化,把握夜游旅游市场新机遇,创新旅游业态新模式,联合武汉市园林局与黄鹤楼公园,打造出集实景化、行浸式、体验型于一体的文化旅游演艺《夜上黄鹤楼》。2020年十一期间,《夜上黄鹤楼》进入试运营阶段。这也是黄鹤楼1985年重新开放以来首次开放夜间体验,一跃成为武汉新的热门旅游打卡项目。

"现在,到东湖绿道散步,夜色中登黄鹤楼、观演知音号,欣赏长江灯光秀,早已融入武汉市民的日常生活,也是这座城市留给外来游客的独特印记。"武汉旅游体育集团有关负责人表示,"讲好黄鹤楼的千年故事,通过文旅赋能,提升城市气质和生活品质,更新观念打造世界级文旅目的地。"

二、光影+演艺,擦亮城市名片

千古名楼黄鹤楼见证了武汉的岁月流转,白天之外,夜上黄鹤楼又会是怎样的体验?《夜上黄鹤楼》从黄鹤楼丰厚的文化资源中择选出神秘动人的仙文化,选取园内八处景点,通过"光影+演艺"的方式,打造出辛氏沽酒、仙子起舞、黄鹤楼变迁等沉浸式故事场景,用黄鹤仙子的归去来兮讲述黄鹤楼的前生今世,围绕长江主轴点亮"夜江城"市级示范区,丰富夜间旅游体验,让千年名楼在夜晚"活"起来。

不少观演的观众在感慨这座千年名楼的历久弥新之余,对现场的各种光影互动文创也爱不释手。"提上一个古风灯笼,顿时感觉自己穿越回古代,让这趟体验充满了仪式感,拍照发到朋友圈,很多朋友点赞评论呢。"《夜上黄鹤楼》的光影互动文创系列致力于将文物、科技、艺术元素相结合,以行浸式、互动式的方式向人们传播城市文化,创新引导文创展示和推广,唤起大众对武汉的美好感情。之后还将持续推出文创新品,产品覆盖戏里戏外,构建新互动文创生态,打造武汉文化符号。

《夜上黄鹤楼》项目收获各大媒体及广大市民的广泛关注,截至2020年12月,累计被报道超500篇次,仅国庆期间重点媒体报道超150次,其中新华社报道14次、央视《新闻联播》《共同关注》和其他栏目累计报道15次、《人民日报》报道10次。国庆期间,

《夜上黄鹤楼》一度登上新浪微博热搜榜,由人民日报官博发起话题#黄鹤楼国庆中秋开放夜游#阅读2333.1万次,讨论2501条;新华网官博发起话题#1985年以来黄鹤楼首次开放夜游#阅读1亿次,讨论6591条。2020年12月,《夜上黄鹤楼》荣获"2020年度中国旅游影响力营销案例""2020全国文化和旅游融合发展十大创新项目"殊荣。2021年1月至11月,该项目又累计被央视、《人民日报》、新华社、《中国日报》、文旅中国、《消费日报》等媒体报道超600篇次。

三、跨界品牌合作,助力城市发展

武汉旅游体育集团专注于塑造武汉文旅地标,通过文旅项目建设,促进城市旅游品质升级。《夜上黄鹤楼》通过"从入古到出古""由白天到夜晚""今夜,重新认识黄鹤楼"等传播策略,择选"黄鹤楼'活'起来了""黄鹤楼上新了""黄鹤仙子归去来兮""诗仙李白""光影+演艺""汉服游园""灯光秀"等关键词,相继策划了"《夜上黄鹤楼》邀你成为'光影演艺设计师'""全城寻找'李白',免费夜赏千年名楼""用声音演绎名楼精彩,全民征集'好声音'""'定格瞬间,温暖重阳'全家福征集""致敬英雄"等一系列活动,见证着武汉城市品质和形象的大步提升。

2020年11月1日晚,阿里巴巴集团结合武汉产业特色和城市文化底蕴,与黄鹤楼合作举办"双11"风尚之夜盛典,结合黄鹤楼3D灯光秀、时尚走秀等元素,以"摩登理想、潮流之城、个性活力、梦想新生"为主题,通过长江互动灯光秀、视频直播全球媒体传播、淘宝直播边看边买等方式展现武汉经济活力,拉动城市消费升级,打造新消费文化。文化是一座城市的内在灵魂,地标是一座城市的精神寄托。《夜上黄鹤楼》让千年名楼展新颜,在历史中寻找着新意,数不尽的多姿多彩,未知与可能,一切正在发生。

(资料来源:http://www.ctdsb.net/channel/1676/202012/23/847844.html.)

【思考】

你知道作为一个新创的表演性节目,《夜上黄鹤楼》为什么能够吸引广泛的关注、报道、好评,并成为武汉文旅新名片吗?学习完本章后,你可能会从营销角度收获许多感悟,特别是能更加深刻地理解《夜上黄鹤楼》入选"2020年度中国旅游影响力营销案例""2020全国文化和旅游融合发展十大创新项目",以及于2020年和2021年被《人民日报》、央视、新华网等重要媒体持续追踪报道的深层原因。

第一节 市场与市场营销

每个学生都应当学习营销,因为它是我们所处的世界运行中不可缺少的力量。每一个人都在营销,而不仅仅是企业。你在找工作、申请海外学校,甚至追求心仪的人生伴侣的时候,都需要"营销"。营销包括一整套技能来分析市场、定义划分、理解需要,发展出合适且高人一筹的市场供给品,并赢得忠诚。对于那些喜欢挑战、喜欢与人交往、喜欢广泛涉猎各种学科和喜欢创新创造的人来说,营销有更大的吸引力。

一、市场

市场属于商品经济范畴,是商品经济的产物。自从有了社会分工和商品生产、商品交换,就有了与之相适应的市场,也就是说,哪里有商品生产和商品交换,哪里就有市场。

从不同的研究角度出发,对市场就有不同的定义。例如,最古老的市场定义将市场看作商品交换的场所——买卖双方购买和出售商品、进行交易活动的地点。如人们所熟知的农贸市场、小商品批发市场,还有零售商店等。但是,如果在生活中听到有人说"中国的旅游市场很大""非遗旅游纪念品很有市场"等,这显然不是指旅游产品交换的场所很大,而是指对旅游产品的需求量很大。所以,仅从场所的角度理解市场概念并不全面。再比如,从生产关系的角度看,市场则是"商品交换关系的总和"。

而市场营销学强调从企业的角度出发理解市场,站在卖方的立场看待市场。1960年,美国市场营销协会(AMA)的定义委员会对市场提出如下定义:"市场是指一种货物或劳务的潜在购买者的集体需求。"美国著名的市场学家菲利普·科特勒在《科特勒市场营销教程》一书中指出:"对于一个市场营销人员来说,市场是指某种货物或劳务的所有现实购买者和潜在购买者。"

也就是说,市场营销学主要研究在交换关系中作为卖方的企业的市场营销活动,即研究企业如何通过整体市场营销活动,适应并满足买方的需要,并由此实现企业的经营目标。因此,可以把市场定义为对某项商品或劳务具有需求的所有现实和潜在的购买者。具体而言,市场包含三个主要因素:人口、购买力和购买欲望。其中,人口是构成市场的基本要素,购买力是人们购买商品的货币支付能力,而购买欲望则是人们购买商品的动机、愿望和要求,它是潜在购买需求转变为现实购买行为的重要条件。只有具备了这三个要素的市场才是一个现实有效的市场。

试分析引例中哪些《夜上黄鹤楼》的相关元素符合本节"市场"的概念。

二、市场营销

"市场营销"一词译自英文 Marketing,意指与市场有关的商业活动。

菲利普·科特勒将市场营销定义为"个人和集体通过创造并同别人交换产品和价值以获得其所需之物的一种社会过程",即指以满足人们各种需要和欲望为目的所进行的变潜在交换为现实交换的一切活动。市场学家戴维·科茨和路易斯·布恩认为"市场营销是发展和有效分配产品或劳务给目标市场的活动"。美国著名的市场营销学家麦卡锡指出:"市场营销应该从顾客开始,而不应该从生产过程开始;应该由市场营销而不是由生产来决定将要生产什么产品。诸如产品开发、设计、包装的策略,各种价格的确定,赊销及信用政策,产品的销售地点,以及如何做广告和如何推销等问题,都应该由市场营销决定,但这并不意味着市场营销应该把传统的生产、簿记、财务都接管过来,而只是说市场营销为这些活动提供指导。"

学者们从不同的角度解释市场营销。概括起来,定义市场营销应从两方面入手。

第一,市场营销是在动态环境中通过产品创新、分销、促销、定价、服务等手段加速相互满意的交换关系的一切个人和组织的活动。

第二,市场营销是为满足人们的需要和欲望而通过市场进行交换的活动。满足人类需要的资源是有限的,而欲望却很多;旧的欲望被满足了,又会出现新的欲望。这给营销人员一个启示:只要有合适的产品就可能影响人们的欲望,创造交换的机会。

三、市场营销的任务、作用和意义

早在人类出现时,市场营销就出现了。不过时至今日,在企业界和公众的意识中,营销依然被极大地误解了。企业认为营销存在的目的在于支持生产,消除企业的存货。而事实却恰恰相反——生产存在的目的是销售。企业可以将其生产外包,而造就一个企业的则是营销的思维和实践。生产、采购、研发、融资以及其他所有职能都是为了支持企业在营销上的工作。

营销和销售经常被混淆,其实销售只是营销的冰山一角。在销售之外,营销还包括了广泛的营销调研、相应产品的研发、产品定价、分销渠道的开辟和拓展以及使市场了解这种产品。与销售相比,营销是范围更广且更具综合性的过程。

有时,营销和销售几乎有着相反的意味,"难以销售的营销"是一个自相矛盾的说法。科特勒认为:"营销不是找到一个精明的办法处理掉你制造的产品,而是创造真正的客户价值的艺术。"营销是为你的客户谋福利的艺术,营销人员的任务是——保证质量,提供服务和价值。

营销是企业必须进行的日常活动,用以发现客户的需要和企业应该生产的产品。只有当你手中拥有存货时,销售商品才会开始;而营销活动在产品出现之前就已经开始了。营销决定了如何启动、定价、分销和促销产品和服务并在之后不断监控市场上的变化,对产品和服务做出相应的改进,最终决定何时终止提供产品和服务。因此,营销的主要过程包括机会的辨识、新产品开发、对客户的吸引、保留客户、培养忠诚和订单执行等。

营销必须被视为决定企业战略方向的活动,看看耐克、戴尔、通用等品牌的成功经验,以及近几年海尔集团在海外的由建厂到外包的变革,正在不断验证40余年前彼得·德鲁克的这一观点——一家企业只有创新和营销两个基本职能。营销经常由企业组织中的一个部门专门负责,这样其实有利有弊:利在于这样便于集中受过营销训练的群体专门从事营销工作;弊在于营销不应该仅限于企业的一个部门来进行,而应该在企业所有活动中体现出来。没有好的营销部门的企业一定不会成功,但是,有最好的营销部门的企业不一定会成功,因为生产部门可能会提供次品,物流供应链可能会送货晚点或错误,会计部门可能会开出数额不准的发票……只有全体员工都致力于为客户提供承诺的价值,满足和取悦于客户,营销才会是有效的。

1-1 耐克、戴尔、通用等的哑铃企业结构与成功密码

在不同的国家和地区,营销思想和方式应该因地制宜。即使在同一个国家和地区,在不同行业里,或同行业里的不同企业,营销方式也应不同,不能一成不变。不过,无论营销手段和工具、理念和方式如何变化,应该始终坚持几个营销原则:制定营销战略时对消费者、竞争者和分销商中心地位的尊重;对每一个市场进行市场细分,根据自己的实力和目标选择前景最好的市场细分;对每一个目标市场选择市场细分,研究客户的需要、认知、偏好和购买过程;通过认真定义、创造和交付更好的价值,在目标市场赢得优势等。

营销的使用正在超出原先通常的商品和服务领域,除了被用于营利性组织,还经常被博物馆、教堂、慈善机构等非营利性组织使用,以吸引客户、志愿者和捐助基金。营销也可以被应用到社会活动的发起上,如"请勿吸烟""食用健康食品""每天锻炼""请勿乱扔"等。当今营销商品、服务、体验、信息、财产、地点、人物、组织、公用事业等已是司空见惯的现象。

营销既被运用到好的方面,也被利用到坏的方面。人可以通过偷窃、行乞、诈骗等方式满足自己的需要,很多诈骗分子的营销技巧甚至让研究营销学的学者和深谙营销之道的企业家们汗颜,诈骗式营销显然违背公序良俗,是牺牲他人价值、利益和生命质量的行为。而营销的基本理念是通过提供某种价值来交换自己想要的东西,是基于双方意愿的公平交易过程,这是文明社会中最合理的、被普遍接受的方式,我们不仅要求营销人员应有最基本的价值观和职业操守,也希望更多的人能学习一些基本营销知识,这样我们仅从价值创造和判断上就应该能很好地辨别出诈骗犯的伎俩,总体上来说,营销学思维方式的广泛应用利大于弊。

总之,营销不是一种短期的销售行为,而是一种长期的投资行为。良好的营销在企业生产产品之前就已经开始了,并在销售完成之后仍然长期存在。认为营销的任务是把企业的产品销售出去,或者满足目标市场未被满足的需要,这些说法都不可取,营销的大敌是"赚了就跑"的销售思维,诱饵调包的手法、夸张性广告、欺骗性定价等做法都歪曲了对营销的理解。事实上,营销的角色是感知人们未被满足的需要,创建新的有吸引力的解决方案,本质上是一种哲学,它对于理解、服务和满足客户需要的重要性不言而喻,其任务更应该是在世界范围内提高物质生活的标准和质量。

现在请大家来讨论一下关于引例的感想。

第二节 市场营销学

一、市场营销学及其基本概念

市场营销学是关于企业如何发现、创造和交付价值以满足一定目标市场的需求,同时获取利润的学科。市场营销学用来辨识未被满足的需要,定义、量度目标市场的规模和利润潜力,找到最适合企业进入的细分市场和适合该细分市场的供给品。

营销人员逐渐意识到,营销活动的中心是购买者而不是销售者。为了理解购买者,营销人员必须研究组织行为学,必须运用有关人口统计学、心理学、文化和社会的影响来理解客户的需要、认知、偏好和行为,以找到更有效的营销战略。

市场营销学的发展建立在大量理论研究以及企业实践基础之上,菲利普·科特勒指出:"经济学是营销学之父,行为科学是营销学之母;数学是营销学之祖父,哲学是营销学之祖母。"市场营销学植根于经济学、心理学、社会学、组织科学和决策科学等基础学科,营销人员通过营销调研、市场分析、预测推演等得到的数据,可以通过营销建模做出决策和指导投资,建立营销的度量方法来显示他们的活动对于销售和利润的影响。

可以说,市场营销学是一门以经济科学、行为科学、管理科学和现代技术为基础,研究以满足消费者需求为中心的市场营销活动及其规律性的综合性应用科学。市场营销学属于管理学范畴,在发展进程中,博采众家之长,充分吸收了相关学科的概念、原理与方法。市场营销学随这些学科的进展而不断发展,最终会演化成一门需求管理学科,包括更加全面的关于需求驱动和需求优化的理论。

市场营销学的主要概念包括市场细分(Segmentation)、目标市场选择(Targeting)、市场定位(Positioning)、需要(Needs)、欲求(Wants)、需求(Demand)、市场供给(Offerings)、品牌(Brands)、价值和满足(Value and Satisfaction)、交换(Exchange)、交易(Transaction)、关系和网络(Relationships and Networks)、营销渠道(Marketing Channel/Place)、供应链(Supply Chain)、竞争(Competition)、营销环境(Marketing Environment)和营销策划/方案/项目(Marketing Programs)等。

二、市场营销学的研究对象

作为一门独立的学科,市场营销学不仅要有自己独立的学科体系,还要有与其他经济学科或管理学科不同的学科分工。但是,这门学科的研究对象是随着社会及经济的发展而发展的。早期的市场营销学,其研究对象局限于产品推销术和广告术。现代市场营销学的研究对象是:以满足消费者需求为中心的企业市场营销活动过程及其规律性,即研究企业如何识别、分析、评价、选择和利用市场机会,从满足目标市场顾客需求出发,有计划地组织企业的整体活动,通过交换,将产品从生产者手中转向消费者手中,以实现企业营销目标。

市场营销学认为,企业能否在竞争激烈的市场上求得生存和发展,最终要取决于消费者是否购买该企业的产品。因此,市场营销学的全部研究内容都是围绕产品适销对路、扩大市场销售为中心展开的,并为此提供理论、思路和方法。它的核心思想是:企业必须面向市场、面向消费者,必须适应不断变化的市场营销环境并及时做出正确的反应;企业要为消费者提供令人满意的产品或服务,并且要用最少的费用、最快的速度将产品送达消费者手中;企业应该而且只能在满足消费者需求的前提下实现自己的各项目标。

从上述基本思想出发,市场营销学的研究内容大体可以归纳为三个部分:市场营销原理、市场营销实务和市场营销管理。

第一,市场营销原理。主要研究市场营销的相关概念、市场营销观念及其演变等。

第二,市场营销实务。主要研究市场营销环境、市场调研预测、市场营销组合策略等。市场营销环境和市场调研预测着重分析影响和制约企业营销活动的各种环境因素,分析各类消费者的购买行为,进而提出企业进行市场细分和选择目标市场的理论和方法,并根据市场调查做出市场需求预测。这部分内容具有市场营销基础的意义,阐述了市场营销的若干基本原理和基本思路,而市场营销组合策略是市场营销学的核心内容,其任务在于论述企业如何运用各种市场营销手段以实现企业的预期目标。

第三,市场营销管理。主要研究关于市场营销的计划、组织和控制,着重分析企业为保证营销活动的成功而应在计划、组织、控制等方面采用的措施与方法。

总之,市场营销学研究的内容非常广泛,它以了解消费需求为起点,以满足消费需求、实现企业经营目标为终点。

三、市场营销学的发展

20世纪初至今的100多年里,市场营销学从无到有,大致经历了四个发展阶段。

(一)萌芽与形成期(1900—1930年)

20世纪初的工业革命,使各主要资本主义国家生产力迅速提高,商品需求迅速增长,一度出现市场供不应求的局面,但分销和产品宣传已引起一些学者和厂家注意。1910年,执教于美国威斯康星大学的巴特勒教授出版了《市场营销方法》一书,首先使用"Marketing"一词作为学科术语,之后阿克·肖、弗瑞德·克拉克等陆续出版了市场营销相关的著作,此时,较为系统的市场营销学理论初步形成。

（二）发展与完善期（1931—1950 年）

从 20 世纪 30 年代开始，主要资本主义国家明显呈现出供过于求的买方市场状态，寻求在竞争中销售产品的方法成为营销企业面临的核心问题，学者们也开始研究市场营销的功能问题。如 1932 年弗瑞德·克拉克和韦尔达在《美国农产品营销》一书中，将市场营销归纳为集中、储存、融资、承担风险、标准化以及推销和运输等七种功能。这一时期的企业也对市场营销管理的方法进行了有益尝试。比如 1931 年，麦克尔·罗伊开发建立的宝洁品牌经理体制和内部品牌竞赛机制一直影响至今。此后，学者们的研究则更加强调市场营销管理职能，并在原有的理论体系基础上，加入了计划、预测和预算等职能。

（三）整合与创新期（1951—1990 年）

在这一时期，市场营销学术界几乎每隔几年就会出现创新理论，极大地增强了市场营销学解决企业营销问题的能力。如霍华德在《营销管理：分析与决策》中首次引入管理学思想，温德尔·史密斯 1956 年提出"市场细分"概念，约翰·麦基特里克 1957 年提出"市场营销观念"，杰罗姆·麦卡锡 1960 年提出"4Ps"营销理论，威廉·莱泽 1963 年创新 VALS（Value and Life Style）模型……1977 年后，市场营销学创新发展越发明显，服务营销、顾客满意度、内部营销、关系营销、服务质量差距分析、利基营销、定制营销、品牌营销等众多成果被应用于市场营销学学科发展和具体实践中，奠定了传统市场营销学的理论系统与实践基础。

20 世纪 80 年代，吴金明等学者提出 4Vs 营销理论。无数企业经营和发展实践证明，其在前瞻性和实际应用方面的理论和实践价值，是继 4Ps 理论后最伟大的营销理论创新之一。从整体上来分析，4Vs 营销组合理念不仅是典型的系统和社会营销论，即它既兼顾社会和消费者的利益，又兼顾投资方与业主方、企业与员工等的利益；更为重要的是，通过对"4V"营销的展开，可以培养和构建企业的核心竞争力。这一点既可以从企业核心竞争能力的判断基准与 4Vs 营销组合论的关系中得到证明，也可以从我国企业由"顾客导向（CI）"到"顾客满意度（CS）"再到"顾客忠诚（CL）"的"3C"实践转变中得到验证。

（四）拓展与重构期（1991 年至今）

这一时期，在传统市场营销学指导具体营销实践越发艰难的背景下，美国学者罗伯特·劳特朋基于 4Ps 理论创新发展了 4Cs 理论，唐·舒尔茨提出 4Rs 理论等，引起各界高度关注和认可。

1-2 市场营销的中国发展和中国贡献

全球化、超竞争、互联网和高新技术等重塑了市场和商业，推动着市场营销学加速进步和更新的同时，也带来了新的挑战。在全球化和自由贸易的作用下，现代经济的景象已经发生了根本的改变，来自全球各地的企业能够在任何地点展开竞争。各个企业均能生产出超过其所能销售数量的商品，超竞争促使企业不断创新以提升自身产品差异化程度，但大多数差异化的成功模式可以被快速复制，企业得到的优势并不能够长久地保持下去。得益于互联网和新技术、新工具的创新应用,以及客户文化程度、议价能力等普遍提高,客户已经取代了生产商、分销商而成为强势的一方。尽管全球经济区域一体化和区域贸易保护不断发展,区域成员也不断从其区域同伴那里寻求特惠条款,但是,人为的贸易特惠并不能够长久保持。

1-3 2022 中国市场营销八大趋势

全球化意味着企业将把生产移向成本更低的地点,将产品以比本地更低的价格打入其他国家和地区;超竞争意味着将有更多的供应商争夺同样的客户,导致价格的削减;互联网技术意味着人们可以更快捷地比较价格,接受最低的出价。营销的挑战,就在于面对这些趋势仍然能够保持价格和利润。一个国家的产业如果不能持续地为自己的客户提供最大化的价值,将很难留住客户。

市场营销理论和观念发展演变过程中的重要事件详见表 1.1。

表 1.1 市场营销理论和观念发展演变过程中的重要事件

时间	人物和事件		备注
1902 年	琼斯	美国密执安大学开设第一门市场营销课程"美国分销管理产业"	萌芽阶段 以供给为中心,即生产观念,传统经济学的发展和拓展,商业研究充实了市场营销学的理论根基
1910 年	巴特勒	《市场营销方法》提出"市场营销学"概念	
1912 年	海杰蒂	《市场营销学》,第一本营销学教科书	
1915 年	阿克·肖	《关于分销的若干问题》把商业活动分离出来,整体考察分销	
1918 年	克拉克	编撰《市场营销原理》讲义,1922 年出版,1920 年代,"市场营销原理"成为普遍的著作名称,市场营销的框架正式形成	
1923 年	尼尔森	创建专业的市场调查公司,理性营销时代开始	功能研究阶段 以营销功能研究为特点
1932 年	克拉克、韦尔达	《美国农产品营销》指出市场营销的目的、过程、功能	
1942 年	克拉克	《市场营销学原理》归纳市场营销的功能,提出"推销"观念	
1952 年	威利	《美国经济中的市场营销》,提出营销的作用和影响、制约因素	理论整合阶段 传统营销学形成,原理及研究方法趋成熟
1952 年	梅纳德	《市场营销原理》提出研究市场营销的五种方法	
1953 年	博登	提出"市场营销组合"概念	

续表

时间	人物和事件		备注
1956 年	史密斯	提出"市场细分"概念,后被科特勒发展为 STP 战略	营销管理阶段 第三次科技革命,买方市场全面形成,现代营销学形成
1957 年	麦基特里克	提出"市场营销观念",现代市场营销学的"第一次革命"	
1957 年	奥德逊	《市场营销活动和经济行动》提出"功能主义"、营销管理思想	
1957 年	霍华德	《市场营销管理:分析和决策》将营销和管理结合起来	
1960 年	麦卡锡	《基础市场营销学》提出 4Ps 营销理论:产品、价格、渠道、促销	
1967 年	科特勒	《市场营销管理:分析、计划与控制》全面、系统发展了现代市场营销理论,继承前人成果,扩大了营销学的领域和应用范围	理论成熟阶段 从经济学中独立出来,同管理学、行为学、心理学、社会学等理论相结合
1971 年	道宁	《基础市场营销:系统研究法》提出"市场营销系统"概念	
1977 年	休斯塔克	提出"服务营销"概念	
1970 年代		社会营销观或道德营销观形成,理智消费、生态主宰等观念出现	
1981—1985 年		"营销战""内部营销""全球营销""关系营销""协商营销"等概念出现	
1986 年	科特勒	提出"大市场营销"、"直销"、4Ps 和 11Ps,市场营销学的"第二次革命",以及政治力量、公共关系(6Ps)、市场研究、市场细分、目标优选、产品定位(10Ps)等	分化扩展阶段 全球化,宏观经济环境大调整,产业及其组织结构大调整,企业合理化运动,企业管理理论大创新等,营销学出现大量新技术、新概念、新思想、新应用
1980 年代	吴金明等	4Vs 营销理论(创造顾客):差异化、功能化、附加价值、共鸣	
1990 年	劳特朋	4Cs 营销理论(顾客导向):顾客、成本、便利、沟通	
1990 年代	全生等	4As 营销理论(烙印于心):打动心灵、抓住心灵、充满心灵、覆盖心灵	
	谢思、西索迪亚	4As 营销理论(仿/升华 4Ps):可接受性、支付能力、可达性、知晓度	

续表

时间	人物和事件		备注
20世纪90年代 网络营销时代		提出数据营销、定制营销、网络营销、绿色营销、纯粹营销、政治营销、营销决策支持系统、营销专家系统、营销工作站等理论	网络营销阶段 互联网和电子商务时代，免费流行、渠道消失、促销失效、跨界融合等，注意力和心智资源争夺的精准营销时代到来
		4Es营销理论(体验与感觉)；拜恩——体验、无处不在、交换、布道；傅明武——体验、花费、网上店铺、展现	
2001年	舒尔茨、艾登伯格	4Rs营销理论(平衡、多赢、关系营销)：关联、报酬、反应、关系、整合营销传播理论(IMC)	
2000年代	内部营销时代	4Ss营销理论：满意、服务、速度、诚意	
2010年代	自媒体时代	4Is营销理论：兴趣、利益、互动、个性	

第三节 市场营销观念的演进

一、市场营销观念及其内涵

市场营销观念是指企业经营决策者在组织和谋划企业的整体营销活动时的指导思想。它是一种思维方式，一定的市场营销观念是特定时期社会经济发展的产物，是企业经营决策者在企业所处的内外环境的动态条件下，为追求企业的生存、发展和利益最大化，在不断的经营活动中形成的。市场营销观念认为企业必须准确了解目标市场的需要和欲望，通过采取比竞争对手更有效、更迅速的营销手段，为目标市场创造价值和满意。

市场营销观念的发展演进与社会经济的发展进步有密切联系。早期的营销人员致力于研究分销渠道，因此市场营销学偏重于描述性、制度性的研究。除了分销渠道，早期的市场营销还把研究重心放到广告和个人销售活动方面，形成"营销只不过是销售产品的代名词"这一观念误区，这个营销观念误区至今还影响着许多人。

市场营销观念的提出被认为是市场营销发展史上的一次重大革命。市场营销观念与先前的传统观念存在本质的差异，使企业第一次从卖方导向转为买方导向。

市场营销观念的内涵体现在思想和职能两个层面上。贝克曾指出，市场营销既是一种经营哲学,又是一种经营职能。作为经营哲学的市场营销,其核心思想是"市场导向";作为经营职能的市场营销,包括企业开展的一系列营销活动,以及与之相伴的在营销活动中使用的一系列营销方法,比如市场调研、市场细分、产品定位、营销组合、创造顾客价值和顾客满意度等。彼得·德鲁克将市场营销的经营职能又进一步总结为:"企业的目的是赢得并保留顾客,因此它只有两个主要职能——市场营销和创新。营销的基本功能是吸引并保留顾客以获得利润。"

可见,市场营销观念的内涵体现了企业的经营哲学、经营职能以及管理方法。芬兰学者克里斯廷·格罗鲁斯总结市场营销观念为:第一,市场营销是一种理念、态度和思考方式;第二,市场营销是一种组织方式,它将组织的不同功能和工作过程组织在一起,共同为目标消费者服务;第三,市场营销是能让目标消费者感知到的一系列工具、技术和沟通活动。

市场营销观念的内涵可以从三个方面来把握。

第一,市场营销观念强调买方的需要和利益,一切从顾客出发,以创造顾客满意度为目的,利润常常表现为一种营销"结果"。传统观念虽然表现形式不同,但它们都注重卖方需要和利益,营销管理的着眼点都放在如何将既有的和能够生产的产品销售出去,强调供给,忽视需求,通过销售手段获得利润。对此,彼得·德鲁克有过精辟的论述:营销是生产能够销售的产品,而推销是销售能够生产的产品。

第二,市场营销观念要求企业必须分析研究市场,并根据自身的资源选择目标市场。在现代市场条件下,企业只能将市场中一部分消费者的满意作为自己的目标,结合自身特点和资源、管理能力等限制制定竞争战略。企业能否比竞争对手更有效、更迅速地为目标市场创造价值和满意决定了它的成败。目标市场思想是市场营销观念对现代企业营销活动的卓越贡献。

1-4 两个视频
读懂字母营销

第三,市场营销组合是企业贯彻市场营销思想的实现手段和方法。市场营销组合是企业为了赢得目标市场,满足顾客需求,加以整合、协调使用的可控营销变量的组合搭配,具有营销工具的性质。传统营销组合的基本内容包括:产品(Product)、价格(Price)、渠道(Place)和促销(Promotion),即著名的 4Ps 营销组合。营销企业为了满足目标市场的需求,可以根据企业自身的特性,对 4Ps 组合的内容进行更新设计与整合,特别是面对外部营销环境的变化时,可以利用可控营销变量来调整企业的经营活动方式,从而有可能区别于竞争对手,塑造企业自身的营销管理特色。自服务营销产生和发展以来,服务营销领域开始普遍采用 7Ps 组合,即在 4Ps 基础上增加了人(People)、有形展示(Physical Evidence)和服务过程(Process)。

二、顾客价值与顾客满意度

(一)顾客价值

营销企业为了吸引顾客购买,就必须为目标消费者创造价值。在竞争激烈的买方市场条件下,价格已不是消费者考虑的唯一因素,消费者真正看重的是"顾客让渡价值"。我们可以把顾客让渡价值看作顾客在购买过程中所获得的利益,是顾客获得的总价值与顾客支付的总成本的差值。

第一,顾客总价值(Total Customer Value,TCV)是指顾客购买某一产品或服务所期望获得的一组利益,是产品价值(Product Value,P_DV)、服务价值(Service Value,SV)、人员价值(Personal Value,P_SV)以及形象价值(Image Value,IV)的函数,可以表示为:

$$TCV = f(P_DV, SV, P_SV, IV)$$

(1)产品价值是产品满足顾客核心需要的效用与利益,体现在产品能否高效(效能突出)、耐用(品质牢靠)、便捷(易得易用)、安全(健康无风险)等,解决顾客的核心诉求是顾客选购产品的首要因素。比如,客房产品的休息与睡眠保障程度、旅游交通的运载效用等。

(2)服务价值是指伴随产品实体的出售,企业向顾客提供的各种附加服务,包括产品介绍、送货、安装、调试、维修、技术培训、产品保证等所产生的价值。服务价值是构成顾客总价值的重要因素之一。旅游产品的服务价值更多地体现在服务人员的态度、效率、技巧等方面。

(3)人员价值的含义十分广泛,主要指的是服务人员的可靠性、响应性、安全性和移情性。具体来说,人员价值一般包括企业员工的经营思想、知识水平、业务能力、工作效益与质量、经营作风、应变能力等所产生的价值。如经验老到的导游不仅能提供专业讲解服务,更能指导游客的旅游生活和旅游行为,提升旅游知识和体验,成为游客信赖的良师益友,甚至是旅行社、目的地和旅游行业优秀形象的名片。

(4)形象价值是指企业及其产品因社会公众的总体印象和综合评价等所带来的价值。良好的形象会赋予企业及其产品较高的价值效应,从而带给顾客心理上的满足感、信任感,因而形象价值往往通过凝聚效应、崇名效应、美感效应等形象效应实现。良好形象既能对内团结、凝聚企业力量,激发企业活力和潜能,也能对外吸引优质资源、政策、人才、技术等,甚至获取"公众和舆论偏爱";人们认可"名人名牌、名厂名店"等的高溢价,也乐于与企业"知己悦己达己"等形象和共同价值观形成忠诚和互动关系。

第二,顾客总成本(Total Customer Cost,TCC)是指顾客为购买某一产品或服务所消耗的货币(Monetary Cost)、时间(Time Cost)、精力(Energy Cost),以及心理(Psychology Cost)等所有成本,可用函数表达为:

$$TCC = f(M, T, E, P_Y)$$

(1)货币成本指顾客购买和使用产品所付出的直接成本和间接成本,是消费者求购、消费产品或服务时消耗经费和支付货款的总价值,是决定顾客总成本大小的主要和基本因素。

(2)时间成本是顾客为得到期望的产品或服务而必须耗费的时间换算而成的代价,顾客购前往往要消耗大量时间,进行信息收集与筛选,产品对比与挑选,用法指导与学习,等待接受服务等。

(3)与时间成本类似,精力成本是顾客在购买产品时必须耗费的精神、体力等换算而成的代价。酒店的无人前台、零秒退房等便捷服务,实际上是从节省时间、精力成本角度提升游客消费体验。

(4)心理成本是指旅游购买决策中,游客所要克服的心理阻力和承担的心理风险,即心理价值和资源的牺牲。既包括应对决策目标冲突等导致的负面心理体验而丧失的心理资源,也包括产生正面心理体验而消耗的心理资源。旅游活动特殊的"陌生感",更加剧了游客对未来行程、旅游产品质量、服务态度、食宿条件、卫生环境、安全保障等的心理成本。

为提供比竞争对手具有更多顾客让渡价值的产品,企业一般可从三方面改进自己的营销工作。一是通过改进产品、服务、人员与形象,提高产品的总价值,同时通过降低生产与销售成本,提供更多更开放的信息等,减少顾客购买产品的时间和精力,降低顾客的心理负担;二是注意顾客总价值与顾客总成本各构成要素之间相互作用与影响的协调;三是不断创新降低顾客总成本、提高顾客总价值的策略和方法,塑造竞争优势。

(二)顾客满意度

1.顾客满意度的概念

如果说顾客让渡价值解决如何吸引顾客购买的问题,那么顾客满意度就要解决如何赢得顾客、保留顾客以促使他们长期购买的问题,获得较高的顾客让渡价值是顾客满意度的必要条件。

顾客满意度是顾客对其明示的、隐含的或必要的需求和期望被满足程度的一种心理状态。简而言之,顾客满意度取决于顾客期望与实际感受的比较,即:

$$顾客满意度(CS)=顾客感知的实际绩效-顾客期望的绩效$$

顾客期望可能有三种不同的类型。第一种是顾客的服务预期,反映顾客相信企业可能达到的服务水平。第二种是顾客期望的服务理想,是比服务预期更高的期望,表现顾客希望得到的理想的服务水平。这两种期望主要源于服务企业明确和隐含的服务承诺、口头的沟通和顾客过去的经验;而理想的服务期望还可能来自某种对于服务更高期望的刺激,例如,某些顾客希望得到比其他顾客更多的服务,或希望通过该服务向其他人炫耀等。第三种是适当的服务期望,是最低的服务期望,反映顾客认为企业应当可以提供的服务水平,这主要源于顾客过去的经验。

顾客满意度是实际感受和服务预期对比的结果,实际感受与服务理想对比得到的是服务优势的评价,而与适当服务期望相比只是得到服务的认同。

企业要使顾客满意,一方面应提高顾客对企业产品实际绩效的感知;另一方面尽量使顾客对企业的产品产生一个合理的期望。如果顾客的期望过低,他们可能不会关注企业的产品,如果顾客的期望过高,他们很容易不满。顾客高度满意会导致顾客忠诚。顾客忠诚可以使企业更好地保持老顾客,获得更大的利益。

2.顾客满意度的衡量方式

(1)投诉和建议制度。一个以顾客为中心的企业应该为其顾客投诉和提建议提供方便,许多饭店和旅馆都备有不同的表格,请顾客诉说他们的喜好和不满。有一些顾客导向的公司专门开设"顾客热线",为顾客提要求、谈建议、发牢骚敞开了大门。这些信息流为公司带来了大量的创意,以便它们能更快地根据市场的动向改进产品,优化营销策略,提高顾客满意度和忠诚度。

(2)顾客满意度调查。大多数顾客在不满意时并不会向企业抱怨,而是向亲友倾诉糟糕体验和"避坑忠告"。所以,企业还必须通过直接的调查方法了解顾客的满意状况。

顾客满意度可以运用几种方法衡量。比如,直接询问满意程度,询问顾客期望的产品属性,询问产品的任何问题和改进建议,询问顾客复购的意愿、品项与可能性,询问顾客向其亲友推荐本产品的意愿和范围,要求应答者按产品各要素的重要性进行排序和评价等。

(3)神秘购物者。企业可以雇一些"神秘顾客",让他们报告他们在购买企业的产品的过程中发现的优点和缺点。这些伪装购物者甚至可以故意提出一些问题,以测试企业的销售人员能否适当处理。企业不仅应该雇用伪装购物者,经理们还应该常走出办公室,进入他们不熟悉的企业以及竞争者的实际销售环境,亲身体验作为"顾客"所受到的待遇。

(4)分析流失的顾客。对于那些已停止购买或已转向另一个供应商的顾客,企业应该主动与他们接触并了解原因。国际商用机器公司每流失一个顾客时,他们会尽一切努力去了解公司在什么地方做错了,是价格定得太高、服务不周到,还是产品不可靠,等等。企业不仅要和那些流失的顾客谈话,而且还必须控制顾客流失率,如果流失率不断增加,无疑表明该企业在使其顾客满意方面不尽如人意。

3.顾客满意度的实施

(1)塑造"以客为尊"的经营理念。"以客为尊"的企业经营理念是顾客满意最基本的动力,同时它又可引导决策,联结企业所有的部门共同为顾客满意目标奋斗。

(2)开发令顾客满意的产品。企业的全部经营活动都要把顾客需求作为企业开发产品的源头。企业必须熟悉顾客,了解顾客,分析他们购买的动机和行为、能力、水平,研究他们的消费传统、消费习惯、兴趣爱好。

(3)提供顾客满意的服务。热情、真诚为顾客着想的服务能带来顾客的满意,所以企业要从不断完善服务系统,以便利顾客为原则,用产品具有的魅力和一切为顾客着想的体贴等方面去感动顾客。

(4)科学倾听顾客意见。现代企业实施顾客满意战略必须建立一套顾客满意分析处理系统,用科学的方法和手段检测顾客对企业产品和服务的满意程度,及时反馈给企业管理层,为企业不断改进工作、及时真正地满足顾客的需要服务。

三、市场营销观念的演进

市场营销观念大体上经过以下发展阶段:生产观念、产品观念、推销观念、市场营销观念、社会营销观念、大市场营销观念和全球营销观念。

（一）生产观念

生产观念是指导销售者行为的最古老的观念之一，又称为生产（者）导向观念。

1. 产生背景

20世纪20年代以前，虽然以美国为代表的欧美国家完成了工业革命，内燃机的使用和电力技术的发展，以及技术工人在装配线上的操作带来生产效率的急剧提高，但是，市场的基本状况仍然是供不应求，企业的生产无法满足全部消费者的需要，产品的短缺现象普遍存在。

2. 表现特点

经营者关心的问题是如何在资源有限的条件下获得最大限度的产出，企业的经济活动都是以生产为中心，"我能生产什么，就卖什么"，较少考虑顾客的需求情况。生产与销售的关系是以产定销，在市场上卖方处于有利的主导地位，因此这时的市场又被称为卖方市场。

（二）产品观念

1. 产生背景

这种观念基本上与生产观念并行，也是一种古老的经营思想。虽然市场上的产品仍然供不应求，但供求关系趋向缓和，消费者的比较意识逐渐增强，选择产品的自由度提高，从追求数量满足到关注产品质量、性能和特色。此时，生产观念已难以适应新的形势，产品观念就应运而生，"酒香不怕巷子深"成为企业信条。

2. 表现特点

产品观念认为顾客最喜欢高质量、高性能的产品，愿意花较多的钱购买质量上乘的产品。企业的任务是不断改进生产工艺，生产出高质量的产品。

虽然产品质量对企业来说是重要的，但是，产品观念往往片面强调产品本身的性能而忽视市场需求，以为只要产品质量高、技术独到，顾客就会争相购买。企业在开发新产品时最容易出现这种偏离，企业活动的焦点过多集中在新产品自身的特点上，而没有及时意识到市场需求的变化，最终导致新产品的开发失败。

我国也有不少企业因迷恋曾经畅销的产品，认为质量是决定产品销售的唯一标准，质量高的产品就是好产品，缺乏市场意识，影响了企业发展。正因如此，一些学者把企业的这种症状称为"营销近视症"。

生产观念和产品观念都属于以生产为中心的经营思想,其区别只在于:前者注重以量取胜,而后者注重以质取胜,两者都没有把市场需求放在应有的位置。

(三)推销观念

推销观念是一种以推销或销售为导向的经营观念。

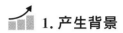

1.产生背景

从19世纪末到第二次世界大战结束,资本主义国家经济不断发展,产品数量日益增多,但资本主义社会的基本矛盾激化,导致了1929—1933年的世界性经济危机。在西方各主要资本主义国家,企业在生产过剩的市场环境中生存和发展所面临的首要问题不再是生产,而是如何把他们过剩的产品推销出去,把积压资金"挖"出来,企业才能进一步生产和发展,此时市场趋势是卖方不断向买方过渡。在这种形势下,推销观念必然代替生产观念。

2.表现特点

持推销观念的经营者认为,既然市场上供大于求,就要把企业经营重点放在推销上,他们的观点是"我会干什么就推销什么",以为"只要我推销什么,顾客就会购买什么"。因此,经营者开始努力研究推销术,向买主大肆兜售产品,以诱使购买,压倒竞争对手。推销观念开始重视市场研究和销售渠道的选择,以及售货技巧的运用,这无疑提高了销售在企业经营管理中的地位。

推销观念被大量用于推销那些非渴求商品。非渴求商品是购买者一般不会想到要去购买的产品或服务,例如保险。生产非渴求商品的企业善于运用各种推销手段和技巧寻找潜在顾客,用各种方法说服他们接受产品。

企业出现产品过剩和积压时,常常会奉行这种观念。为了推销积压产品,企业用广告、推销员拼命向顾客推销,虽然卖掉了一部分产品,但是顾客很快就会发现自己接受了不需要的产品,从而产生不满情绪。

从生产观念发展为推销观念是经营思想的一大进步,但仍然没有脱离"以产定销"的观念。根据推销观念,企业的目标是销售能够生产并且是已经生产的产品,而不是反过来,生产能够出售的产品。它只着眼于已经生产出来的产品,对于出售的产品是否令顾客满意、顾客真正需要什么样的产品则未给予足够的重视。因此,在科学技术进一步发展、产品更加丰富的条件下,它就不适应市场需要了。

(四)市场营销观念

市场营销观念是一种以顾客需要和愿望为导向的观念,又称消费者导向观念。

1. 产生背景

市场营销观念产生于第二次世界大战以后,尤其在20世纪50年代之后得以迅速发展。这一时期,国际市场形成,商品更新换代的周期缩短,供过于求的现状更加尖锐,市场竞争更加激烈,整个市场由卖方市场变成买方市场。同一时期,企业家们和市场学家经过对市场的研究,总结企业经营实践经验,提出了市场营销观念,完成了市场经营思想的革命性演变。

2. 表现特点

市场营销观念是从市场需求出发,按照目标市场的顾客要求和愿望去组织生产、销售产品,从长久的目标出发去占领市场阵地。从"生产什么就销售什么",转为"市场需要什么就生产什么"。这种观念的中心是"顾客至上",认为消费者需求才是企业生存和发展的唯一机会。

3. 推销观念与市场营销观念的比较

推销观念和市场营销观念企业的经营目的相同,都是为了企业利益,但在两种观念指导下的企业走的是两条截然不同的道路,见表1.2。

表1.2 推销观念与市场营销观念的比较

类别	推销观念	市场营销观念
背景	卖方市场开始(或已经)消失	买方市场形成
出发点	产品	顾客现实的和潜在的需求
指导思想	为已经生产出来的产品找到买主	根据买主的需要调整产品
方法	推销与促销	从市场调研开始的整体营销
目的	达到一定的营业额以获得利润	通过满足顾客需求来满足自己,包括创造利润

(五)社会营销观念

1. 产生背景

20世纪70年代,西方资本主义国家出现了环境恶化、能源短缺、通货膨胀、失业增加、消费者运动盛行等形势。在这种背景下,人们纷纷开始质疑市场营销观念,认为市场营销观念虽然以满足顾客的需要和欲望为最高宗旨,但私人企业生产经营的根本目的是获得利润,以消费者为中心只不过是获得利润的一种手段,因此,许多企业在经营过程中回避了满足消费者的需要同长远利益、社会利益之间的矛盾,从而造成资源大量浪费和环境污染等社会问题,也就是说忽视了社会的可持续发展。针对这种情况,一些学者提出了社会营销观念。

2. 表现特点

社会营销观念认为,企业的任务是在明确目标市场需求和欲望的基础上,通过制定有利于消费者利益和社会利益的经营战略和策略,从而向市场提供比竞争者更受欢迎、令消费者更满意的产品和服务。持社会营销观念的经营者,在制定营销战略和策略时会注意三方面利益的平衡,即企业能力、消费需求和社会利益。如图1.1所示。

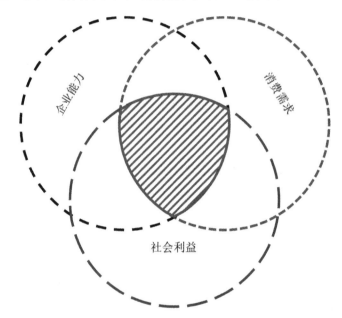

图1.1 社会营销观念企业经营活动图
(阴影部分表示企业能力、消费需求和社会利益的一致)

(六)大市场营销观念

1. 产生背景

20世纪80年代以来,随着西欧、日本经济的崛起,国际市场上呈现出美、日、西欧三足鼎立的局面,国际市场竞争日益激烈,世界上许多国家的政府加强了对经济的干预,贸易保护主义抬头。在此情况下,即使企业的某种产品适销对路,价格合理,分销渠道和促销策略都适当,企业也未必能够进入特定的市场。在这种形势下,菲利普·科特勒提出:在实行贸易保护的条件下,企业的市场营销战略除了4Ps之外,在此基础上再加两个"P",即"政治权力"(Political Power)和"公共关系"(Public Relations)。这种思想被称为大市场营销观念。

2. 表现特点

菲利普·科特勒给大市场营销下的定义为：企业为了成功地进入特定市场或者在特定市场经营,打破各种贸易壁垒,需在策略上运用经济的、心理的、政治的和公共关系等手段,以赢得若干参与者的合作和支持。他举例,假设一家美国家用电器公司拟进入日本市场推销其产品,如果这家公司仅仅安排好4Ps,它未必能进入日本市场,因为日本实行贸易保护,设下了层层壁垒或进入障碍。在这种情况下,这家公司除适当安排4Ps外,还必须增加"政治权力"和"公共关系"这两个"P",也就是说,这家公司必须首先通过美国政府,派出外交官员,给日本政府施加压力,说服日本政府放宽贸易限制,打开日本市场的大门；其次,这家公司还必须开展诸如向日本政府官员疏通、游说,或向日本民众宣传说明实际情况,争取日本民众支持等公共关系工作,这也有利于打开日本市场的大门。同样,大市场营销观念也适用于国内贸易。

1-5 六次转身,
解码家电
巨头海尔
35年成长秘籍

（七）全球营销观念

1. 产生背景

20世纪90年代以来,世界政治、经济环境发生了重大变化,欧盟的形成、北美自由贸易区的出现等,所有这些重大事件说明一个重要的事实：国际经济与贸易正日益呈现出全球化和一体化的趋势,世界市场正向纵深开放与发展,国际竞争不仅空前激烈,而且比以往任何时候都更多地在全球层面展开。这对以全球市场为目标的跨国经营企业提出了严峻的挑战。为适应世界市场经济贸易日益全球化和一体化的重大变化和发展趋势,全球营销管理理论应运而生。全球营销观念是20世纪90年代以后市场营销观念的最新发展,它是指导企业在全球市场进行营销活动的一种崭新的营销思想。全球营销观念在某种程度上完全抛弃了本国企业与外国企业、本国市场与外国市场的概念,而是把世界作为一个整体的经济单位来处理。

2. 表现特点

全球营销观念是市场营销观念发展的高级阶段和必然结果。与一般营销观念相比,全球营销观念审视世界市场的角度与视野发生了本质性的变化。它突破了国界的概念,强调营销效益的国际比较,即按照最优化原则,把不同国家的企业组织起来,以最低的成本和最优化的营销去满足全球市场的需要。从世界市场范围来考虑企业营销战略的发展,以谋求企业的综合竞争优势。与传统的营销相比,全球营销观念的理论体系和研究的整体框架都有很多新意,主要是在全球营销的视野和框架下,对常规的营销模式与方法进行讨论,并在许多方面赋予新的内涵。全球营销观念的形成与发展,使国际营销管理不仅在理论上更加成熟,而且在更大的规模和更广泛的意义上拓展了国际化企业在全球市场上开展营销活动的战略思想。可以肯定,全球营销观念在今后的经济发展中将被越来越多的企业,特别是被那些拥有国际竞争实力的全球化企业重视和运用。随着国际经济联系与交往的紧密化和全球化企业的出现,以及全球营销的集中化和统一化,企业可以大幅度地降低成本,提高整体营销效益。

第四节 旅游市场营销学

一、旅游市场营销的作用

(一)帮助旅游企业寻找市场机会

市场机会就是旅游者未满足的需求,寻找市场机会也就是寻找市场需求。

1-6 五个经典旅游景区营销案例

旅游市场的特殊性、旅游消费者及其购买行为的复杂性决定了寻找旅游市场机会的相对困难,这要求旅游企业经营者以"发现"的眼光来分析市场。而市场营销观念及其基本任务在于重点分析顾客的各种需求,从市场需求和供给的差异中寻找市场;从对复杂人群不同需求的分析中,寻找旅游企业经营的市场机会;从对广阔市场的缜密分析中,在市场环境的动态变化中寻找市场机会。

(二)保证旅游企业实现经营目的

经营企业的目的在于创造利润。而在现今社会中,单纯为创造利润而创造利润的经营方式早已不适应市场形势了。旅游市场营销真正树立了"以旅游者为中心"的观念,强调以满足旅游者需求为企业的根本任务,这实际上是把创造利润的过程建立在满足旅游者的需求之上。

(三)建立最佳管理体制的前提

市场营销观念要求旅游企业的组织机构从根本上适应市场需求,更新不适应的组织机构。从市场调研、计划制订、产品设计、定价、销售推广到信息反馈,一整套营销活动皆由市场营销部门领导和协调,以保证市场营销活动的整体性和营销目的的实现。

（四）合理调节旅游市场供求关系的基础

旅游产品具有特殊性，一般来讲都无法储存，这就削弱了旅游产品的供给弹性。旅游者需求会因时间、地点不同而有极大的差异。调节供求关系是搞好经营、取得最佳效益的关键。如果长时期供求关系被扭曲，旅游市场的供求矛盾就会尖锐，而市场营销的重心则是研究市场需求，深入分析旅游者的各种需求状况，确定各自的营销对策，从而卓有成效地解决供求关系上的矛盾，如淡季时实行开发性营销手段，高峰期实行低营销手段，合理调整旅游市场供求矛盾，使之保持相对的最佳经营状态。

制约市场营销在旅游企业经营中发生作用的因素有许多，首先，旅游服务是一种过程、一种行为，而非有形实物，因此旅游服务很难做到标准化，旅游产品质量难以控制。而即使旅游员工按标准提供服务，也会由于旅游者的个人特质不同、感受不同，满意程度也不同。其次，当今世界上没有哪一个目的国或地区有充分的资源和接待能力，足以提供符合所有旅游市场需要的产品或服务。最后，市场营销观念是以满足长期旅游需求为目标的，但很多企业，为了竞争和生存，往往只考虑短期利益，从而无法保证企业或一个旅游地的长期生存和发展等。

二、新时代的旅游市场营销

（一）购买方式变化将带来营销观念变化

在知识经济时代的今天，旅游者的购买方式正面临转变，除了过去一手交钱一手交货、现场交易等传统方式外，众多的旅游者利用互联网和所持有的电子货币，在全球范围内、在任何时间自由选择最理想的产品提供者。旅游者购买渠道的重大突破有力地促进了经济全球化。随着经济全球化进程的加快，市场营销将在每个客户、每笔交易上与竞争对手短兵相接，为此，需要有新的观念、技术与方法去适应经济全球化的要求，迎接知识经济带来的机遇与挑战。

（二）旅游产品设计更加人性化

在工业经济时代，旅游者的需求心理从追求数量满足型逐渐转变为追求质量满足型；在知识经济时代，旅游者追求的是情感满足。这种变化意味着之前长期困扰旅游者的产品有无问题、产品质量高低的问题已经基本解决，不再成为旅游者所关注的焦点问题；而追求购买过程、消费过程的情感满足则是旅游者所关注的新热点，情感上的满意与不满意成为新的衡量、评价产品的标准。因而，在工业经济时代的以企业为中心的经营观念、技术和方法将面临挑战，取而代之的是更加人性化、柔性化的营销服务。在知识经济时代，旅游者消费不只是为了享受的需要，而更关心创新与发展的需要，对个性发展的需求将更加强烈，显示个性、发展个性的消费心理将成为知识经济时代的新追求。至此,传统的标准化、大规模生产方式和营销方式将不再适应时代潮流。

（三）旅游市场营销竞争国际化

在国际化时代,旅游产品和服务的替代性、选择性更强,在吃饭难、住宿难、旅游交通运输"一票难求"已成为历史的今天,竞争主要表现在对客源的争夺。中国已经加入WTO,酒店业已率先开放,旅游交通业正加快开放步伐,旅行社行业也将根据有关服务贸易协议逐步开放,旅游业的三大支柱性行业已面临国际旅游企业的竞争。随着竞争的国际化和日益激烈,旅游企业优胜劣汰的现象将越发突出。

1-7 从痛点入手,直面当今八大旅游营销趋势

（四）传统的营销渠道和促销手段将受到挑战

快节奏的社会生活、高强度的工作压力、拥挤的交通、费时又费力的购买方式,使旅游者渴望花最少的时间、最少的精力购买到产品,并得到顺乎自然、恰到好处的服务,传统的营销渠道面临重新调整与创新。旅游者不再是企业广告狂轰滥炸下的被动受众,而是可以通过立体化信息网络主动地搜集有关商品信息,有意识地选择接受有关信息的消费群体,这使得传统的市场营销的促销手段受到挑战。

三、旅游市场营销学的基本内容

旅游市场营销是市场学的一个分支。一方面,由于旅游活动是商品经济高度发展的产物,在当前旅游市场总供给大于总需求的形势下,旅游市场竞争日趋激烈;另一方面,由于旅游产品的无形性、不可贮存、需求弹性大、生产与消费同步等特点,旅游市场营销研究的范围必然要打破流通领域的界限。本教材对旅游市场营销的研究内容简单进行了分类。

（一）旅游市场营销研究总论

简要回顾市场经营发展历程,重点论述市场经营观念的演进,分析当今知识化、国际化的时代背景给旅游市场营销提出的新要求,同时界定了旅游市场营销中的几个核心概念,提出该学科的研究内容、研究方法。

（二）为制定具体策略而进行的前期准备工作

在这一部分主要论述正确的营销策略所需的前期准备工作;旅游市场营销宏观环境、微

观环境的影响及其运筹,购买者行为分析,旅游企业营销战略分析,旅游市场调研与预测,旅游市场细分及目标市场的选择与定位。

(三)旅游市场营销的具体策略

旅游市场营销的具体策略,即旅游产品策略、旅游产品定价策略、旅游产品销售渠道策略和旅游产品促销策略。

1.旅游产品策略

旅游市场营销的产品研究,是从旅游市场经营的角度出发,研究旅游企业如何根据旅游者的需要,做出正确的生产和经营决策,使产品适销对路。旅游产品策略的内容包括:旅游产品的界定、旅游产品的生命周期特点与对策、分析旅游产品组合策略和新产品开发,以及旅游产品的"绿化"趋势。

2.旅游产品定价策略

主要研究影响旅游产品价格的因素,确定旅游产品定价目标,分析旅游产品定价策略及其应用,论述旅游产品定价方法、步骤和价格的调整。同时,针对价格竞争的弊端,提出非价格竞争策略。

3.旅游产品销售渠道策略

主要研究旅游中间商,以最低的成本、适当的途径,在适当的时间把旅游产品提供给适合的旅游者,研究渠道策略,介绍新型的网络渠道等内容。

4.旅游产品促销策略

主要研究旅游产品扩大销售的途径、策略和方法。它包括如何利用广告媒体沟通企业、旅游者、经销商及其他社会群体关系,如何保持原有的市场和开辟新市场,如何培养和训练推销人员,如何开展公共关系宣传和营业推广等。

(四)旅游市场营销管理

明确旅游企业营销管理的任务,提出解决营销矛盾与冲突的办法,通过比较几种旅游企业营销组织结构,提出柔性化、扁平化趋势下的营销组织,确定旅游企业营销部门的职责与任务,论述旅游企业的营销控制和企业的内部营销管理。

四、旅游市场营销的研究方法

（一）把社会研究放在重要地位

根据旅游业与社会各行业关联性强的特点,在旅游市场营销研究中,必须重视旅游业发展给社会带来的负效应,如社会公德、价值观、环境污染、文物古迹的破坏和物价上涨等。凡有损社会效益的因素也必然是制约旅游企业发展的要素。因此,旅游市场营销的研究要把社会研究放在重要地位。

（二）定量分析和定性分析相结合

旅游活动是一个复杂的社会经济文化活动。对旅游市场营销的研究必须建立在定量与定性分析的基础上。一方面要应用数学、统计学、系统学、运筹学等应用学科的基本原理,运用图表、方程、数学模型和计算机处理等方法,得出可靠的数字依据;另一方面依靠决策者的经验、逻辑思维和胆识,运用政治的、经济的、心理的分析方法,从而制定出较科学合理的营销策略。

（三）宏观分析与微观分析相结合

旅游市场营销要求企业在旅游市场环境中能够做到游刃有余,为此应充分利用企业可控的各种内部因素,放眼宏观环境,发挥企业优势,运用最佳经营战略和经营策略的结合,满足市场需求,以实现企业预期的短期、中期和长期目标。这就需要经营者在研究市场营销时结合宏观分析和微观分析,提高旅游市场营销管理水平。

（四）理论分析与实证分析相结合

在进行市场营销理论研究时,既要注重旅游市场营销理论研究,以科学理论指导旅游企业营销活动;又要注重实证分析,在实证分析中检验理论的正确性,在实证分析中使旅游市场营销理论得到丰富与升华。

（五）借鉴吸收和创新发展相结合

旅游市场营销理论发源于西方,并在西方发达国家得到广泛运用和进一步发展。在研究这门学科时,对西方的旅游市场营销理论应本着"拿来主义"的精神,在吸收借鉴国外最新研究成果的前提下,致力于创新,结合中国实际,解决本土化、适用性与特色问题。

（六）动态分析法

针对旅游业的综合性强、固定成本高和竞争激烈的特点,在市场营销研究中要特别重视动态分析法。分析旅游产业及与之相关的各种行业之间的相互影响、相互制约关系,研究如何使其保持相互适应、协调,以达到动态平衡,使企业在不断变动的内外部环境下健康、有序地发展。

◇ 本章小结

第一,市场营销学主要研究在交换关系中作为卖方的企业的市场营销活动,即研究企业如何通过整体市场营销活动,适应并满足买方的需要,并由此实现企业的经营目标,因此,可以把市场定义为对某项商品或劳务具有需求的所有现实和潜在的购买者。具体而言,市场包含三个主要因素:人口、购买力和购买欲望。

第二,营销不是一种短期的销售行为,而是一种长期的投资行为。良好的营销在企业生产产品之前就已经开始了,并在销售完成之后仍然长期存在。认为营销的任务是把企业的产品销售出去的说法,或者满足目标市场未被满足的需要的说法都不可取。事实上,营销的角色是感知人们未被满足的需要,创建新的有吸引力的解决方案,其任务更应该是在世界范围内提高物质生活的标准和质量。

第三,市场营销学是关于企业如何发现、创造和交付价值以满足一定目标市场的需求,同时获取利润的学科。市场营销学用来辨识未被满足的需要,定义、量度目标市场的规模和利润潜力,找到最适合企业进入的细分市场和适合该细分市场的供给品。

第四,市场营销观念的内涵可以从三个方面来把握:其一,市场营销观念强调买方的需要和利益,一切从顾客出发,以创造顾客满意度为目的,利润常常表现为一种营销"结果"。其二,市场营销观念要求企业分析研究市场,并根据自身的资源选择目标市场。其三,市场营销组合是企业贯彻市场营销思想的实现手段和方法。

◇ 本章思考题

1. 简述市场的概念。
2. 简述市场营销的概念。
3. 简述市场营销学的概念。
4. 简述市场营销学的四个发展阶段。
5. 简述市场营销观念的内涵及其演进。

第二章　旅游市场营销环境

◇ **本章目标**

■ **知识与技能**

能准确描述旅游市场营销环境的含义与特点,能根据旅游市场营销环境的内在逻辑联系,对旅游企业的宏观环境、微观环境及其作用和影响机制进行综合分析与评价,熟练运用 PEST 分析法、波特五力分析模型、波士顿矩阵等对具体旅游企业的市场营销环境进行分析、评价并提出改良、优化、完善等思路与策略。

■ **过程与方法**

在自主、合作、探究的学习过程中培养学生旅游市场营销环境分析的观念和素养,锻炼学生运用不同手段和方法进行宏观与微观营销环境分析,并进行综合评价与应用的思维和能力,分析限制和影响旅游企业高质量生存、发展与创造社会价值的主要因素,提出相关对策、策略。

■ **情感态度与价值观**

通过对旅游市场营销环境的客观现实和现象的调研、分析、评价等,充分认识政治、经济、社会、技术等宏观营销环境的现状及其历史经纬,充分理解消费者、竞争者、合作者、公众及利益相关者等微观环境要素间的博弈竞合及其形成、变化与发展趋势,端正竞争观、合作观、成长观,塑造脚踏实地、实事求是的学风,培养正确的人生观、世界观、价值观。

■ **项目与方法**

本章涉及的常见分析方法有波特五力分析模型、PEST 分析法、四象限/SWOT 分析法等。通过本章学习需要完成的项目:运用上述方法制定职业生涯规划及大学期间的学习计划。

◇ 引 例

同质化农家乐的竞合

20世纪末,乡村旅游勃然而兴,但无论是大陆的农家乐或台湾的民宿,还是欧美的农庄客栈(Farm Stay/Bed & Breakfast),同质化与分散化、价格战与恶性竞争、安全隐患与服务品质堪忧等都是经营个体们难以解决的困境,他们热衷于使自身眼前利益最大化而各自为战,却少有建立在彼此互信和整体利益基础上的同业合作或异业联合,难以顾及形象塑造、游客体验和长远发展。随着基础设施老化和建设滞后、环境整治力不从心、过度商业化等问题集中爆发,近几年农家乐逐渐成为乡村旅游发展最大的痛点之一。

一、产业单一的隐忧

通过美丽乡村建设,江夏小朱湾的环境发生了翻天覆地的变化,旅游业也随之迅速发展,回乡创业,这已成了在外务工的小朱湾村民最津津乐道的一件事。不过随着新鲜劲一过,大伙发现了一个尴尬的事实,就是村民的创业几乎无一例外地指向了同一个方向:开餐馆。

据统计,小朱湾日均接待游客1000多人,周末节假日高峰时可达到5000人次,从这组人流量数字也可看出,在江夏区乃至武汉市的乡村当中,小朱湾还算是市场拓展卓有成效的项目之一,而即便如此,商户们对于这种单纯依赖周末人流量的经营格局仍然显得有些忧虑。

小朱湾餐馆老板说:"周一到周五,一半的餐馆都开不了张,有时候客人来想住下来玩,但是民宿不够。"

据了解,小朱湾以农家乐为主的经营格局十分典型。其实,这样的问题,不光出现在小朱湾,在很多村子也都存在。长期从事乡村旅游服务的韩凤龙,以及中南财经政法大学教授郑家喜,在走访调研了湖北以及全国上百个乡村后,都发现了以农家乐为主的,产业单一、发展同质化的问题比较突出。

乡聚旅游网负责人韩凤龙:"据不完全统计,百分之八十的乡村发展旅游,主要业务就是垂钓、采摘、KTV,吃饭住宿是基本的,缺少有文化科技水平的内容。"

武汉市农委新农村建设处处长张群也指出,产业单一的问题在当前的农村比较普遍,农家乐唱主调的格局,不但影响了农户实现稳定的收入,更是制约了乡村产业的长远发展。"只有农家乐和少量的住宿,人家来游一下就走了,留给农村体验的区域不多,不便于市民长时间停留,留不住人,消费的环节就少,对于增收的贡献就不大。"

二、"创"出多元产业

乡村旅游真的要和农家乐画上等号了吗?

自家房屋就是餐馆,丈夫是厨师,妻子是服务员,老人打下手,不少乡村农家乐的经营都是这样的"标配"。低门槛、低成本,这是村民优先选择开办农家乐的原因之一。

据木兰花乡风景区的负责人葛天才介绍，当初在改造杜堂村时，历时一年半，他走访了全国各地不少乡村，也发现了产业单一这个问题，因此，在规划建设木兰花乡风景区时，他特别重视项目的多元化布局，大力引进新的业态来提升游客体验。"有一块是赏花区，有专门的文化区、民宿区和农家乐区。游客是来这里欣赏休闲的，然后才是吃饭，农家乐只是其中的一部分。观赏感受好了，游客才会在下次带着他的朋友再来。"

葛天才说，自村里打造成木兰花乡风景区后，美丽的自然风光也激发了乡亲们创业的热情，村子里陆陆续续建起了量贩店、书店和博物馆。

除了规划先行之外，引智对于产业发展也至关重要。部分已经建成的乡村游项目，不仅引进了专业的管理团队来统筹运营，还主动引进创客来共同发展。如小朱湾刚建成的一个茶社，既是休闲的地方，还是一个众创空间。90后大学生夏利就打算通过这个平台，到小朱湾来发展她的纸板纸艺创业项目。创学魔方众创空间创始人甘夏林说："我们希望通过这样的平台，把更多有想法的项目带到农村，丰富农村文旅项目。"

郑家喜教授认为，对于依靠旅游发展经济的乡村而言，要争取实现多元产业的创新驱动有机融合，才能为乡村产业振兴注入强劲持久的动力。"茅台镇它先是种粮食，再是酿酒，最后通过这些发展了旅游，而它的旅游最终又回来反哺了它的一二产业，产业的融合，才是乡村发展的根本之路。"

三、他山之石 可以攻玉

2013年10月，重庆万盛石林镇农家乐的同业合作启动，6户农家乐联合成立了重庆市铭薪乡村旅游专业合作社，统一形象、服务、营销、管理，共享客源和社会资源，特别是争取到镇政府给予的旅游服务设施建设、旅游形象塑造与统一、旅游环境整治、旅游项目开发与产品推广等各方面的大力支持，至2015年，合作社年均创收达500余万元，比分散经营时总收入提高50%以上，先后又吸收50余家农家乐加入合作社。2017年前三季度，石林镇共接待游客70余万人次，旅游收入近8800万元，成为当地农家乐的一面旗帜。

2016年以来，安徽省宣城市农家乐横向与纵向联合逐步加强，形成乡村旅游服务业的集中化经营模式。横向上有如石林镇农家乐的同业合作社和农家乐协会，形成了不同定位和各具特色的农家乐集群，实现了分散经营向集中管理、同质竞争向差异整合的过渡；纵向上，依托农家乐协会或合作社与景、中间商、OTA等旅游企业进行深度异业互补，实现产品开发、市场开拓、经营规范、服务提升、人员培训等服务功能配置的专业化整合，如果没有宣城市政府对农家乐纵横联合的强力支持，特别是整体谋划和对各功能主体的梳理、整合、指导、监督等，这种模式的形成几无可能。截至2016年8月，全市共形成28个乡村旅游集聚区，有省级星级农家乐159家、床位3007张、餐位10402个。

（资料来源：https://news.hbtv.com.cn/p/1409748.html.）

【思考】

1. 国内旅游竞合较早出现在旅行社业的联合经营,如"甲天下旅游联合体""东北三省及内蒙古自治区旅游协作网""北方明珠假期联合体"等。面对国际社规模化、国外旅行社集团化等多重挤压,散小弱差的国内社不得不从竞争走向合作。通过本章学习,你对"合则两利,斗则俱伤""环境促成合作,合作成就环境"的理解应该更加深刻。

2. 古城镇旅游与上述案例相似,通过本章学习,相信你能更加科学地整理出乌镇旅游的集团化经营、京西百渡休闲度假区太行水镇的成功之道。这些成功之道又能怎样促进黄陂区、江夏区,以及武汉市农家乐的发展和壮大呢?

第一节 旅游市场营销环境概述

一、旅游市场营销环境概念

任何旅游企业的生存和发展都是在不断变化的时空条件下进行的,成功的旅游企业总能更好地把握发展机遇,更周全地应对威胁,因为它们持续研究限制和影响时空条件变化的因素及其变化规律和趋势,及时对不可控因素做出预测和反应,又前瞻性地调整可控因素,使企业的经营活动与变化规律和趋势相适应。这些在特定时空条件下,影响旅游企业生存发展的可控与不可控因素的综合体,通常被认为是旅游企业环境。

菲利普·科特勒认为,营销环境是影响企业开展并维持与目标顾客进行交易的各种外部因素和势力的总和,有微观环境和宏观环境两部分。微观环境包括影响企业服务能力的因素和势力,如公司本身、营销渠道、顾客市场及公众;宏观环境包括影响整个微观环境的社会力量,如人口统计、经济、自然、技术、政治、竞争者和文化力量。

旅游市场营销环境是旅游企业环境之一,是影响旅游企业市场营销思想、行为、能力等各种外部因素和内部因素组成的企业生态系统,由旅游市场营销微观环境和旅游市场营销宏观环境共同构成。旅游市场营销微观环境是与旅游企业联系紧密,直接影响其营销活动与能力的各种具体因素和条件,是决定旅游企业生存和发展的基本环境,主要由旅游企业、供应商、中间商、购买者、竞争者、公众等要素构成。旅游市场营销宏观环境主要以间接形式,并借助于微观环境作用于旅游企业,是影响微观环境的巨大社会力量,主要包括政治、法律、经济、人口、社会、文化、科技、自然等多种因素,见图2.1。

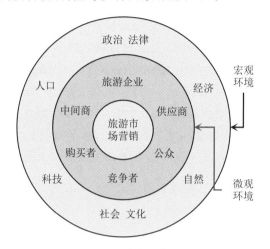

图 2.1　旅游市场营销环境

旅游业的特殊性,决定了旅游企业对其市场营销环境有极强的依赖性,任何环境因素的变化都可能带来巨大的影响,可能是机遇,也可能是威胁。如网络、智能终端、通信和大数据等技术的进步与应用,催促着旅行社行业营销思维、模式等快速变革和转型,而新冠疫情的冲击,颠覆了其变革转型的节奏、方向、力度等,无法适应这些剧烈的技术和环境变化的旅行社纷纷倒闭。从行业整合角度看,行业重新洗牌和再出发未尝不是好事。

二、旅游市场营销环境的特点

1. 客观性

旅游市场营销环境客观存在,并时刻作用于旅游企业,其存在与影响不以企业意志为转移。例如,旅游企业无时无刻不面临政治、经济、社会、技术等环境因素的影响,而且无法左右其影响。在激烈的市场竞争中,谁更能适应环境,谁更能顺应环境变化的潮流和趋势,谁就占有竞争主动权。因此,旅游企业应主动调查、研究环境,并做出前瞻性规划和部署。

2-1 华夏西部影视城如何在"逆境"中成长

2. 差异性

旅游市场营销环境所包含的内容广泛而复杂,不同环境因素对旅游企业营销活动的影响和制约不一样,同样的因素及其变化对不同旅游企业营销活动的影响和制约也大相径庭,即便是同一企业,在不同时空背景下,相同环境因素对其营销活动的影响和制约也有差异性。

各个旅游企业对这些差异性的理解和利用方式千差万别,因此形成各具特色的产品、营销决策、行为等。例如,武汉国际博览中心五公里范围内散布众多高星级酒店、商务酒店、经济型酒店等,这就是不同经营主体在"大环境"下,根据自身条件和发展目标等实施的市场细分、产品定位与竞争决策等差异化经营,并指导着相应营销活动和决策的差异化。

武汉经济技术开发区的同一家商务酒店,2008年第一次翻新时将单间和三人间几乎全改为双人间,到2021年第四次装修时,又将七成双人间改为大床房,背后的原因是商务人士住宿需求的快速改变,这正是旅游企业应对"环境变化"的典型案例。

3. 系统性

旅游市场营销环境具有多因素交融的特点,各因素相互依存、相互作用和相互制约,一个因素的变化会带动其他因素和整体营销环境的改变,这就需要旅游企业将其作为一个整体系统,研究它们之间的结构功能、作用机理等,并据此做出整体和全局性的营销思考和决策。

2019年春,经过系统谋划和部署,"花点时间游武汉"主题旅游营销活动在线上线下轰轰烈烈开展。活动启动后第一个周末,东湖樱花园一天均迎来12万人入园,抖音播放量超1.7亿次,百度城市名片"花点时间游武汉"新闻阅读量达753.7万,新浪微博"花点时间游武汉"话题相关的博文阅读量超3100万人次。"花点时间游武汉"深深沉淀武汉赏花IP,展现了武汉靓丽、深情的城市形象,是对经济、文化、技术、灾害等宏观环境与企业、中间商、消费者、媒体、公众等微观环境进行旅游市场营销系统整合和综合利用的成功典范。

4. 动态性

旅游市场营销环境具有相对稳定性,即在短期和特定区域,各因素变化往往不会对旅游营销活动和能力产生剧烈影响,旅游企业营销战略应保持相对稳定与持续性。但是,环境多样化与波动性客观存在,而且旅游需求多样性、旅游流时空波动性、旅游业敏感性等相互叠加,促使旅游企业对营销环境变化的应激反应尤为显眼,因而许多旅游企业更加重视营销环境因素的调研、分析、预测等,旅游营销战略也显示出较大的灵活性与前瞻性。

第二节　旅游市场营销微观环境

旅游市场营销微观环境是与旅游企业联系紧密,直接影响其营销活动与能力的各种具体因素和条件,是决定旅游企业生存和发展的基本环境,主要由旅游企业自身、旅游供应商、旅游中间商、购买者、竞争者、公众等要素构成。

一、旅游企业自身

旅游企业自身的物质和非物质条件构成内部营销环境。物质条件是营销活动的基础,决定营销规模与形式,如时间的持续性与空间的广布性、黄金时间、黄金地段、黄金媒介、黄金人群等占用、背书、代言与影响等,以及营销活动的档次与格局等,通常被归纳为"五个M":员工、资金、设备、原料、市场。

营销活动的最终目的是盈利。将大规模的物质无休止地投入到营销活动中,虽然也能形成品牌效应等持续收益,但总体上并不可持续,所以非物质条件的建设显得更为重要,如组织结构、规章制度、管理水平、企业文化、技术创新等,是企业营销活动的灵魂,决定企业的发展、竞争与适应能力。

组织结构不只指营销部门在企业组织中的地位,更强调组织运转是否高效通畅。比如,很多小型旅游企业没有营销部门也能把营销活动做得风生水起,但发展壮大后反而步履维艰。

对于服务至上的旅游企业来说,规章制度不只是企业及其员工一切行为的原则与底线,更应成为激发企业活力与员工归属感的指向标。武汉中南国旅一位管理者面对对手高薪挖人时豁达地表示,"他离开,我们要反思如何给员工发展创造更好的平台,他留下,我们更要反思如何建章立制让他为自己和社会创造更大更多的价值。"这句话道出了旅游企业规章制度以人为本和反求诸己的精髓,与华为的"以奋斗者为本"即"不能让奋斗者吃亏"有异曲同工之妙。

管理水平即企业及其管理者协调人财物关系并创造价值的技术与能力,包括统筹、决策、组织、协调、适应、沟通等能力和素养,是旅游企业的"血液",直接影响营销工作的可进入性和效率。旅游业的特殊性在于能提供温暖也更需要温度,对员工和顾客的依赖性极强。管理水平是旅游营销的生命,高水平的管理,让员工感受到被带领、被培养,而不是被驱使、被奴役;让顾客感受到被共情、被尊重,而不是冰冷的交易。

2-2 季琦为你
深度解读
"华住企业哲学"

企业文化是一个组织由其价值观、信念、仪式、符号、处事方式等组成的特有的文化形象,简单而言,就是企业在日常运行中所表现出的各方各面。企业文化不是嘴上功夫,而是用真正的价值力量、文化力量赢得员工信任、公众信任的行动力量。

技术创新是以市场为导向,将科技潜力转化为营销优势的创新活动,涉及从新创意到技术开发、产品研制、生产制造、市场营销和服务的全过程。技术创新与市场营销并不是舍此即彼的对立关系,而是互相渗透、互相联系、互为前提和补充的有机整体。基于市场需求水平,以及旅游者购买行为、购买力及其趋势等的营销与创新将赋予企业独特的竞争力,是企业生存和发展的基础和保障。如家创立之时,瞄准国内商务市场痛点,根据商务人士需求、购买力等特征推出全套经济、商务型酒店服务与产品,取得巨大成功。其后,铂涛、锦江、维也纳、东呈、海航等纷纷入局,市场进入微

2-3 技术创新与
市场营销

利期,技术创新也由早期以产品创新为主,转向以服务创新、理念创新等为主的全新领域,再配合营销活动,达到差异化竞争的目的。比如,亚朵提供"路早"、下午茶和养生夜宵等非标准时间的餐饮创新服务,华住则从产业链布局高度,以品牌赋能、流量赋能、供应链赋能等形式,与加盟商共同做大市场、降低成本等,创新成一家资产管理型酒店。

二、竞争环境

波特五力分析模型是进行微观环境分析,特别是制定企业竞争战略的常用方法。波特五力分析模型是迈克尔·波特(Michael Porter)于20世纪80年代初提出的。他认为行业中存在着决定竞争规模和程度的五种力量,这五种力量综合起来影响着产业的吸引力以及现有企业的竞争战略决策。波特五力分析模型(见图2.2)的五种力量分别为:同行业内现有竞争者的竞争能力(对局者)、潜在竞争者进入行业内的能力(入局者)、跨行业替代者的替代能力(替代者)、供应商议价能力(供应者)与购买者议价能力(购买者)。

2-4 囚徒困境与纳什均衡

图2.2 波特五力模型

不过,波特五力分析模型有两个被诟病的点,一是认为同行业之间只有竞争没有合作,这显然不符合实际;二是认为行业规模、资源、市场等是固定的因而过分强调争夺资源和市场份额,事实上,通过创新等方式与对手共同做大行业的蛋糕才是最佳出路。

但是,对于市场营销人员来说,波特五力分析模型不失为了解和分析市场营销竞争环境、建立市场营销思维、制定竞争策略的重要借鉴。

1. 对局者——行业内的老对手

对于老对手而言,常见的竞争手段包括价格战、附加值竞争、成本优化竞争、产品功能差异化、创新迭代技术竞赛、产品线组合创新、营销竞争、品牌竞争、管理能力提升等。

旅游企业与对局者不得不合作的原因是彼此拉锯但又无可奈何,吃不掉甩不开,跟不上告不倒,而且因为激烈竞争,利润越来越低,最好出路唯有合作。

2. 入局者——刚入行的新对手

对于入局者而言,影响成败的因素包括技术门槛、利益诱惑、规模要求、官方资源与政策、预期报复措施、渠道管控、行业内规则壁垒、反不正当竞争能力、学习周期与认知障碍等。

入局者是企业及其老对手的共同敌人,为了避免让更多搅局者进入,一般企业有两个常见选择,一是要让外人知道这行有多难,二是与对手抱团,提高准入门槛。所以有很多新入局者通过收购带资空降,规避入局风险。

3. 替代者——不是对手的对手

替代者出现的原因很多,如技术突破、市场变化、政策风向转变、经济形势变化、跨行业变革、客户转换成本变动、产业满意度缺口、整体行业状况、资本等。

替代者的可怕之处是拥有颠覆现有行业的技术、模式、思维、消费习惯等能力,而行内企业不了解也不具备这些能力,甚至学不会。对局者和入局者可能打败企业,但替代者可能毁灭行业并建立全新的服务模式,所以有实力的企业往往会顺应趋势发展一个"副业",如OTA最初是旅行社的辅助,但如今却成为传统旅行社的"催命符"。

4. 供应者——硌牙的大米

供应者的话语权取决于许多因素,如采购方对供方的可选性、供应商品的特殊性、替代资源、供应商客源条件、采购方需求、供应商实力与影响力、采购成本、供应商集中度、采购周期与紧迫度等。

能让企业付出更多、获得更少的供应商有:垄断型供应商,在开放的市场环境中,企业可选的供应商很少或仅有一两家;紧俏型供应商,前来采购的企业非常多,不在乎一两个企业客户的流失;直销型供应商,兼具B2B和B2C多种能力,可以绕过企业,直接服务市场;特供型供应商,因政策、法律、安全、技术、知识产权、协议等原因,某个市场只能由指定的少数供应商提供服务。

5. 购买者——锋利的韭菜

影响购买者议价能力的因素也有许多,如高精尖高价格产品、大客户身份、产品可替代性、产品刚需、跨行业替代性、行业透明度、复购率、客单价、客户专业度等。

能让企业提供物美价廉、品质上乘产品的购买者有:垄断型购买者,企业服务市场狭小,购买者只有少数固定人群,如特定奢侈、高端、定制型旅游产品;倚重型购买者,某些购买者,如大客户购买与否对企业业绩具有决定性影响;非必要型购买者,企业产品具有较大替代性或非必要性,购买者有别的选择,甚至不消费也无妨;掌控型购买者,一般是政府采购或企业采购,购买者掌控关键命脉或具有强大的溢价能力,能决定企业生死或带来更多更稳定的回报。

对于航空公司而言,成为政府采购机票管理网站的合作伙伴十分必要。携程在酒店行业的话语权毋庸置疑,因为它掌握着旅游客源流量入口,有大量酒店需要依赖携程生存。不过一些实力强劲的酒店集团不甘于此,开始大力发展会员并投入巨资建设私域流量。

波特五力分析模型是企业制定竞争策略的常用工具,不限于企业竞争和发展,任何符合自由竞争规律的博弈,都可以借助该模型归纳分析影响企业目标达成的主要微观环境因素。

在分析竞争环境时,旅游企业要看到四类竞争者,即愿望竞争者、一般竞争者、形式竞争者、品牌竞争者。愿望竞争者指向消费者提供与本企业不同的产品,以满足消费者其他需要的产品供应者,如旅游企业应研究消费者为何把有限的资金和时间花费在自己的产品上,而不选择其他消费或消遣形式。一般竞争者是能向消费者提供与本企业不同品种产品、争夺满足消费者同种需要的产品供应者,如旅游者为何选择我们的康养旅游产品,而没有选择对手的文化旅游产品。形式竞争者是向消费者提供与本企业产品不同形式的产品,争夺满足消费者同种需要的产品供应者,如同样是住宿,旅游者为何选择入住民宿,而没有入住星级酒店。品牌竞争者也称企业竞争者,是能提供与本企业性能几乎相同但品牌各异的产品供应者,如在功能、形式、服务水准、性价比等相似的情况下,旅游者选择华住或锦江的原因是什么。

旅游企业必然会遇到这四类竞争者,在竞争决策时要把握重点、集中优势、缩短战线。一般来说,应依次考虑品牌竞争者、形式竞争者、一般竞争者,最后考虑愿望竞争者。

三、公众

旅游企业营销环境中的公众是指对旅游企业实现营销目标的能力有实际或潜在利害关系和影响力的团体或个人,主要包括六大类。

1. 金融公众

金融公众主要包括银行、投资公司、股东等,金融公众对企业的融资能力有重要的影响。旅游企业需谨慎对待资本运作,诚然,引入资本可以快速提升企业竞争力,但高回报伴随高风险,部分失败案例值得深思,如手握三山两寺的京西旅游因资本进入变成"玩电影"的北京文化公司,7天、如家、艺龙、去哪儿、开元等本以为借助上市可以大展宏图,却不承想上市后更容易被竞争对手锦江、携程、腾讯等收购。类似案例还有餐饮巨头俏江南、大娘水饺等创始人被资本赶出局等。

2. 新闻媒体

新闻媒体掌握传媒工具,具有广泛的社会联系,能直接影响社会舆论对企业的认识和评价,主要包括报刊、广播电台等传统传播媒介。以前,企业到瑞丽、央视、王府井等人流密集的商业中心打广告、铺货就有不错的营销效果。但是现在,传统的中心化传播模式已经被网络状分众式传播媒介取代,网站、OTA、UGC、UCC等传播媒介依靠移动终端,特别是手机深入生活的方方面面,旅游企业要想办法生产有趣的内容,建设高质量互动和分享社群,创造与旅游者多维多频次的接触点,从而达到营销目的。

3. 政府机构

政府机构主要包括负责管理旅游企业业务经营活动的有关行政和管理机构。例如,旅游行政管理部门、工商、税务、卫生检疫、技术监督、司法、公安等。旅游企业在制订自己的营销计划时,需要研究政府的各种法令、法规,各项政治和经济发展方针、政策和措施,使企业的营销活动符合政府的要求,以得到政府对企业营销活动的最大支持。

4. 群团组织

群团组织指国家公民为自己的某种共同利益和特殊需要而建立起来的各种社会组织和团体,如消费者组织、环境保护组织、各类行业协会和商会组织,以及其他群众团体。来自群团组织的意见、建议对企业营销决策有着十分重要的影响,甚至能影响到立法机构的立法、政府政策的制定等,旅游企业要与它们保持经常和必要的沟通。

5. 社区公众

社区公众指企业所在地附近的居民和社区组织。旅游活动具有很强的地域文化特色,旅游企业已经越来越关注将所在地域的居民融入企业的旅游经营活动中。企业保持和社区的良好关系,为社区的发展做出一定的贡献,受到社区居民的好评,他们的口碑能帮助企业树立形象。

6. 内部公众

内部公众是指企业内的全体员工。旅游产品的生产消费同时性,决定了旅游服务和体验等总体质量极其依赖员工的工作态度与素质,内部公众得到企业很好的照顾,才能更好地发挥他们的主动性、积极性和创造性。

公众与旅游企业的营销活动有直接或间接的关系,旅游企业要高度重视公众的利益,了解公众的需要和意见,采取有效措施满足公众的各项合理要求,有选择地参与一些力所能及的公益活动,努力塑造并保持旅游企业良好的信誉和公众形象,为旅游企业的营销活动创造良好的环境。

【项目1】 学习本节后,请大家以小组为单位,完成"囚徒困境与纳什均衡"的小项目:对比家门口的餐馆,为何旅游景区的餐馆难以做到价廉物美,甚至出现宰客现象。你认为该如何解决这个困境?

第三节 旅游市场营销宏观环境

旅游市场营销宏观环境是间接影响和制约企业营销活动的社会性力量和因素。宏观环境不仅直接为企业的市场营销活动提供机会和造成威胁,还通过影响企业的微观环境而间接地影响企业的经营活动。企业在市场营销活动中要密切关注企业的宏观环境,判断其发展变化趋势,努力做到适应宏观环境的变化,并且善于利用其中的机会,规避其中的威胁。影响企业市场营销活动的宏观环境因素主要有政治法律环境、经济环境、社会文化、人口环境、科技环境、自然环境,每一个因素又由若干要素构成。

在市场营销学中,分析宏观环境的方法多种多样,常见的方法有PEST分析法、态势分析法(SWOT)、栅格分析法(ASEB)、矩阵分析法(四宫格或十六宫格,波士顿矩阵)、问卷调查等。在深度学习、情感与画像分析等数据分析技术不断丰富,以及抽样调查、聚类分析、结构方程、多元回归、神经网络等手段不断成熟便利的背景下,以上各种分析方法也常常被综合运用于市场营销环境的分析及营销战略制定中。

为便于理解旅游市场营销宏观环境的各个方面,我们先以PEST分析法为基础进行分析。

1976年,美国人弗朗西斯·约瑟夫·阿吉拉尔(Francis Joseph Aguilar)在《商业环境审视》(Scanning the Business Environment)一书中提出ETPS模型,认为经济(Economy)、技术(Technology)、政治(Politics)、社会(Society)四大要素能较为全面地分析企业、集团和行业的外部环境。由于四大要素没有优先级区别,同时为便于记忆,ETPS又有PEST、STEP等不同排列方式。1987年,美国人迈克尔·希特(Michael A. Hitt)、杜安·爱尔兰(R. Duane Ireland)、霍斯基森(Robert E. Hoskisson)在他们的著作《战略管理:概念与案例》(The Management of Strategy: Concepts and Cases)中提出PEST分析框架,至此,PEST分析法被广泛接受。

1999年,格里·约翰逊(Gerry Johnson)与凯万·斯科尔斯(Kevan Scholes)在《战略管理》(Exploring Corporate Strategy)一书中,将竞争分析引入PEST分析模型(见图2.3),因而许多人认为是他们首先提出了PEST分析模型,探讨了政治环境、经济环境、社会环境、技术环境方面的影响。

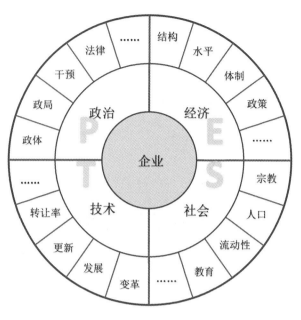

2-5 用PEST分析
模型分析
生鲜行业

图 2.3　PEST 分析模型

一、政治环境

政治环境是指影响组织经营活动的政治力量和有关法律法规等形成的综合时空关系，包括国内政治环境和国际政治环境。企业一切经营活动时刻受到政治环境的强制与约束，国内旅游相关政策、旅游目的国的政治局势、国际关系等都深刻影响着旅游活动的开展，如2021年"惠游湖北"活动、2022年"惠游湖北"消费券发放及各地放宽和解除跨省流动限制等政策为湖北旅游发展创造了良好条件。相反，疫情、美元滥发、全球能源和粮食危机加剧等影响叠加，以旅游业为主要外汇收入来源、生活物资严重依赖进口的斯里兰卡，陷入了旅游业低迷、外汇枯竭、生活物资进口受阻、政局动荡等恶性循环，短期内很难通过吸引大量入境游客以提高外汇储备的方式来破局。

政策是政府对市场和企业进行规范和干预的有效手段，如反垄断、反不正当竞争、劳动保护、社会福利等政策直接影响企业和组织的行为，不过政府利用财政政策和货币政策进行宏观调控的间接干预则更为常见。

作为国家意志的强制表现，法律法规对于市场和企业行为有着直接规范作用。立法在经济上的作用主要体现在维护公平竞争、维护消费者利益、维护社会最大利益三个方面。企业要充分了解现有法律法规，关注旧有法律的修订与新法律的酝酿。

分析政治环境对营销活动的影响，一般可以从以下主要方面入手：国际关系与国际环境、体制制度、局势形势、财政政策、产业政策、投资政策、相关补贴与扶持政策、环保政策，以及其他相关法律法规等。主要政治环境因素见表2.1。

表 2.1 主要政治环境因素

	国内			国际
政治力量	国体与政体、政治制度、社会制度、政党制度、政治性团体、党和国家的方针政策、政治气氛、政治干预、政府财政政策、产业政策、相关补贴与扶持政策、环保政策等			国际局势与形势、国际关系与国际环境、客源国和目的国政治环境等
法律法规	法律规范	行政、司法、执法机关	法律意识	国际法律环境
	劳动、合同、专利、税收、商标、破产等法律法规	工商、税务、物价、技术、计量、市场、质量、专利、环保、审计、法院、检察院、公安等司法执法情况	法律观、法律感、法律思想等法律意识	国际法规、管理、准则、客源国和目的国法律制度等国际法律环境

二、经济环境

经济环境是指构成企业生存和发展的国家经济政策和社会经济状况。国家经济政策是国家履行经济管理职能，调控国家宏观经济水平、结构，实施国家经济发展战略的指导方针。社会经济状况包括经济要素的性质、水平、结构、变动趋势等，涉及国家、社会、市场、自然等多个领域。企业的经济环境主要由社会经济结构、经济发展水平、经济体制、宏观经济政策等四个要素构成。

经济政策指国家或政府为了增进整个社会经济福利、改进国民经济的运行状况、达到一定的政策目标而有意识和有计划地运用一定的政策工具而制定的解决经济问题的指导原则和措施，包括综合性的全经济发展战略和产业政策、国民收入分配政策、价格政策、物资流通政策、金融货币政策、劳动工资政策、对外贸易政策等。经济政策与政治环境中的政府政策有一定的重合和互补性，不能绝对分开，政府政策对企业行为具有规范性和指导性，经济政策对企业营销活动更具针对性和约束性。

社会经济结构指国民经济中不同的经济成分、不同的产业部门以及社会再生产各个方面在组成国民经济整体时相互的适应性、量的比例及排列关联的状况，主要包括产业结构、分配结构、交换结构、消费结构、技术结构五大块，其中又以产业结构最为重要。

经济发展水平是指一个国家经济发展的规模、速度和所达到的水准。反映一个国家经济发展水平的常用指标有国民生产总值、国民收入、人均国民收入、经济发展速度、经济增长速度等。

经济体制是指国家经济组织的形式。经济体制规定了国家与企业、企业与企业、企业与各经济部门的关系,并通过一定的管理手段和方法,调控或影响社会经济流动的范围、内容和方式等。

经济环境对营销活动的影响分析,可以从以下主要方面入手:GDP/PPI、规模体量与增长率、收入水平、可支配收入、消费结构、利率汇率、失业率、通胀率、储蓄信贷等。

以上都是从非常理性的角度去分析宏观经济环境,事实上,如果企业没有太多时间和精力,又要及时准确地预测短期经济环境的变化,还有很多途径,如珠海某电厂设备操作员,做了一张电厂机组运行数据与全市各行业经济数据的对照表,就能非常及时和准确地预测短期内珠海市餐饮、服务、消费等经济运行情况,如果把这些数据分时段、分地域、分行业落到珠海市全境,将形成一个价值巨大的经济运行数据库。同样,国内外旅游数据的统计分析也应是旅游企业极为重要的工作,保持与航空、汇兑、口岸、留学中介等从业人员的友好和密切联系总能准确预测到短期出入境情况,保持与铁路、机场、码头、加油站、会展中心等从业人员的友好和密切联系也能比对手更快速、及时地掌握近期区域旅游流及市场动向。主要经济环境影响因素见表2.2。

表 2.2 主要经济环境因素

国家经济政策	需求管理政策	供给管理政策	国际经济政策
	财政政策、货币政策,如税收、政府购买、信贷、利率、外汇等政策	收入政策、指数化政策、人力政策、经济增长政策	国际收支平衡、进出口与关税、国际经济风险控制
社会经济状况	经济发展水平	社会经济结构	经济体制
	国民生产总值、国民收入、人均国民收入、经济发展速度、经济增长速度等	产业结构、分配结构、交换结构、消费结构、技术结构	所有制或产权制度、决策结构和利益结构、组织结构、动力结构、信息结构和协调(监督)结构

三、社会环境

狭义社会环境指组织生存和发展的具体环境,即组织与各种公众的关系网络。广义社会环境是对组织所处的政治环境、经济环境、科技环境、文化环境等宏观因素的综合。社会环境一方面是人类精神文明和物质文明发展的标志,另一方面又随着人类文明的演进而不断地丰富和发展。社会与文化有着共同的本质——"人化"和"化人","人化"是按人的方式改变、改造世界;"化人"是反过来再用这些改造世界的成果来培养人、装备人、提高人,所以也有人把社会环境称为文化社会环境,包括在特定背景下形成的社会结构、人口特征、文化传统、风俗习惯、价值观念、宗教信仰、道德规范、审美观念等,以及其他一切被社会广泛认可和接受的思想和行为规范。从这个角度看,社会环境对企业营销的影响复杂、深刻且重要,直接影响和制约着人们的消费观念、需求特点、购买行为和生活方式等。

企业应在充分了解和分析社会环境的基础上制定营销策略,开展营销活动。一般可从以下几个方面入手。

第一,教育状况。受教育程度的高低,影响到消费者对商品功能、款式、包装和服务要求的差异性。通常文化教育水平高的国家或地区的消费者要求商品包装典雅华贵,对附加功能也有一定的要求,因此企业营销开展的市场开发、产品定价和促销等活动都要考虑到消费者受教育程度的高低,采取不同的策略。

第二,宗教信仰。宗教是构成社会文化的重要部分,宗教对人们的消费需求和购买行为的影响很大。不同的宗教有独特的关于节日礼仪、商品使用的要求和禁忌。某些宗教组织甚至在教徒购买决策中有决定性的影响。为此,企业可以把影响大的宗教组织作为自己的重要公共关系对象,在营销活动中也要注意到不同的宗教信仰,以避免由于矛盾和冲突给企业营销活动带来的损失。

第三,价值观念。价值观念是指人们对社会生活中各种事物的态度和看法。不同文化背景下,人们的价值观念往往有着很大差异,消费者对商品的色彩、标识、式样以及促销方式都有自己不同的意见和态度。企业营销必须根据消费者不同的价值观念设计产品,提供服务。

第四,消费行为。消费行为是指人们在长期经济与社会活动中形成的一种消费方式与习惯。不同人不同的消费心理,就有不同的寻找、选择、购买、使用、评估和处置与自身相关产品和服务的行为。研究消费心理和行为,既是企业生产与销售的需要,更是正确、主动引导健康消费的需要。了解目标市场消费者的禁忌、习惯、避讳等是企业进行市场营销的重要前提。

第五,语言。语言有文字、声音、图像、色彩、动作、表情等多种表现形式。语言既是营销活动的基础工具和起点,实现信息交流的关键,也是重要的文化因素,能折射出独特的思维模式、行为特征等,如武汉话反映出的热情与坦诚、吴侬软语反映出的柔情和修养。语言更是一种高级审美、传播、营销的艺术,能创造独特的审美意象、情感共鸣等,"会说话"的营销者一般更加招人喜欢、更易成功。

第六,风俗习惯。风俗习惯指个人或集体的传统风尚、礼节、习性,是特定社会文化区域内历代人们共同遵守的行为模式或规范,主要包括民族风俗、节日习俗、传统礼仪等。风俗习惯对社会成员有非常强烈的行为制约作用,是社会道德与法律的基础。充分了解和尊重属地风俗习惯,是企业扎根当地并茁壮成长的前提。比如,在魁北克,KFC必须改名PFK才能经营,因为魁北克法裔有强烈的民族自豪感、危机感,体现在语言风俗上是逐渐形成了一套严密的法语政策。

分析社会环境对营销活动的影响,可以从以下主要方面入手:企业或行业集团与组织、对政府的信任度、对退休的态度、社会责任感、对经商的态度、对售后服务的态度、消费生活方式、闲暇生活方式、道德观念、环保态度、收入差距、购买习惯、对休闲的态度等。主要社会环境因素见表2.3。

表 2.3 主要社会环境因素

	社会结构	社会发展水平与能力	社会流动性	社会态度与评价
社会	社会阶层结构、民族结构、社会组织结构、家庭结构、就业或分工结构、收入分配结构、消费结构等	城镇化水平、生活条件、平均受教育年限、恩格尔系数、文教卫支出比、传染病发病率与死亡率、社会保险覆盖率、社会治安与福利等	基尼系数,收入、教育和地位的代际相关系数,政府投资人力资本比,民族平等状况,教育、就业和竞争公平性等	对政府的信任度、工作和职业态度、道德关切度、质量关切度、对休闲的态度、环保态度、社会责任感等
	价值观念	文化传统与风俗习惯	生活方式	信仰与宗教
文化	对个人价值和社会价值的判断:追求的生活状态、成就感、自尊自重、独立自主、照顾家人、社会贡献、快乐、利他等 道德或能力:诚实、宽容、自律、勤奋、责任感、合作、独立、勇敢等(参考罗克奇价值观调查表)	物质:生产习俗,服饰、饮食、居住等消费习俗,市商、交通、通信等流通习俗。 精神:岁时节日文化,礼仪禁忌,行会、社团等民间组织,称谓、排行等家庭习俗,乡规、民风等村落民俗。 社会:信仰祭祀民俗,民间传说、方言俚语等口承语言民俗,民间艺术,民间游憩娱乐等	劳动生活方式、消费生活方式、闲暇生活方式、交往生活方式、政治生活方式、宗教生活方式等,如工作背景、业余活动与爱好、自己动手或购买服务倾向、主要兴趣爱好、对美食和旅游的态度、对社会热点的关注度与评价、新兴事物的接受度等	原始信仰:自然崇拜、祖先崇拜、图腾崇拜、巫术、禁忌、迷信等 宗教信仰:佛教、儒教、道教、基督教、伊斯兰教等 哲学信仰:儒家信仰、理性信仰、共产主义信仰等 政治信仰:政治信仰、民族信仰、道德信仰等
	人口特征	教育状况	消费行为	审美观念
人口	人口规模,人口性别、年龄、民族、职业、收入等结构,人口分布,人口迁移与流动,人口自然增长率,人口总负担系数,婚姻状况与离婚率、生育率、预期寿命与健康意识,人口再生产模式,人口发展趋势,人口素质与质量,文化与认知水平等	学前教育、义务教育、高中教育、职业教育、高等教育、研究生教育、职后教育、社会教育状况等,其他教育状况,如 6 岁以上人口平均受教育年限,劳动力人口平均受教育水平、男女、城乡、区域等受教育水平对比,政府投资培训和再教育状况,政府和企业投资高层次人才培养与利用状况,企业办学情况等	What:购买或使用什么产品/品牌 Why:为什么购买或使用 Who:谁购买或使用 When:什么时候购买或使用 Where:在哪购买或使用;从哪获得产品/品牌的信息等 How Much:购买或使用的数量与价格 How:如何购买或使用	感官刺激及其审美表达与获客成本下降的关系,产品外观更新与销量提升的关系,产品外观美、形态美、装潢美等对激发兴趣和情感共鸣的作用,产品的审美表达与时尚、潮流的契合度,产品的审美表达与客户晒幸福、晒身份、晒价值观等的关系等

四、技术环境

技术环境不仅包括那些引起革命性变化的发明,还包括与企业生产有关的新技术、新工艺、新材料的出现和发展趋势以及应用前景,具体而言,包括社会技术总水平和变化趋势、技术变迁、技术突破对企业的影响,以及技术与政治、经济、社会环境之间的相互作用等。

技术不仅是全球化的驱动力,也是旅游企业竞争优势所在。

第一,技术为旅游企业管理的优化提供保障。从生产、销售、流通、消费、售后等角度看,技术可以有效降低成本、提升效率等。旅游企业通过网络化和智能化的预订系统、信息管理系统、客户自主服务系统、企业内部管理沟通系统等,大大提升了管理效能。某些连锁酒店在智能管理系统的辅助下,实现了多店预订、接待、财务、工程、物料等共享,仅人员编制就缩减了七成以上,一套班子管理多家酒店,节能减排、绿色经营、降本增效齐头并进已成现实。某些景区也通过智能服务系统解决了游客抢观光车、抢拍照地点、抢厕所、抢餐位、抢房间等一系列痛点。

第二,技术为旅游产品、服务及体验模式创新提供可能。新技术、新工艺、新材料等的应用,不仅实现了旅游产品与服务功能拓展、质量提高、体验优化等效果,更提供了全新的旅游服务手段和模式,甚至衍生出全新的旅游产品和服务。如"夜上黄鹤楼"集实景化、行浸式、体验型于一体,利用数字化和光影技术创新行浸式夜游模式。2021年,首届中国(武汉)文化旅游博览会上,在中央展区的腾讯数字博物馆展台现场,观众轻触屏幕即可"瞬移"至敦煌莫高窟、故宫博物院、"老家河南",沉浸式感受敦煌壁画、故宫文物珍品和黄河流域的非遗魅力;通过扫码即可进入"国宝全球数字博物馆""数字故宫"和"云游敦煌"微信小程序,让美轮美奂的文物珍宝,恢宏大气的红墙绿瓦,技艺精湛的石窟壁画从指尖走进心间;通过网络就能多角度多机位欣赏"故宫慢直播",参与"敦煌动画剧"的配音,披上"遇见飞天"皮肤在王者峡谷驰骋……

第三,技术为旅游市场和业务拓展提供支持。在流量为王时代,大数据技术将极大地丰富旅游企业市场调研的手段,并且大幅度提升调研信息的及时性、准确性和实用性,基于大数据分析,旅游企业可以做出更科学合理的市场拓展方案和策略。同时,因为旅游活动巨大的用户流量与信息优势,许多旅游企业的业务已经拓展到金融投资、决策咨询、资产管理等领域。比如,运通借助其强大的旅游者数据库,深刻洞悉游客消费行为、场景、能力、偏好等,现在已发展成著名的资本投资、决策咨询公司,美国各类众多中小微企业严重依赖运通的投资和经营指导,旅游则成为运通重要的流量入口。当我们审视携程、华住、腾讯与阿里旅游板块,以及遍布各省市的旅发投、文旅投、海旅投、文旅集团等经营模式和现状,很难再说它们是纯粹的旅游企业,资本运作、投资管理、决策咨询、资产管理、集团运营等更是其核心业务,并创造出巨大的竞争力。

第四,技术成为旅游企业流量变现的法宝。通信技术、移动终端等的发展,让公域流量和私域流量成为企业的生命线。没有携程的流量导入,如家、汉庭的起步都不会如此顺利,不过如今"携程在手,路不好走"的笑谈也道出酒店业被OTA卡住流量咽喉的无奈,于是如家、华住纷纷通过发展会员、加强连锁和跨行业联盟等方式建设自己的私域流量。携程高喊OTA也不容易的时候,我们也应该看到携程的流量也需要向百度等平台购买,获客成本的确高得离谱,所以同酒店业一样,携程也在积极通过旅游社区、旅游短视频等建设自己的流量平台。但是,2016年,因为坐拥7亿的庞大流量,美团只用携程两成的获客成本及三成左右的住宿佣金,就轻松切进酒旅行业,仅用三年,美团酒店订单量就超过了携程,这个"外行"干出了同程、去哪儿、飞猪等"内行"想干却干不成的壮举。有启于此,抖音、拼多多、小红书也纷纷抢滩酒旅业务,因为它们都拥有酒旅行业老大都羡慕的流量和技术优势。

2-6 携程终于把酒店惹毛了

分析技术环境对营销活动的影响,主要从以下方面入手:基础研究普及率与更新速度、供应链优化技术、跨行业技术应用、政府研究开支、产业技术关注、技术转让率、技术更新进度与生命周期、能源应用与成本、信息技术与变革、互联网变革、移动技术变革与应用等。主要技术环境因素见表2.4。

表2.4 主要技术环境因素

基础技术发展应用	技术产业化	
能源技术、材料技术、TMT产业技术、生物医药技术等,基础研究的突破性进展、更新速度、普及度等	技术转移和技术商品化速度和范围、技术产业化水平、技术产业化能力、技术更新进度与生命周期、技术转让率、技术转化成本和周期、跨行业技术应用、技术淘汰等	
研发投入	新技术	知识产权
政府与企业研发投入、政府产业技术关注、政府重点攻关领域、企业研发扶持与配套、高层次人才培养与使用等	供应链优化技术、创新能力、新型发明与技术发展、技术迭代、信息技术与变革、互联网变革、移动技术变革与应用等	技术壁垒、专利保护、技术联盟等

在市场营销宏观环境及其战略的分析制定中,PEST分析模型已足够应付绝大多数情况,但包括波特在内的许多学者开始根据不同应用场景,加入法规(R)、法律(L)、金融(F)、生态/教育(E)、国际环境(I)、地理(G)、人口统计(D)等其他因素,衍生出SERF、STEEP、SLEPT、PESTLE、PESTIED、STEEPLE等不同模型。但是,无论如何变化,基础模型依然是PEST模型。

之所以会有很多衍生模型,是因为PEST分析模型虽然很好用却很难用好,它的使用基础一是调研并掌握了充分、专业、可信的基础资料,对分析对象有较为深刻的认识;二是使用者必须能够充分认识宏观环境对企业影响的轻重缓急,即能较好分清主次与重难点,以及近中远期困难、目标及其实现步骤与途径等。否则,在错综复杂的外部环境、千差万别的企业定位上,很难做到全面深入、严谨准确。我们的建议如下。

第一,做好调研,有备无患。宏观环境的变化一般较为容易预测,即便是政策性的变化,也会有充分的酝酿,对于旅游企业来说,做好市场和环境的调研预测工作,是企业综合竞争力的体现。即使是突如其来的环境变化,因旅游产品的非必要性、可替代性、可延后性等特性,旅游企业一般也有充分的时间进行预测和调整。2003年"非典"时期,携程准确预测到疫后的"报复性旅游消费",并借此在当年成功上市。如今"新冠"疫后的"报复性旅游消费"

也陆续到来,如何迎接"报复性旅游消费"的到来应该成为旅游企业的重要课题。在移动互联等科技的加持下,"新冠"催生了全新的工作、生活、娱乐、旅游、消费等方式,大数据化、网络化、平台化已成为大势,旅游企业面临的是机遇,更是挑战。

第二,以己为主,因地制宜。不同行业和企业根据自身条件、特点和经营发展需要,以及所处的特殊发展阶段,使用PEST分析模型的具体分析内容会有较大差异性,如农业生产企业可能更加关注土壤、光照、热量、水分等自然因素与地理条件,而国际贸易型企业则要重点关注国际环境、人口、法律、关税、汇率、补贴等因素。对于旅游企业来说,紧跟政策和市场动向,认真分析自身优势和特色,准确把握游客消费行为,将自身资源融入政策实施和执行、游客体验的提升中,显得尤为重要,比如,国家实施乡村振兴战略,乡村旅游就获得巨大发展;老年旅游市场的迅速发展,推动了符合老年人旅游消费行为的旅游产品的兴盛;生活水平的普遍提高催生了高端定制游的繁荣等。

第三,以动为准,及时调整。稳定性、持续性是宏观环境最大的特点,即便有变化,一般也不会特别快、特别复杂。对于大多数旅游企业而言,宏观环境的变化较为容易洞察,在使用PEST分析模型时,应更多关注哪些因素变动了,这些变动带来怎样的影响,企业如何在变化的环境中发挥自身的优势和特长等,因为环境不变意味着竞争均衡状态,旅游企业保持经营和营销战略稳定就行,但环境一旦变化,就意味着竞争均衡被打破,甚至出现行业洗牌,没有足够弹性又对变化准备不足的话,可能导致企业的崩溃。如2021年"惠游湖北"活动,2022年"惠游武汉,打卡一夏"活动都是可预期的旅游扶持政策,有些景区对自身的吸引力过于自信,不主动融入"惠游"政策中,以致眼睁睁错失红利。

第四,精简择优,宁缺毋滥。如果要面面俱到,企业罗列数百条PEST因素都不为过,但将这些因素全部罗列出来,不仅费时费力,更是毫无必要。在特定时空背景和企业特定发展阶段,对旅游企业经营和营销活动产生重大影响的因素并不会很多。如何准确挑选出这些因素并加以综合分析利用,是制定科学合理的决策和战略的根本。

【项目2】 除政治环境、经济环境、社会环境、技术环境外,还有很多宏观因素对旅游企业营销活动具有较大影响。请大家以小组为单位,归纳自然环境对旅游企业营销活动的影响。

第四节 旅游市场营销环境综合分析

旅游市场营销活动受到宏观环境和微观环境多种因素的综合影响。在制定竞争策略和发展战略时,综合分析就显得特别必要。常用的综合分析方法是SWOT分析法。

SWOT分析法是将企业面临的两组对立统一的状态进行交叉,并以四象限形式呈现的一种典型分析思想,直观而全面。这种思想最典型的应用是时间管理的四象限法,即通过事件的紧急性与重要性进行交叉并决策,以及波士顿矩阵,通过分析市场的增长率和占有率来实施产品策略,如图2.4所示。

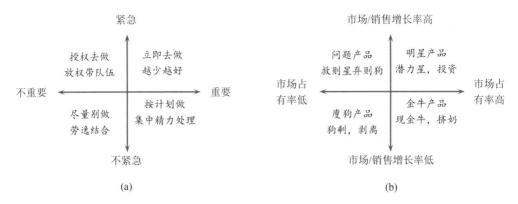

图2.4 四象限法(a)与波士顿矩阵(b)

【项目3】 四象限法的交叉思想在很多领域都可以发挥重要的分析决策作用,如图2.5所示。通过图2.5,请大家总结图2.6的启示意义。

穷人需要提高能力成为匠人
匠人需要兑现能力成为贵人
窘人需要提高能力成为贵人
贵人需要丰富能力恒为贵人
结论:改变命运的重要途径之一是通过学习提高能力和认知

图2.5 四象限法的变形及用途1

接下来,请你列出其他至少三组四象限分析图,如关怀与否同直白与否组合、善意恶意与谎言实话组合、威胁的严重性与发生概率组合、成功率与吸引力组合等。

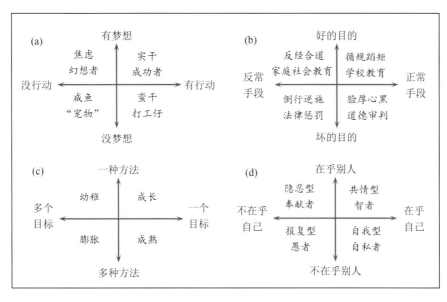

图 2.6　四象限法的变形及用途 2

接下来,请你再思考,图 2.4(a)所示时间管理四象限法,将时间平均分配是否合理?因为在不同时间段,人的工作、思考等效率不一样,即从工作和效率来看,时间也有密度。所以四象限法会有偏移,形成如图 2.7(b)的变形图。请你写出至少 3 条启示。如果这种思想用于波士顿矩阵的产品策略,请你也写出 3 点启示。

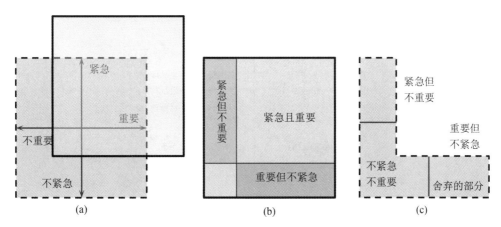

图 2.7　时间管理四象限法变形图

一、SWOT 分析法简介

SWOT 分析法也称 TOWS 分析法、态势分析法或道斯矩阵,20 世纪 80 年代初由旧金山大学管理学教授海因茨·韦里克(Heinz Weihrich)提出,经常用于企业发展战略制定、竞争对手分析等领域。如今 SWOT 分析法被广泛应用于广告、营销、经济、管理,以及个人发展分析与职业生涯规划等方面。

不同于一般四象限法用两组数据进行对比,SWOT分析法巧妙地将三组对立统一的状态放在四象限中进行对比分析,即优势(Strengths)与劣势(Weaknesses)、机遇(Opportunities)与威胁(Threats)、内部(Internal)与外部(External)。SWOT分析法的巧妙之处更在于以下几点。

首先,只用一个模型就能从梳理线索,到指导独立分析、指出解决问题的方向,再到匹配解决方案、指导决策行为的全过程。其次,SWOT分析法的底层逻辑非常简单——趋利避害,扬长避短,因此适用性极为广泛。最后,SWOT分析法基于四象限分析,优势是无交集无遗漏,足够全面,因此思路清、漏洞少,产出多。

SWOT分析法的优势非常明显:既能指导找线索,也能指导过程分析,还能提供决策参考,而且解决方案还很全面、直白易懂、适用性广,如果用户愿意,还能结合定量手段进行分析。这种优秀的分析模型实属难得,见图2.8。

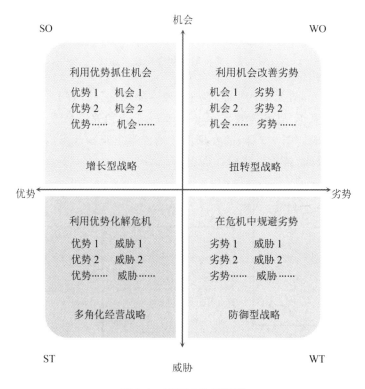

图 2.8　SWOT 分析模型

二、SWOT 分析法的使用

1. 内部优势与劣势分析

因为企业是一个整体,加上竞争优势来源的广泛性,所以,在做优劣势分析时必须从整个价值链的每个环节上,将企业与竞争对手做详细的对比。比如,产品是否新颖,制造工艺是否复杂,销售渠道是否畅通,以及价格是否具有竞争性等。如果一个企业在某一方面或几个方面的优势正是该行业企业应具备的关键成功要素,那么,该企业的综合竞争优势也许就会强一些。

优势是指一个企业超越其竞争对手的能力,或企业所特有的能提高企业竞争力的因素和条件。劣势则刚好相反,是竞争对手具备这些能力、因素和条件。具体而言,可从以下几个方面进行评价。

第一,技术技能。它包括独特的生产技术、低成本的生产方法、领先的革新能力、雄厚的技术实力、完善的质量控制体系、丰富的营销经验、上乘的客户服务、卓越的大规模采购技能等。

第二,有形资产。它包括先进的生产流水线与工艺、现代化的车间和设备、丰富的资源供应和储存、吸引人的不动产及其分布、充足的资金、完备的资料信息等。

第三,无形资产。它包括优秀的品牌形象、良好的商业信用、积极进取的公司文化等。

第四,人力资源。它指的是在关键领域拥有专业的、高素质的人才队伍和管理队伍,先进的人才引进、成长和使用机制,强大的组织学习能力,强大的人才凝聚力和敬业心等。

第五,组织体系。它包括高质量的控制体系、完善的信息管理系统、开放的内外部沟通渠道、忠诚的客户群、强大的融资能力等。

第六,竞争能力。它指的是关键领域竞争能力的获得,比如,产品开发周期短、强大的销售网络、与供应商良好的伙伴关系、对市场变化的灵敏反应、市场份额的领导地位等。

2. 外部机会与威胁分析

外部机会与威胁分析是外部环境对企业发展有直接影响的有利或不利因素,属于客观因素。企业经营环境随时在变化,这种变化对于企业来说,可能是机遇也可能是威胁。经营者应当确认并评价每一个机会的成长前景,选取可与企业匹配、提升竞争优势的最佳机会,更应及时把控危及企业利益的风险,采取相应的战略行动来减轻影响。

对于企业而言,常见的机会有:有利的政府政策,客户群的扩大趋势或产品细分市场,技能技术向新产品新业务转移并为更大客户群服务,前向或后向整合,市场进入壁垒降低,获得并购竞争对手的能力,市场需求增长强劲以及可快速扩张,出现向其他地理区域扩张和扩大市场份额的机会等。

常见的威胁有:出现将进入市场的强大的新竞争对手,替代品抢占企业销售额,主要产品市场增长率下降,汇率和外贸政策的不利变动,人口特征与社会消费方式的不利变动,客户或供应商的谈判能力提高,市场需求减少,容易受到经济萧条和业务周期的冲击等。

通常,在进行 SWOT 分析时,可以参考表 2.5 所列问题进行,不过在具体企业事项调查中,应该因地制宜,不可照搬。

表 2.5　SWOT 分析常见调查事项

优势调查	劣势调查
1.擅长什么/能做且别人做不到的地方 2.有什么新技术/突破性进展和应用 3.有什么独特的资源(包括客户、员工) 4.产品独特的卖点 5.品牌影响力 6.最近因何成功/有何经验教训	本条可参考"优势调查",也可酌情分析 1.在哪些方面经常表现不佳 2.客户经常抱怨什么 3.团队欠缺哪些能力 4.什么因素拖后腿 5.欠缺哪些资源
机会调查	威胁调查
1.市场中有什么适合的机会 2.可以与哪些企业合作 3.政策酝酿和行业标准的潜在变化 4.主要对手在做什么,有什么效益或动向 5.客户消费生活方式有哪些新变化 6.是否有更先进的管理、运营模式与思想	本条可参考"机会调查",也可酌情分析 1.重大灾害或政治事件 2.企业财务健康状况 3.近期员工工作热情与凝聚力变化 4.企业生态,特别是合作伙伴的动向 5.产品生命周期或新产品的替代趋势

在调查分析时,SWOT 使用者一定要摒弃"遮羞""低调""爱面子"等主观思想和行为,自欺欺人将使调查毫无价值。

 3. 四种组合策略

在完成 SWOT 分析事项的调查工作以后,企业需要对各事项进行综合评判,必要时可采用专家咨询法、定量分析法等手段评判企业当下面临的内外部环境状况。

根据调查分析的结果,SWOT 分析法有四种组合供决策者进行战略谋划。

第一,优势+机会(SO)——增长型战略。这是在企业处于自身优势多于劣势且外部环境机会大于威胁的状态时应采取的战略。当企业具有某些特定的优势,同时外部环境又为发挥这种优势提供有利机会时,企业应当积极、充分把握这千载难逢的机会,因为可能很多企业会同时拥有这种理想的状态,甚至行业外企业也可利用这些机会加入。

增长型战略又称扩张型战略或进攻型战略等,从本质上说只有增长型战略才能不断地扩大企业规模,使企业从竞争力弱小的小企业发展成实力雄厚的大企业。增长型战略是一种关注市场开发、产品开发、创新以及合并等内容的战略,即采用增长型战略态势的企业倾向于采用创新而非价格的手段同竞争对手抗衡。

企业增长在战略上可分为一体化扩张和多样化扩张。一体化扩张又可分为横向一体化(水平一体化)和纵向一体化(垂直一体化)。实现这些扩张的方法包括内部发展和外部发展(合并和合资等)。内部发展是指现有企业(公司)通过新股票发放或自身资金积累,而扩大现有生产规模,或者建立新厂、新的部门、新的子公司等。合并是指一个企业获取另一个企业的资源且无人抗争的过程。如果被合并的企业进行抗争,则称此过程为兼并。

第二,劣势+机会(WO)——扭转型战略。这是在企业自身劣势大于优势,但外部机会多于威胁的情况下应采取的战略,这时企业应该利用外部机会,克服内部劣势,努力发展,变自身劣势为优势。

扭转型战略又称改进型战略或跟随型战略等。这是企业通过对本企业和其他企业已采用的技术进行改进、完善,在原有的基础上创造出高质量、低成本的产品以控制和占领市场的一种战略。扭转型战略的实质是通过模仿创新,开发出比原来的产品性能更优异、结构更合理、成本更低廉、更富有竞争力的产品与服务。扭转型战略的最大优势是市场风险和开发成本都比增长型战略小,而且模仿创新不是复制对手的产品,而是叠加了如新功能、新体验、新模式等大量创新,特别是对手在实施扩张战略,无暇顾及产品品质的情况下,一旦这些创新得到市场认可,企业则将迅速转劣势为优势。扭转型战略不宜长期实施,特别是创新人才和动力不足的情况下,总是依靠模仿创新将使品牌形象落入"山寨"陷阱,一旦产品"爆雷"或被模仿对手发现侵权行为,企业将落败。

第三,优势+威胁(ST)——多角化经营战略。这是在企业自身有很强的实力,但外部环境充满威胁的情况下应采取的战略。企业应该利用自身的实力,扩大经营领域,慢慢克服环境劣势。

多角化经营战略又叫多种经营型战略或多样化战略等。企业尽量增大产品大类和品种,跨行业生产经营多种多样的产品或业务,扩大企业的生产经营范围和市场范围,充分利用企业的各种资源,发挥特长,提高经营效益,保证企业的长期生存与发展,是增加新产品和增加新市场两者同时并进的战略。多角化经营可以充分利用企业内部优势,规避经营风险。但是,如果过分追求多角化经营有财务风险、容易出现决策失误、造成管理质量下降等。

企业多角化经营的形式多种多样。一是同心多角化经营,指原产品与新产品的基本用途不同,但它们之间有较强的技术关联性。二是水平多角化经营,指原产品与新产品的基本用途不同,但它们之间有密切的销售关联性。三是垂直多角化经营,指原产品与新产品的基本用途不同,但它们之间有密切的产品加工阶段关联性或生产与流通关联性。四是整体多角化经营,指企业向与原产品、技术、市场无关的经营范围扩展。

第四,劣势+威胁(WT)——防御型战略。这是企业在自身实力不强,没有优势且外部环境充满威胁的情况下采取的战略。企业应克服内部劣势,回避外部威胁,保存自身实力。

防御型战略亦称防守型战略,是企业保持现状或对可能损害企业竞争优势和盈利能力的事件的发生做出反应的战略,包括紧缩、剥离、清算等。在某个有限的市场中,防御型组织常采用竞争性定价或高质量产品等经济活动来阻止竞争对手进入其经营领域,以此来保持自己的稳定。需要明确的是,防御型战略并不完全排斥进攻。

防御型战略的适用条件有:第一,宏观经济严重不景气、通胀严重、消费者购买力很弱;第二,企业的产品已进入衰退期,市场需求大幅度下降,企业没有做好新产品的投入准备;第三,企业受到强有力的竞争对手的挑战,难以抵挡;第四,企业的高层领导者缺乏对市场需求变化的敏感性,面对危机束手无策,被动地采取防御战略,或者企业高层领导者面对困境,主动地选择前景良好的经营领域,进行投资,实施有秩序的资源转移。

SWOT分析法四种常用战略见表2.6。

表 2.6　SWOT 分析法四种常用战略

内部因素/外部因素	优势 S 1、2、3……	劣势 W 1、2、3……
机会 O 1、2、3……	SO:增长型战略 关注市场开发、产品开发、创新等，以及企业的扩张与合并	WO:扭转型战略 以跟随、改进、模仿为主，叠加功能、体验、模式等大量创新
威胁 T 1、2、3……	ST:多角化经营战略 利用资源，发挥特长，增加新产品与拓展新市场并进	WT:防御型战略 以竞争性定价、产业联合等阻止对手进入、紧缩、剥离、转移等

4. SWOT 分析法的优化

SWOT 分析法一般见于定性分析，有的时候也会引入一些定量分析的手段，见表 2.7。

表 2.7　高级 SWOT 分析

项目	内容	总分值	打分	合计	行业均值
优势 S	1.擅长什么/能做且别人做不到的地方	5			
	2.有什么新技术/突破性进展和应用	3			
	3.有什么独特的资源(包括客户、员工)	4			
	4.产品独特的卖点	4			
	5.品牌影响力	6			
	6.最近因何成功/有何经验教训	3			
劣势 W	1.在哪些方面经常表现不佳	5			
	2.客户经常抱怨什么	6			
	3.团队欠缺哪些能力	4			
	4.什么因素拖后腿	5			
	5.欠缺哪些资源	4			
机会 O	1.市场中有什么适合的机会	6			
	2.可以与哪些企业合作	3			
	3.政策酝酿和行业标准的潜在变化	3			
	4.主要对手在做什么，有什么效益或动向	6			
	5.客户消费生活方式有哪些新变化	4			
	6.是否有更先进的管理、运营模式与思想	5			

续表

项目	内容	总分值	打分	合计	行业均值
威胁 T	1. 重大灾害或政治事件	5			
	2. 企业财务健康状况	6			
	3. 近期员工工作热情与凝聚力变化	5			
	4. 企业生态，特别是合作伙伴的动向	4			
	5. 产品生命周期或新产品的替代趋势	4			

高级的 SWOT 分析的核心是通过浅显的定量分析看企业是否具有哪方面投资的比较优势。只要企业的比较优势明显，即使某一行业竞争激烈，也可以考虑拓展这一业务。每个被评判内容的分值主要基于竞争对手长期从事该行业经营和管理而形成的每项评判内容的重要性来确定。每项分析内容的权重和分数可根据具体实际、多年经营数据及专家咨询结果等确定。如果需要，也可用运筹学、模糊数学、数理统计等更高级的数学方法来辅助分析。

另外一种优化思路是 TOWS 分析，即道斯矩阵。它的出发点与 SWOT 先分析内部相反，TOWS 是先看看市场上有什么机会，再分析自己是否有利用机会的优势。实际上两者区别并不大。

道斯矩阵的最终战略有四种：OS 积极进攻战略，当机会出现就要积极扩大经营成果；OW 弱点强化战略，机会来了，但自身实力有限，就要利用机会苦练内功；TS 差异化战略，当威胁到来，企业尚有优势时，就充分发挥优势，做出特色以规避威胁；TW 防守/关停战略，企业已经退无可退时，要坚决果断地止损。

5. 运用 SWOT 分析法时的注意事项

SWOT 分析法只是工具，分析结束后的战略制定与规划实施才是最重要的工作。

企业应快速确定以下几个问题：第一，应该立刻做好的事情；第二，应该即刻摆平的问题；第三，应该进一步调研的问题；第四，应该为将来计划的问题；第五，应依据紧急度、重难点马上制订详细计划，确定完成时间，并分解任务到具体的人；第六，每隔一段时间就进行一次重新评估，随时做必要的修改。

另外，进行重大决策时，仅凭一个 SWOT 分析是不够的，还要考虑到其他方法的综合运用，尤其要对变化的市场和竞争环境有比较清醒的认识。

◇ 本章小结

第一，旅游市场营销环境是旅游企业环境之一，是影响旅游企业市场营销思想、行为、能力等各种外部和内部因素组成的企业生态系统，由旅游市场营销微观环境和旅游市场营销宏观环境共同构成。旅游市场营销微观环境是与旅游企业联系紧密，直接影响其营销活动与能力的各种具体因素和条件,是决定旅游企业生存和发展的基本环境,主要由旅游企业自身、旅游供应商、旅游中间商、购买者、竞争者、公众等要素构成。旅游市场营销宏观环境主要以间接形式,并借助于微观环境作用于旅游企业,是影响微观环境的巨大社会力量,主要包括政治、法律、经济、人口、社会、文化、科技、自然等多种因素。

第二,波特五力分析模型认为行业中存在着决定竞争规模和程度的五种力量,分别为同行业内现有竞争者的竞争能力、潜在竞争者进入行业内的能力、跨行业替代者的替代能力、供应商议价能力与购买者议价能力。这五种力量综合起来影响着产业的吸引力以及现有企业的竞争战略决策。

第三,在市场营销学中,分析宏观环境的方法多种多样,常见的方法有PEST分析法、态势分析法(SWOT)、栅格分析法(ASEB)、矩阵分析法(四宫格或十六宫格,波士顿矩阵)、问卷调查等。在深度学习、情感与画像分析等数据分析技术不断丰富,以及抽样调查、聚类分析、结构方程、多元回归、神经网络等手段不断成熟便利的背景下,也常常被综合运用于市场营销环境的分析及营销战略的制定中。

第四,PEST分析模型很好用却很难用好,它的使用基础一是调研并掌握了充分、专业、可信的基础资料,对分析对象有较为深刻的认识;二是使用者必须能够充分认识宏观环境对企业影响的轻重缓急,即能较好分清主次与重难点,以及近中远期困难、目标及其实现步骤与途径等。否则,在错综复杂的外部环境、千差万别的企业定位上,很难做到全面深入、严谨准确。

第五,不同于一般四象限法用两组数据进行对比,SWOT分析法巧妙地将三组对立统一的状态放在四象限中进行对比分析,即优势(Strengths)与劣势(Weaknesses)、机遇(Opportunities)与威胁(Threats)、内部(Internal)与外部(External)。

◇ 本章思考题

1. 简述旅游市场营销环境的概念。
2. 试述旅游市场营销环境的特点。
3. 简述旅游企业的内部营销环境。
4. 试述波特五力分析模型及其五种力量。
5. 简述旅游企业营销环境中的公众概念及其类型。
6. 试述旅游营销环境中的政治环境。
7. 试述旅游营销环境中的经济环境。
8. 试述旅游营销环境中的社会环境。

9. 试述旅游营销环境中的技术环境。
10. 试述SWOT分析法的四个要素。
11. 列举SWOT分析法常见的调查事项。
12. 简述SWOT分析法四种组合策略。

第三章　旅游消费行为

◇ **本章目标**

■ **知识与技能**

能准确描述消费和旅游消费的含义与特点；能根据旅游消费的特点分析旅游消费与一般消费的差异性；能说出旅游消费对促进经济、社会、文化发展的作用；能准确描述旅游消费方式的概念、内涵和主要构成；熟练运用四象限法分析旅游者的旅游购买行为及营销策略，能准确说出旅游需要与旅游需求的差别；能准确分析旅游行为产生的机制与旅游者的旅游决策过程，并基于此总结影响旅游决策的主要因素；能说出典型的消费行为模式及其局限性，并应用于具体旅游消费行为分析和市场调研、营销等具体实践。

■ **过程与方法**

在自主、合作、探究的学习过程中培养学生进行旅游消费行为分析的观念和素养，锻炼学生在理解旅游消费行为产生的内在逻辑和机理、外部影响等基础上，分析影响旅游消费行为各个环节的主要因素，并培养对旅游消费行为进行引导与市场营销等的综合应用思维和能力。

■ **情感态度与价值观**

通过对旅游消费行为的调研、分析等，充分理解其特殊性以及旅游决策过程不同阶段的主要影响因素，形成客观看待旅游消费行为及其形成、变化、影响，以及正确引导、合理运用的素养，培养学生尊重旅游消费者与旅游市场，与各旅游相关者共同创造美好生活的观念。

■ **项目与方法**

本章涉及的常见分析方法有对比分析、因素分析、动态分析、6W2H分析、逻辑树分析等。通过本章学习需要完成的项目：制定特定人群旅游消费行为的调研方案。

◇ 引 例

携程旅行发布 95 后出游新秘密：青睐"旅行+"方式　更爱在专业平台"种草"

12月19日，2020武汉电竞旅游嘉年华暨《地下城与勇士》阿拉德市集登陆武汉园博园汉口里。电竞、游戏主题，自然吸引了不少95后、00后年轻人的目光。据了解，这场嘉年华将从19日持续到26日，其间将举办阿拉德市集、DNF国际F1天王赛等一系列活动。

95后、00后旅行爱怎么玩？戳中他们出游的点是什么？作为此次2020DNF阿拉德市集文创巡展官方战略合作伙伴，携程旅行发布"95后出游新秘密"：95后、00后的旅行更新潮有趣。旅行不仅限于景点拍照打卡，"旅行+"模式备受青睐，而目的地举办的特色活动，也成为吸引年轻人前往旅行的因素之一。

一、叠加兴趣爱好，"旅行+"模式受95后追捧

1996年出生的女孩萌萌是一名电竞爱好者，也是《地下城与勇士》的忠实玩家。此番来武汉旅行，除了打卡黄鹤楼、游东湖、品尝美食外，还有一个重要的原因，就是参加2020武汉电竞旅游嘉年华，"想看看DNF F1天王赛，然后再去阿拉德市集逛逛，据说还原了游戏场景，还结合了武汉的特色，这让我很期待"。据萌萌介绍，还有很多像她一样热爱电竞的年轻人也参与了这次活动。

事实上，越来越多像萌萌一样的95后、00后年轻人，更青睐"旅行+"的出行方式。通过整合大数据，携程旅行发现，有趣、潮流、时尚、创新是年轻人旅行的关键词。他们勇敢无畏、突破传统的旅行视角，充实了旅行的内容，也赋予了旅行更加多元化的场景。同时，目的地城市举办的特色活动，也成为吸引他们前往的因素之一。汉服秀、电竞赛、短视频展演、达人见面、音乐节、国潮风、手办玩具展等这类活动特别容易戳中年轻一代的旅行欲望点。他们往往会因为一场喜爱的活动，计划开启一场旅行。

携程旅行大数据显示：超70.25%的95后，会提前策划出游行程。"旅行+"的模式，使他们对旅行的目标更加清晰。从出游的方式来看，超八成的95后、00后出游一般会结伴出行，叠加兴趣爱好的旅行，能使他们结识同一圈子更多志同道合的朋友，拓宽旅行的社交属性。而在这种模式下，旅行时间也被延长。95后、00后的出游时长一般会在3天以上。除了参加心仪的活动外，夜游、美食、网红景点等也都深受年轻游客喜爱。

后疫情时期，人们的出游方式发生变化，从走马观花式旅游变为精品游、自驾游、深度游。对年轻人而言，旅行不再仅限于景点拍照打卡，他们更希望在旅行的同时，叠加兴趣爱好，并在有意义的活动中收获新的体验。

二、旅行分享种草，专业的细分内容平台受青睐

来自携程旅行的数据显示，不论是海南草莓音乐节、西塘汉服节还是成都美食节，都在活动期间吸引了很多年轻人前往旅行。除参与其中外，他们喜爱通过短视频、图文等方式分享内容。有趣的是,从分享的方式来看,年轻人种草从大众化的内容平台,逐渐向旅行内容平台聚焦。得益于平台的专业性,他们更能在这里找到兴趣圈和志同道合的同伴。

通过携程旅行旗下的内容平台携程社区的数据可看出,社区内容输出频率呈上涨趋势,日均内容点击量超150万,仅在11月28日—11月29日举办的2020海南草莓音乐节上,携程旅行和携程社区共触达超60000年轻受众,多位携程签约旅行家在携程社区分享音乐节所见所得,覆盖粉丝超千万。作为2020武汉电竞旅游嘉年华暨DNF阿拉德市集官方指定内容合作平台,携程社区预计,此次嘉年华,也将吸引千万粉丝持续输出有趣好玩的内容,年轻人天马行空的内容创作手法,或将催生新的"旅行网红"。

(资料来源:http://www.whtv.com.cn/p/879875.html.)

【思考】

1. 根据引例,你一定对95后出游的新需求有初步的认识,比如,他们更青睐什么类型的旅游产品、他们更喜欢以什么形式出游,他们出游有什么独特的行为特征、他们有什么不同的游后行为等。

2. 如果你是旅游产品设计者和营销者,你会用什么产品、借助什么渠道吸引95后、00后游客?如果让你设计一款旅游纪念品放在武汉电竞旅游嘉年华销售,你有什么创意,如何让纪念品火爆起来?请牢记你的角色和使命:吸引他们来,提供好服务,创造高价值……当然,这一切的背后都是经济效益和社会效益,也就是说,你的创意应该考虑经济回报、品牌形象等,当然也更应该考虑引导、传播正确的价值观,与95后、00后共同创造文明、和谐、友善、进步等旅游氛围与社会风气。

通过本章学习,我想你应该能得心应手地解决上述问题。

第一节 旅游消费行为概述

一、消费者与旅游消费者

1. 消费与旅游消费

消费包括生产消费与生活消费两大类。生产消费是在物质资料生产过程中生产资料和劳动力的使用和耗费,本质上是一种生产行为,其结果是生产出新的产品,是保存生产资料使用价值的唯一手段,也是增加社会财富、扩大再生产的重要途径。生活消费是满足人们生活与发展需要过程中生活资料及服务的使用和消耗,是实现人自身再生产的行为与过程,包括满足基本生存需要的消费,以及发展与享受需要的消费两个方面。

一般认为,《产品质量法》调整生产消费关系,《消费者权益保护法》调整生活消费关系。

世界旅游组织将旅游消费定义为"由旅游单位(游客)使用或为他们而生产的产品和服务的价值"。旅游消费是旅游者基本生存需要得到满足之后产生的更高层次的消费需要,属于满足发展与享受需要的消费。

旅游消费对促进经济、社会、文化发展具有重要作用。

一是旅游消费的产业带动性强,具有促进经济结构优化和提质增效升级的重要作用。旅游消费与交通、餐饮、住宿、园林、文化、保险、工农业、商业、城市服务、装备制造等百余个行业直接相关,关联效应和倍增效应极强。同时,旅游消费形式多样、丰俭由人,因而需求总量大,社会覆盖面广,是拉动产业联动与高质量发展、扩大内需的利器。

3-1 旅游消费的特点

二是旅游消费的社会功能丰富,具有促进人的全面发展和构建和谐社会的重要作用。旅游消费是为了提高人们的文化素质,陶冶情操,发展劳动者的智力体力,从而达到劳动力内涵扩大再生产要求的消费,对于促进社会发展、吸纳就业、民族融合、国家形象与软实力提升等作用显著。

三是旅游消费的文化特质突出,具有促进文化传承创新与文明发展进步的重要作用。旅游与文化具有天然互补性,相互赋能的能力和作用极强。旅游消费引导文化创造性转化,让文化资源和要素有效活化,文化又能促进旅游事业创新性发展,让旅游的影响内涵化、深刻化,因而旅游消费成为推动传统文化永葆生命力、彰显多元一体文化格局、铸牢中华民族共同体意识的重要载体。

旅游消费与一般消费有许多共同之处,但差异性也明显,表3.1对他们之间的差异性做了一个简单罗列。

表 3.1　旅游消费与一般消费的差别

不同点	一般消费	旅游消费	备注
购买决策	只做一个决策是终点	要做一系列决策不是终点	旅游购买决策完成后,还有出行决策、住宿决策、购物决策、景区景点决策、活动决策等
消费对象	明确	不明确综合性强	旅游消费既包括旅游前、旅游中支出,也包括实物和服务消费,还包括生存性、享受性、发展性消费
商品移动	商品向消费者移动	消费者向商品移动	消费者移动的距离越长,旅游需求往往会越强烈
忠诚度	行为忠诚为主	心理忠诚为主	一般消费忠诚的表现是复购;旅游消费重游率低,忠诚的表现是向亲友推荐
效果与评价	差异小	差异大	一般商品标准化程度高,使用效果和评价差异小;旅游消费的效果和评价则因人而异,具有主观性
排他性	排他	不排他	旅游容量之内旅游消费不排他

2. 消费者与旅游消费者

按照科特勒消费者市场(Consumer Market)观点,消费者一般指购买和使用各种消费品,发生消费行为的人或群体,包括个人消费者和组织消费者。个人消费者是为了个人和家庭生活的需要而购买或使用商品的个人或家庭,组织消费者是为了生产或转卖等营利目的以及其他非生活性消费目的而购买商品的企业或社会组织。

旅游消费者是因旅游消费需要而进行购买、使用旅游产品的个人或组织。从购买频率、支出水平等不同标准出发,旅游消费者可以分为不同类型。对于旅游企业来说,个人和群体旅游消费者,以及组织机构旅游消费者是最主要的两种顾客,前者是指直接购买和使用旅游产品和服务的旅游者个体、家庭或群体。组织机构旅游消费者又分为两种,一是为满足特定组织内部成员自身旅游消费需要的组织机构购买者,如公司企业、政府机构、各种协会、会议机构等;二是为盈利而代售转卖,或者购买旅游产品和服务并进行一定的组合加工、营销推广等再生产过程的旅游中间商,如各类旅游批发商、旅游经销商、旅游零售商、旅游代理商、在线旅游服务商,以及旅游经纪人、旅游销售代表、旅游联营组织、会奖组织等。

普通消费者的特征包括购买的差异性、广泛性、非专业性、周期性、时代性、发展性、流动性、复购性等。与普通消费者相比,旅游消费者的情感需求比重越来越大,求新求异心理越来越强,个性化产品与服务需求越来越高,产品与服务的感受和体验性越来越受重视,参与产品与服务设计、生产等定制过程越来越积极,公益、健康、和谐等意识越来越强烈等特性的叠加,让旅游消费者特征显示出情感化与高端化、从众性与盲目性、小众化与碎片化、体验性与参与性、定制化与私享性、个性化与价值指向性等独特性。总之,旅游消费者较普通消费者更需要尊重与品位、引导与教育、细分与定位、合作与融入、专享与私密等。

3-2 为什么一听到旅游消费者引导和教育,我们就烦?

二、旅游消费行为

为满足旅游者的消费需求,旅游消费者在收集相关信息的基础上,评估、决策、整合、使用和反馈旅游产品的一系列行为和过程统称为旅游消费行为。

1. 旅游消费方式

3-3 从旅游网站电子邮件营销谈邮件中的用户引导

旅游消费方式是指人们在旅游活动中消费物质资料、精神产品和劳务的方法和形式,即在一定条件下,旅游者为什么消费、有何能力消费、以什么形式消费、用什么方法消费旅游产品,以满足自己的旅游需要。旅游消费方式主要包括旅游消费意识、旅游消费习惯、旅游消费能力、旅游消费水平、旅游消费结构等。

第一,旅游消费意识由旅游消费心理和旅游消费观念构成。旅游消费心理是指人们在一定条件下形成的由自身感觉所体验的心理活动,包括旅游消费动机、意向、兴趣等。它属于浅层的旅游消费意识,具有自发性和可变性。旅游消费心理直接决定和影响消费动机和行为。

旅游消费观念指人们在一定的人生观、价值观的基础上所形成的一种较强的旅游消费心理倾向性和价值评判,是一种深层次的旅游消费意识,通常具有相对的稳定性。旅游消费观念为人们的旅游活动提供消费模式。

第二,旅游消费习惯指人们在一定条件下经常发生的、带有倾向性的旅游消费行为,具有民族性、地域性和相对稳定性等特点。旅游消费习惯形成于特定的经济、政治、地域和文化背景下,也是区域文化差异的重要因素,对旅游消费方式具有相对稳定和连续性的影响。

第三,旅游消费能力指旅游者为满足自身旅游需求而消费旅游产品的能力,包括物质消费能力、精神和心理消费能力。社会、经济、文化和生理发展水平是旅游消费能力的物质和经济基础,旅游服务质量和水平则制约着旅游消费能力的实现。

第四,旅游消费水平是指旅游活动中旅游者在物质和精神需要方面获得的满足程度。旅游消费水平是物质消费与精神消费、旅游消费的数量与质量的统一。不同个人、家庭和消费群体的旅游消费水平差别,反映人们不同的经济关系,这是旅游消费分析的重要因素之一。

第五,旅游消费结构指旅游活动中旅游者对各类旅游产品消费的数量比例及其相互关系。它既反映各类旅游消费产品在旅游总消费中的比例关系,也反映由生产力所决定的旅游消费的水准和质量。

在旅游总消费中,交通、住宿、餐饮、娱乐、游览、购物、通信、医疗等各项支出占总支出的比例是旅游消费结构的基本内容。旅游消费的内容丰富性、消费支出与层次、消费形式差异等是社会生产力水平和生产关系的反映和体现。

2. 旅游购买行为

旅游购买行为是指旅游者为满足其旅游需要,在旅游动机的驱使下产生的、以货币换取旅游产品和服务的实际行动。

按照不同的标准,旅游购买行为可以分为不同类型,见表3.2。

表3.2 旅游购买行为分类

分类标准	旅游购买行为类型
1.决策单位	个人和群体/旅游者的旅游购买行为,组织机构的旅游购买行为
2.产品属性	当日往返旅游购买行为,短程旅游购买行为和远程旅游购买行为
3.购买能力	经济型旅游购买行为,标准型旅游购买行为,豪华型旅游购买行为
4.费用来源	自费旅游购买行为,公务旅游购买行为,社会资助旅游购买行为
5.购买时间	现实的旅游购买行为,潜在的旅游购买行为
6.目标确定程度	全确定型、半确定型、不确定型旅游购买行为
7.购买目的	观光型、娱乐消遣型、求知型、公务型、保健型旅游购买行为
8.旅游者态度与性格	习惯型、理智型、经济型、冲动型、疑虑型、模仿型、情感型等旅游购买行为
9.现场情感反应	沉着型、温顺型、活泼型、反抗型、傲慢型等旅游购买行为

我们现以旅游消费决策单位作为分类标准,讨论个人和群体/旅游者的旅游购买行为,以及组织机构的旅游购买行为,如图3.1所示。

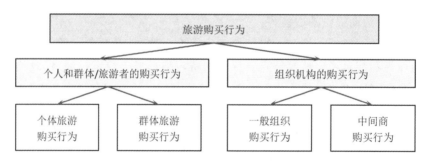

图3.1 按旅游消费决策单位划分的旅游消费行为

(1)个人和群体/旅游者的旅游购买行为

个人和群体/旅游者的旅游购买行为具有人数多市场广、购买量小但频繁、消费各异且弹性大、购买决策情绪化、非营利性等特点。

个人和群体/旅游者的旅游购买行为随其购买产品的差异而有所不同。根据购买过程中旅游者的介入程度以及品牌的差异程度,旅游者的旅游购买行为又可以分为复杂的购买行为、减少失调感的购买行为、习惯性的购买行为和寻求多样化的购买行为,如图3.2所示。

图 3.2 旅游者的旅游购买行为

第一,复杂的购买行为。个人和群体/旅游者消费前看不到且无法真实了解产品,当旅游者购买的旅游产品价格高、品牌差异大时,往往会提前调研、收集各种信息,如查询各种攻略和点评,询问有过往经历的亲友等。当正反馈足够大时,旅游者才会购买。对于复杂的购买行为,营销人员应采取有效措施帮助旅游者了解产品。

第二,减少失调感的购买行为。个人和群体/旅游者偶尔也会购买一些相对贵重或冒风险的旅游产品,且各品牌之间的差异并不明显。例如,习惯住宿中档酒店的游客入住高档酒店,因为价格较贵、仅偶尔购买并且同价位同档次酒店差别不大,选择的余地很多,游客会因各品牌产品的独特优点不可兼得而产生失调感,所以会高度介入以减少购后失调感。营销人员应提供更多的信息以强化其购买信心。

第三,习惯性的购买行为。个人和群体/旅游者往往会出于习惯或品牌熟悉度而非品牌忠诚,对于经常购买、价格相对较低、品牌差异小的产品不会过度介入,如习惯入住经济型酒店的游客,可能更依赖自身业务办理的便利度来选择同类酒店。营销人员应注重品牌推广、建立信任感,提供会员优惠和独特体验等强化顾客印象,培养忠诚度。

第四,寻求多样化的购买行为。尽管有些产品品牌差异明显,但同价同档同功能的其他品牌可选产品实在太多,而且价格、服务质量等已经形成惯例和共识,旅游者并不愿花长时间来选择和评估。例如,城市旅游中,本地游客只想先游遍全市及其周边景点,哪里没去就去哪里,外地游客则尽可能挑选精华的数个景点,哪里评级高游哪里。营销人员可采用销售促进、改良产品的个性和体验性、会员优惠等来促使购买行为向习惯性的购买行为转变。

旅游者的旅游购买行为及营销策略见表3.3。

表 3.3 旅游者的旅游购买行为及营销策略

旅游者的旅游购买行为	购买对象	旅游者参与程度	旅游营销策略
复杂的购买行为	贵重、风险大、不常买且差异大的产品,如高价旅游纪念品	必须收集很多信息,购买的过程也是一个学习的过程	促销者对于该类产品拥有足够的知识和耐心,帮助购买者掌握产品知识,宣传本品牌的优点,简化购买决策过程
减少失调感的购买行为	产品差异不大,但不经常购买	旅游者一定要比较、看货、考虑价格	提供完善的售后服务,提供健全的产品信息,提供同类产品客观比较信息,提供个性化服务和体验加深印象,培养顾客忠诚

续表

旅游者的旅游购买行为	购买对象	旅游者参与程度	旅游营销策略
习惯性的购买行为	价格低廉、经常需要、品牌差异较小的产品	无须收集信息和评价购买、被动接受信息	利用价格等吸引消费者,利用广告加深消费者印象,增加购买参与程度和品牌差异,建立会员制固定购买者
寻求多样化的购买行为	品牌差异明显,如酒店健身中心、娱乐活动等	不愿意花很多时间和精力来选择和评价旅游产品	通过宣传建立领军品牌形象,通过折扣、赠券、试用等培养购买习惯,建立会员制固定购买者

（2）组织机构的旅游购买行为

可以从不同角度对购买旅游产品的旅游组织机构进行分类,如按购买的最终目的分为自身消费的组织机构和代售转卖型组织机构;按照购买属性分为营利性组织机构和非营利性组织机构;按照购买频率和数量分为经常大量购买、经常小量购买、偶尔大量购买、偶尔小量购买的组织机构。

组织机构的旅游购买行为一般具有以下特点:① 批量少、规模大、可预见;② 市场相对集中、需求弹性小、价格不敏感;③ 专业和协议购买为主,可能需要谈判投标;④ 互惠租赁与质量至上原则。

第二节　旅　游　决　策

一、旅游决策概述

旅游决策是旅游者对出游活动进行评估、选择、安排和最终决定的行为和过程。若其他影响因素不变,旅游需要和旅游动机将直接导致人们做出旅游决策。

1. 旅游需要

旅游需要是指人们因旅游活动及其要素的缺乏而产生的对旅游行为的自动平衡倾向和

择取倾向,即对旅游的意向和愿望。旅游需要的主体是旅游者,包括现实旅游者和潜在旅游者;对象是旅游,包括旅游活动本身及其旅游涉及的诸种要素。凡是以旅游为对象的需要都是旅游需要,而不是仅仅限定为人们对旅游产品和旅游服务的愿望与要求。

旅游需求是特定环境下旅游者愿意并能够以一定货币支付能力购买旅游产品的数量,表现为旅游者对旅游产品具有消费能力的购买欲望,分为潜在旅游需求和现实旅游需求两类。潜在旅游需求是现实旅游需求的基础,现实旅游需求是潜在旅游需求开发和发展的结果,潜在旅游需求反映旅游市场扩容潜力,而现实旅游需求反映旅游市场结构、规模、层次、发展阶段与趋势等现状,二者在一定条件下可以相互转化。

2. 旅游动机

旅游动机是驱使旅游者进行旅游活动的内部动因或动力,促使旅游者做出出游决策的内在动机是多维的。罗伯特·麦金托什和沙西肯特·格普特《旅游的原理、体制和哲学》将旅游动机分为身体健康、文化、交际、地位与声望四类动机;田中喜一《旅游事业论》提出旅游动机的心情、身体、精神、经济四分法,两者大同小异。

需要具有"缺乏"的含义,产生于生理和心理的不平衡状态,表现为有机体对内外环境条件的欲求。动机即行动的契机,是由人的需要所推动的,激发个体朝着一定目标活动的心理过程或内部的动力。同一需要的满足形式和途径可能多种多样,有些能被意识到有些则不能,那些能被意识到的且能够被满足的需要更易产生动机,而动机激发行为,而且对行为具有导向、维持和强化作用。旅游行为的产生过程如图3.3所示。

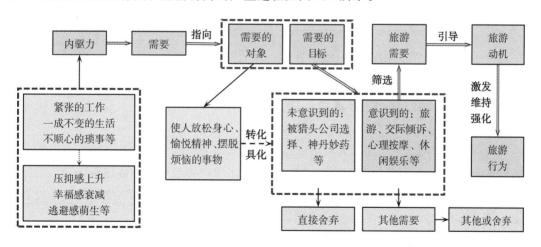

图 3.3 旅游行为的产生过程

旅游动机的相关范畴包括旅游内驱力、旅游需要和旅游行为。旅游动机相关范畴之间的关系构成了旅游行为的动力学模型。其模型可以简单描述为"旅游内驱力—旅游需要—旅游动机—旅游行为"。

旅游动机的产生和其他动机一样,都源自旅游者的需要。比如,有的人旅游是出于疗养和健康的动机,有的人旅游是出于增加见闻的动机等。人们在实际的旅游活动中,一种需要被满足了,还会产生新的需要,这样又有新的动机会产生,所以旅游动机始终是动态变化的。

旅游需要与旅游动机到旅游行为之间还存在着许多客观影响因素,如空间距离、闲暇时间、交通水平、知名度、特色水平、服务质量、文化环境、安全问题、个人偏好等。

二、旅游决策过程

旅游决策过程是指旅游购买过程中所经历的步骤。旅游决策过程可以看作一个问题识别和解决的过程,如图3.4所示。其中个人和群体/旅游者旅游购买过程与组织机构旅游购买过程有细微差别,同时旅游者购买过程中的个体和群体购买过程,以及组织机构购买过程中自身消费和转卖代售购买过程也存在一定差异。

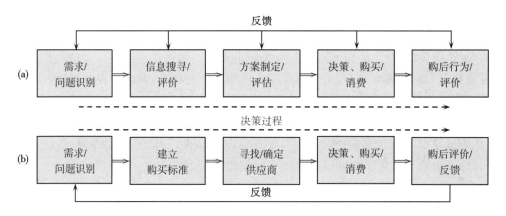

图3.4 个人和群体/旅游者旅游购买过程(a)与组织机构旅游购买过程(b)

1.个人和群体/旅游者购买决策过程

第一,需求/问题识别。问题是旅游者潜在的未被满足的需要,主要表现为个人需要及物质精神准备情况、支付能力和闲暇时间的变化、旅游地宣传与参照群体的影响等。营销人员要时刻关注旅游者未被满足的需要,了解这些需要与自身经营的关系,思考如何诱发旅游者去认真识别和评估这些需要,以及如何引导旅游者选择旅游产品。

第二,信息搜寻/评价。从旅游者旅游需要被识别和确认,到实现旅游购买行为,需经历需要(原动力)—欲望(导向力)—需求(购买力)—动机(驱动力)的过程。其间,旅游者会根据旅游内驱力强度、原有信息基础,以及新信息获取顺序、难度、数量与价值等,去定位和评价满足需求的旅游产品。旅游者除收集自身需求信息、商业信息、公共信息外,还会综合衡量自身身心准备情况、闲暇时间、支付能力等信息与旅游产品的匹配程度。

在自身需求信息上,个人和家庭旅游者的意见比较容易统一,而群体旅游者则较难,所以群体旅游者会多一个统一意见的复杂的互动博弈过程,并会持续延伸到后期的方案制定与评估、购买决策、消费组织等许多方面。越松散的群体越难以形成购买,但也越接近购买旅游公司的专业服务,如同学会交给旅行社或拓展公司可能会好一点,自行组织则会增加很多不确定性。

营销人员除了需要提前介入引导旅游消费外,更应关注在旅游购买过程中谁是倡导者和决策者。传统商业信息如企业推广和宣传很难再打动旅游者,在人流量集中地段发传单已是最无效的营销,现代社会更加依赖通过大数据分析技术进行内容植入和精准推送。公共信息中,旅游攻略、分享、点评、团购等网站和平台是最重要的信息源,其影响力不亚于亲友亲身经历的宣传示范作用,营销人员更应善于利用这些信息源开展营销活动。

第三,方案制定/评估。经过信息评价与产品匹配,旅游者会过滤、筛选、确定一两个方案,并进一步收集信息了解相关细节。根据旅游产品属性,旅游方案评估分为补偿型评估和非补偿型评估两种,补偿型评估即认为产品上乘属性可弥补缺陷和不足,比如,不看重黄鹤楼文化的人可能会说黄鹤楼"不好玩""票价高",但是外地游客来一趟武汉,各项条件具备却不游黄鹤楼这个经典景区将会留下遗憾,所以会主动忽略"缺陷"。非补偿型评估即认为旅游产品各属性上的优缺点无法互补,只要备选方案达不到某些标准就会被否决,比如,外国游客来游黄鹤楼,如果景区不提供外语导游服务,他们很可能就不考虑这里。

第四,决策、购买/消费。在旅游活动成行之前,旅游者可能还会对方案进行信息收集和评估。在实际消费过程中,旅游者可能基于身心受益程度、性价比、社会效益等实际感受超出心理预期的多少来评判本次旅程的满意度,并通过"晒"来体现,即自己的收获是否值得以文字、照片、视频等形式在社交媒体、网站、视频平台等分享,并供后来者心慕手追、鉴往知来。比如,黄鹤楼雪糕之所以能成为网红产品,是因为游客愿意"晒"它的创意和自己游玩黄鹤楼的独特经历,并收获积极认可、评价和效仿。对于营销人员来说,避免"槽点",创造足够独特且层次分明的"晒点"是收获顾客满意度的基础,包括"晒"特权和优越感、"晒"亲友和幸福感、"晒"文化和价值感、"晒"自然和崇高感、"晒"经验和博闻感等。迪士尼乐园成功的关键也是有足够丰富的"晒点",如米奇蛋、爆米花台灯、折成卡通形象的浴巾和被子、现场作画的扫地僧、创意玩具、电影周边等,只需要一张照片就能晒出各种骄傲的感受。

第五,购后行为/评价。旅游者是旅游产品最重要的传播者,购后行为和评价是开启未来产品销售的关键环节。营销人员不仅要善于创造游客来时的惊喜——"晒点"多多,更要把握游客走后的怀念——回忆满满。要做到回忆满满,旅游企业至少要从两方面为游客创造价值,一是有足够多的谈资,他才会在不经意间向自己的亲友推荐这段行程,前面讲的"晒点"其实就是最好的谈资;二是有经常性的刺激,他在很久以后依然对这段旅程念念不忘,是因为有旅游纪念品等信物在不断提醒和暗示,所以赠送或推荐购买日常生活中常用的高性价比特色旅游纪念品,如工具、饰品、摆件等是营销人员应该关注的工作。如果游客不愿使用印有企业名称、商标的帽子、T恤、手提包等,一般是因为"拿不出手",但用苏恒泰油纸伞遮阳挡雨,用亨达利钟表、汉绣、麦秆画、楚文化系列布艺堆绣等装饰墙面,用荣宝斋的文房四宝"舞文弄墨",穿着胭脂路定制的手工服装,效果就明显不同,至于汪玉霞、曹祥泰、周黑鸭、蔡林记等食品,一般作为伴手礼推荐即可。

3-4 重新认识消费和消费者

【项目1】 请根据武汉地域特色,构思一款兼具功能价值(日常使用)和纪念意义(回忆价值)的旅游纪念品。

2.组织机构的购买决策过程

组织机构的购买决策过程与个人和群体的购买决策过程有很多相似之处,这里做一些必要的补充。

第一,需求/问题识别清晰而具体,如商务、团建、中间商购买等,即购买目的明确、意愿强烈、周期规律。组织机构高层管理者和采购部门依据组织相关规章制度进行评估,并建立经费、时间、项目、距离、人员等购买标准。营销人员应主动联系组织机构采购部门,了解政策和需求,提前量身定制"特供"方案,必要时可签订合作协议。

第二,普通组织机构购买标准较为固定,特别是财务、项目规格与数量等规定较为严格。中间商购买标准可能较为全面,但可能更关注淡旺季分布、项目结构、采购价格与风险共担等。

第三,组织机构寻找旅游供应商的方式很多,重大项目可能会采取招投标形式。普通组织机构对于旅游产品的真实品质及满足核心需要的能力十分看重,品牌声誉、人员素质、产品质量与品味、配套服务、经营理念等都是寻找和选择旅游供应商的重要依据。在供应商基本确定后,组织机构可能还会安排一些必要的考察和洽谈活动。

第四,在大批量、高价值旅游产品的实际购买过程中,组织机构可能会采取分散购买策略,这样既能分散风险,也能形成竞争的良性循环。

第五,因时间跨度长、购买频次高、购买人员多而杂、集体活动中从众和将就心理强等原因,组织机构的购后评价是一件较为困难的事情。营销人员要经常并及时与组织机构采购专员、主要游客等保持沟通,必要时需要积极观察和记录游客反应,及时反馈并更新和改进相关服务,避免本企业毫无征兆地被组织机构"优化"掉。

三、旅游决策的影响因素

影响旅游决策的主要因素包括文化因素、个人因素、心理因素、限制因素等,如图3.5所示。组织机构旅游决策除需综合考虑以上四大因素外,还需加强外部环境、内部组织、人际因素等的调查研究。

1.文化因素

文化既包括信仰、态度、目标、社会中大多数人的价值观,也包括行为的方式、规则、大多数人遵循的习俗;既包括社会环境和物质环境的主要方面,也包括主要的社会机构和物质因素(如产品、工具、建筑)。在消费者行为研究中,文化主要指一定社会经过学习获得的用以指导消费者行为的信念、价值观和习惯的总和。

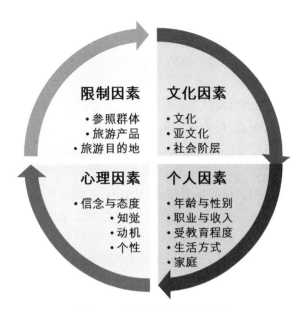

图 3.5　旅游决策的影响因素

文化既是指导旅游者消费认知、判断、选择等行为的核心内驱力,客观文化差异更是形成旅游活动的源动力。在家庭出游中,我们看到的画面是:中国家庭里通常是爸爸一人背三个包,美国家庭中则通常是爸爸、妈妈、孩子三人各自背自己的包,这就是文化差异的结果。

第一,文化对旅游消费的影响。

文化差异决定了旅游者的旅游感觉和知觉差异。比如,受天人合一传统文化的影响,中国游客在游览自然景观时更容易"寄情于山水",将自然景观人格化;而受工具思维和文化的影响,西方游客更倾向于通过自然景观寻求全身心放松、享受、挑战和征服等现实美。

文化差异塑造了旅游者消费观念和习惯的差异。比如,中国游客视旅游为奢侈消费,重积蓄,形成计划消费的性格;重含蓄、庄重,形成务实低调的消费观念;重和谐友善、求同存异,形成从众和诚信消费的习惯。而大多数西方人则视旅游为基本生活和生存权利,宁可借钱或超前消费也要主张个人权利与价值;重独立自主,形成优先考虑自己意见的消费观念;重责有攸归,形成 AA 制等权利义务对等均分的消费习惯。

文化差异彰显着旅游者不同的消费情绪和情感。比如,中国游客会尽量避免购买含"4、38、250"等字样的产品和服务,商家在价格、包装数量及门牌、项目、工具等编号上会尽量避开,以给予各方情绪情感的愉悦、吉祥暗示。西方游客普遍对"13""星期五"比较忌讳。韩国人喜欢"3",日本人喜欢"3、5、7、8",德国人和荷兰人喜欢"4",法国人喜欢"7",菲律宾人喜欢"7、8",泰国人喜欢"9"等。

第二,亚文化对旅游消费的影响。

亚文化又称副文化,是指某一文化群体的次级群体成员所拥有的共同信念、习惯及价值观等,包括民族亚文化、宗教亚文化、地理亚文化、年龄亚文化、性别亚文化等。这些次级群体成员被称为亚文化群,其范围和边界更细致、明确、精准,并预示着一些独特而稳定的消费变量,如饮食、居住、出行、社交、休闲、信仰、媒介及其他偏好与价值判断等,因此更具行为和营销学意义。比如,在逾越节期间,肯德基炸鸡、必胜客比萨、汉堡王和麦当劳都调整了菜单,使它们适合逾越节期间犹太教对饮食的规定。汉堡王推出了玉米和大豆面圈,麦当劳把它的麦乐鸡块做成肉泥掺到专供逾越节期间吃的一种未发酵面包当中,必胜客比萨用未发酵的面团做饼坯,而肯德基炸鸡则用叉烧鸡取代了炸鸡。

第三,社会阶层对旅游消费的影响。

社会阶层是由具有相同或类似社会地位的社会成员组成的相对稳定、持久、独立的社会群体,同一阶层成员之间的态度、行为模式和价值观等具有相似性。社会阶层是职业、收入、教育等综合作用的结果,且存在一定的流动性,所以相同社会阶层的游客旅游消费既有相似性,也有差异性,而不同社会阶层游客旅游消费的差异性与相似性同样客观存在。

首先,游客会根据自己的阶层归属感和认同感协调旅游消费行为,并与同阶层游客尽量保持一致,所以旅游消费层次与社会阶层的对应关系客观且清晰。比如,高阶层游客普遍追求成熟感、成就感,注重高品位、高标准型旅游产品;中阶层游客则多追求社会接受性、示范性,注重高情调、高形象型旅游产品;普通阶层游客大多看重性价比、周全和标准服务,注重立即满足、优惠型、实用型旅游产品。

其次,各阶层旅游消费受临近阶层,特别是更高一个阶层影响较大,不同阶层之间旅游消费具有从高到低的传导性,如在特定阶层突然火起来的新旅游项目,可能在较高阶层已经流行了很久。比如,国外度假、滑雪潜水、奢华游艇、高端私人定制旅游等目前多为高阶层游客的"专属"产品,但近些年逐渐被更多中阶层游客追捧,这既是其消费能力提升的体现,更是彰显阶层提升的需要。但是,当高端产品大众化后,高阶层游客可能会远离它们并选择更高端、更私人的尖端和稀缺的旅游产品。

最后,阶层之间最大的差距是信息差,阶层越高,信息接收和处理能力越强。普通阶层游客可能比较依赖亲戚、朋友提供的信息,对误导和欺骗性信息缺乏甄别力,容易产生冲动性消费,但一般会比较现实和稳定。中阶层游客则会更主动搜集分析外部信息,特别是来自高层的信息和指引,形成跟风和攀比性消费。高层游客信息、人脉和资源相对丰富、阅历广博,因而更加开放自信,趋于高品质、独享性、开创性精神享受和文化体验消费。

2. 个人因素

旅游者个人因素通常是决定旅游者亚文化群体、社会阶层等的重要变量,如年龄、性别、受教育程度、家庭生命周期、收入和职业等,因此对旅游者消费影响非常大。

第一,年龄与性别。

年龄的差别往往意味着生理状况、心理状况、收入及旅游购买经验的差别。年龄既是个人生命周期阶段划分的依据,也是家庭生命周期的表征,特别是成家之后,个人消费行为与家庭及其成员捆绑在一起,旅游消费呈现出与单身时期截然不同的特征。不同年龄的旅游者在选择旅游产品的种类、品牌以及在旅游过程中的消费行为也有很大差别,而且随着年龄的增长,还会不断改变其需求及购买行为。

性别角色差异源于社会分工与适应,最终形成就业、收入、社会地位等性别差别,并进一步影响男女性旅游消费的价值判断、感觉知觉、审美态度、动机需要等。随着女性社会和家庭地位的不断提升,男女之间消费行为正在趋同,但纯生理差异的影响依然显著,如女性示弱源于审美和安全的需要;男性示强是地位和威望的需要,所以惊险刺激、豪情万丈的旅游项目总能获得男性青睐。体力上,男性的爆发力强但恢复较慢,女性则胜在耐力强,旅游时女性逛风情街、购物街、美食街总是兴致盎然,而男性则宁愿坐下来品茶喝酒。

第二,家庭。

父母价值观、生活方式、教育方式、行为示范等塑造了家庭气质,使其成员的旅游消费观念、习惯等行为趋于一致,也使家庭旅游成为典型群体旅游中频率最高、参与最广、形式最多、消费最强的一种旅游形式。

家庭生命周期对个人及家庭旅游消费行为有很大影响。新婚阶段钟爱浪漫喜庆型旅游产品,旅游消费旺盛并一直持续到孩子出生。子女入学前,家庭旅游多集中于短程旅游,主要消费以子女消遣娱乐为主。子女入学后,核心消费以子女教育成长、开拓视野等为主,时间可能集中在寒暑假。子女成年后成家前,家庭经济相对宽裕起来,家庭旅游消费开始增量提档,豪华、远程旅游明显增多。随着婚育观的演变,未来单身和丁克群体数量可能会比较大,他们对探险和远途旅游及新产品有强烈的兴趣,也有足够的时间和精力,所以单身或丁克群体的旅游需求会成为一个旅游热点和风口。当家庭生命周期进入退休阶段,因闲暇时间更多,身体和经济状况较好的家庭旅游需求更加旺盛,注重舒适、温馨、慢节奏、高消费。随着老龄化社会的到来,老年群体旅游需求将成为另一个旅游热点和风口。

第三,职业与收入。

职业不仅决定了人的收入水平、闲暇时间、社会地位,更深刻影响着人的社交范围与活动、生活方式、旅游需求和倾向,以及旅游消费结构等。收入水平决定着可自由支配的收入水平,也决定着需要的层次和满足程度。游客可自由支配的收入水平越高,旅游消费层次也会越高,旅游消费需求的满足程度也会越充分。

稳定和持久的收入对旅游消费具有显著推动作用,对低收入群体消费决策的促进作用更高,对高收入群体消费规模的扩张作用则更强。相反,收入、自然、社会等不确定性对旅游消费体现出明显的抑制作用,而且低稳定性、低收入群体对各类不确定性更敏感。

第四,受教育程度。

首先,受教育程度的提高强化了旅游消费行为的自觉性、主动性。文化水平决定了游客对旅游消费的认知和理解,使其有意识地、主动地实施旅游消费行为,以满足其陶冶情操、开拓视野、教育后代等需求;受教育程度较低者的旅游消费则因眼界、学识、社交群体等限制,往往难以实现深层次的跨越。

其次,受教育程度的提高促进了旅游消费结构的理性化、合理化。一是教育发达地区旅游消费内容更加丰富,旅游供求更加平衡,旅游消费的经济、社会、生态效益更加明显;二是教育促进旅游消费与社会、经济、旅游等发展的协调,旅游消费的经济性、文化性、精神性更明显;三是教育提升游客旅游消费的价值感,更好地促进游客身心健康和全面发展。

第五,生活方式。

生活方式是人们对消费、工作和娱乐的特定习惯,是关于如何生活、如何消费、如何度过闲暇时间的外在行为。通常,生活方式以间接和微妙的方式影响需要、欲望与态度,为消费者提供了基本的动机和行动指南,进而影响购买和使用行为,决定消费决策,而这些决策反过来强化或改变生活方式。生活方式与消费的基本逻辑关系如图3.6所示。

图 3.6 生活方式与消费

不同群体的生活方式存在明显差别,因而旅游消费倾向及需求各异。比如,有人追求新潮、时髦,是旅游消费的主力军;有人追求恬静、简朴,是经济型旅游消费的主要参与者;有人追求刺激、冒险,是开拓性、创造性旅游消费的先驱;有人追求稳定、安逸,成为康养型旅游消费的主要群体等。

生活方式的分类和识别功能,为市场细分的市场营销组合提供了依据。吴垠的中国消费者生活形态模型(China-Vals)按照生活形态及社会分层两个维度把中国消费者分为14个族群,见表3.4和图3.7[①]。

表 3.4 中国消费者生活形态模型(China-Vals)各族群特征

略称	特征描述
经济头脑族 6.2%	经济IQ型,消费经济意识强,货比三家,对金融投机具有冒险性,家庭观念弱;男性占六成以上,年龄分布较均衡,企业管理人员、自由职业者,大专及以上文化程度、中高收入倾向性高
求实稳健族 5.17%	生活态度追求实际,更喜欢自主行事,注重平面媒体信息,对广告不注意,特别对名人广告持反对态度;购物比较注意包装说明,喜欢用现金,富余的钱存入银行;饮食比较讲究,注重工作稳定;男女比例基本平衡,党政机关/事业单位干部、中低收入倾向性高
传统生活族 6.31%	重视家庭生活,消费态度较为积极,行为趋向集团性;女性占六成,工作特征倾向性不明显
个性表现族 6.98%	家庭观念一般,行为倾向随心所欲,生活享乐;注重饮食;男女比例基本平衡;年轻人群居近五成,个体户/自营职业者、自由职业者、中等教育程度倾向性高

---

① 吴垠.关于中国消费者分群范式(China-Vals)的研究[J].南开管理评论,2005(2):9-15.

续表

略称	特征描述
平稳小康族 6.26%	行为稳重、实际,对平面媒体几乎没有阅读习惯,拥有自己的房子才会觉得稳定;男性占六成以上,个体户/自营职业者、自由职业者、中等教育程度、中等收入倾向性高
工作成就族 6.7%	追求工作成绩,比金钱更重视,经常有冲动行为,情感行为积极,有娱乐活动,喜欢购买具有独特风格的产品;注意广告、健身,成就欲强;专业人员、大专及以上文化程度、中等收入倾向性高;女性占六成,年轻人群居多
理智事业族 7.34%	事业成就欲望极强,饮食生活超脱社会水平;男性占七成,党政机关/事业单位干部、企业管理人员、大专及以上文化程度、高收入倾向性高
随社会流族 13.95%	随社会潮流、个性主观性较弱,易受他人影响;男女比例、年龄分布较均衡,工作特征倾向性不明显
消费节省族 6.46%	对消费十分谨慎,购物"货比三家",理财行为保守;食物消费主要满足于生理层面的需求,购物时不太注重品牌;娱乐主要是看电视,工作为谋生;男女比例基本平衡,企业一般职工、初等教育程度倾向性高,党政机关/事业单位干部、专业人员、企业管理人员倾向性
工作坚实族 6%	工作是谋生的手段,生活方式求实,愿意多花钱购买高质量的物品,注意广告;拥有自己的房子才会觉得稳定;对股票概念具有冒险兴趣;男女比例基本平衡,大专及以上文化程度倾向性高
平稳求进族 6.45%	工作并非仅是谋生手段,生活态度趋于追求金钱以外的表现或变化;男女比例基本平衡,党政机关/事业单位干部、专业人员、大专及以上文化程度、中等收入倾向性高
经济时尚族 8.54%	经济水平有限,消费行为相对谨慎,但是生活意识趋向求新求异;对喜欢的品牌忠诚度最高并喜欢尝试新的(国外)品牌,认为名牌可以提高身份;注重健身;男女比例基本平衡,工作特征倾向性不明显,中等教育程度倾向性高
现实生活族 6.79%	生活态度倾向于传统意识,经济收入水平较低;品牌意识更愿意购买国产品牌,购物比较注意包装说明;男女比例基本平衡,55—64岁者占三成;党政机关/事业单位干部倾向性略高,中等教育程度、中低收入倾向性高
勤俭生活族 6.85%	对平面信息及广告关注度有限,有长时期看电视行为,存有投机发财的心理意识;女性占六成,55—64岁者占三成;工作特征倾向性不明显,初等教育程度、中低收入倾向性高

根据吴垠的研究,中国消费者生活形态分为积极形态派、求进务实派和平稳现实派。积极形态派又分理智事业族等6个族群,求进务实派包括工作成就族等5个族群,平稳现实派有工作坚实族等3个族群。这14个族群分布于上层、上中层、中层、中下层和下层5个阶层。理智事业族一般居于上层,经济头脑族和工作成就族处于中上层,个性表现族、平稳求进族等6个族群一般是中层,求实稳健族、传统生活族、现实生活族往往属于中下层,消费节省族和勤俭生活组一般是下层。

根据图3.7，各族群消费者数量占比多在6%～8%之间，分布均匀，反映了中国消费者消费的多元化和复杂性。随社会流族（13.95%）、经济时尚族（8.54%）占比最高，反映了21世纪初中国消费者消费的从众性、实用性特征。积极形态派和求进务实派占中国消费者整体80%以上，反映了当时中国消费者普遍持有积极、务实的消费心态。彼时，中国消费者阶层分布呈现明显的纺锤体形态，中层阶层人数占比近5成，如果加上中上和中下阶层，其占比近8成。这种分布格局，正是当时中国旅游需求开始兴盛的标志，与过去10余年中国社会和旅游消费发展形态十分吻合。

3-5年轻人的10个新生活方式正在改写旅游业

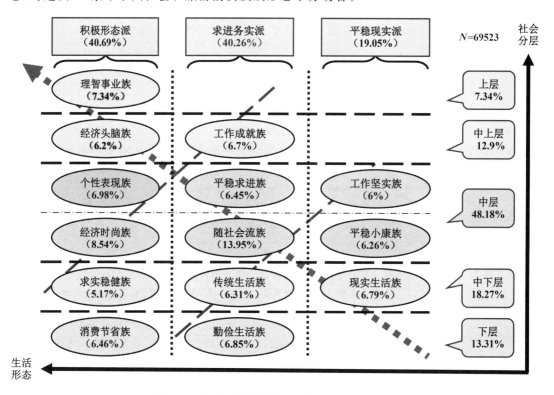

图3.7　中国消费者生活形态模型（China-Vals）

图3.7也反映出中国消费者生活形态重心的变化趋势是由基本生活向工作事业和生活发展方面延展的。直到今天，中国消费者阶层分布纺锤体格局依然存在且依然明显，但中国中层以上阶层进一步壮大，预示着中国旅游消费从"量"上的需求开始逐步转向质量并重阶段，旅游企业和营销人员只有做好旅游产品"质"的文章，如市场细分化、产品定制化、服务管家化、项目私享化、尊崇个性化、传播社群化等更高端、更精致、更奢华、更易于传播的产品和服务才有未来。

China-Vals模型对中国消费者14个族群的划分在很大程度上改善了市场细分的效果，有助于目标消费群的准确定位与心理特点以及生活形态方面的信息把握，避免了以往粗放分析导致的盲点与实际的落差。

【项目2】请根据图3.6，并对消费行为表现进行适当选择和扩充，分析自己最近一次旅游活动的消费行为，并尝试根据本次消费行为，将自己归入表3.4中的某个族群。

3. 心理因素

第一,知觉。

知觉指人们对客观事物表面现象或外部联系的综合反映,旅游者知觉过程是一个连续过滤外界刺激,然后选择性注意、利用各种知识和经验进行解释和加工的综合过程。知觉受刺激物的特点、刺激物同周围环境的关系以及感知者自身因素的影响。

一般来说,游客更多根据自身和团体知觉而不是完全基于客观事实和理性来进行旅游消费决策,因此知觉对旅游消费行为具有重要指向和引导作用。一是基于经历和需求动机的知觉是游客选择性注意、曲解和保留的基础,如铂爵旅拍的广告虽"俗",但当游客真正需要旅拍时,第一反应可能就会想到它;二是基于知识和经验的知觉帮助游客全面地、整体地、理性地把握旅游消费;三是基于时空关系、消费水平、自然和社会环境等旅游可进入性的知觉奠定游客消费选择、预期与评价的基础。

第二,动机。

旅游动机是由旅游需要所催发的、受社会观念和规范准则影响的、直接规定具体旅游行为的内在动力源泉。

旅游动机包括:① 健康动机,游客通过参加与健康有关的旅游消费活动,如度假休闲、体育、生态旅游等活动,达到强身健体、身心放松的目的;② 文化动机,游客通过参加文化体验相关的旅游消费活动,如体验民俗风情、艺术博览等活动,达到增加见识、丰富阅历等目的;③ 人际动机,游客通过参加社交相关的旅游消费活动,如探亲访友、应邀访问、同学会、结交朋友等活动,达到建立和维系人际关系,或摆脱某种不利人际环境的目的;④ 地位和声望动机,游客通过参加有利于提升声望、威信、关注度等相关的旅游消费活动,如名流论坛、高端考察等活动,达到彰显身份、引发关注、结交名人、赢得声望等目的,如巴菲特午餐;⑤ 宗教动机,是与宗教信仰或参观体验宗教仪式、活动、场所等相关的旅游消费活动;⑥ 业务动机,是与公务和商务活动等相关的旅游消费活动,如学术交流、业务考察等。

第三,信念与态度。

信念是指一个人对事物的描述性看法,掺杂感情成分,具有强化产品和品牌形象的重要作用。态度是个体对某一特定事物、观念或他人形成的稳固的,由认知、情感和行为倾向三种成分组成的心理倾向。态度是信念的一种情感性的表达,带有主观性,并受情绪影响,是形成旅游消费偏好的重要依据。信念和态度不仅会对旅游消费行为产生指导性和动力性影响,更会使人们用相同或相似的行为对待同类事物,从而节省了时间和精力,大大加快了旅游决策过程。

信念和态度对旅游消费的影响主要体现在三个方面:一是影响旅游选择,游客会优先选择声誉高、诚信友好的服务商和有意义、感兴趣的旅游产品;二是影响旅游效果,游客正向态度越强烈,越容易得到心理满足,强化观察和体验深度,并降低对旅游困难、疲劳等负向情绪的感知;三是形成旅游偏好,信念和态度的相对稳定性,直接体现为旅游消费的偏好特征,并在多次重复中不断被强化,但若有不好体验或其他影响,则会逐渐改变信念和态度,并形成新的偏好。

第四,个性。

个性又叫人格,是指一个人独特的、稳定的、本质的心理倾向和心理特征的总和,是能力、气质、性格、兴趣、信念等多层次、复杂心理特征有机结合的整体,对人的行为起调节和控制作用。

(1)舒适安宁型。一般以老年旅游者居多,大多较有教养、喜爱整洁,看重获得舒适享受,不喜欢剧烈活动,也不愿意冒风险,因而他们喜欢选择环境优美、幽静的旅游目的地,喜欢参与钓鱼、度假、观光等旅游活动。

(2)追新猎奇型。以性格外向的年轻人为主,他们体格健壮,精力充沛,不看重享受,喜欢探险、攀登、荒野露宿等刺激性活动。新开发的旅游项目、待开发的旅游项目对其有很大的吸引力。

(3)交际活跃型。这类旅游者喜欢结交新朋友,乐意参加各种集会和其他群体性的旅游活动,往往把旅游作为扩大交际、增加社会联系、促进自己事业成功和取得成就的辅助手段。这类旅游者一般比较随和,并容易相处。

(4)研究考察型。一般有较高的文化修养、缜密的思维习惯,受传统文化的影响较深,多数从事教育、研究等工作。他们往往对那些文化底蕴较深的旅游活动有着浓厚的兴趣。

4. 限制因素

限制因素,是指从消费者外部的角度对旅游消费者购买行为产生临时性影响的因素。主要的限制因素包括参照群体与产品价格。

第一,参照群体。

消费者常常以对某些群体的认识作为自我评价和行为准则的参照,常规参照群体包括同学会、校友会、同乡会、宗亲会、商会、协会、基金会、俱乐部等。随着社群功能及技术的不断发展和成熟,某些社群和圈子,如旅行、骑行、美食、房车、自驾、滑雪、探险、户外、拓展、亲子、娱乐等对旅游消费行为产生越来越大的导向作用,属于新型参照群体,对常规参照群体的消费影响作用产生巨大的冲击和稀释作用。参照群体向旅游者展示消费方式、方法、品味、内容、审美与价值观等,引起旅游者的仿效欲望,直接影响其消费行为。

常规参照群体的价值观和行为本身不具备消费引导倾向性,而社群和圈子最初可能以兴趣来聚拢旅游者,也不具备消费引导倾向性,但随着人数增多以及各种商业平台的引入,一些社群和圈子逐渐以实惠优惠、权威正宗、品味格调等开展消费引导服务,展现出商业和资本属性,同时也产生了很多商业、法律、市场等盲区,游客鉴别力和消费定力的提升就显得尤为重要。美国 World Ventures 公司是典型的旅游传销公司,但旅游者如果贪图"物超所值的尊贵旅游经历",就极容易被其洗脑。理性的旅游者不需要加入任何一个群体或者圈子,也无须只"忠诚"于某一两个群体或圈子。

参照群体对旅游消费的影响体现在以下几个方面。

(1)信息影响。信息影响指参照群体的行为、观念、意见被游客作为有用的信息,甚至是权威信息予以参考,并指导消费行为。当消费者对所购产品缺乏了解,凭直观感觉又难以对产品品质做出判断时,他人的使用和推荐将被视作非常有用的证据。参照群体对游客的影响程度取决于二者之间的关系和相似度,以及施加影响的参照群体成员的专业程度。例如,某游客选择旅游产品时,如果有一个没有利益关系的旅游从业朋友推荐,这个朋友的旅游工作经历越长、职位越高,那该游客的消费决策就越果断、越迅速。

(2)比较影响。比较影响指旅游者在购买旅游产品时,经常将自己的态度与那些重要的参照群体成员进行比较,并产生效仿消费。每个人都会有自己认同或自我期望所投射的角色楷模,这些楷模不仅做出了消费行为示范,更直接验证了旅游产品和服务质量,也确保了该产品的保障性,因而效仿不仅是趋同心理的暗示,也是价值与品味的保障。例如,经验不足的徒步旅行者会参照经验丰富的专业人士、明星等购买相关企业、品牌、商家等的旅游装备。

(3)规范影响。规范影响指参照群体,特别是社群和圈子要求成员遵守一定的规范而施加的影响。规范是指因社群和圈子对所属成员行为的合理期待,而确定的行为、目标等准则和制度。规范可以是明文规定,也可以是约定俗成、共同遵守的潜规则。每位"入会"的游客都会尽量按照参照群体的期待行事,否则轻则惩戒,重则被"开除会籍",甚至在类似圈子"社会性死亡"。例如,在自驾旅游团中,各车通常会按照约定的线路和速度行驶,以配合整个团队的行程。在专业团队旅游中,经常无故迟到、行为散漫的游客,将来可能找不到一个愿意带他玩的团队。

第二,旅游产品。

(1)旅游产品结构。生产发展水平决定消费水平,产品结构从宏观上影响和制约消费需求结构。旅游产品是综合性的产品,内部结构是否合理、生产部门是否协调发展,都影响旅游消费结构是否合理,旅游需求能否得到最大满足。如果向游客提供住宿、餐饮、交通、游览、娱乐和购物等产品和服务的各相关部门的结构不合理,就会导致整体旅游产品中各构成要素比例失调。比如,交通工具缺乏、运力紧张,导致进不来、出不去,或者进来了又散不开;饭店档次结构不合理,高星级饭店多而集中,这样造成高星级饭店供过于求,一部分旅游者买不到合适的住宿产品,旅游游乐设施设备不足等,致使旅游者来了无住处,住下了又无处游。这些情况都会破坏旅游产品的整体性,在旅游市场上失去竞争能力,从而无法很好地满足游客的需求。旅游产品结构既决定旅游消费结构,又决定旅游者的消费水平和消费数量。

(2)旅游产品质量。满足旅游者需求不但需要一定数量的旅游产品,而且需要高质量的旅游服务。如果旅游产品的质量低劣、生产效率低、使用价值小,则不能满足旅游者的消费需要,甚至损害了消费者利益,这必然会影响到旅游消费的数量和结构。提高旅游产品质量,使旅游者得到物质上和精神上的充分满足,可以激发旅游者多停留、多消费,提高旅游者的重游率。

(3)旅游产品价格。旅游产品价格的变化不仅影响旅游消费构成,而且影响旅游需求量的变化。旅游产品需求的价格弹性大,当其他条件不变而旅游产品价格上涨时,人们就会把旅游消费转向其他替代品的消费,使旅游消费数量减少,从而改变其旅游消费结构;反之,人们又会把用于其他消费品的消费转向旅游。但是,也有特殊情况,尤其当旅游产品作为一种奢侈品的时候,价格和需求量之间就会出现价格越高,游客越愿意购买的情况。

需要注意的是,替代品价格对旅游企业产品需求是正向的影响关系,替代品价格上升,对本企业旅游产品的需求也上升;而互补品价格对本企业旅游产品的需求是反向影响关系。

第三,旅游目的地。

(1)旅游目的地环境。旅游者外出旅游必须完成从居住地到旅游目的地之间的空间位移。人们是否愿意克服较大的空间距离障碍前往旅游目的地,旅游目的地的级别是一个很重要的因素,一般来说,旅游目的地的级别越高,知名度越大,吸引力就越强,旅游者克服空间障碍的决心和可能性也就越大。在旅游者对旅游地所感知的诸多层面中,对旅游消费决策行为影响较大的感知因素,是旅游者对旅游地的整体形象的感知。旅游者对旅游目的地的感知信息既有来自个体的亲身体验,往往涉及旅游地的景观、基础设施、服务及可达性等方面,也有来自媒体广告和周围群体的介绍等。一般而言,旅游者决策时更信赖亲身体验,但对于大多数旅游者来说,旅游目的地是一个陌生的环境,因而间接的信息及渠道发挥的作用越来越大,它们在人们构建旅游地的感知形象时起关键作用。

(2)旅游目的地公共服务水平。旅游公共服务是指政府和其他社会组织、经济组织为满足海内外旅游者的公共需求,而提供的基础性、公益性的旅游公共产品与服务,主要包括旅游公共信息服务、旅游安全保障、旅游交通服务、旅游惠民便民服务、旅游行政服务等内容。

旅游公共服务贯穿于旅游活动的始终,是旅游活动顺利进行的内在需求。旅游目的地的旅游公共服务水平和档次在一定程度上代表了整个目的地系统的公共服务水平,具有导向性和基础性的作用。旅游公共服务体系的构建,改善目的地公共交通条件,美化目的地生活空间,对于树立目的地的良好印象具有重要作用。完善的旅游公共服务体系,能为游客提供便捷、安全、舒适的旅游环境,有利于提高旅游者的满意度,以及提升旅游业总体运行效率,提高旅游产业素质和战略地位,带动旅游业的高效发展。因而,构建体系完善、功能齐全、便捷舒适的旅游公共服务体系,既是旅游目的地的核心内容,也是目的地形象的重要展示。

对于组织机构来说,其消费决策除需考虑以上因素外,还应重视其他外部环境因素、内部组织因素、人际因素与个人因素等。

第一,外部环境因素。

(1)经济因素。国家或地方经济发展战略和产业结构调整、经济周期、通货膨胀、利息率等因素的变化,都会直接影响到企业的销售、利润等经营绩效,进而增加或削弱其对旅游产品的购买力。经济环境较好、实力较强、业务频繁的企业一般购买旅游产品和服务的数量多、质量高。反过来,如果遭遇全球性金融危机,经济不景气,企业效益大幅滑坡,企业的旅游产品购买行为肯定会被削减。

(2)政治、法律因素。我国处在法制不断完善的时期,各方面的立法正在有序地进行,从而最终将影响到员工出差、培训、接待来访客人和召开有关会议等引发的旅游产品购买行为。法律的修正和新法的制定,使企业的法律环境处于不断变化之中,这可能促进或限制企业业务的开展,直接影响其经济效益,进而影响其旅游产品购买行为。

(3)技术因素。技术进步一方面可以影响企业的劳动效率和经济效益,提升旅游者消费的便捷性等,从而间接地影响旅游产品的购买;另一方面,信息技术的发展可以使企业之间的商业信息更加及时而准确地传输。互联网、网络会议、移动终端、大数据等先进技术,在很大程度上重整了企业分工和业务往来,优化了企业对旅游产品的消费过程和体验,创造了更多更高效的沟通和服务模式,提升了企业经营效率和效益。

(4)社会文化因素。社会文化因国家和民族的不同而差别很大,它将影响人们的价值观和生活方式,而且社会文化也随着经济的发展而不断演化。例如,现代人越来越重视进修的机会和休假,企业为了留住人才、提高其员工素质,也不断加大培训方面的投入,提供越来越多的带薪假期或奖励旅游,这就增加了对旅游产品的需求。

第二,内部组织因素。

(1)企业的业务特点。企业的业务特点直接决定了员工商务外出和培训的方向、季节和逗留时间的长短,并间接影响旅游产品的购买。

(2)企业文化和公司制度。企业文化在很大程度上影响着其员工的旅游产品购买行为。比如,一个强调节俭勤奋的企业文化会大大制约差旅人员购买豪华档次的饭店服务。企业文化也影响着其人员的思维方式和消费模式。

(3)企业组织结构的特点。企业组织结构的特点也是影响企业旅游产品购买行为的重要因素。如果企业专门设有旅游部,旅游产品的购买就由旅游部门负责。该部门掌握的信息多、经验丰富,购买规模较大。

第三,人际因素。

在组织机构内部,负责旅游产品购买的相关参与者往往比较复杂。这些人的兴趣、权威和说服力都各有不同。旅游企业营销人员有时很难知道购买决策过程中这个群体内部是如何相互作用的,他们之间是怎样的一种关系网络。比如,在中国,人际因素在决定组织机构购买决策中的作用就不容忽视。另外,旅游企业营销人员与组织机构购买决策相关人员之间的人际关系,也是影响其决策的重要因素。

第四,个人因素。

组织机构本身并不购买任何旅游产品,进行购买决策的实际是企业中的一个或一组员工。由一组企业人员组成的购买决策单位通常被称为购买中心。购买中心的每一位成员都在不同程度上影响着购买决策,并一同承担由购买决策引发的各种风险。在这个过程中的每个参与者都有个人的动机、认知和偏好。他们的年龄、收入、受教育程度、专业身份、个性和对待风险的态度,都会对参与决策过程的人产生影响。如果旅游企业营销人员能够了解顾客的个性特点,这对于成功地销售旅游产品会有很大的帮助。

第三节 旅游消费行为模式

旅游消费模式是指旅游者同旅游消费资料相结合以满足旅游需要的方法和形式,表现在消费方式、消费结构、消费水平、消费趋势等方面,主要反映旅游消费行为的普遍规律和一般特征。旅游消费模式既是旅游消费关系和行为的体现,也从总体上反映旅游消费行为的基本内容、消费态势和价值取向。随着社会发展,旅游消费模式的内涵和形式也在不断发生变化。

一、"需求-动机-行为"模式

"需求-动机-行为"模式从心理学的角度构建了旅游者的购买行为模式,该模式认为需要引发动机,动机再引起行为,旅游者的需求、动机及购买行为构成了旅游购买活动周而复始的过程。

旅游者产生的旅游需要没有得到满足时,就会引起一定程度的心理紧张。当这种需要有满足的可能性并有了一定的具体满足方式指向时,就可以转化为对具体旅游产品的购买动机,并推动旅游者进行旅游消费购买过程。当旅游者的旅游需要通过旅游活动满足后,这种心理紧张感就会缓解,如图 3.8 所示。

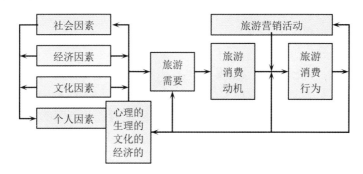

图 3.8 "需求-动机-行为"模式

旅游需要和动机是旅游消费行为的原动力。引发旅游者产生旅游需求的因素不仅包括个人的内在因素,还有外在因素,这些外在因素既有社会、文化、经济等宏观环境因素,还有企业的旅游营销活动等商业因素。旅游需要的产生是外部因素综合作用于旅游者,从而引发旅游者内因的结果。

从旅游动机到旅游消费行为的产生过程,旅游者会主动收集相关信息,并同时接受旅游企业的商业信息和促销因素的影响。

二、刺激-反应模型

常见的旅游消费行为模式大多基于刺激-反应模型,然后根据旅游业和旅游产品的特殊性进行变换和完善,如尼科西亚模式、恩格尔模式(EBK 模式)、霍华德-谢思模式等。现就米德尔顿和菲利普·科特勒的相关模型进行简单叙述。

米德尔顿的"刺激-反应"模型包含四个部分,刺激输入、沟通渠道、购买者的特征和决策过程,以及购买和消费后的感觉,如图 3.9 所示。

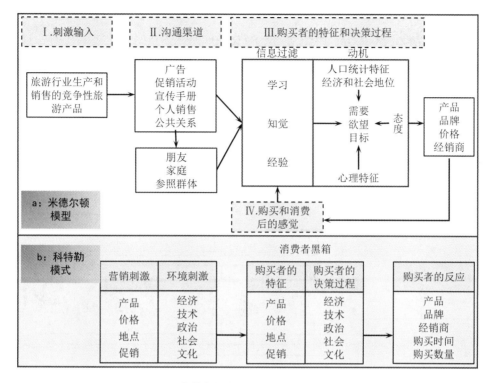

图 3.9　米德尔顿与科特勒的相关模型/模式

美国著名市场营销学家科特勒提出了一个非常简洁的消费者行为模式。他认为，消费者行为模式一般由三个部分构成。第一部分包括企业内部的营销刺激和企业外部的环境刺激两类刺激，它们共同作用于消费者以期引起消费者的注意。第二部分包括购买者的特征和购买者的决策过程两个中介因素，它们将得到的刺激进行加工处理。加工处理的结果就是购买者的反应，这就是第三部分，是消费者购买行为的实际外化，包括产品选择、品牌选择等。不同特征的消费者会产生不同的心理活动过程，通过消费者的决策过程，导致一定的购买决定，最终形成了消费者对产品、品牌、经销商、购买时机、购买数量的选择。

在企业未了解旅游者以前，旅游者对企业来说就是一个黑箱，对于影响旅游者内在的要素及决策过程的规律一概不知，仅仅知道该黑箱在接受来自外部的环境刺激和企业的营销刺激时，所产生的相应的反应，表现在旅游者接受外在刺激后所做出的一系列购买决策上。值得我们关注的是，游客会对来自外部的哪些刺激做出什么样的反应，这些反应当中哪些是企业的营销策略对旅游者刺激后所产生的反应，哪些是环境因素刺激所产生的反应。营销刺激是指企业针对旅游者制定的产品、价格、销售渠道和促销等营销策略。企业总是希望自己做出的营销策略是正确的，是有效率的，但是其衡量的标志只是旅游者做出的购买决策能有利于企业，是企业营销能够收到效果，并提高企业经济效益。这些都要求企业研究消费者黑箱，使其透明，变为白箱。这就需要企业对消费者进行研究，一方面是静态的研究，研究消费者购买行为受到哪些因素的影响，另一方面是进行动态研究，研究消费者的整个购买决策过程。

三、斯莫尔的旅游者决策过程模型

斯莫尔提出,假定旅游者要经过产生旅游需要、搜寻相关信息、评估选择方案等若干步骤,才做出消费决策。旅游者的决策是以下四个方面共同作用的结果,见图3.10。

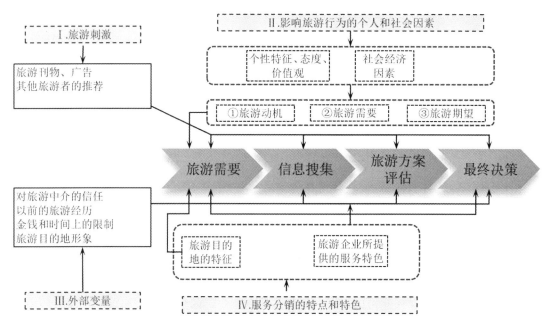

图3.10 斯莫尔的旅游者决策过程模型

(1)旅游刺激。旅游刺激是指旅游刊物、广告、其他旅游者的推荐等外部刺激因素。这些因素对旅游者的旅游需要、信息搜集、旅游方案评估及最终决策均有影响。

(2)影响旅游行为的个人和社会因素。旅游者的个性特征、态度、价值观等个人因素和社会经济因素共同影响旅游者的旅游动机、旅游需要和旅游期望。

(3)外部变量。外部变量包括旅游者对旅游中介的信任、以前的旅游经历、金钱和时间上的限制、旅游目的地形象等。这些因素主要影响旅游者的信息搜集、旅游方案评估和最终决策。

(4)服务分销的特点和特色。旅游目的地的特征或旅游企业所提供的服务特色。例如,景点和活动项目的多寡、吸引力及花费是否划算等。

斯莫尔的模型概括了与旅游者消费行为相关的因素及这些因素之间的关系。旅游企业和旅游目的地相关机构可以借助该模型确定划分目标市场的标准,根据与旅游决策相关的因素采取营销措施,影响旅游者的决策过程。这个模型也为研究人员深入研究旅游者的消费决策提供了思路。但是,这个模型中的许多变量无法量化,我们无法用这个模型预测消费者对特定旅游目的地和旅游服务的需求。

四、旅游消费行为模式的局限性

旅游消费行为模式通常以尼科西亚模式、恩格尔模式(EBK 模式)、霍华德-谢思模式、巴甫洛夫学习模式、风险规避理论、边际效用理论、有限理性理论、习惯理论等为理论基础,主要研究旅游者类型、旅游目的地选择、旅游消费决策、旅游空间行为模式、旅游消费偏好、旅游消费支出与结构等方面。

然而,将这些理论应用于旅游消费领域,也存在一些局限性,如他们大多以外界刺激为起点,忽视了旅游意愿对产生旅游消费行为的重要性;大多认为旅游者同普通消费者一样高度理性,对旅游产品的复杂购买过程的说明与解释过于简单化;这些模型很少经过实际经验的调查,无法证明如何做出决策;不能对游客行为进行预测;模型基于欧美传统市场的经验,对中国本土化应用不够深入和贴切;忽略了动机和影响因素对旅游者购买行为的影响等。

下面,我们可以将旅游消费行为进行一个简单的逻辑梳理。

一个完整的旅游消费过程包括哪些环节?一般可以分为九个环节:旅游意愿、出游决策、信息搜寻、目的地选择、购买决策、出行安排、旅游消费过程、消费效果评价、未来决策,如图 3.11 所示。

图 3.11　旅游消费过程示意图

第一,旅游意愿。旅游意愿包括旅游消费意识和旅游涉入及其激励。旅游消费意识又包括态度、认知、动机等;旅游涉入及其激励包括吸引性、生活中心性和自我表达等。如果有必要,我们还可以进一步抽丝剥茧,参见图 3.12。旅游动机和旅游涉入是重点。

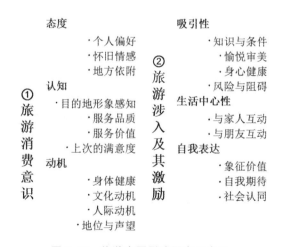

图 3.12　旅游意愿影响因素示意图

第二,出游决策是关于是否出游的决策。影响出游决策的因素可分为个人因素和外部因素两个方面。个人因素有:可自由支配收入、闲暇时间、健康状况、工作义务、家庭义务等。

外部因素有:亲戚和朋友的观点、旅游组织的营销活动、媒体的影响、国内政治经济社会技术因素、全球政治经济社会技术因素等。确定显著的影响因素及其影响系数是关键。

第三,信息搜寻。旅游者除搜集自身需求信息、商业信息、公共信息外,还会综合衡量自身的身心准备情况、闲暇时间、支付能力等信息与旅游产品的匹配程度。其中,商业信息作用最弱,公共信息作用较大,而亲戚朋友的推荐最为关键,所以挖掘旅游者家人和朋友的需求可能比挖掘旅游者本人的需求更重要。如何让旅游者自发宣传旅游产品是营销人员信息传播和旅游市场营销的重中之重。

第四,目的地选择。前文提到目的地作为限制因素包括目的地环境和公共服务水平。如果细致分类,影响旅游目的地选择的因素有个人因素、目的地因素、参照群体和情境因素等,见图3.13。个人因素如个人偏好、收入水平、闲暇时间、旅游动机、过往经历等;目的地因素如目的地形象、旅游目的地感知、气候与环境、旅游资源、旅游接待设施、旅游可进入性等;参照群体如亲友等常规参照群体和社群等新型参照群体;情境因素是所有那些依赖于时间和地点且与个人或刺激物无关,但对消费者现实消费行为具有显著和系统的影响的因素,包括沟通情境、购买情境和使用情境三个方面,以及物质环境、社会环境、时间、任务、先行状态五个变量或因素。物质环境包括装饰、音响、气味、灯光、气温以及可见的商品形态或其他环绕在刺激物周围的有形物质;先行状态是指消费者带入消费情境中的暂时性的心理和情感状态。

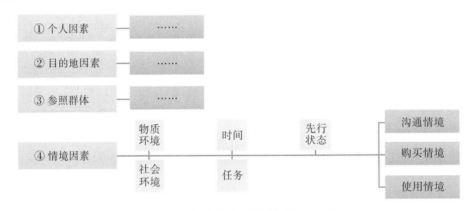

图 3.13　目的地选择影响因素示意图

第五,购买决策。影响因素可分为文化因素、个人因素、心理因素和限制因素,各因素又可以进一步细分,前文已有相关内容,此处不再赘述。

第六,出行安排。比如,出行时间、出行线路、出行方式、旅伴选择、在目的地逗留的时间、食宿及旅游活动项目计划等。旅游消费者倾向于按照自己的旅游偏好进行安排。

第七,旅游消费过程。这一过程主要包括在目的地的活动、各项花费支出和空间行为模式等。旅游者在旅游目的地的活动安排和花费支出内容主要包括交通、住宿、餐饮、游览、购物、娱乐和其他服务等。旅游空间行为模式包括度假路径、游憩性度假路径以及游憩路径三种具有一定等级差异的空间结构。

第八,消费效果评价。它指旅游消费过程中旅游者消费一定量旅游产品与其所获得的身心满足之间的对比关系。从需求效果看,旅游消费效果主要是一种心理现象,是旅游者对所得到的旅游愉悦、综合审美等的主观评价,除满意度外,一般可从深刻度、愉悦度、沉浸度等方面进行评价。从供给效果看,旅游消费效果是旅游经营者和旅游目的地的"投入产出"

关系，特别是旅游收入、旅游声誉及影响力等的提升。通常，反映旅游者消费支出的指标主要有旅游消费总额、人均旅游消费额、旅游消费率、旅游消费结构等。我们一般从旅游需求角度探讨旅游消费过程。旅游消费效果评价示意图见图3.14。

图3.14　旅游消费效果评价示意图

第九，未来决策。消费效果的评价会对未来决策产生影响，会影响到下一次的旅游消费意识和行为意向，进而形成下一次的旅游意愿，旅游消费行为过程从而形成一个循环，如图3.15所示。

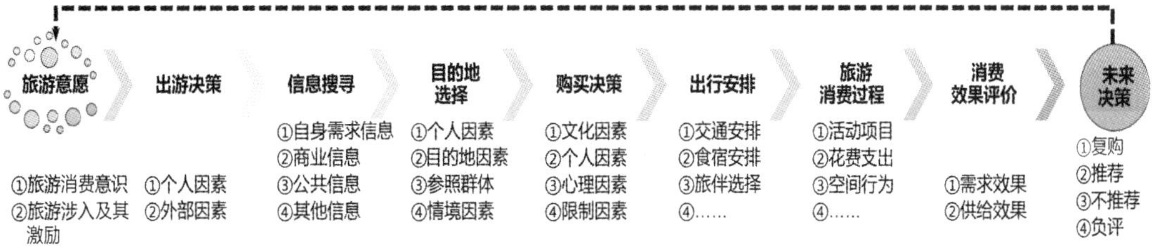

图3.15　旅游消费过程逻辑流程示意图

【项目3】　请根据本节内容，以小组为单位，构建一个关于某大学本科生旅游消费行为的调查框架。

◇ 本章小结

第一，消费包括生产消费与生活消费两大类。生产消费是在物质资料生产过程中生产资料和劳动力的使用和耗费，本质上是一种生产行为，其结果是生产出新的产品，是保存生产资料使用价值的唯一手段，也是增加社会财富、扩大再生产的重要途径。生活消费是满足人们生活与发展需要过程中生活资料及服务的使用和消耗，是实现人自身再生产的行为与过程，包括满足基本生存需要的消费，以及发展与享受需要的消费两个方面。

第二，普通消费者的特征包括购买的差异性、广泛性、非专业性、周期性、时代性、发展性、流动性、复购性等。与普通消费者相比，旅游消费者情感需求比重越来越大，求新求异心理越来越强，个性化产品与服务需求越来越高，越来越受重视产品与服务的感受和体验性，越来越积极地参与产品与服务设计、生产等定制过程，公益、健康、和谐等意识越来越强烈等特性的叠加，让旅游消费者特征显示出情感化与高端化、从众性与盲目性、小众化与碎片化、体验性与参与性、定制化与私享性、个性化与价值指向性等独特性，因此，旅游消费者较普通消费者更需要尊重与品位、引导与教育、细分与定位、合作与融入、专享与私密等。

第三，为满足旅游者的消费需求，旅游消费者在收集相关信息基础上，评估、决策、整合、使用和反馈旅游产品的一系列行为和过程统称为旅游消费行为，如旅游消费方式、旅游购买行为等。

第四，旅游决策是旅游者对出游活动做出的评估、选择、安排和最终决定的行为和过程。若其他影响因素不变，旅游需要和旅游动机将直接导致人们做出旅游决策。

第五，影响旅游决策的主要因素包括文化因素、个人因素、心理因素、限制因素等。组织机构旅游决策除需综合考虑以上四大因素外，还需加强外部环境、内部组织、人际因素等的调查研究。

第六，旅游消费行为模式通常以尼科西亚模式、恩格尔模式（EBK 模式）、霍华德-谢思模式、巴甫洛夫学习模式、风险规避理论、边际效用理论、有限理性理论、习惯理论等为理论基础，主要研究旅游者类型、旅游目的地选择、旅游消费决策、旅游空间行为模式、旅游消费偏好、旅游消费支出与结构等方面。

第七，一个完整的旅游消费过程一般可以分为九个环节：旅游意愿、出游决策、信息搜寻、目的地选择、购买决策、出行安排、旅游消费过程、消费效果评价、未来决策。

◇ 本章思考题

1. 试述旅游消费的作用。
2. 列举旅游消费与一般消费的差别。
3. 简述旅游消费者的独特性。
4. 试述旅游者的旅游购买行为及营销策略。
5. 简述旅游需要与旅游需求的概念。
6. 试述旅游决策的影响因素。
7. 试述旅游消费模式。
8. 简述斯莫尔的旅游者决策过程模型。

第四章　旅游市场调研

> ◇ **本章目标**
>
> ■ **知识与技能**
>
> 能阐述旅游市场调研的概念内涵,能清晰准确描述旅游市场调研的任务和内容;能准确概括旅游市场调研各个阶段的主要工作和关键点;能根据具体旅游市场调研的目标和任务,清晰制定调研工作方案;能熟练运用各种旅游市场调研工具和手段,通过不同方式、方法、渠道获取调研信息,包括一手资料、二手资料;能准确说出金字塔原理的基本逻辑,并能正确使用金字塔原理自上而下形成逻辑思维图,自下而上总结论据论点。
>
> ■ **过程与方法**
>
> 通过项目式教学,学生掌握并能熟练运用所学的旅游市场营销调研相关知识和技能等,设计调研方案和计划,开展预调研、收集信息和分析信息,撰写调研报告等工作;通过具体项目的训练,培养学生综合运用文案调研、访问调研、问卷调研的综合素养;通过金字塔原理的使用和训练,形成系统、合理地梳理具体问题的逻辑思维、归纳演绎等基础能力和素养;通过网络爬虫训练,提高学生收集信息和资料的综合技能;通过 SPSSAU 操作和训练,培养学生数据处理、分析和运用的能力。
>
> ■ **情感态度与价值观**
>
> 通过具体实践项目,培养学生脚踏实地、与时俱进的意识;通过数据获取训练,培养学生正确的网络观、数据挖掘观;通过问卷调研工作的全过程实施环节,培养学生的人际沟通能力,形成正确的人际观和交往观;通过金字塔原理的训练,培养学生系统、全面、理性看待和面对事物的基本观念。
>
> ■ **项目与方法**
>
> 主要项目有问卷设计、金字塔原理使用、网络数据爬取、旅游市场调研主要工具和模型的使用等,如数据处理、相关分析、回归分析、二元 Logit、差分整合移动平均自回归模型(ARIMA)等;主要方法包括问卷设计与调研实施、抽样调查、网络爬虫及旅游大数据挖掘利用,以及 SPSSAU 在旅游市场调研领域的综合应用等。

◇ 引 例

武汉著名景区旅游数据分析

当你第一眼看到以下几张图的时候,你有什么想法。不妨试试能否找到武汉更多景区的搜索统计数据,如欢乐谷、武汉动物园等,并分组对以下几张图进行分析。

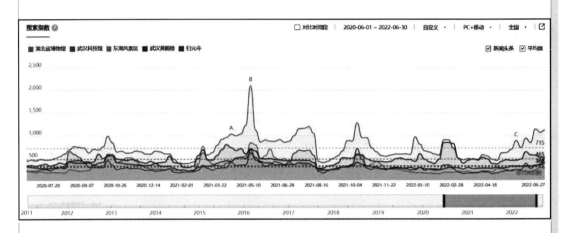

武汉五个景区搜索指数

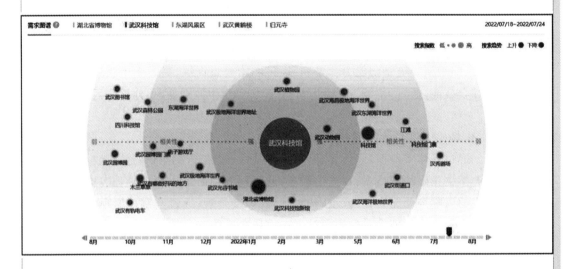

武汉科技馆需求图谱

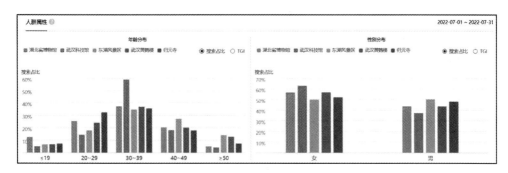

武汉五个景区人群画像

接下来,让我们一起看看《黄鹤楼景区旅游数据分析》报告(节选)。

本报告根据百度新闻和百度指数分析 2017 年全年黄鹤楼景区的新闻数量、网络搜索量、搜索来源地和人群特征数据,并结合携程网的用户评论、酒店、相关旅游产品数据对黄鹤楼景区的口碑进行分析汇总,以期为黄鹤楼景区的旅游发展做出参考建议。

一、黄鹤楼总体网络活跃度

(一)百度新闻总量分析

截至 2018 年 4 月 13 日,百度新闻中关于黄鹤楼景区的新闻有 656 条,如图 1。

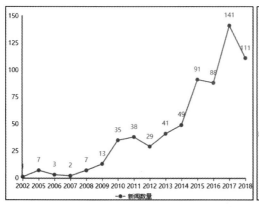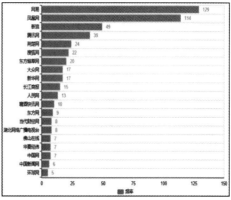

图 1　百度新闻中关于黄鹤楼景区的新闻

可以看出,以 2014—2015 年为节点,之前媒体关于黄鹤楼的新闻报道数量较少,之后新闻报道数量开始显著增多。其中,网易和凤凰网的新闻发布量远大于其他媒体。值得注意的是,本地媒体荆楚网、长江商报等发布数量一般。

(二)百度搜索总量分析

2017 年 1 月至 2017 年 12 月,黄鹤楼的总体周搜索量平均值为 9230 次。如图 2 所示,2017 年全年周搜索量有 5 个明显峰值,分别位于 1 月底、4 月初、5 月初、8 月底和 10 月初,其中 1 月 29 日的日搜索量达到 14562 次,10 月 3 日的日搜索量达到全年顶峰 14597 次。而 1 月、6 月和 12 月相较全年搜索量较低。

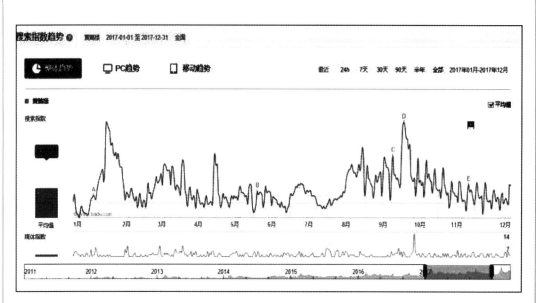

图 2　黄鹤楼景区百度搜索指数

(三)搜索来源地分析

2017年,"黄鹤楼"的搜索量位于前三位的省份是湖北省、广东省和江苏省,本省搜索量远高于其他省份。排名前十位的省份中,华东地区和华中地区占据主体,包括湖北、江苏、上海、山东、河南、湖南。

除武汉外,2017年,全国搜索"黄鹤楼"关键词的城市中,北京、上海和杭州位列前三,排名前十位的城市分布于武汉四周。

(四)人群特征

如图3可得知,搜索"黄鹤楼"的人群以30～49岁最多,占比52%,其次是40～49岁,占比33%。男、女占比分别为56%和44%。

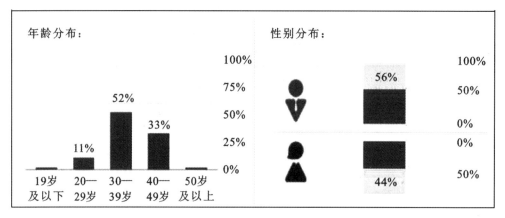

图 3　黄鹤楼搜索人群特征

二、携程网数据分析

(一)周边酒店分析

1.酒店类型与分布

黄鹤楼周围直线距离4公里范围内分布有916个酒店,包括五星级、四星级、三星级、经济型、未注明类型五个类别。

从图4看,经济型酒店最多,占比高达57.97%,其次是未注明类型的酒店,占比33.84%,这两种类型总共占比为91.81%。

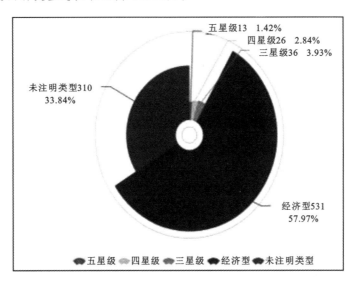

图4　黄鹤楼周边酒店类型

酒店位置分布如图5,围绕在黄鹤楼四周,交通十分便利。

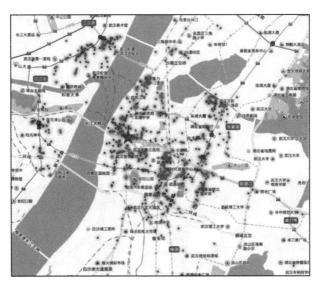

图5　黄鹤楼周边酒店分布

2.酒店满意度评分与价格

下面选择有满意度评分的 708 个酒店进行分析,其总体满意度评分为 3.97 分。图 6 显示,三星级及以上档次的酒店总体满意度评分较高,平均用户满意度评分都在 4.4 以上;经济型酒店的满意度评分略低于未注明类型的酒店,均在 4 分以下,评分较低。

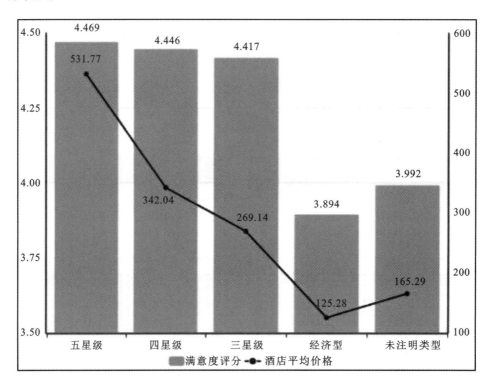

图 6 黄鹤楼周边酒店满意度

人均价格方面,五星级酒店最高,达 500 元以上;经济型和未注明类型酒店的价格接近且较低,仅百余元。

3.酒店用户评论量

黄鹤楼周围 916 个酒店中,有用户评论的酒店有 837 个,占比 91.4%,共有 360279 条用户评论。如图 7,经济型酒店的用户评论量最高,为 204233 条,占所有评论量的 56.7%。未注明类型的酒店用户参与评论量最少,有 18458 条,仅占所有评论量的 5%。

在酒店平均用户点评量中,五星级和四星级酒店的平均评论量远大于其他类型酒店,五星级酒店最高,约为 3631 条,四星级酒店的平均评论量约 2193 条。随着酒店档次的降低,平均用户评论量迅速降低,未注明类型酒店的平均评论量仅为约 71 条。

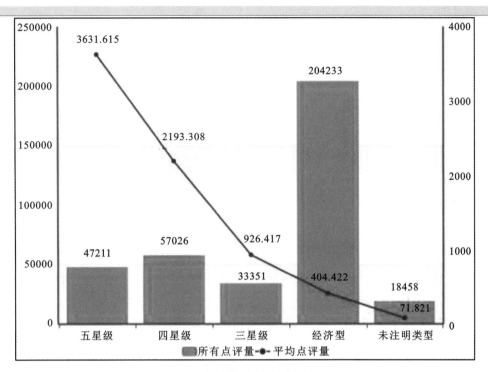

图7 黄鹤楼周边酒店评论量

4. 酒店用户评定钻级与用户推荐

黄鹤楼周围的酒店中,有643个有用户评钻,有840个有用户推荐。

如图8,大部分酒店的用户评定钻级在3钻以下,4钻及以上的酒店仅有28家,其中经济型酒店就有17家,未注明类型的酒店有7家,三星级酒店3家,四星级酒店1家,五星级酒店0家。

从用户推荐度的角度来看,共有196家酒店的推荐度为100%,其中经济型酒店有122家,未注明类型酒店有57家;三星级和四星级酒店的平均用户推荐度最高,为92%以上,五星级酒店的平均推荐度最低,仅为80%。

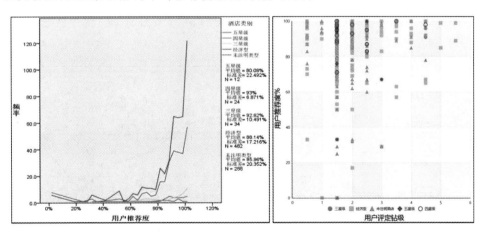

图8 黄鹤楼周边酒店用户推荐度

（二）景区用户评论分析

1. 用户评论时间轴

由图9可知，截至2018年4月11日，携程网上关于黄鹤楼景区的用户评论有9510条，从用户评论的时间轴可以看出，2015年以前，黄鹤楼景区的用户评论量很少，仅有316条，占比3.3%；2015年下半年后，评论量开始大幅增加，这与新闻媒体发布量增长的时间节点相一致。

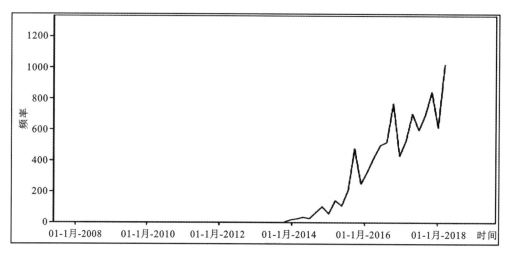

图9　黄鹤楼景区用户评论量

由于2013年以前的用户评论量很少，并且很多月份的评论量缺失，故选取2014—2017年的月评论量做折线图，从图10（左）可以看出，近几年用户评论量在持续增长，尤其是2016年增长量最大；每年的评论量最高峰都是10月份，5月至7月、12月至次年2月的评论量较低。

选取2016年和2017年两个全年，做一周用户平均评论量的变化曲线如图10（右），可观察到，周一和周二用户平均评论量较高且接近，都在9.2条以上，随后周三到周五，评论量逐步降低，周末评论量又快速回升，并于周日达到一周中的最高点，达到9.74条。

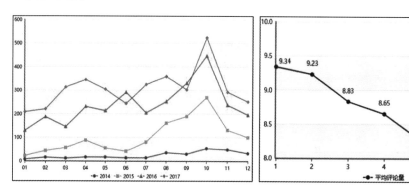

图10　黄鹤楼景区评论量月份折线图（左）和周折线图（右）

2.用户评论满意度评分

黄鹤楼景区总体满意度综合评分为 4.43 分。4 分和 5 分的评论共有 8216 条,占总体评论量的 86.4%,其中满分 5 分的评论有 5750 条,4 分的评论有 2466 条。可见,黄鹤楼景区的总体游客满意度较高。

图 11 是 2015 年以来,连续 4 年各评分区间的占比情况对比。由图 11 可看出,满分评论(5 分)占比在逐年增加,高分评论(4 分和 5 分)占比也基本呈逐年增加态势,而不满意度评论(1 分和 2 分)占比在逐年降低,说明 2015—2018 年,游客对黄鹤楼景区的整体满意度在逐年提高。

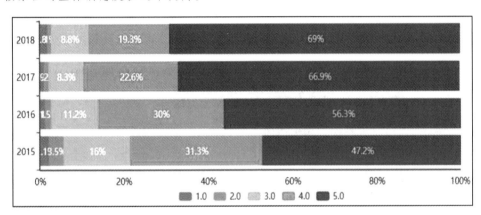

图 11　黄鹤楼景区游客满意度

3.用户评论词云

隐去核心词"武汉"和"黄鹤楼",对景区 9510 条游客评论做可视化词云图如图 12。从图 12(左)可以看出,游客对黄鹤楼景区总体上持满意态度,认为网络订票取票"方便","景点""值得""一去",是武汉的"地标""建筑","景区""景色""不错",看到"长江"和"长江大桥""风景","感觉""很好"。

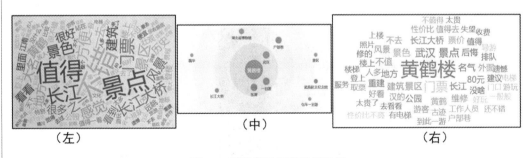

图 12　黄鹤楼景区游客词云图

对核心词"黄鹤楼"做关联词相关程度分析如图 12(中),相关程度很高的关键词有"武汉""一日游""东湖""户部巷""湖北省博物馆"和"长江大桥"等,说明很多游客在评论中提到武汉一日游的线路产品,线路景点即为黄鹤楼景区周边的景点。

对游客的低分评论(1~3分)做词云分析如图12(右),游客给黄鹤楼景区低评分的原因有:门票太贵,景色一般,性价比不高;人多,电梯排队时间长,取票麻烦;导游对建筑古迹黄鹤楼等讲解不清楚,工作人员服务不周等。

(三)景区相关线路产品分析

1.线路产品景点分析

与黄鹤楼景区相关的线路产品有19个,均为短线游产品,其中17个为武汉一日游产品,2个为武汉两日游产品,且两日游产品均为河南南阳市推出。线路设计中涉及的景点一共有14个,除东湖游船和海昌极地海洋公园外,均为免费景区景点,每个景点被设计频次的分布如图13。图13显示,与黄鹤楼景区关联的短线游产品中,关联最多的景点有湖北省博物馆、户部巷、武昌起义纪念馆、东湖、长江大桥等。

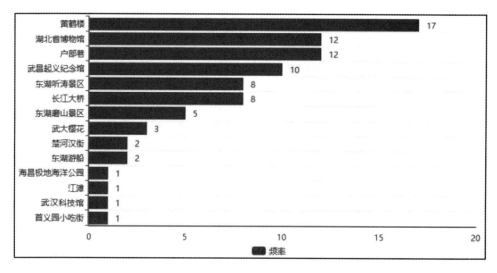

图13 相关旅游产品与黄鹤楼景区关联性

2.线路产品价格分析

在下面的分析中只考虑武汉本地的一日游产品,其价格区间分布如图14。由图14可知,绝大部分黄鹤楼一日游线路价格在200元以下,这是因为与黄鹤楼关联的景点大部分免费;有5条线路价格在500元以上,2条线路价格高达千元以上,这是因为这几个价格较高的产品均为精品小包团。

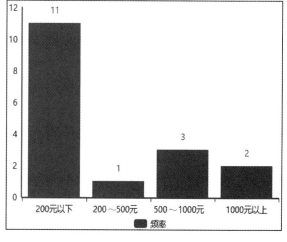

图14 黄鹤楼一日游产品价格分布

三、小结

总体看来,黄鹤楼景区存在的主要问题有如下。

(1)2015年下半年以后,景区网络活跃度显著提升,尤其是网易和凤凰网相关新闻发布量和景区用户评论量大幅提升,但本地媒体,以及新浪、腾讯等知名媒体对景区发布量少、关注度不高。

(2)相较全年,5—7月和12—2月景区受到的关注度较低,女性对景区的关注度偏低。

(3)景区周围三星级及以上酒店数量少、价格较高,用户满意度较高;经济型和未注明类型的酒店数量最多,价格亲民,但是用户满意度较低。

(4)酒店星级档次越高,用户评论意愿越高,但与用户推荐度无直接联系,用户推荐度最高的是三星级酒店和四星级酒店,而五星级酒店的用户推荐度最低。

(5)根据周平均用户评论量图可推测,景区周日的游客量最高,其次是周一和周二,周三到周五逐步减少到最低点。

(6)2015—2018年,虽然游客对景区的总体满意度在逐步提高,但仍存在游客排队时间长、取票不方便、工作人员和导游服务不到位等问题。

(7)目前黄鹤楼景区关联产品主要是一日游产品,品类过于单一,开发潜力大。

黄鹤楼景区可从以下方面改进。

(1)营销方面:加强与本地媒体、知名媒体的合作,提升景区的知名度和网络活跃度,扩大客源市场。

(2)景区方面:① 持续强化黄鹤楼"软环境"建设,挖掘和提升黄鹤楼文化内涵,扩大黄鹤楼的文化影响力和知名度;② 持续加强导游和工作人员培训,提高各线工作人员特别是直接接触游客的服务人员的综合素质,对导游人员严格实施综合准入制度;③ 不断提升和优化黄鹤楼的综合服务水平与功能,实施旅游容量公示、控制和调度制度,严格实行电梯老年人和障碍人士专用制度,不断优化完善订票、预约和取票验票等平台和服务;④ 不断丰富产品组合与设计,充分利用闲时和淡季开展特色主题旅游活动和项目。

(3)酒店方面:加强景区与周边酒店合作力度,尤其是与优质经济型酒店、高星级酒店采取联合营销策略,探索建立景酒联合及优质合作伙伴遴选淘汰机制,建立景酒联合优惠与纪念品赠送、产品与体验升级等服务机制。

(资料来源:https://zhuanlan.zhihu.com/p/35792761? from_voters_page=true.)

【思考】

拥有数据不一定拥有未来,但没有数据一定没有未来。

只要拥有数据,我们便可通过海量游客行为标签,全方位感知游客意图,分析行业发展现状与趋势;只要拥有数据,我们便能充分展现人群画像,还原搜索路径,有效锁定消费和目标人群,制定适销对路产品;只要拥有数据,我们便能多维洞察品牌信息,掌握竞品动态,获取品牌差异,制定市场营销和竞争策略;只要拥有数据,我们便能实时掌握旅游"舆情",及时预测、积极有效应对和化解危机,优化对外宣传途径和方式,打造景区良好形象;只要拥有数据,我们便能分析竞合因素与机制,团结一切可以团结的合作、协助、支撑等力量,与友商和伙伴们共同创造富有价值的旅游产品和服务……

大数据时代,旅游市场调研和预测工作在传统旅游市场营销模式下,有了更多更便捷的途径、方法和创新,你是否对从哪里挖掘、怎样挖掘到数据,以及面对海量数据该怎么处理等问题感兴趣呢?通过本章学习,你一定会在旅游大数据营销方面有新的认识和感悟。

第一节 旅游市场调研概述

一、旅游市场调研基础

 1. 旅游市场调研的概念

旅游市场调研是以提高旅游绩效为目的,运用科学的方法和手段,利用多种渠道,有目的、有计划,系统地收集、整理各种旅游市场的相关信息,分析旅游供求双方的各种情报、信息和资源,把握发展趋势,为管理部门、旅游目的地和旅游企业提供决策依据,最终提出解决问题的建议的一种科学方法。

该定义充分表明旅游市场的调研必须采用科学的方法和手段,包括资料收集方法、资料整理方法和分析方法,以确保调研结果的客观性和可靠性。同时,也应充分认识到旅游市场调研的目的性。任何调研本身不是目的,而必须围绕一定的调研目的设计进行。

2. 旅游市场调研的内容

旅游市场调研的内容很多,有环境调研,包括政策、经济、社会、文化、自然等外部环境与企业内部环境调研;有市场调研,包括市场供给与需求、市场分布与占有率、市场动向与趋势等调研;有销售调研,包括销售现状及影响因素、扩大销售的可能性和途径、销售渠道及未来趋势等调研;有产品调研,包括产品价格、品牌、特性、新产品等调研;有消费者调研,包括消费者的来源与分布、心理与行为、特征与偏好、消费水平与能力等调研。

就旅游市场调研本身而言,主要是以游客为中心的供需关系调研,一般来说,旅游产品如数量、结构、服务、设施等,旅游者如特征、需求、动机、行为等,旅游市场如规模、结构、客源、趋势等,旅游企业如景区、旅行社、住宿、餐饮、交通等,竞争对手如数量、规模、产品、技术、盈利能力、渠道等,旅游营销如策略、组合、竞合等是调研的重点内容。

3. 旅游市场调研的意义

对于旅游企业和管理者而言,市场调研如同战争中的侦查工作,是一切有效决策的基础,对于争取外部资源和政策扶持、洞察与适应市场变化、高效且充分满足需求、深化客户管理与沟通、拓展和创新销售渠道、吸引和培养高级人才、制定发展和竞争策略等至关重要,是形成竞争优势与盈利能力、确保企业行稳致远的关键环节。

同时,旅游市场调研直接或间接给旅游者提供了与旅游企业沟通的方式和渠道,一方面使他们能把自己的需求、意见、期望等及时反馈给企业或供应商;另一方面,旅游者通过对消费过程与体验的评价,形成强大的舆论监督、质量监管、消费引导等环境和机制,直接影响旅游企业经营。特别是在大数据技术加持下,任何旅游企业都必须时时处处人人警醒自己的经营和客户关系管理行为,不断提高产品质量、队伍综合素质、服务能力和水平等。

二、旅游市场调研过程

旅游市场调研过程通常分准备阶段、实施阶段和总结阶段,如图 4.1 所示。

1. 准备阶段

准备阶段有明确问题、确定目标、设计方案和制订计划四方面的工作。

明确问题就是要确定调研的必要性和紧迫性。确定目标是要明确调研最终要实现的结果及其实现的基本路径和构想,但很多问题本身就非常复杂,调研人员可以将大而泛的问题和目标不断分解,找出其中最重要、最关联的几个点,并结合实地探访不断修正,目标才会清晰、合理、可行。

准备阶段	实施阶段	总结阶段
①明确问题 ②确定目标 ③设计方案 •目的与要求 •对象与内容 •范围与时间 •方法与途径 •调查表与提纲设计 ④制订计划 •组织与人员 •进度与安排 •经费预算	①人员培训 ②预调研 •实地探访 •协调控制 •修改完善 ③收集信息 •类型与来源 •整理与归档 ④分析信息 •方法与模型 •可视化表达	①撰写报告 ②追踪反馈

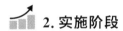

图 4.1　旅游市场调研过程

随着调研的进一步开展和深入，科学、合理的调研方案开始慢慢形成和完善，涉及调研目的与要求、对象与内容、范围与时间、方法与途径、调查表与提纲设计，以及需要的协调、支持和配合等环节，并形成一个初步的可行性报告。

对于许多旅游企业而言，可能限于人力、财力、专业水平等，难以实现调研目标，这时就必须考虑委托专业机构进行调研。旅游企业的工作重心就要转向调研的需求与目标表达、协调配合、检查督促、评审验收等方面。如果企业自行承担调研工作，就需要制订详细的实施计划，包括组织与人员、进度与安排、经费预算等，并形成一定的制度和规范准则，确保责任到位、人到位、经费到位，明确重难点和短中长期计划与安排。

2. 实施阶段

实施阶段包括人员培训、预调研、收集信息和分析信息四方面的工作。

旅游市场调研是一项非常专业的工作，对调研人员的组织、管理、协调、沟通、观察、感受、创造、想象、应变等能力，以及旅游学、统计学、市场学、经济学、社会学、地理学等专业技能与素养要求非常高，除了在人员招募和构成上下功夫外，培训也需要重视，它是决定调研质量与成败的关键环节。培训除要传达和明确调研目标、方法、内容、方案、责任等相关信息外，也要起到凝心聚力、同力协契的作用，实现调研人员专业和综合素质、协作效果同步提升。

预调研是为评价开展大规模研究的可行性，预先在有限范围内进行的调查研究。这一部分的重点是对课题进行初步研究，范围可小一点、时间可短一点、方法可简单点、要素精练点，目的是积累经验、验证方案和辨别市场特征，为后续实地调研做铺垫和准备。预调研包括实地探访、协调控制和修改完善等内容。

收集信息是旅游市场调研最重要的环节，直接决定调研的效果和准确性。它包括信息的类型与来源、整理与归档。同时，收集信息通常也是耗时最长、花费最大且最容易出差错的过程。收集的信息既包括直接调研获得的用于项目研究的原始资料，即一手资料，也包括用于其他目的的已经公开或可收集到的信息，即二手资料。

一手资料的主要来源是旅游者、中间商和旅游企业,其特点是可信度高且针对性强,但需要更多资金和专业分析,如许多OTA平台、旅游攻略、点评、团购、外卖等网站及其数据信息,对大数据技术的依赖很强,有些旅游企业也会根据自己的会员系统自建分析平台,形成更准确、更有针对性的信息。二手资料主要来源于旅游行业的统计报告、年鉴方志、新闻出版物、商业调查资料、情报信息及其他公开或商业信息,以及企业内部的财报年报、客户资料、宣传与推广资料等。二手资料可能解决或部分解决了调研问题,或提供了有益借鉴和经验,但也可能无法满足需要,其特点是成本低、时效差、不可靠、针对性弱等。

分析信息的工作至关重要,它主要包括方法与模型、可视化表达等内容。一般来说,有统计分析和模型分析两种思路。统计分析如时间序列分析、回归分析、因子分析、对比分析、聚类分析、检验分析等。模型分析主要有描述性模型和决策性模型:描述性模型如用于分析预测未来市场份额变化程度和速度的马尔可夫模型,以及用来预计顾客消费决策与等候关系的排队模型等;决策性模型中常见的是最优化模型和启发式模型两种,最优化模型一般通过微分学、线性规划、统计决策理论和博弈理论来辨别不同决策方案的价值,力求从中进行最优选择,启发式模型则应用启发性原则,排除部分决策方案,以缩短找寻合理方案所需的时间。

伴随着互联网的发展和新技术的应用,旅游市场调研往往借助专业在线调查收集信息,处理数据。

3. 总结阶段

总结阶段包括撰写报告和追踪反馈等过程。

撰写报告的原则是问题导向和需求导向。

问题导向一是要针对具体和核心问题进行分析,尽量避免不必要的语言和干扰,杜绝偏题跑题和言之无物;二是提出针对性强且易于操作的具体意见建议,尽量杜绝类似"加大政策扶持""增加资金投入""加强人才培养""拓展营销渠道"等空泛无物的无效表述。

需求导向指报告撰写出来是给管理决策层决策咨询和普通使用者阅读操作用的,报告一定要通俗易懂、简洁明了,最好多一些图片和表格等直观元素。质量高的调研报告是"初中文化水平的人一看就知道你要做什么、为何做、谁来做、在哪做、何时做、怎么做、做到什么程度"等,杜绝使用晦涩、高深的语言,切忌秀技能、秀专业、秀资历等附庸风雅、装腔作势、吹嘘钻营行为。同时,一定要明确调研仅仅是工具而已,是辅助决策的手段,不要本末倒置,不要为了调研而调研,更不要只调研没结果。

此外,调研报告的编写力求观点正确、材料典型、中心明确、重点突出、结构合理。它一般包括以下几个部分:① 前言,即说明本次市场调研应回答的问题、调研目标、调研方法、调研对象、调研时间、调研地点,以及调研人员的情况;② 正文,调研报告的主体应包括对调研问题的研究结果及其分析、解释及其回答;③ 结尾,提出建议,总结全文,指出本次活动的不足,以及对决策的作用;④ 附录,包括附表、附图等补充内容。

调研结论和建议也需要后续追踪和反馈,要根据实施效果、发展变化等进一步完善和积累经验。

三、原始数据收集方法

1. 文案调研法

文案调研法是通过查阅、检索、筛选、剪辑等手段和方式收集营销相关的各种文字、图片、音像等现成资料的调查方法。其优点是资料收集的过程比较简单,工作组织简便,资料丰富且获取比较容易,省时、省力、省钱。其缺点是二手资料不一定能满足专题调研的数据需求,存在时效性、准确性、相关性等缺陷。研究人员必须把握所收集二手资料的准确度。在连续、大量、全面收集资料的基础上,分析彼此之间的内在联系,提高资料的有序化程度。

资料收集应遵循"先内后外、先易后难、先近后远"的原则。在收集外部信息资料时,要注意先收集那些比较容易得到的历史档案材料、公开发表的现成的信息资料。

2. 访问调研法

访问调研法又称询问法、访谈法等,是将所要调查的事项以当面、书面或电话的方式,向被调查者提出询问,以获得所需要的资料,它是市场调查中最常见的一种方法。访问调研法是获得有关调查对象行为或态度信息最灵活、最直接的方法,可分为面谈调查、书信调查、电话调查、留置询问表调查等类型。面谈调查能直接听取对方意见,富有灵活性,但成本较高、范围有限,结果容易受调查人员的技术水平与合作态度影响,因此对调查人员的礼仪与公关素质、引导与主题控制、提问与语言表达、心理与沟通技巧等要求较高。书信调查成本低,但速度慢、回收率低。电话调查的速度最快、成本最低,但难以顾及被调查对象感受而常被视作骚扰,越来越难开展。留置询问表是由调查人员当面将问卷交给被调查对象,说明方法,由被调查对象自行填写,后期再收回,可以较好地弥补以上方法的不足,但耗时费力,难以大规模开展。

3. 观察调研法

观察调研法是指调查人员根据特定目的,到调查现场利用感觉器官和录音录像等手段,对研究对象进行考察,直接或间接观察和记录正在发生的旅游市场行为或状况,以获取有关信息的一种实地调查法,即从侧面观察、记录现场发生的事实,了解被调查对象的态度、行为和习惯。常见的观察调研法有直接观察法、实际痕迹测量法。

直接观察法是调查人员有目的、有计划、有系统地对被调查对象的行为、言辞、表情进行现场观察记录的一种资料获取方法,其特点是简单自然、真实生动,但也会因被调查对象的特殊性(如主观、掩饰、能力、信息不对称等)而使观察结果流于片面。

实际痕迹测量法是通过某一事件留下的实际痕迹来调查研究,一般用于对用户的流量、广告的效果等的调查。例如,游客登录OTA网站或酒店搜索页面后,就会产生某酒店的点击量,游客在其选房页面的登录和停留时间、转化率等痕迹,这些数据都能显示酒店网络流量数据。

4. 实验调研法

实验调研法又称实验法,是指在既定条件下,通过实验设计和观测实验结果而获取有关信息,对市场现象中某些变量之间的因果关系及其发展变化过程加以观察分析的一种调查方法,即通过在既定条件下的实验,测定和分析某些营销因素(如价格、促销等)的变化,而引起连锁反应(如销量、偏好等)的结果、原因与推广价值等。改变某产品的品质、包装、价格、广告、陈列方法等,都可能影响游客的行为。比如,将普通雪糕改变为黄鹤楼造型以试水旅游文创,广受好评后,武汉又推出植物园荷花雪糕、磨山楚城门雪糕、东湖之眼雪糕、欢乐谷Hola雪糕等,效果不错。

实验法以自然科学的实验求证法为基础,可以获得比较准确的资料,并能弄清行为的因果关系。但是,实验法所需时间较长,成本较高,而且由于现实营销中的很多因素在实验中很难被确切地模拟和控制,所以也会影响到实验结果的准确性。

以上介绍了四种常用的数据收集方法,后面我们还将对问卷调查法做专题介绍。

四、调查样本及其确定

一般而言,调查样本越大,结果越精确,但人财物的消耗也越大。在营销调研中进行完全调查既不可能也没必要,因此,根据调研目标和企业实力等,科学、合理地确定调查样本的时空跨度、对象范围、样本数量与结构等,成为调研质量与有效性的关键保证。

1. 普查

普查是对调研对象逐一地、无一遗漏地进行全面调研。此法获取信息的准确性比较高,人力、物力、财力的耗费相对也比较高,一般用于政府和相关行政部门进行的宏观调研,如人口普查、耕地普查等。此外,对范围不大、数量不多,或可控或特殊的调研对象和群体进行普查也具有一定可行性,如对某日某景区入园游客进行普查、对武汉市某区红色旅游资源的调查等。

2. 典型调研

典型调研是根据调研问题选择具有代表性的任务、单位或事件作为调研对象,从典型调研资料推论调研总体的性质、特征和状态。

典型不是特例,而是具有普遍意义和一定代表性的对象;典型不是随机选择,而是以对象所具有的典型意义与推广价值为基础;典型不是全包全能,而是有条件的、相对的,在某方面具有较强针对性和代表性的对象;典型不是由个别认识总结一般规律的过程,而是特定条件下对一般规律的验证和升华。我们经常看到的旅游案例研究中带副标题的,如"以某景区为例",大多属于典型研究,如果这个典型不具有普遍意义,不具有推广价值,或者不能反映和验证特定条件下的一般规律,这个案例研究的价值就会大打折扣,被归入个案研究。

典型调研的覆盖面较小,人力、时间都相对比较节省,反馈调研结果比较及时。典型调研一般以定性分析为主,根据调研需要,选择小样本收集定性资料,经过分析研究,推断出指导一般调研的结论,但不能犯以偏概全的错误。

3. 抽样调研

抽样调研是在众多调研对象中抽取部分样本,然后根据统计推断原理,用样本提供的信息推论总体的方法。调研者可以不考虑标准,任意抽取样本进行分析,如在居民区、景区、展览会等场合,向遇到的居民、游客、观众等进行拦截调研,这些群体的出现本身就具有随机性,但这种随机性是否受时间、空间、季节、生活规律和周期等影响,调研人员需要认真思考,如在居民区进行短程旅游行为调研,工作日和周末就明显不同;在景区对游客消费行为的调研,淡旺季也有明显差异,所以抽样调研衍生出更多更实用的方式,大致分为概率抽样和非概率抽样两类,如表4.1。

表 4.1 抽样调研主要类型

类型	抽样形式	描述	特点
概率抽样	简单随机抽样	随机抽,每个样本抽中概率相等	以随机原则抽取样本;每个单位被抽中概率已知或可计算;估计量不仅与样本单位观测值有关,也与其入样概率有关
	分层随机抽样	按类抽,样本结构与总体结构相近	
	机械随机抽样	第一个样本随机抽,其后等距抽	
	整群随机抽样	按类抽,抽其中一类或几类进行完整调研	
	多阶段抽样	将抽样过程分阶段进行,各种方法综合使用	
非概率抽样	方便抽样	以自己方便的方式抽取偶然得到的样本	不依据随机原则,而依据研究目的来抽取样本;操作简单、时效快、成本低;对统计学专业知识要求不高
	判断抽样	按目的和经验,选重点性、代表性等样本	
	滚雪球抽样	按样本溯源抽,以人传人模式不断累积样本	
	配额抽样	按类抽,每类又按配额用以上非概率方法抽	

下面选取几个常用抽样形式进行简单介绍。第一,简单随机抽样。简单随机抽样也称为单纯随机抽样、纯随机抽样、SRS抽样,是指用抽签、随机数表等从总体 N 个样本中任意抽取 n 个单位作为样本,使每个可能的样本被抽中的概率相等的一种抽样方式。简单随

抽样分为重复抽样和不重复抽样,前者每次抽中的单位仍放回总体,后者则不再放回,样本中的单位只能抽中一次。旅游调研中通常采用不重复抽样。

简单随机抽样要求每个样本完全独立,彼此间无一定的关联性和排斥性,而且被抽取的样本总数 N 有限且不宜过大。需要注意,当样本容量较小时,可能发生偏向,影响样本的代表性;当已知研究对象的某种特征将直接影响研究结果时,要想对其加以控制,就不能采用简单随机抽样法。

第二,分层随机抽样。分层随机抽样又称类型随机抽样,它是先将总体各单位按一定标准分成各种类型(或层);然后根据各类型单位数与总体单位数的比例,确定从各类型中抽取样本单位的数量;最后,按照随机原则从各类型中抽取样本。

用好分层随机抽样的关键,是分类的标准要科学、要符合实际情况,许多复杂的事物还应该根据多种标准进行多种分类或综合分类。分类的结果必须是每一个单位都归属于某一类,而不允许既可属于这一类,又可属于那一类,也不允许互相交叉或有所遗漏;必须是各类型单位的数量之和等于总体单位的数量。

分层随机抽样适用于总体单位数量较多、类型差异较大的调查对象。与简单随机抽样和等距随机抽样相比较,在样本数量相同时,它的抽样误差较小;在抽样误差的要求相同时,它所需的样本数量较少。分层随机抽样的缺点是,必须对总体各单位的情况有较多的了解,否则无法进行科学的分类,而这一点在实际调查之前又往往难以做到。

分层抽样与整群抽样类似,但应用场景不同,整群抽样是指在样本分群基础上,对被抽选的群进行全面调查。当某个总体是由若干个有自然界限和区分的子群(或类别、层次)所组成,同时,不同子群之间差异很大而每个子群内部的差异不大时,则适合于分层抽样;反之,不同子群之间差别不大而每个子群内部的异质性比较大时,则特别适合用整群抽样。比如,对武昌区居民休闲行为调研,就可以抽取某个或某几个居民区(社区或居民小区)进行整群调研;调查大学生旅游消费行为,因各大学、各专业、各年级之间差异明显,则不适合用整群抽样。

第三,机械随机抽样。机械随机抽样也称等距抽样、系统抽样、SYS抽样,它首先将全部样本按一定顺序排列编号,根据样本容量要求确定抽选间隔,然后随机确定起点,每隔一定的间隔抽取一个单位的一种抽样方式。抽样时,先将总体从 $1 \sim N$ 编号,并计算抽样距离 $K=N/n$。式中 N 为总体单位总数,n 为样本容量。然后,在 $1 \sim K$ 中抽一个随机数 k_1,作为样本的第一个单位,接着抽 k_1+K,k_1+2K,…,直至抽够 n 个单位为止。

一般来说,机械随机抽样比简单随机抽样简便易行,样本的代表性也相对较好,但是,编号顺序对抽样结果影响很大,如果总体具有周期变化规律,其代表性远不如简单随机抽样。比如,大学生旅游偏好调研中,假如正好男女生的编号相间,则很可能全抽到男生或全抽到女生,而男女生的旅游偏好差异明显,样本不能代表全体。另外,机械随机抽样也容易忽略已有信息,特别是间距较大时,有些重点群体可能一个都抽不到。

第四,配额抽样。配额抽样也称定额抽样,是指调查人员将调查总体样本按一定标志分类或分层,确定各类(层)单位的样本数额,在配额内任意抽选样本的抽样方式。

配额抽样和分层抽样既有相似之处,也有很大区别。它们都是事先对总体中所有单位按其控制特性分类,如旅游者的性别、年龄、收入、职业、文化程度等。然后,按各个控制特性,分配样本数额。分层抽样是按随机原则在层内抽选样本,而配额抽样则是由调查人员在配额内主观判断选定样本。

配额抽样适用于设计调查者对总体的有关特征具有一定的了解且样本数较多的情况,其费用不高,易于实施,能满足总体比例的要求。比如,要按性别抽样市内、市外不同年龄段游客,用以分析消费行为,在获取总样本性别(6∶4)、市内外(2∶1)、年龄段(1∶2∶2∶1)等分布特征和配额(450)后,配额抽样结果如下表4.2所示。

表4.2　市内外游客消费行为配额抽样表

性别	男(60%)								女(40%)							
来源	市内(180)				市外(90)				市内(120)				市外(60)			
年龄段	Ⅰ	Ⅱ	Ⅲ	Ⅳ	Ⅰ	Ⅱ	Ⅲ	Ⅳ	Ⅰ	Ⅱ	Ⅲ	Ⅳ	Ⅰ	Ⅱ	Ⅲ	Ⅳ
人数	30	60	60	30	15	30	30	15	20	40	40	20	10	20	20	10

【项目1】　请以小组为单位,通过携程网的点评系统,对晴川阁和古琴台的点评做一个简单的整理呈现和对比。

第二节　问卷调查及其数据处理

一、问卷调查概述

问卷调查即由调查机构根据调查目的设计各类调查问卷,采取抽样方式确定调查样本,通过对样本访问完成事先设计的调查项目,然后由统计分析得出调查结果的一种方式。问卷调查是一个非常专业且复杂的工程,但因其在描述现状、探索规律、分析对策等方面具有高效、客观、广泛、易量化、上手快、好实施等优势,在社会调研领域应用十分广泛,尤其是对于面向用户的营销活动而言,问卷调查几乎是必备工具和选项。

问卷质量是决定问卷调查成败最重要的前提条件。高质量问卷出自充分的调研准备、严密的逻辑整理、客观的试用与完善等大量工作基础之上,象牙塔里做不出有任何价值的问卷。

 1.问卷前期准备

在做问卷调查之前,最好用5W2H方法梳理一下思路,如图4.2所示。

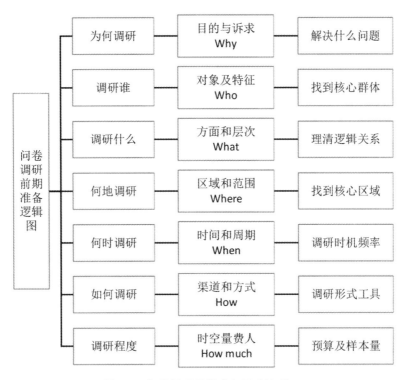

图 4.2　问卷调研前期准备思路梳理

最紧要的工作是做好需求分析和对象分析,即明确做问卷调研要解决什么问题,这些问题包括哪些方面,以及核心细分群体是谁、在哪、有什么特征,怎样提高他们的配合度等。

2. 问卷设计

问卷结构一般包括标题、指导语、正文和结尾四部分。

第一,标题最好点明调查范围、目的和内容,增加被调查者的兴趣和参与感,如"抖音对大学本科生旅游消费行为影响的调查"这个标题就比较理想。

第二,指导语的主要功能包括激发被调查者的参与兴趣,填写指导、便于调查统计工作的开展等。激发被调查者的参与兴趣主要包括调查目的、隐私声明、奖励、反馈等,调查目的最好要突出调研活动对被调查者有益,反馈的形式可以是被调查者留邮箱或问卷中附调研组邮箱,便于被调查者跟踪进度,也能大大提升其参与感、积极性和调研真实度。填写指导除告知被调查者填写要领外,更要声明整个填写过程大致的时耗,让被调查者有心理准备,易于认真参与。便于调查统计主要指问卷应有编号、身份识别和筛选等基础标志。下文可作为指导语参考。

亲爱的同学:

您好!

为了提高您在欢乐谷的游玩体验,我们正在做"武汉市大学生欢乐谷旅游消费行为调查"。本次调查仅设置单选和滑动选择量表两种题型,正常情况下,需要耗费您 8~10 分钟时间。在您完成问卷并确定为有效后,武汉欢乐谷将赠送您一次欢乐谷大门票5折电子优惠券。本调查不会泄露或将您的个人隐私另作他用。如果您愿意,可以主动联系邮箱＊＊＊@163.com以跟踪本次调查进度。

感谢您的参与!

【问卷小技巧】 思考:如何确定问卷有效?

第三,正文部分是问卷的核心。通常,有金字塔原理法、研究方法匹配法和场景应用法三种思路设计问卷。

金字塔原理认为任何事情都可以归纳出一个中心论点,而此中心论点可由3～7个论据支持,这些一级论据本身也可以是个论点,被二级的3～7个论据支持,如此延伸,状如金字塔。金字塔原理本质上是一种将信息进行归类和概括的方法,基本原则是结论先行、以上统下、归类分组、逻辑递进。

如果我们从经营方营销和改善游客体验角度出发,借助金字塔原理梳理武汉市大学生欢乐谷旅游消费行为,可以参考图4.3进行思考和组织。首先,自上而下,我们可以就3个二级问题展开:一是购前决策,即为何来;二是消费体验,即如何来,如何消费;三是购后评价,值不值,还来不来。其次,再自上而下,每个二级问题又各分2～4个关键词或论点,如此不断分解下去,我们就能弄清问卷里的每一个问题都该针对什么来提,以及怎么提。最后,通过问卷自下而上,我们就找到了3个二级问题的答案,并基于此提出对策。

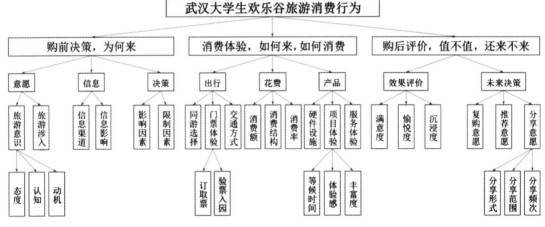

图4.3 武汉市大学生欢乐谷旅游消费行为金字塔思维示意图

需要注意的是,图4.3只是一个示意图,因调研目的的差异性和特殊性,在具体实践中,不可完全照搬。另外,应该适当控制问卷长度,一般不超过30道题目,或将被调查者认真填写所需时间控制在5～8分钟。设置电子礼品和奖励,是为了在收集被调查者人口统计学信息的同时,不至于让其产生反感情绪从而胡乱填写。当然,如果对自己的问卷有充分信心,把这部分放在问卷开头或结尾也都可以。

金字塔原理还有更深入的应用模式,如问题树模型告诉我们如何沿着树干、树枝、树杈找到想要的那片树叶,MECE(Me See)模型告诉我们如何全面系统而不重叠、不遗漏每个问题环节。

研究方法匹配法一般是院校和科研部门常用的旅游市场调研工具和思路。用以分析旅游市场中的差异关系、相关关系和其他关系。

比如,不同文化水平人群游览黄鹤楼的满意度调研,就是典型的差异分析,一般会设置满意度量表,以便于方差分析,不设置量表题则可以使用卡方分析工具。一般来说,具体问卷设计和调研实践中,量表题和非量表题常常混合使用,方法也多种多样。

4-1 金字塔原理、问题树模型及MECE原则

如果研究相关关系,如研究游览黄鹤楼满意度对分享与推荐意愿或再次购买行为的影响,就可以使用线性回归分析、logistic 回归等方法,特别是证明游客再次购买是受满意度影响的结果,使用 logistic 回归可能更合适。

如果预期数据需要进行统计上的信度分析,此时最好设计成量表题,否则无法进行信度分析。如果预期思路上有分类,比如将样本分成 3 种人群,此时需要考虑使用更多规范的量表题数据。

总体上,量表题可以匹配更多研究方法,而且也更规范。但是,需要注意切不可本末倒置,问卷调研是为了解决问题,不是为了使用某种方法而设计问卷,因而问卷形成之前就应该有一定的思路和全盘考虑,问卷形成以后如果某种方法不能使用或使用起来不方便,就应该考虑更换方法而不是大幅更改问卷。

场景应用法是针对特定应用需要来设计问卷,如学术研究主要解决"是什么"和"为什么",更多地用模型解释、验证和解决问题。旅游企业调研则主要解决"怎么办",聚焦现状分析、未来预测,以及提出决策意见建议等,因而问卷设计常常有非常大的区别。

比如,学术研究要弄清楚黄鹤楼满意度对分享推荐意愿的影响及其程度,满意度低于多少游客会投诉,介于多少能忍受,达到多少会分享,再提升到多少会推荐。而对于企业来说,如何提高满意度才是核心,因为大家都知道满意度越高越好,所以学术研究多用量表以方便定量分析,企业调研则偏重定性描述,只需要告诉企业该怎么办、何时办、分几步办等具体措施,以及预算和投入产出比就行了。当然,现实中常依特定场景,采取定性定量相结合又各有偏重的思路,学术研究也需要针对具体问题提出对策建议,企业调研则需要定量数据以提升调研质量和说服力。

第四,在问卷结尾部分表达谢意,安排未尽事宜,如人口统计学信息收集等,参考如下。

> 感谢您在百忙之中抽空完成我们的调查问卷。您的配合将进一步督促和激励我们努力提升欢乐谷的服务质量和水平,丰富和提升您和更多大学生的欢乐谷游览体验。请扫码关注武汉欢乐谷公众号并将问卷首页和末页拍照或截屏上传以领取电子优惠券,再次感谢您的参与,祝您学习和生活愉快!

【问卷小技巧】 思考:如何有效收集人口统计学信息而不至于引起对方反感抵触?

最后,要明确问卷不在于多、广、全,而在于效度与信度,一份优秀的问卷不仅要倾注设计者很多心血,更要广泛征询和收集专家、实施者、被调查者及其他相关者的意见建议,在具体实践中不断完善。一般情况下,200～300 份优质问卷几乎可以解决绝大多数问题。

要做到效度和信度结合,问卷设计者需要换位思考,对于被调查者而言,亲和力强的问卷胜过任何物质奖励。问卷亲和力要点:方便、朴实、谦逊、有益。方便即被调查者答起来舒

心不别扭,如不能为了省钱而牺牲问卷排版、字体及其大小与清晰度等可读性,不能因题量大、时机不合等造成被调查者"赶时间"而胡乱填的情况。朴实即题目界定清晰、好理解,逻辑和选项合理,语言通俗易懂,避免直接询问态度、情感、价值观等可用金字塔原理继续分解的问题,如"你喜欢旅游吗?""你有团队意识/时间观念吗?""你爱国吗?"之类的问题,试问谁会回答"否"?问卷语言要尽量口语化,避免生僻、晦涩等表达,禁用专有学术学科名词和术语、英文缩写等,如很少有非营销人员知道"BD"是什么意思。有益即要明确告知问卷结果可能给被调查者带来的价值,至少具有社会、生态等价值和意义,切不可一味强调对问卷实施者的价值和意义。

二、问卷数据基础

问卷回收后,就要进行筛选、录入等处理工作,形成分析问题、得出结论的基础数据。

1. 数据类型

数据一般分为定性数据和定量数据两类。定性数据是表示事物性质、规定事物类别的文字表述型数据,通常使用百分比汇总,无法计算平均值,如性别、专业。统计学上常用数字1和2表示男女,可以计算比例,但无实际数字意义。定量数据是指能够用数值尺度来记录和测量的数据,如年龄、身高、体重、满意度等。

2. 数据关系

数据间的关系总体上分为差异关系、相关关系和其他关系三类。

差异关系通常是研究不同类别的差异性,可以包括定性数据和定量数据的差异性、定性数据和定性数据的差异性。相关关系即数据之间存在关联性,如满意度与忠诚度的正相关关系,即越满意就越忠诚,又如价格与销量之间的负相关关系,即价格越高销量越低。相关关系还包括影响关系,如满意度对游客复购与推荐行为的影响等。

当然,还有其他关系,如数据的浓缩、聚类等。

3. 数据研究方法[①]

第一,差异关系。

(1)定性数据和定性数据差异关系。比如,性别和专业的差异关系,不同性别人群在专业偏好上有没有差异呢?此时应该用卡方分析。

---

① https://zhuanlan.zhihu.com/p/55645157。

(2)定性数据和定量数据差异关系。比如,性别和身高的差异关系,不同性别人群在身高上有没有明显的差异性呢?此时应该用方差分析或者t检验。方差分析可以对比多组数据差异,而t检验只能对比两组数据。

(3)定量数据和定量数据的差异。有时候做实验,比如,新型教学方式的使用,在使用前和使用后,学生成绩有没有明显的变化呢?此时则应该使用配对t检验。

(4)定量数据和数字的差异。比如,中国人的平均身高是否明显高于170cm。定量数据和一个数字的差异性,此时应该用单样本t检验。

第二,相关关系。

定量数据和定量数据的相关关系。比如,身高和体重之间有没有关系?此时应该使用相关分析,一般默认使用Pearson相关分析。

(1)影响关系1(X对Y的影响,Y为定量数据)。比如,研究学历、年龄、收入、满意度等对于消费金额的影响,此时一般使用线性回归分析。线性回归分析分为简单线性(一元线性)和多元线性两种,研究X对Y的影响,如果X仅为1个则称作简单线性,如果X为多个,此时称作多元线性回归分析。如果Y的个数超过1个,可以多进行几次回归,更复杂的可以使用结构方程模型进行研究。线性回归时,X可以为定性数据也可以为定量数据,如果是定性数据则需要进行虚拟变量(哑变量)设置。

(2)影响关系2(X对Y的影响,Y为定性数据)。比如,研究学历、年龄、收入、满意度等对于旅游分享行为的影响。此时,应该使用logistic回归分析,logistic回归又区分为二元logistic回归、有序logistic回归、无序logistic回归3类。区别在于如果Y仅分为2类,比如,愿意与否、分享与否、喜欢与否,此时,Y只有2个类别,称为二元logistic回归,此方法的使用频率非常高。如果Y分别分为不喜欢、一般和喜欢3组,此时使用有序logistic回归。无序logistic回归时,Y一定是定性数据,比如分析出行方式的偏好(步行、公交、自驾等),此时用无序logistic回归更合理。

第三,其他关系。

(1)数据浓缩。比如,说了20句话,是否可以把20句话归纳成4个词语表示?此时,就应该用到数据浓缩,即使用因子分析(或者主成分分析)。数据浓缩时,数据一定是定量数据。

(2)样本聚类。比如,游戏里面分了几种角色,数据分析人员希望将收集到的1万多个样本分成几类,此时需要使用聚类分析。

三、问卷数据处理

问卷数据处理的工具很多,如SPSS、STATA、R等,有时候,也可以运用Excel进行简单的数据处理。这些工具处理数据的基本逻辑类似,我们以SPSS为例,进行简单介绍。[1]

---

[1] https://www.zhihu.com/question/529270094/answer/2458752712.

1. SPSS 简介

SPSS(Statistical Product and Service Solutions),即"统计产品与服务解决方案"软件,用于统计学分析运算、数据挖掘、预测分析和决策支持任务等相关数据统计分析。SPSS 最突出的特点就是操作界面友好,输出结果美观。用户只要掌握一定的 Windows 操作技能,熟悉统计分析原理,就可以使用该软件为特定的调研工作服务。

SPSS 为各分析阶段提供了丰富的模块功能。根据 SPSS 模块功能的不同,可将 SPSS 常用模块分为 4 个分析阶段:数据处理、描述性分析、推断性分析和探索性分析,见表 4.3。

表 4.3 SPSS 分阶段模块及功能

分析阶段	模块	功能
数据处理	Data Preparation	提供数据校验、清理等数据处理工具
	Missing Values	提供缺失数据的处理与分析
	Complex Samples	提供多阶段复杂抽样技术
描述性分析	Statistics Samples	提供最常用的数据处理、统计分析
	Custom Tables	提供创建交互式分析报表功能
推断性分析	Advanced Statistics	提供强大且复杂的单变量和多变量分析技术
	Regression	提供线性、非线性回归分析技术
	Forecasting	提供 ARIMA 指数平滑等时间序列模型
探索性分析	Categories	提供针对分类数据的分析工具
	Conjoint	提供联合分析市场研究工具
	Direct Marketing	提供直销活动效果分析工具
	Decision Trees	提供分类决策树模型分析方法
	Neural Networks	提供神经网络模型分析方法

资料来源:https://www.itcast.cn/news/20220104/17035180345.shtml.

2. SPSS 分析流程

下面我们以网页版 SPSSAU 为例,简单梳理其分析流程,参考图 4.4。

SPSSAU 在操作上更便捷,操作都是左右拖拽点击,基本不需要配置任何参数,得出结果默认生成可视化图片,提供的分析模式为智能分析而且结果为整理规范表格。SPSSAU 提供通用方法、进阶方法、高阶方法、医学方法等共 30 多种方法,功能上比 SPSS 多一个时间序列法。

1) Step1 导入数据

SPSSAU 支持 Excel(包括 csv、xls 和 xlsx)、STATA(dta)、SAS(sas7bdat)等数据导入,还可从问卷星、问卷网、腾讯问卷等导入数据。导入数据直接点击右上角"上传数据"即可。

图 4.4　SPSS 分析流程示意图

上传文件上限为 10M、5 万行、1024 列。上传的数据为原始数据,比如,有 100 个样本或被试,则应该有 100 行;1 行代表 1 个样本或被试;1 列代表 1 个属性。表格第 1 行为标题,不能为空,不能有合并单元格、完全的空列或空行等。数字的意义,比如,1 代表男,2 代表女,可使用"数据标签"功能设置。

需要注意的是,算法只认识数字,因此针对非数字格式数据,SPSSAU 会以列为基准智能化处理。如果某列全部为数字则保留,全部为字符则依次编号,重复项以最上一行编号为准,即"数据标签"设置;如果兼有数字和字符,则数字保留,字符为 NULL。如表 4.4 所示。

表 4.4　SPSSAU 数据智能化处理示意

标题 1	标题 2	标题 3	标题 4	标题 1	标题 2	标题 3	标题 4
1	A	2	A	1		2	1
2	B	1	A	2		1	1
2	C	1	B	2		1	2
3	D	2	C	3		2	3
3	3	2	B	3	3	2	2
2	2	1	D	2	2	1	4

2）Step2 数据清理

数据清理包括整理标签、数据编码、生成变量、剔除冗余等环节。

整理标签即赋予数字实际含义,如通常将男、女分别赋值 1 和 2,尽管数据标签仅影响表格展示,不影响分析结果,但一般不能忽视这个环节,因为还有很多分类方式不像性别这样简单,如各年龄段划分,不可能每个年纪都分开统计。无论是使用 Excel,还是 SPSS,都要养成好习惯。

数据编码是为了优化数据处理效能。为了把全年龄段的所有样本简化归类并全部表达出来,我们按图 4.5 以 18 岁、27 岁、42 岁、60 岁为分界点,依次编码 1 至 5,这样数据处理起来就会高效很多。数据编码与数据标签的功能和目的不同,不能混淆,一般数据编码之后新生成标题,需要做数据标签。SPSSAU 提供了数据编码、范围编码、自动分组功能,一般不建议使用自动分组,如图 4.6。

	A	B	C
1	标题	数字	标签
2	性别	1	①男
3		2	②女
4	年龄	1	①18岁及以下
5		2	②19—27岁
6		3	③28—42岁
7		4	④43—60岁
8		5	⑤61岁及以上
9			

图 4.5　整理标签与数据编码

图 4.6　数据编码功能

生成变量是数据整合处理的过程,如衡量旅游者满意度的指标有 5 个,我们使用生成变量就可以把它们整合在旅游满意度这个整体数据中。SPSSAU 生成变量的方式有常用、量纲处理、科学计算、汇总处理、日期处理、其他等多种,可根据实际需要选择,如图 4.7 所示。

图 4.7　生成变量功能

剔除异常值和无效样本是数据清理的关键环节。

异常值也称离群值,其数值明显偏离所属样本的绝大部分观测值,会严重扭曲数据结论。最常见的异常值检验方法有箱线图、散点图、正态分布图等图示法,也可使用频度分析、极值分析、归类分析等进行探索。异常值的判定标准并不统一,更多的是通过人为标准进行设定。完成异常值的判定之后,SPSSAU 提供设置为 NULL 和填补两种方式,见图 4.8。

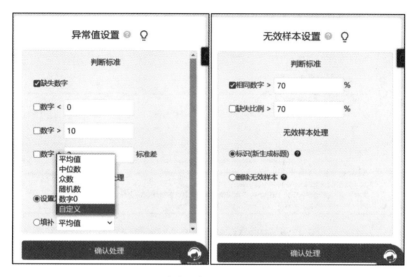

图 4.8　剔除异常值和无效样本功能

无论是问卷还是其他渠道获取的数据,都不可避免存在无效样本。SPSSAU 提供无效样本处理功能,如图 4.8,经过处理会新生成一个标题,用数字 0 表示无效样本,数字 1 表示有效样本,使用"样本筛选"功能即可对有效样本进行分析。

3) Step3 开始分析

在前面,我们一起学习了常见分析方法的适用条件和场景。SPSSAU 也将这些方法整合起来,我们只需按照需要选择使用即可,如图 4.9。

图 4.9　SPSSAU 问卷分析示意图

4）Step4 查看分析结果

我们利用 SPSSAU 分析问卷信度结果如图 4.10。

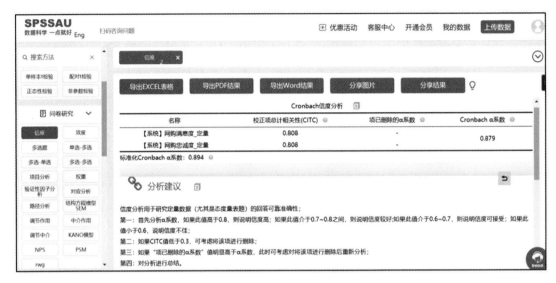

图 4.10　SPSSAU 问卷信度分析结果示意图

3. SPSSAU 分析方法

SPSSAU 开发至今,功能趋于完善,提供的分析方法全面多样,包含 8 大类 149 种方法（见表 4.5）,基本上可以满足绝大部分使用者的需求。最关键的是使用 SPSS 系列产品进行分析的结果在国际上获得高度认可,一般不需要论证和推演过程。

表 4.5　SPSSAU 分析方法一览表

1. 数据处理		3. 问卷研究		4. 可视化	
标题处理	生成变量	信度	路径分析	散点图	象限图
数据标签	无效样本	效度	对应分析	直方图	帕累托图
数据编码	异常值	多选题	调节作用	箱线图	簇状图
2. 通用方法		单选-多选	中介作用	词云	组合图
频数	方差	多选-单选	调节中介	误差线图	气泡图
分类汇总	t 检验	多选-多选	验证性因子分析	P-P/Q-Q 图	核密度图
描述	单样本 t 检验	项目分析	NPS	Roc 曲线	小提琴图
交叉（卡方）	配对 t 检验	权重	PSM		
相关	正态性检验	KANO 模型	rwg		
线性回归	非参数检验	结构方程模型 SEM			

续表

		5.实验/医学研究			
卡方检验	ICC组内相关系数	Poisson回归	正交实验	极差分析	剂量反应
Kappa	单样本Wilcoxon	概要t检验	卡方拟合优度	OR值	Bland-ALtman
配对卡方	配对样本Wilcoxon	均值z检验	Poisson检验	HLM	广义估计方程
二元Probit	多样本Friedman	比率z检验	重复测量方差	分层卡方	条件Logit回归
游程检验	Cochran's Q检验	Ridit分析	Kaplan-Meier	负二项回归	Deming回归
Cox回归	Kendall协调系数				

6.进阶方法			7.综合评价	8.计量经济研究	
聚类	三因素方差	AHP层次分析	熵权TOPSIS	Robust回归	两阶段回归TSLS
因子	多因素方差	熵值法	灰色预测模型	OLS回归	偏(自)相关图
主成分	协方差	模糊综合评价	指数平滑	DID差分	Heckman两步法
分层回归	判别分析	灰色关联法	DEA	分位数回归	RDD断点
逐步回归	岭回归	TOPSIS	DEMATEL	ADF检验	倾向得分匹配
二元Logit	多分类Logit	WRSR秩和比	Vikor	ARIMA预测	VAR模型
分层聚类	曲线回归	CRITIC权重	ISM	Tobit模型	格兰杰检验
有序Logit	PLS回归	独立性权重	MDS	面板模型	协整关系
Lasso回归	事后多重比较	信息量权重	综合指数	时序图	ECM模型
偏相关	RFM模型	耦合协调度	障碍度	分组回归	ARCH模型
典型相关	非线性回归			GMM估计	联立方程
双因素方差	MDS				

 4. SPSSAU 分析结果

细心的同学一定能发现,SPSSAU提供了多种格式导出,还能直接复制表格粘贴至Word、Excel等,操作非常友好。此外,SPSSAU还给用户提供了分析建议、智能分析结果、可视化图表供下载使用。

【项目2】 请用Excel统计全班同学年龄、身高、体重数据,并对体测成绩随机赋值70~95,请将数据导入SPSS或SPSSAU后,展示年龄分布表、身高和体重分布图,并分析身高和体重的关系、身高和体测成绩的关系。

第三节 旅游市场调研数据利用

一、旅游数据概述

随着互联网、移动终端、区块链、大数据等技术不断发展,旅游市场调研越来越依赖网络,传统的调研方法几乎均可转到网络上开展,而且更加可靠、快速、便捷、低价。旅游市场调研人员掌握旅游数据挖掘获取和处理分析的能力十分必要。

1. 旅游数据背景

我国旅游信息技术大致兴起于20世纪90年代初,人们发现通过网络可以更好地完成旅游信息发布、查询,以及产品宣传、游客沟通等工作,于是建立起各种旅游网站,向旅游者提供信息服务。进入21世纪,旅游管理部门和企业开始意识到,旅游者更期望得到更省心省力的组合旅游产品和服务,而不愿再花时间精力去寻找和筛选信息,于是大量攻略型、分享型网站出现了,旅游者可以借鉴别人的旅行经历和经验轻松安排自己的行程。

2010年以后,围绕智能终端的社交平台、智能服务、大数据分析等新型商业模式已然成熟,开始推动智慧旅游发展升级。旅游者在网络上的搜索、点评、收藏、消费,甚至浏览、驻留等行为,都成为大数据定点推送的依据。旅游者发现,大数据比自己更了解自己,而旅游企业发现,拥有数据甚至比拥有大批忠诚客户更重要。抖音、小红书、B站、美团、百度、阿里、腾讯等借助庞大的公域流量优势大举进军旅游行业,而依赖流量购买和导入的传统旅游企业,如OTA、酒店、旅行社等则叫苦不迭,一些传统旅游企业开始发力建设自己的私域流量。

2. 旅游数据来源

对于旅游企业而言,有价值的数据大致来源于三个方面:一是用户主动提供的文本、声音和影像数据,如攻略网站、点评网站、朋友圈与博客、分享平台与社交媒体、短视频和长视频平台等；二是通过设备或传感器采集的数据，如定位与定时数据、运营商基站与移动漫游数据、射频识别数据、WIFI数据、消费与支付数据等；三是用户网络行为数据，如旅游者搜索、访问、驻留、收藏、预订等形成的数据。

数据获取的渠道主要是购买、自建。出于临时需要，挖掘也是获取数据的重要渠道。

购买数据的主要困难是成本高，而且数据利用行为极易被模仿，这就是掌握大流量的外卖、短视频、团购、知识分享平台等"外行"可以轻松切入旅游行业的原因，而且它们一进军旅游行业就能稳占半壁江山。旅游企业的核心竞争力已由产品和服务，逐步转向产品服务与数据并重的格局。如果旅游企业只能依赖于向外界供应商购买流量，该企业不仅运营成本居高不下，而且命运完全掌握在别人手上，最极端的情况是企业赖以生存且必须高价销售的产品和服务，而对手却可以免费提供给用户，那该企业离倒闭或被竞争对手收购、兼并就不远了，免费背后的逻辑通常就是数据和流量。

4-2 常用旅游数据来源

对于传统旅游企业而言，自建数据库和私域流量也绝非易事，因为数据技术壁垒非常高，沉淀时间也会相对较长，对于短期内沉淀的量也有较高要求，而且旅游企业最大的不足是用户黏性差。用户平均每天可以花至少1小时刷抖音，也可能使用百度等搜索引擎上10次，还可能用美团等点1次外卖发表1次评价，用户也可以每周在天猫、京东等购物平台挑选和购买商品多次，但是又有多少游客愿意长期或长时间在飞猪、同程等旅游网站"闲逛"呢？用户也可以毫不犹豫地加入抖音、小红书、美团、京东等会员，而对于旅游企业，很可能就是微信号、QQ号或其他社交账号的授权登录，游客甚至根本不想注册账号。不过有一些旅游企业，特别是大型连锁酒店，如华住、锦江等开始着力建设自己的会员体系，并沉淀用户数据，取得了不错的效果。

3. 旅游数据挖掘

在互联网行业，我国做到了网民数量、宽带网接入数、国家顶级域名注册量、手机用户、手机上网人数、互联网交易额"六个全球第一"，数据挖掘成为旅游企业的必修课，数据挖掘是对公共和公开数据的收集整合过程，一般通过爬虫技术来实现。网络爬虫是一种按照一定的规则，自动抓取和存储网络信息的程序或脚本，又叫网页蜘蛛、聚焦爬虫、网络机器人等。营销人员可以利用爬虫软件或利用Python、R等编程实现挖掘数据的需要。常见的爬虫软件有八爪鱼、后羿、火车头、集搜客、爬山虎等，当然Excel也能实现部分功能。

4-3 常用爬虫抓取软件

使用爬虫软件可以一次性采集到全部有效评论，为将来进行文本分析提供原始资料。现在我们以马蜂窝为例，用爬虫软件采集武汉东湖宾馆的点评，如图4.11，我们用时15秒，就采集到武汉东湖宾馆的全部200条有效评论。

数据已经成为企业核心竞争力的最重要体现，但数据也因国家安全、行业竞争、个人隐私与所有权等变得极为敏感，而且相关法律仍不成熟。旅游企业及其营销人员在购买和使用数据，特别是主动挖掘数据时需十分谨慎。

图 4.11 从马蜂窝采集的武汉东湖宾馆点评

4. 旅游数据分析语言

当然,我们也可以用 R 或 Python 实现相同的数据采集功能。

R 是一套完整的数据处理、计算和制图软件系统。其功能包括:数据存储和处理系统;数组运算工具(其向量、矩阵运算方面的功能尤其强大);完整连贯的统计分析工具;优秀的统计制图功能;简便而强大的编程语言——可操纵数据的输入和输出,可实现分支、循环,用户可自定义功能。

与其说 R 是一种统计软件,还不如说 R 是一种数学计算的环境,因为 R 不仅提供一些集成的统计工具,还提供各种数学计算、统计计算的函数,从而使使用者能灵活机动地进行数据分析,甚至创造出符合需要的新的统计计算方法。这使得它可以把表达式作为函数的输入参数,而这种做法对于统计模拟和绘图非常有用。R 比其他统计学或数学专用的编程语言有更强的物件导向(面向对象程序设计)功能。虽然 R 主要用于统计分析或者开发统计相关的软件,但也有人用作矩阵计算。其分析速度可媲美 GNU Octave 甚至商业软件MATLAB。

R 是一个免费软件,R 的源代码可自由下载使用,也有已编译的执行档版本可以下载,可在多种平台下运行。在 R 的安装程序中只包含了 8 个基础模块,其他外在模块可以通过

CRAN获得,根据CRAN记录有千余种不同的软件包,其中有几款较为常用,如用于经济计量、财经分析、人文科学研究以及人工智能。

R主要是以命令行操作,同时有人开发了几种图形用户界面。

Python语言自20世纪90年代初诞生以来,已被逐渐广泛应用于系统管理任务的处理和Web编程。Python提供了高效的高级数据结构,还能简单有效地面向对象编程。Python语法和动态类型,以及解释型语言的本质,使它成为多数平台上写脚本和快速开发应用的编程语言。Python解释器易于扩展,可以使用C语言或C++扩展新的功能和数据类型。Python也可用于可定制化软件中的扩展程序语言。Python丰富的标准库,提供了适用于各个主要系统平台的源码或机器码。众多开源的科学计算软件包都提供了Python的调用接口,例如,著名的计算机视觉库OpenCV、三维可视化库VTK、医学图像处理库ITK。而Python专用的科学计算扩展库就更多了,例如,十分经典的科学计算扩展库:NumPy、SciPy和Matplotlib,它们分别为Python提供了快速数组处理、数值运算和绘图功能。因此,Python语言及其众多的扩展库所构成的开发环境十分适合工程技术、科研人员处理实验数据、制作图表,甚至开发科学计算应用程序。

Python既支持面向过程的编程也支持面向对象的编程,其优点有:简单易学、易读易维护、免费开源、用途广泛、速度快、可扩展扩充性、可嵌入性、可移植性、解释性等。Python标准库庞大、代码规范,编写程序的时候无须考虑诸如何管理程序使用的内存一类的底层细节,做科学计算优点多,MATLAB的大部分常用功能都可以在Python世界中找到相应的扩展库。

二、调研数据预处理

数据的预处理是指对所收集数据进行分类或分组前所做的审核、筛选、排序等必要的处理。我们收集到的初始数据往往存在不完整、定义和标准不统一、数据异常等问题。为了提高数据挖掘的质量,产生了数据清理、数据集成、数据变换、数据归约等多种数据预处理技术。前面我们简单学习了使用SPSSAU进行异常值检验,事实上,SPSSAU在数据预处理上的功能全面、作用显著,见表4.6。

表4.6 2009—2020年武汉旅游基本情况统计

指标	2020年	2019年	2018年	2017年	2016年	2015年	2014年	2013年	2012年	2011年	2010年	2009年
国内旅游人数（万人次）	25895.99	31586.27	28512.47	25713.7	23096.10	20532.98	19126.75	17022.11	14067.7	11636.12	8852.34	6359.99

续表

指标	2020年	2019年	2018年	2017年	2016年	2015年	2014年	2013年	2012年	2011年	2010年	2009年
接待海外旅游者人数（万人次）	15.91	312.04	276.75	250.31	224.94	202.35	170.57	161.37	150.89	115.91	92.79	66.9
其中外国人（万人次）	12.34	251.67	223.6	203.65	176.68	164.12	138.38	128.82	114.17	88.7	70.17	52.63
港澳台同胞（万人次）	3.57	60.37	53.15	46.66	48.26	38.23	32.20	32.55	36.72	27.21	22.62	14.27
接待海外旅游者人天数（万人天）	34.17	923.34	815.2	742.11	628.86	562.84	491.94	451.12	421.16	299.47	235.28	168.2
其中外国人（万人天）	26.53	739.68	661.14	605.45	497.1	456.78	400.99	360.02	322.78	228.63	179.13	133.72
港澳台同胞（万人天）	7.64	183.66	154.06	136.66	131.76	106.06	90.95	91.1	98.38	70.84	56.15	34.48
旅游总收入（亿元）	2906.29	3570.79	3163.11	2812.82	2505.72	2197.41	1949.46	1690.02	1396.00	1054.1	753.73	508.65

续表

指标	2020年	2019年	2018年	2017年	2016年	2015年	2014年	2013年	2012年	2011年	2010年	2009年
其中国际旅游收入（亿美元）	0.8	21.6	18.97	16.93	15.15	13.37	93402.53	91431.03	85208.89	60580.77	47578.27	32902.22
国内旅游收入（亿元）	2901.02	3421.52	3037.55	2698.53	2405.13	2115.23	1892.06	1633.4	1342.17	1014.74	721.4	486.18
旅游星级饭店客房实际出租间天数（万间/天）	175	252.38	283.46	336.31	287.32	255.5	291.01	301.05	334.48	358.54	344.23	326.12
旅游星级饭店客房核定出租间天数（万间/天）	426.73	427.33	444.71	538.38	496.36	444.19	506.8	515.68	513.56	479.33	553.96	592.22

资料来源：武汉市统计局。

仔细观察表4.6，我们就能发现数据中两个明显的异常情况，一是2020年统计数据明显离群，主要原因是新冠疫情影响，属十分特殊年份数据，可考虑整体剔除；二是"其中国际旅游收入（亿美元）"一项，2015年前后数据差异明显，且不合逻辑，经查是统计计量单位不同，应予以修正。当然，如果将数据导入SPSSAU，经过检验也可以迅速发现异常。

拿到表4.6，我们需要进行预处理，其中最典型的是数据标准化处理，我们现将表4.6进行修正，去掉2020年数据，修正2015年以前"其中国际旅游收入（亿美元）"的统计数据，以SPSSAU标准化为例，可以得到表4.7。

表 4.7 标准化后的 2009—2019 年武汉旅游基本情况统计表

指标	2019年	2018年	2017年	2016年	2015年	2014年	2013年	2012年	2011年	2010年	2009年
S_国内旅游人数（万人次）	1.5798	1.2008	0.8558	0.533	0.217	0.0436	-0.2159	-0.5802	-0.88	-1.2233	-1.5306
S_接待海外旅游者人数（万人次）	1.6539	1.1978	0.8561	0.5282	0.2362	-0.1745	-0.2934	-0.4289	-0.881	-1.1798	-1.5144
S_其中外国人（万人次）	1.643	1.2041	0.8921	0.4704	0.2740	-0.1285	-0.278	-0.5071	-0.9054	-1.1952	-1.4694
S_港澳台同胞（万人次）	1.6660	1.1406	0.6683	0.7847	0.0548	-0.384	-0.3585	-0.055	-0.7471	-1.0811	-1.6888
S_接待海外旅游者人天数（万人天）	1.6652	1.2167	0.9137	0.444	0.1703	-0.1237	-0.293	-0.4172	-0.9218	-1.188	-1.4662
S_其中外国人（万人天）	1.6306	1.2339	0.9526	0.4053	0.2017	-0.0801	-0.2871	-0.4752	-0.9508	-1.2008	-1.4302
S_港澳台同胞（万人天）	1.7936	1.1193	0.723	0.6114	0.026	-0.3182	-0.3147	-0.1489	-0.7762	-1.1108	-1.6044
S_旅游总收入（亿元）	1.6154	1.2056	0.8534	0.5447	0.2348	-0.0144	-0.2752	-0.5708	-0.9144	-1.2164	-1.4627
S_其中国际旅游收入（亿美元）	1.6609	1.2259	0.8885	0.5942	0.2998	-0.3667	-0.3998	-0.5023	-0.9091	-1.1241	-1.3672

续表

指标	2019年	2018年	2017年	2016年	2015年	2014年	2013年	2012年	2011年	2010年	2009年
S_国内旅游收入（亿元）	1.6075	1.205	0.8496	0.5421	0.2382	0.0043	−0.2669	−0.5722	−0.9154	−1.2229	−1.4695
S_旅游星级饭店客房实际出租间天数（万间/天）	−1.5048	−0.639	0.8332	−0.5315	−1.4179	−0.4287	−0.149	0.7822	1.4525	1.0538	0.5493
S_旅游星级饭店客房核定出租间天数（万间/天）	−1.469	−1.1231	0.7412	−0.0951	−1.1334	0.1127	0.2894	0.2472	−0.4340	1.0513	1.8128

具体操作可选择"生成变量"选择数据后，依次选择"Z标准化（S）""确认处理"，参考图4.12。

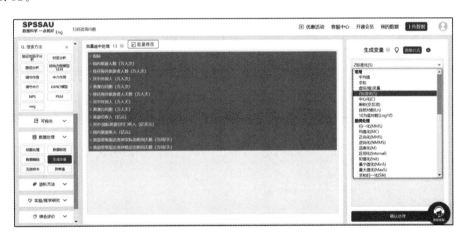

图4.12　SPSSAU的数据标准化过程示意图

如果我们通过SPSSAU对原始数据进行正态性检验，可得到表4.8和表4.9。

表4.8　原始数据正态性检验分析结果

名称	样本量	平均值	标准差	偏度	峰度	K-S检验		S-W检验	
						统计量 D值	p	统计量 W值	p
国内旅游人数（万人次）	11	18773.321	8110.272	0.020	−0.982	0.083	1.000	0.978	0.955
接待海外旅游者人数（万人次）	11	184.075	77.371	0.137	−0.866	0.115	0.953	0.979	0.962

续表

名称	样本量	平均值	标准差	偏度	峰度	K-S检验		S-W检验	
						统计量 D 值	p	统计量 W 值	p
其中外国人(万人次)	11	146.599	63.949	0.152	−0.954	0.097	0.995	0.975	0.936
港澳台同胞(万人次)	11	37.476	13.742	0.035	−0.532	0.114	0.954	0.987	0.992
接待海外旅游者人天数(万人天)	11	521.775	241.158	0.191	−0.869	0.095	0.996	0.974	0.926
其中外国人(万人天)	11	416.856	197.973	0.184	−0.981	0.102	0.987	0.968	0.869
港澳台同胞(万人天)	11	104.918	43.903	0.213	−0.342	0.126	0.896	0.985	0.987
旅游总收入(亿元)	11	1963.801	994.821	0.105	−1.028	0.092	0.998	0.974	0.928
其中国际旅游收入(亿美元)	11	11.557	6.047	0.293	−1.141	0.189	0.336	0.953	0.683
国内旅游收入(亿元)	11	1887.992	953.969	0.087	−1.030	0.093	0.998	0.975	0.929
旅游星级饭店客房实际出租间天数(万间/天)	11	306.400	35.898	−0.158	−1.218	0.163	0.569	0.939	0.512
旅游星级饭店客房核定出租间天数(万间/天)	11	501.138	50.244	0.176	−0.451	0.142	0.774	0.968	0.864

* $p<0.05$,** $p<0.01$。

一般来说,大样本参考K-S检验结果,或使用Jarque-Bera检验;样本量小于50时,参考S-W检验结果,一般 p 值需要大于0.05才能通过检验。

表4.9 原始数据Jarque-Bera检验结果

名称	样本量	χ^2	df	p 值
国内旅游人数(万人次)	11	0.544	2	0.762
接待海外旅游者人数(万人次)	11	0.502	2	0.778
其中外国人(万人次)	11	0.558	2	0.757
港澳台同胞(万人次)	11	0.309	2	0.857

续表

名称	样本量	χ^2	df	p 值
接待海外旅游者人天数(万人天)	11	0.527	2	0.768
其中外国人(万人天)	11	0.589	2	0.745
港澳台同胞(万人天)	11	0.289	2	0.865
旅游总收入(亿元)	11	0.587	2	0.746
其中国际旅游收入(亿美元)	11	0.759	2	0.684
国内旅游收入(亿元)	11	0.583	2	0.747
旅游星级饭店客房实际出租间天数(万间/天)	11	0.728	2	0.695
旅游星级饭店客房核定出租间天数(万间/天)	11	0.314	2	0.855

两个检验均显示所有原始数据均具备正态性特质。

三、调研数据的使用

经过预处理的数据，即具备了数据挖掘和分析的基础，我们需要在此基础上根据调研目标开展相关工作。

1. 相关性分析

相关性分析旨在分析两组数据之间是否相互影响，彼此是否独立地变动。常用的相关性分析包括卡方检验、皮尔逊相关性分析、斯皮尔曼相关性分析、肯德尔 tau-b 相关性分析等，其中卡方检验、皮尔逊相关性分析可以解决大多数问题，被广泛使用。

相关性不等于因果性，也不是简单的个性化。相关性分析用来观测两个变量之间的关联程度，即只能测量是否有关系，以及关系的强弱与大小。如果要探索谁可以影响谁，需要继续做回归分析，所以相关性分析与回归分析一般同时使用。

第一，卡方检验。

卡方检验是由皮尔逊提出的一种统计方法，在一定的置信水平和自由度下，通过比较卡方统计量和卡方分布函数概率值，判断实际概率与期望概率是否吻合，进而分析两个分类变量的相关性。卡方检验适用于不服从正态分布的数据，两组变量是无序的。

第二，皮尔逊相关性分析。

皮尔逊(Pearson)相关系数用于评估两组数据是否符合线性关系，不能用于符合曲线关系的数据。皮尔逊相关系数越接近 1(线性递增)或 −1(线性递减)，线性相关越强。一般认为系数绝对值有 5 种情况：0.0～0.2 为极弱相关或无相关；0.2～0.4 为弱相关；0.4～0.6 为中等程度相关；0.6～0.8 为强相关；0.8～1.0 为极度相关。

表 4.10 显示:S_旅游总收入(亿元)与 S_国内旅游人数(万人次)、S_接待海外旅游者人数(万人次)、S_接待海外旅游者人天数(万人天)之间的相关系数值为 0.999、0.997、0.997,并且均呈现出 0.01 水平的显著性,说明 S_旅游总收入(亿元)与三者有着显著的正相关关系。S_旅游总收入(亿元)和 S_旅游星级饭店客房核定出租间天数(万间/天)之间的相关系数值为－0.717,并且呈现出 0.05 水平的显著性,因而说明 S_旅游总收入(亿元)和 S_旅游星级饭店客房核定出租间天数(万间/天)之间有较显著的负相关关系。

表 4.10 Pearson 相关-标准格式

名称	参数	S_旅游总收入(亿元)
S_国内旅游人数(万人次)	相关系数	0.999**
	p 值	0
S_接待海外旅游者人数(万人次)	相关系数	0.997**
	p 值	0
S_接待海外旅游者人天数(万人天)	相关系数	0.997**
	p 值	0
S_旅游星级饭店客房核定出租间天数(万间/天)	相关系数	－0.717*
	p 值	0.013

* $p<0.05$,** $p<0.01$。

第三,斯皮尔曼相关性分析。

斯皮尔曼相关系数适用于不满足线性关系且不满足正态分布的数据,如两组随机产生的数据。斯皮尔曼相关系数使用 0~0.3 不相关、0.3~0.7 弱相关、0.7~1 强相关三分法。

第四,肯德尔 tau-b 相关性分析。

肯德尔 tau-b 相关性分析适用于两个有序分类变量,而且研究对象是一定的。例如,调查特定人群学历与出游率之间的关系,可以将学历分为高、中、低三档,出游率分为高、中、低三档。经过分析,发现相关系数为 0.624,呈弱相关,但已接近 0.7 的强相关临界点;若以五分法判断,则已经属于强相关的范围了。这说明该人群学历与出游率之间当有一定联系,可用其他途径尝试探索分析。

2.影响分析

相关性分析是研究有没有关系,关系强度如何;回归分析是研究有没有影响关系,影响程度如何。相关性分析是回归分析的基础,只有存在相关关系,才可能有回归影响关系。

如果要看国内旅游人数对旅游总收入的影响,可以做回归分析,如表 4.11。

表 4.11 线性回归分析结果($n=11$)

项目	非标准化系数		标准化系数	t	p	VIF	R^2	调整R^2	F
	B	标准误	$Beta$						
常数	-337.295	31.657	—	-10.655	0**	—	0.999	0.998	$F(1,9)=$ 6180.154, $p=0$
国内旅游人数（万人次）	0.123	0.002	0.999	78.614	0**	1			

因变量：旅游总收入（亿元）

D-W 值：1.308

* $p<0.05$, ** $p<0.01$。

从表 4.11 可以看出，模型公式为：旅游总收入（亿元）= -337.295 + 0.123 × 国内旅游人数（万人次），模型 R 方值为 0.999，这意味着国内旅游人数（万人次）可以解释旅游总收入（亿元）99.9% 的变化原因。对模型进行 F 检验时发现模型通过 F 检验（$F=6180.154, p=0<0.05$），即说明国内旅游人数（万人次）一定会对旅游总收入（亿元）产生影响关系。

最终具体分析可知：国内旅游人数（万人次）的回归系数值为 0.123（$t=78.614, p=0<0.01$），意味着国内旅游人数（万人次）会对旅游总收入（亿元）产生显著的正向影响关系。

3. 数据预测

旅游企业常常要对数据进行预测，确定未来的业务发展趋势，进而配置相关营销资源。

要对数据进行预测，一般需要分析特定时间段内数据的基本走势，即观察数据时序图，确定数据是否存在周期性。对于旅游业来说，长期趋势、季节变化、循环波动、不规则波动可能都存在，需要根据具体需要权衡使用分析方法，因此，不同模型就会有不同的预测结果，选择最优模型也成为数据预测的重要环节。

第一，ARIMA 模型及其主要流程。

（1）平稳性。时间序列分析中首先遇到的问题是数据的平稳性问题。数据平稳性可通过时序图直观观察判断。平稳的时间序列图形一般是整体呈现围绕均值上下波动的曲线，而非平稳序列图形则整体呈现出上升或下降趋势，即各时间段均值大体上有持续上升或下降趋势。假设要预测未来国内旅游人数或旅游总收入，时序图和散点图都呈现明显的上升趋势，不符合时间序列要求，所以需要先将数据取对数，然后进行差分处理后再进行检验。

（2）ADF 检验。ADF 检验即单位根检验，是为了形成更客观和准确的判断。我们以《中国旅游统计年鉴》公布的 1990—2016 年武汉市入境过夜游客量数据为例，首先对数据求自然对数，得到 "Ln_入境游客量（万人次）" 数据，然后进行 ADF 检验。

如表 4.12，针对 Ln_入境游客量（万人次），该时间序列数据 ADF 检验的 t 统计量为 -1.421，p 值为 0.572，1%、5%、10% 对应的临界值分别 -3.738、-2.992、-2.636，$p=0.572>0.1$，不能拒绝原假设，序列不平稳。

表 4.12　Ln_入境游客量(万人次)-ADF 检验表

差分阶数	t	p	临界值		
			1%	5%	10%
0	−1.421	0.572	−3.738	−2.992	−2.636
1	−4.942	0	−3.738	−2.992	−2.636

基于 lags=2。

对序列进行一阶差分再进行 ADF 检验。一阶差分后数据 ADF 检验结果显示 $p=0<0.01$,有高于 99% 的把握拒绝原假设,此时序列平稳。

(3)偏(自)相关图。根据平稳性检验结果,绘制偏(自)相关图可判断 p、q 的阶数。针对 Ln_入境游客量(万人次)(一阶差分),结合 ACF 和 PACF 图,SPSSAU 自动进行识别,最终建议自回归阶数 p 值为 1,移动平均阶数 q 值为 1。

(4)ARIMA 预测模型。在时间序列框中,差分阶数选择"一阶",自回归阶数 p 选择"1",移动平均阶数 q 选择"1",点击开始分析。

如表 4.13,从 Q 统计量结果看,Q_6 的 p 值大于 0.1,则在 0.1 的显著性水平下不能拒绝原假设,模型的残差是白噪声,模型基本满足要求。最后预测结果见表 4.14。

表 4.13　模型 Q 统计量表

项	统计量	p 值
Q_1	1.406	0.236
Q_2	1.407	0.495
Q_3	5.331	0.149
Q_4	6.053	0.195
Q_5	8.03	0.155
Q_6	8.073	0.233
Q_7	8.116	0.322
Q_8	9.083	0.335
Q_9	12.826	0.171
Q_{10}	13.795	0.183
Q_{11}	13.951	0.236
Q_{12}	15.033	0.24
Q_{13}	15.038	0.305
Q_{14}	15.168	0.367

表 4.14　预测值(12 期)

预测值	向后1期	向后2期	向后3期	向后4期	向后5期	向后6期	向后7期	向后8期	向后9期	向后10期	向后11期	向后12期
	210.577	225.416	239.708	253.5	266.835	279.752	292.285	304.467	316.329	327.897	339.197	350.25

第二,指数平滑模型及其主要流程。

针对时间序列的预测,常用方法包括灰色预测模型、指数平滑模型和 ARIMA 模型。灰色预测模型和指数平滑模型常用于数据序列较少时的预测,且一般只适用于中短期预测。指数平滑模型可继续拆分为一次平滑法、二次平滑法和三次平滑法(即 Holt-Winters 法),一次平滑法为历史数据的加权预测,二次平滑法适用于具有一定线性趋势的数据,三次平滑法在二次平滑法的基础上再平滑一次,其适用于具有一定曲线趋势关系时的预测,通常情况下使用三次平滑法较多。SPSSAU 指数平滑法示意图见图 4.13。

图 4.13　SPSSAU 指数平滑法示意图

无论是哪种平滑法,均涉及初始值 S_0 和平滑系数 alpha 共两个参数值,初始值是平滑的最初起点值,一般取数据前 1 期、2 期、3 期、4 期、5 期的平均值作为初始值,数据序列越少则初始值 S_0 应该取更多前几期的平均值。

使用指数平滑法的过程中,一般参数选择自动即可,系统根据样本自动设置初始值 S_0 且遍历三种平滑,以及各种 alpha 取值时的数据效果,并选择最优效果时对应的平滑法和 alpha 值。我们仍以 1990—2016 年武汉入境过夜游客量为基础,用指数平滑法进行预测。

针对初始值 S_0,基于数据序列大于 20 个,SPSSAU 自动设置第 1 期数据作为初始值;经过 SPSSAU 自动识别,找出最佳的模型参数分别是初始值为 2.288,alpha 值为 0.3,平滑类型为三次平滑,此时 RMSE 值为 9.479。并以此参数进行模型构建从而得到数据预测值,见表 4.15 和图 4.14。

表 4.15　模型预测值表

序号	原始值	预测值	绝对误差
1990 年	2.288	2.288	0
1991 年	2.821	2.288	0.533
1992 年	3.684	2.768	0.916
……	……	……	……
2015 年	172.892	169.147	3.744
2016 年	195.142	193.522	1.62
向后 1 期	—	218.249	—
向后 2 期	—	243.311	—
向后 3 期	—	269.772	—
向后 4 期	—	297.631	—
……	……	……	……

续表

序号	原始值	预测值	绝对误差
向后 11 期	—	531.817	—
向后 12 期	—	570.867	—

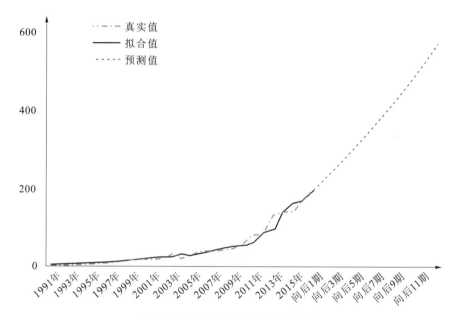

图 4.14　武汉入境过夜游客量预测

第三,其他模型。

灰色预测模型可针对数量非常少、数据完整性和可靠性较低的数据序列进行有效预测,但灰色预测模型一般只适用于短期、指数增长的预测。我们截取武汉入境过夜游客量 2008—2016 年的数据进行灰色预测,结果见表 4.16。

回归分析也能用于短期预测,如通过截取武汉入境过夜游客量 2000—2016 年的数据,进行线性分析和回归分析,我们可以得出模型公式"旅游外汇(亿美元)= −0.930+0.078× 入境游客量(万人次)",模型 R 方值为 0.986。如果能观察或预测入境游客量,则能预测旅游外汇收入。我们通过查询《2018—2020 年武汉统计年鉴》的旅游外汇数据进行反推,结果见表 4.16。

我们将上述几个方法的预测值与 2017—2019 年的真实统计值进行对比,列于表 4.16。

表 4.16　几种预测方法预测值与真实值对比

年份	2017	2018	2019
真实统计值	211.054	234.895	261.264
ARIMA 预测值	210.577	225.416	239.708
指数平滑预测值	218.249	243.311	269.772
灰色预测值	220.333	246.011	273.277
线性回归预测值	228.974	255.128	288.846

需要注意的是,首先,表4.16并不表示各种方法的优劣。在不同的场景、不同样本量、不同研究目标、不同数据表现等条件下,应该根据需要、科学逻辑等选择较为适当的工具。比如,在上例中,我们查找的统计数据本身的线性规律较为明显,因此指数平滑预测基本符合增长趋势,整体误差较小且较为稳定;ARIMA预测模型的优势则是第一期预测值较为准确,但增长趋势与实际数据相比略显平缓;灰色预测模型和线性回归的预测值则整体偏高。

其次,不存在精准的预测模型,而且无论用何种方法,预测期越长,预测结果的偏差就会越大。因此,模型一般仅用于短期预测。现实情况受多种因素影响,也可能瞬息万变,不可完全依赖模型进行预测,如因新冠疫情影响,2020年的武汉入境旅游者统计数据就某些研究而言,不具备统计意义。

数据处理和使用的其他方法还有方差分析、主成分分析、聚类分析、层次分析等,不再一一叙述。

【项目3】 请设计一份简单问卷,统计全班同学的旅游分享意愿(是/否),尝试统计分析旅游满意度、旅游品牌价值、旅游地属性(资源、形象等)、分享平台(影响力、便捷度等)、分享认可度(被点赞、收藏、转发、评论和置顶等)对其旅游分享意愿的影响。

4-4 SPSSAU 问卷研究分析思路模板

◇ 本章小结

第一,旅游市场调研是以提高旅游绩效为目的,运用科学的方法和手段,利用多种渠道,有目的、有计划、系统地收集、整理各种旅游市场的相关信息,分析旅游供求双方的各种情报、信息和资源,把握发展趋势,为管理部门、旅游目的地和旅游企业提供决策依据,最终提出解决问题的建议的一种科学方法。

第二,就旅游市场调研本身而言,主要是以游客为中心的供需关系调研,一般来说,旅游产品如数量、结构、服务、设施等,旅游者如特征、需求、动机、行为等,旅游市场如规模、结构、客源、趋势等,旅游企业如景区、旅行社、住宿、餐饮、交通等,竞争对手如数量、规模、产品、技术、盈利能力、渠道等,旅游营销如策略、组合、竞合等是调研的重点内容。

第三,旅游市场调研过程通常分为准备、实施和总结三个阶段。准备阶段有明确问题、确定目标、设计方案和制订计划四方面的工作。实施阶段包括人员培训、预调研、收集信息和分析信息四方面的工作。总结阶段包括撰写报告和追踪反馈等过程。

第四,问卷调查即由调查机构根据调查目的设计各类调查问卷,采取抽样方式确定调查样本,通过对样本访问完成事先设计的调查项目,然后由统计分析得出调查结果的一种方式。问卷调查是一个非常专业且复杂的工程,但因其在描述现状、探索规律、分析对策等方面具有高效、客观、广泛、易量化、上手快、好实施等优势,在社会调研领域应用十分广泛,尤其是对于面向用户的营销活动而言,问卷调查几乎是必备的工具和选项。

第五,金字塔原理认为任何事情都可以归纳出一个中心论点,而此中心论点可由3~7个论据支持,这些一级论据本身也可以是个论点,被二级的3~7论据支持,如此延伸,状如金字塔。金字塔原理本质上是一种将信息进行归类和概括的方法,基本原则是结论先行、以上统下、归类分组、逻辑递进。

第六,SPSSAU开发至今,功能趋于完善,提供的分析方法全面多样,包含8大类149种方法,基本上可以满足绝大部分使用者的需求。最关键的是,使用SPSS系列产品进行分析的结果在国际上获得高度认可,一般不需要论证和推演过程。

第七,对于旅游企业而言,有价值的数据大致来源于三个方面:一是用户主动提供的文本、声音和影像数据,如攻略网站、点评网站、朋友圈与博客、分享平台与社交媒体、短视频和长视频平台等;二是通过设备或传感器采集的数据,如定位与定时数据、运营商基站与移动漫游数据、射频识别数据、消费与支付数据等;三是用户网络行为数据,如旅游者搜索、访问、驻留、收藏、预订等形成的数据。

◇ 本章思考题

1. 旅游市场调研的概念和内容。
2. 试述数据关系及其主要处理方法。
3. 试述旅游数据来源。

第五章 旅游目标市场营销

◇ **本章目标**

■ **知识与技能**

能准确描述旅游目标市场营销的概念和依据;能熟练运用旅游市场细分的思想和标准,对整体市场进行细分;能熟练评估旅游细分市场并选择最佳市场覆盖模式和策略;能准确说出旅游市场定位的意义和价值;熟练掌握旅游市场细分、选择和定位的步骤,准确说出其内在逻辑关系。

■ **过程与方法**

能根据旅游市场细分、选择和定位的内在逻辑关系,梳理旅游市场细分、选择和定位的步骤和方法;能根据旅游市场细分的原则和标准,熟练运用单因素细分法、双因素细分法和多因素细分法对具体市场进行细分;能分析影响旅游细分市场选择策略的因素,运用波特五力分析模型等方法对细分市场进行评估,并做出无差异营销、差异性营销、集中性营销等策略的最优选择;能熟练运用排比图、帕累托图、象限分析、感知定位图等进行旅游细分市场的定位。

■ **情感态度与价值观**

通过对旅游整体市场和细分市场的调研、分析、评价等,充分认识旅游目标市场营销的依据,形成客观看待和应对社会进步,尤其是消费环境、行为、结构、模式等变化的思想和观念,能够脚踏实地、深入生活,尊重客观实际,主动调整自身行为,积极面对变化和挑战。充分理解"心智资源"争夺的实质,掌握抢夺"心智资源"的常用方法、途径、工具和主要应用领域,并在符合科学、道德、法律、政治、文化等前提下实施基于"心智资源"争夺的定位战略。充分认识基于"心智资源"争夺的战略长期在舆论战、宣传战、信息战等领域,尤其是国际政治、文化和价值观、商业等领域的应用,提高认知水平和独立思考能力,认清"马桶水可以喝""躬匠精神"等的商业本质,培养自觉抵挡文化渗透的能力,建立民族和文化自豪感,自觉践行"四个自信"。

■ 项目与方法

本章涉及的常见分析方法有波特五力分析模型、SERVQUAL 模型、排比图、帕累托图、象限分析、感知定位图等；通过本章学习需要完成的项目包括运用上述方法对某具体整体旅游市场进行细分、选择和定位，能够为具体旅游目的地（如湖北省、武汉市、汉阳区）、组织和企业设计旅游市场及其细分市场的定位与宣传口号。

◇ 引 例

带火露营的小红书，要"捅"马蜂窝了？

拥有海量年轻用户的小红书，近年来颇有超越马蜂窝之势，成为很多年轻人在查找旅游攻略的第一选择。小红书会不会去"捅"旅游这个马蜂窝？

带火了露营的小红书，近来释放出涉足旅游领域的信号。近期，小红书科技有限公司申请注册"小红书露营地""REDCAMP""小红书营地""小红书文旅"等多个商标；7月中旬，新增投资璞真乡里（上海）旅游文化有限公司，由小红书全资持股，注册资本400万元，经营范围包括露营地服务、游览景区管理、旅游开发项目策划咨询和票务代理服务、休闲观光活动等。

不过，在人满为患的旅游赛道，小红书想要从"种草"到出发，却并非易事。

一、不甘心只做"攻略"？

后疫情时代，短途旅游和周边游等轻量出行兴起，让小红书找到了切入旅游赛道的新支点。"现在我做旅游攻略，第一反应就是去小红书。"95后女孩吴青说。她表示，身边朋友不仅在做旅游攻略时更多地参考小红书的意见，甚至连旅游目的地的选定也大多是被小红书"种草"的。

统计显示，2020年上半年，小红书不仅是超六成（63.7%）用户的出行决策平台，也是目前用户获取露营信息、分享露营体验的首选平台。2020年，小红书用户全年笔记发布数量同比增长超150%，其中，民宿同比增长超过500%。2019年，旅游出行相关内容成为小红书增速最快的品类。截至目前，与"旅游"有关的小红书笔记已超过1012万篇，"酒店"笔记634万余篇，"露营"相关笔记则已达410万余篇，甚至超过了"美妆"词条。

这种转变自然也与小红书在旅游业务上的倾斜有关。

从2020年3月起，小红书在旅游业务上就动作不断：与酒店民宿PMS管理系统"订单来了"达成合作，为民宿企业号开通直接预订功能；推出Red City城市计划，推广湖州、台州的旅游资源；在上海、广州、西安、成都及其周边，发起"端午种草周边游"直播活动；与花筑旅行及主打民宿短租的小猪短租达成合作；2022年，首届长三角露营大会官宣在安吉县小杭坑露营地推出小红书首个线下营地……

过去小红书虽然积极布局旅游,但大多是联动合作,一直反响平平。从小红书近期注册商标的动作中不难看出,露营这一细分方向或将是小红书切入文旅行业最重要的支点。

二、"捅"旅游这个马蜂窝,底气何在?

面向红海一片的旅游赛道,小红书入局的底气来自平台的流量数据。

截至2021年11月,小红书月活用户已经达到2亿,其中72%为90后,主要分布在一、二线城市,女性用户比例高达70%。小红书的用户群体与旅游兴趣客群的重合度极高,用户对于旅游内容的高兴趣和高贡献,让小红书的旅游垂直内容板块欣欣向荣。对此,客户端的感知也同样强烈。普通笔记数据平平,而"在小红书上,旅游攻略内容好像自带流量,大家都比较爱看"。

比起"增长",小红书可能更看重"生长"。当下,内容生态已成为平台发展不可或缺的一环,用户生产的内容和平台业务之间产生了良好的生态循环,内容越好,用户越多,用户的消费转化机会也就越高。小红书也因其本身内容社交平台的定位,在旅游内容生态的构建上有着原生优势。

小红书从内容社区出发,冲进旅游赛道,模式与之最相近的是马蜂窝。不过马蜂窝的内容以长攻略为主,仍然遵循传统内容社区的分发机制,对于攻略内容的互动也不多,"旅行达人"的攻略是社区的主要构成部分;而小红书去中心化的内容分发,则让"素人"用户之间的互动更加方便直接,也更容易为平台吸引流量。小红书显然比马蜂窝离消费者更近,有着更好的用户基础。

三、小红书如何翻开旅游这页?

在旅游业务上频频发力,折射出小红书始终未解决的商业化焦虑。

根据晚点Late Post数据,小红书2020年的营收为7.5亿至10亿美元,其中广告业务营收占比高达80%,近年来大力发展的电商业务占比仅为20%左右。据前瞻研究院数据,2022年第一季度,互联网广告仅微增1.4%。而疫情带来的化妆品市场低迷,也直接冲击了以美妆个护为主要广告营收品类的小红书。

小红书困于单一的营收结构,急需构建商业化道路上新的破局点。在直播和电商上的尝试都反响平平,旅游版图也许是小红书在寻求第二增长曲线上更好的尝试。

老牌在线旅游企业的制胜法宝在于多年来在机票、酒店等业务上的渠道和资源积累。小红书如果要拓展旅游版图,尤其是想在文旅行业上游供应链中占据一席之地,面临的挑战不小。

此外,小红书还需要在已经被瓜分得所剩无几的旅游市场中求得夹缝生存。据华经产业研究院数据,2021年,携程市场占比达36.3%;美团旅游市场占有率为20.6%;同程、去哪儿和飞猪合计占比36%;留给其他平台的在线旅游市场份额只有7%左右。

打造交易闭环对于进军旅游的跨界内容平台而言,重要性不言而喻。用户在小红书上对旅行各环节的"种草",只是旅行决策环节中的前置环节。同是靠社交起家的抖音,也在2020年开始布局旅游业务。与小红书一开始在旅游业务上的尝试类似,抖音与同程、飞猪等OTA平台合作,上线了旅游榜单和旅行报告等相关栏目,不过,抖音的步子迈得更快一些。2020年5月,抖音内测小程序"山竹旅行",包含门票和酒店预订功能,打通了"视频种草——一键下单"的业务链路,整个流程都在抖音APP内闭环完成。

小红书想要通过旅游业务构筑稳定的第二增长曲线,就要将珍贵的流量池盘活变现。如何在用户获取平台的相关内容价值之后,将他们的后续旅行消费也留在小红书APP之内,成为小红书做旅游业务必须解决的一颗硬钉子。

(资料来源:https://www.sohu.com/a/574588098_120816185.)

5-1 小红书旅游:从露营出发,绕开OTA平台

【思考】

1. 小红书的旅游崛起告诉我们,在大数据时代,旅游市场需求非标准化/个性化、社群化/分享化等特点被无限放大,尽管市场竞争如此激烈,但又充满如此多的未知、可能性和市场机遇。无独有偶,抖音、美团也能无缝切入旅游市场,并且取得巨大成功。你能从满足和引导市场个性化需求的角度总结其中缘由吗?通过本章的学习,相信你一定对旅游市场营销的未来充满信心。

2. 小红书找到哪一部分市场,定位了哪些人群,他们哪些旅游需求没有被很好地满足,小红书以什么产品为切入口,推出了哪些个性化产品和服务,效果如何,小红书切入旅游市场的未来如何……通过本章学习,你应该能找出这一连串问题的答案。

第一节　旅游目标市场营销概述

一、旅游目标市场营销的产生

随着社会大发展和技术大普及,传统旅游产品和服务因生产、组织、销售、管理等行业和技术壁垒形成的经济收益逐步走低,即旅游企业间产品和服务的质量、成本、售后等"硬件"

差距越来越小,质优价廉早已不是旅游企业生存、发展的法宝和护身符了。那旅游企业的出路在哪里?

在第一章,我们已经简单了解了市场营销观念的总体演变趋势,如从重视产品生产到重视用户购买,从重视产品质量到重视用户体验,从重视广泛用户的标准化服务到重视细分用户的个性化需求,从重视用户关系管理与深化到重视用户行为分析与引导等。随之而来的,是旅游市场竞争的格局态势、广度深度等的变化,如从产品和服务竞争转向品牌和认知竞争,从价格促销竞争转向价值创造竞争,从普通消费需求满足的竞争转向个性化与自我价值实现的竞争等。

5-2 2021年中国旅游行业主要产业竞争格局及重点企业经营分析

一言以蔽之,旅游者生活方式和观念的大变革大更新,倒逼旅游企业既要不断丰富满足客户需求的手段、方式和渠道,更要不断创新产品和服务的个性、品位和价值,旅游市场竞争也早已从早期的产品和服务竞争阶段,进入旅游者资源及其心智的争夺阶段。

而且这些旅游生产和消费观念,以及社会生活和消费方式的转变在不断提速,旅游企业目标市场细分(Segmenting)、选择(Targeting)和定位(Positioning),对其生存与否、发展质量与壮大前景起着决定性影响,这三者正是目标市场营销(Target Marketing)的三个主要步骤。所谓目标市场营销,即企业识别各个不同的购买者群体的差别,有选择地确认一个或几个消费者群体作为自己的目标市场,发挥自己的资源优势,满足其全部或部分需要的过程,又被称为STP战略,是现代市场营销理论和实践的核心战略。

二、旅游目标市场营销的依据

1. 营销角度

以标准化服务为基础的广泛营销被个性化需求为导向的目标营销取代。

广泛市场营销(Mass Marketing)指营销者以相同的方式向市场上所有的消费者提供相同的产品、进行信息沟通,即大量生产、大量分销和大量促销。广泛市场营销以市场共性为基础,忽略市场需求差异,可以大大降低成本,适用于产品和竞争不足、共性和刚性需求明显、生活和消费差异不大、企业实力与地位超群等场景。

但是,当今旅游更似奢侈品消费,不仅不属于以上任何一种情形,反而更倾向于另一个极端——竞争激烈、弹性明显、消费差异大、没有绝对的头部企业等,特别是随着以追求享受和自我价值实现为基调的中高端旅游消费群体迅速壮大,过往以共性和降低成本为基础的大众旅游广受诟病,诸如吃旅游餐靠抢、排队上厕所靠忍、坐景交车靠催、买纪念品和伴手礼靠蒙,甚至连拍照也要靠挤等一系列糟糕的体验,几乎抵消了旅游企业打造大众旅游品牌和形象、实施CRM和可持续发展战略等所有努力和尝试,成为旅游业内典型的"吃力不讨好的赔本生意"。因此,针对特定群体的定制旅游、特色主题旅游等应运而生,它们都是目标营销的结果和表现。

2. 资源角度

旅游企业和旅游相关者资源有限,旅游营销活动不得不有所为有所不为。

旅游企业和旅游相关者资源有限主要体现在三个方面。

一是旅游企业内部资源和能力的有限性,如人才、资金、技术、管理等,决定了旅游营销活动必然依赖于科学合理的企业资源规划,在有限目标的指导下,提高有限资源的利用率及其效益,而不要试图去满足所有旅游市场需求和解决所有旅游市场营销问题。

二是旅游市场和旅游行业资源,以及可利用的公共资源和商业资源的有限性,如市场规模与容量、供应商供应能力与倾向、旅游公共服务水平与完善度等,决定了旅游营销活动只能在综合评估资源可利用性和市场可进入性等基础上,针对特定时空区域、特定市场和人群开发特定产品和服务,满足部分旅游市场需求。

三是旅游者时间、费用等外部条件有限性与自身精力、偏好等内部因素限制性,决定了"分身乏术"的旅游者只能"量力而游",且随时都有可能改变主意,将时间、费用、精力等花在影院、垂钓、棋牌等非旅游领域,即旅游需求有限且具有较大的需求排他性,旅游营销活动必须有取舍、有针对性地选择部分重点目标群体。

3. 竞争角度

旅游市场竞争和旅游需求差异催生旅游企业利基策略与错位竞争。

传统的规模经济竞争已经形成了各个行业的头部企业,对于其他企业而言,想切入成熟市场困难重重,即便强如阿里,2013年斥巨资强推社交软件"来往",最终也只得铩羽而归,相反钉钉却因为定位清晰而大获成功;类似地,腾讯做搜索、做电商、做微博最终都难有起色,相反微信却能异军突起,其中的关键就是对利基市场的研究和利用。

利基市场是在较大的细分市场中具有相似兴趣或需求的一小群顾客所占有的市场空间。利基战略是指企业为了避免在市场上与强大的竞争对手发生正面冲突而受其攻击,选取被大企业忽略的、需求尚未得到满足、力量薄弱、有获利基础的小市场作为其目标市场的营销战略,既强调企业为特定市场提供专门专业、专注专精的产品和服务,形成局部竞争优势和竞争壁垒,也要求企业的"个性与特色"产品和服务有资源能力、竞争价值且易于兑现。利基战略凝聚了避实击虚、局部优势等战略思想,以及集中原则和根据地原则。

旅游企业具有成为市场利基者的天然优势:① 旅游需求差异性大、地域市场宽广、门槛低、价值高、易兑现;② 旅游需求易于引导,一旦成功,目标顾客将持续增多;③ 强大的竞争者对诸多差异化市场不屑一顾,目标群体需求得不到充分满足;④ 只要愿意,旅游企业总能为目标群体创造各种惊喜,而惊喜正是旅游产品成功的关键;⑤ 旅游行业很难形成垄断。

错位竞争的理论基础来源于生物世界的"鹰击长空,鱼翔浅底,万类霜天竞自由",万物各有各的特长,各有各的生态位。错位竞争就是选择与竞争者不同的生态位进行定位,是旅游企业为规避直接、无序、低效、恶性等竞争,主动实施差异化发展战略,使企业发展目标和方向、资源配置和利用、产品定位和特色、市场开发和营销、经营管理和决策等环节与主要竞争对手错开,从而在某些领域、市场和时空范围内形成局部竞争优势。错位竞争的基本理念是"与其更好,不如不同"。

克里斯坦森的《创新者的窘境》一书中,用 20 年的数据统计证明,选择跟进主流已有生态位去创业和选择进入新兴错位价值网去创业,其进入率高 2 倍,成功率低 6 倍,即错位竞争策略的成功率远高于跟随型策略。

5-3 错位竞争——如何做到与其更好不如不同?

因此,开展目标市场营销,将有限的资源投入到最恰当的领域,成为每个旅游企业的头等大事。

第二节 旅游市场细分

任何企业的产品和服务都不可能取悦所有人,成功的营销者一定是那些比竞争对手更了解自己服务对象的人。随着我国居民生活水平的提升和旅游消费意识、结构等的改变,大众旅游时代那些适用于所有人的标准化旅游产品和服务,早已不能很好地满足旅游者的需求。

旅游目标市场营销以旅游需求为中心,可以使企业资源精准匹配市场需求,创造出更多个性化、特色化的旅游产品和服务,形成独特的竞争优势和壁垒。旅游目标市场营销分为市场细分(Segmenting)、目标市场选择(Targeting)和目标市场定位(Positioning)三个步骤,这三步环环相扣的过程,简称为 STP 战略。

一、旅游市场细分概述

 1. 旅游市场细分的发展阶段

1956 年,温德尔·史密斯(Wendell Smith)提出市场细分的原理和概念,并很快被应用于各个行业和领域。因旅游需求和消费习惯的差异性与同质性特征明显,市场细分很快成为旅游企业经营活动中最常用的工具之一。总体上,旅游市场细分的发展经历了三个阶段。

第一,大众市场阶段。旅游活动兴起初期,因社会经济发展、技术、旅游意识等因素的限制和影响,旅游消费者的需求虽有不同程度的差别,但仍处于初级需求层次,市场几乎没有竞争。旅游企业可以从容地以比较单一的旅游产品和服务,从总体上满足和兼顾各种顾客的不同需求,从而实现利润最大化。

第二,集成市场阶段。当社会进一步发展,居民生活质量进一步提升后,旅游需求开始旺盛,大量竞争者涌入市场。旅游企业为了更充分地满足市场需要,不断引入新技术,增加更多产品功能和附加值。旅游产品和服务越来越多、越来越细、越来越专业,相应地,旅游企业所提供的产品和服务也越来越多,服务设施越做越全,以期同时满足各类旅游者的需求。

第三,细分市场阶段。如今,传统集成市场阶段累积的大量竞争者开始了残酷的同质竞争,传统旅游产品和服务已难以适应新的需求状况和竞争环境,也无法给旅游企业带来更多的回报。尽管旅游需求总体规模基本趋于稳定,但高端、个性化等需求逐渐增多,顾客越来越挑剔,越来越追求差异化。旅游企业纷纷投入细分市场的研究和开发过程,以用恰当的产品和服务满足旅游者的需求。

2. 旅游市场细分的基础

市场细分又称市场分割、市场区隔化,是以消费者需求和消费习惯的差异性和同质性为标准,对整体市场和消费者群体进行划分和归类的过程。被划分出来的子市场为细分市场,各细分市场的消费需求和消费习惯,均具有相对其他细分市场的独特性,以及本细分市场内部的类同性。消费者需求和消费习惯的差异性和同质性,是旅游市场细分的基础。此外,旅游企业与某细分市场的资源匹配度、获利基础和程度等也是进行旅游市场细分的依据。

第一,旅游消费需求和消费习惯的差异性客观存在,而且随着社会经济的发展、生活水平的提高、旅游阅历的丰富、旅游意识的改变、旅游服务技术与形式的革新等,这种差异性会越来越大。旅游者所处的自然、文化、社会、家庭、亲友等环境,以及自身条件、心理等千差万别,形成了不同的旅游需求、习惯、行为和认知,对旅游产品和服务的态度、要求、评价等也千差万别。而且,作为高层次、享受型产品和服务,旅游者的个性日益得到释放并被尊重、鼓励和推崇,旅游产品的个性化、私享性,甚至是奢侈性越突出,往往越能彰显旅游者自我实现的价值和追求。这体现了旅游市场细分的必要性和重要性。

第二,旅游消费需求和消费习惯的同质性意义重大。我们既不提倡旅游企业服务于所有人,也不提倡旅游企业只服务于少数人。旅游企业要生存发展,其主要市场应当具有一定的规模和体量,而且应当是以某种共同且相对稳定的消费需求和消费习惯聚集起来的群体。一言以蔽之,旅游企业不能只做几个人的生意,也不能做临时性的生意,前者无利可图甚至入不敷出,后者不可持续甚至朝不保夕,都风险巨大。尽管内外部环境塑造了旅游者不同的人格,但也同化了人们的价值观、生活方式、旅游需求与习惯等,形成众多独立和个性化的旅游消费群体。这体现了旅游市场细分的可能性和有效性。

5-4 旅行社产品名称演化史说明了什么?

第三,旅游企业要想通过满足细分市场需求获利,最好能形成竞争优势和壁垒。主要包含以下几个方面:首先,旅游企业有独特的资源、环境去匹配特定细分市场需求;其次,满足该细分市场需求,能给旅游企业带来足够的回报;再次,细分市场的这些需求,要么被竞争对手遗漏、忽视或不重视,要么竞争对手没能力满足,旅游企业可以借此建立起市场、行业、技术等壁垒;最后,该细分市场边界越清晰,旅游企业服务的专业性越明显,竞争优势就越大,竞争者进入的门槛也越高。这体现了旅游市场细分的方向和价值。

3. 旅游市场细分的意义

市场细分理论是现代营销学对企业经营的最大贡献之一，也是战略营销的基石，被看作继"消费者中心观念"后营销理论的"第二次革命"和"质的发展"，很快成为现代企业从事市场营销活动的重要手段。

第一，市场细分是旅游企业认识和开拓市场的前提。每个旅游者都有多种相对稳定的消费特征，并与其他旅游者的各种消费特征交叉、重叠，从而形成错综复杂但又错落有致的旅游细分市场。旅游企业只有深入分析整体和细分市场，才能深刻认识自身的发展条件和竞争环境，知可为知不可为，有所为有所不为。旅游市场细分工具建立起不同标准，指导企业将旅游者群体的归类和划分，旅游企业因此可以清晰认识和全面把握整体市场、每个细分市场以及细分再细分的各级子市场，了解各细分市场之间的纵向和横向联系，特别是深刻认识各细分市场的供给、需求、竞争等状况，从而科学合理地确定旅游企业的目标和发展战略等。

第二，市场细分是旅游企业发现和培育优势的基础。

市场细分能帮助旅游企业及时、准确地评估市场容量、供给与竞争状态及其发展趋势，合理发现、挖掘和利用市场机会。不同于普通需求，旅游需求不仅形式多样，而且没有穷尽，人人都想成为VIP。一般来说，旅游者的生活条件越好，旅游需求就越旺盛、越高端，因此，随着社会、经济、技术等不断发展，新的旅游消费群体及其新的旅游需求总在不断涌现，旅游企业的市场机会也总是不断推陈出新。善于市场细分的旅游企业，总能发现甚至创造一个"有价值"的市场。正如亚朵创始人王海军所言，"亚朵的竞争对手不是同行，而是不断变化的用户需求"。21世纪初，如家敏锐发现商旅人群住酒店的痛点，并用其独特的经济型酒店产品和服务模式取得巨大成功。2013年，亚朵发现五星级酒店和经济型酒店之间的市场空白，决定进军中高端酒店市场，并通过其"精致和极致"的产品与互联体验取得了"新中产们"的认可。

第三，市场细分是旅游企业经营与营销活动的起点。

企业资源的有限性、市场机遇的易逝性、企业竞争的残酷性、外部环境的变化性等，让绝大多数旅游企业都必须将精力和资源集中于特定的目标市场。所以，根据自身内部优势和外部环境进行市场细分并开展针对性的调查研究，以便于根据自身条件与各细分市场匹配度，确定目标市场及其优先级与重要性，成为所有旅游企业经营活动的关键第一环。因为这种针对性的市场细分、调研与定位，既利于旅游企业提供适销对路的产品和服务，也利于其首先抢占和稳定市场，还利于旅游企业形成经营特色和局部优势，更利于其形成核心竞争力并提升该市场的进入壁垒。

第四，细分市场是中小旅游企业发展与创新的天堂。

旅游产品和服务极易被模仿跟进，对于中小旅游企业而言，很难通过创新在整体市场或较大细分市场建立优势。但是，旅游市场庞大、需求多样且变化快等特点却十分利于中小企业的创新创业，因为旅游市场很难形成寡头垄断，总存在或新涌现许多市场空白被竞争者遗漏、忽视的情况，或者企业无力经营新市场。比如，2020年，我国市场占有率前十的高端连锁酒店几乎都是创新创业型企业,它们的市场占有率仅为29.41%,至于美团、小红书等成功切入旅游行业的速度之快,冲击力之强,都是做好了细分市场之后的收获。细分市场无疑成为中小旅游企业见缝插针、拾遗补缺、树立品牌的天堂。

5-5 细分市场特征与汉庭的产品设计

二、旅游市场细分的标准

造成旅游需求特征多样化的所有因素,几乎都可视为旅游市场细分的依据或标准,统称为细分标准或细分变量。常用细分变量包括人口因素、心理因素、行为因素和地理因素四大类,参考表5.1。地理细分和人口统计的细分优势在于便于识别和统计,心理细分和行为细分则能较好地挖掘和解释旅游需求与行为的深层次原因。

表 5.1　旅游市场细分标准及举例

细分标准	具体细分因素
人口因素	年龄※ 性别※ 血缘※ 种族 体型 出生地
	家庭生命周期※ 收入※ 国籍※ 家庭规模 职业 受教育程度
	祖籍 种族或民族 宗教信仰
心理因素	社会阶层※ 生活方式 个性 动机 气质 性格
行为因素	购买目的※(观光、度假、经商、探亲等)
	利益追求※(如快速方便、舒适浪漫等)
	购买时机※(如旺季、淡季、节假日等)
	购买频数※(如很少旅游者、多次旅游者等)
	购买形式※(按组织形式:团体、散客;按购买渠道:旅行社、航空公司,所在单位等)
	营销因素敏感度※(如对服务、价格、广告等敏感程度等)
	待购状态(如不知道、感兴趣、打算出游等)
	产品使用状态(如未乘过飞机者、初次乘飞机者、经常乘飞机者等)
	品牌忠诚度(专一者、摇摆者、转移者、无所谓者)
	对产品态度(如好感、冷淡、反感等)
地理因素	综合地理区域※(如洲别、国别、地区等)
	空间位置※(如远程、中程、近程等)
	气候与自然地理环境※(如热、温、寒带,高山、高原气候区等)
	聚落与人文地理环境(如人口密度、各类城市、各类乡村等)
	经济地理环境(如发达国家、发展中国家等)

注:※表示该因素为旅游市场细分的常用基本变量因素。

1. 人口因素

旅游市场细分的人口因素往往与旅游者的需求、偏好、消费行为、评价等直接相关,且比其他因素更容易测量,因而是最为常见且十分重要的细分标准。人口因素主要包括年龄、性别、家庭人数、家庭生命周期、收入、职业、受教育程度、社会阶层、种族、宗教、国籍等,以下选择几种典型的人口因素进行说明。

第一,年龄。随着年龄增长,旅游者的阅历、知识、生理、性格、偏好、审美、价值观等内在因素对旅游活动的影响体现出巨大的差异性,再叠加外界文化与生活环境、社交与影响群体等的作用,不同年龄段的旅游者对旅游产品的需求往往有很大的差别。常见的年龄细分市场主要有儿童市场、青年市场、中年市场、老年市场等。

第二,性别。与年龄细分相似,在内部和外部因素影响下,不同性别的旅游者的旅游行为也体现出很大差异性。比如,对于安全、美、健康等诉求,女性明显高于男性,而在独立、冒险等方面,男性明显高于女性,因此,女性更加看重温馨、友善、安全的氛围,而男性则更喜欢惊险刺激的探险旅游。凯悦酒店正是抓住了女性的这种诉求,用明亮的停车场和随处可见的保安、硕大的落地穿衣镜和衣帽架、少油淡盐的健康饮食等收获无数女性的青睐。

第三,收入。收入往往是人们所处社会阶层、职业、受教育程度、行为模式等的一种外在表现,是旅游市场细分最核心的因素之一。不同收入水平的旅游者,往往较年龄、性别等体现出更为明显和直观的旅游需求、消费及行为差异性。比如,收入较高的旅游者更有机会和条件选择定制、私享、前卫等高端旅游产品,并总希望能引领潮流;而收入较低的人则更愿意"精打细算"地选择旅游产品和服务,往往采取跟随策略。

第四,种族或民族。种族或民族是最典型的亚文化因素之一,对旅游活动的影响十分深刻。各种族或民族均有其各自共同的文化信仰、传统习俗、生活方式、价值观念等,旅游需求和行为模式体现出一定的差异性。比如,在旅游购物上,中国人的豪爽早已蜚声海内外,韩国人则几乎是"理性消费"的代名词。

第五,职业。职业是影响旅游者需求的最重要的因素之一,尽管很多人一生会从事很多职业,但在特定时期,职业相对确定和稳定,从而决定了旅游者的收入水平、社会阶层、生活和社交圈子、闲暇时间、旅游观念等,并塑造出带有鲜明的职业烙印的旅游需求和行为等。

第六,家庭生命周期。按年龄、婚姻和子女状况,家庭生命周期可划分为七个阶段。各阶段的旅游需求、偏好与限制等差别明显,见表5.2。

表5.2 家庭生命周期与旅游市场细分

阶段	特征	旅游偏好
单身阶段	单身,精力旺盛	几乎没有经济负担,新消费观念的带头人,娱乐导向型购买
新婚阶段	无子女,二人世界	一般家庭负担不重,购买力较强,喜欢结伴远游,注重品质、浪漫

续表

阶段	特征	旅游偏好
满巢阶段Ⅰ	有6岁以下子女	家庭负担、压力等开始增加,注意储蓄,消费趋于理性,亲子周边游
满巢阶段Ⅱ	有未成年子女	家庭负担、压力较大,消费理性,康养、解压型周边游的需求增加
满巢阶段Ⅲ	年长夫妇,与成年子女同住	经济状况较好,家庭决策为主,购买力强,消费理性,喜欢适合各类家庭成员的高品质、综合性度假、娱乐、康体等类型的旅游产品
空巢阶段Ⅰ	未退休,子女自立	购买力强,闲暇时间增多,注重高档、娱乐、奢侈型旅游产品
空巢阶段Ⅱ	退休,子女自立	购买力最强,前期注重"补偿性旅游",内容形式多样;后期注重健康、陪伴、情感等,多结伴旅游,严重依赖外界的旅游刺激和带动

2. 心理因素

旅游者的旅游动机、旅游偏好、价值取向等心理特征,是直接驱动其旅游行为的内在动力,很大程度上决定了旅游者的需求、个性、态度、审美、价值观等外在表现,且心理特征相似,如价值观相同的人极其容易聚集成稳定、牢固且边界清晰、向心力巨大的群体。因此,依据心理因素进行旅游市场细分往往可以取得巨大成功。

第一,社会阶层。社会阶层是由具有相同或类似社会地位的社会成员组成的相对稳定、持久、独立的社会群体。旅游需求与社会阶层的对应关系客观且清晰,同一阶层成员的态度、行为模式和价值观等具有相似性,而不同阶层则差异明显。识别不同社会阶层的消费者所具有的不同特点,将为旅游市场细分提供重要依据。比如,高阶层游客普遍注重高品位、高标准型旅游产品;中阶层游客则注重高情调、高形象型旅游产品;普通阶层游客注重立即满足、优惠型、实用型旅游产品。

第二,生活方式。生活方式是人们对消费、工作和娱乐的特定习惯,是关于如何生活、如何消费、如何度过闲暇时间的外在行为,其核心是花费时间及金钱的模式。生活方式的分类和识别功能,为市场细分的市场营销组合提供了依据。越来越多的企业针对不同生活方式的旅游者群体来设计产品和营销活动。有人追求新潮、时髦,是旅游消费的主力军;有人追求恬静、简朴,是经济型旅游消费的主要参与者;有人追求刺激、冒险,是开拓性创造性旅游消费的先驱;有人追求稳定、安逸,成为康养型旅游消费的主要群体等。

第三,个性。个性是指一个人独特的、稳定的和本质的心理倾向和心理特征的总和,是能力、气质、性格、兴趣、信念等多层次、复杂心理特征有机结合的整体,对人的行为起调节和控制作用。通常,个性会通过自信、自主、支配、顺从、保守、适应等性格特征表现出来,个性不同的人,其具体旅游行为的倾向性、选择性等常常具有非常显著的差异。比如,舒适安宁型旅游者喜欢参与钓鱼、度假、观光等旅游活动,对于较刺激的活动则比较排斥;追新猎奇型旅游者喜欢探险、攀登、荒野露宿等刺激性和开拓性旅游活动,不太喜欢安静、约束、平稳等类型的旅游活动。总之,个性也是旅游市场细分的重要依据之一。

第四,态度。态度是个体对某一特定事物、观念或他人稳固的,由认知、情感和行为倾向三种成分组成的心理倾向。态度是信念的一种情感性的表达,带有主观性,并受情绪影响,是形成旅游消费偏好的重要依据。态度不仅对旅游需求产生指导性和动力性影响,更使人们用相同或相似的行为对待同类事物。态度细分包括热情、肯定、无兴趣、否定和敌视五种。针对持有这五种不同态度的消费者,企业应当酌情运用不同的营销措施。例如,对敌视本企业产品的消费者,企业应仔细分析原因何在,通过恰当的手段改变其态度。因此,态度具备成为旅游市场细分要素的特质。

3. 行为因素

行为因素包括购买目的、购买时机、寻求利益、使用者状况、使用率和忠诚度等,是与旅游产品和服务关联最为紧密的细分变量。

第一,购买目的。按一般旅游者旅游目的来细分市场,大体上可将其划分为度假旅游、商务旅游、会议旅游、探亲访友、外出购物旅游、工作假期旅游、宗教或精神探索旅游、探险旅游、体育保健旅游、以教育为目的的旅游等类型。这些细分市场,由于旅游者购买目的不同,对旅游产品的需求特点也有差异。比如,度假旅游者需要较高的服务含量,在做决定时需要时间和指导意见,进行价格比较,通常度假时间较长,并且受季节的影响。而商务旅游者则做决定较快,通知的提前时间较短,出行时间短、次数多,对价格的敏感性不高,不受季节影响,他们需要的是快捷、方便、灵活和单据齐全。

第二,购买时机。旅游者产生需要、购买或消费产品和服务的时机也是市场细分的依据之一。例如,某些产品和服务主要适用于某些特定的时机,诸如五一、国庆、春节、寒暑假等。旅游企业可以把购买时机作为细分指标,专门为某种特定时机的特定需求设计和提供旅游服务,如餐厅可在春节时提供年夜饭服务,在寒暑假期间专门为学生提供特别旅游服务等。

第三,寻求利益。一般来说,旅游消费就是在寻求某种特殊利益,因而按旅游者对产品和服务追求的不同利益细分市场具有现实意义。旅游企业在采用这种方法时,要判断旅游者对旅游产品所追求的最主要利益是什么,他们各是什么类型的人,企业的各种旅游产品提供了什么利益,旅游者追求的利益与企业提供的利益是否匹配等。只有了解旅游者寻求的真正利益,企业才能通过为旅游者提供最大的利益来实现自身的营销目标。

第四,使用者状况。旅游市场可被细分为某一产品和服务的从未使用者、潜在使用者、曾经使用者、首次使用者和经常使用者等。在某种程度上,经济状况将决定企业把重点集中在哪一类使用者的身上。在经济增长缓慢时,企业会把重心放在首次使用者上,或者在生命周期中进入新阶段的人。为了保护市场份额,企业应该在维护品牌知名度和阻止忠诚客户转移方面做工作。

第五,使用率。使用率是指旅游者使用某种产品和服务的频率,被细分为鲜少使用者、中度使用者和高频使用者。例如,高频旅客在假日旅游上比其他旅客更投入,更具有知识,也更喜好变革和成为意见带头人。这些旅客经常旅游,常常从报刊、书籍和旅游展示会上收集旅游信息。显然,高频旅游者是企业应当十分重视和重点关注的对象。

第六,忠诚度。旅游者的忠诚度是指一个旅游者更偏好购买某一品牌产品和服务的一种持续信仰和约束的程度。根据旅游者的忠诚状况将他们分为四类:坚定忠诚者,即始终不渝地购买一种品牌的消费者；中度忠诚者，即忠诚于两种或三种品牌的消费者；转移型忠诚者，即从偏爱一种品牌转换到偏爱另一种品牌的消费者；多变者，即对任何一种品牌都不忠诚的消费者。旅游企业通过研究自己的坚定忠诚者的特征，可以确定自身产品的开发战略；企业通过研究中度忠诚者，可以确认对自己最有竞争性的那些品牌；企业通过考察从自己的品牌转移出去的顾客，就可以了解到自己营销方面的薄弱环节。

4. 地理因素

地理因素一般分为自然和人文两个方面，自然因素如地形、气候、水文、生物、土壤、空间距离等，人文因素如区域、国家、聚落、文化、历史、政治、人口、经济区等。处于不同地理环境、背景、位置等的旅游者，对旅游产品有不同的需求和偏好，对企业所采取的市场营销活动（如产品的设计、价格、分销方式、广告宣传等）也各有不同的反应。例如，对同一种产品的广告宣传，城市消费者讲究时代感，乡村消费者看重的是实在、朴实。以下选取几种主要的地理因素进行说明。

第一，区域。世界旅游组织将国际旅游市场划分为欧洲、美洲、东亚及太平洋、南亚、中东、非洲六大区域。欧洲和北美出国旅游者及所接待的国际旅游者人数最多，而近20年来，旅游业发展和增长最快的地区则是东亚及太平洋地区。

第二，国家。这是旅游业最常用的一个细分标准。通过把旅游者按国别划分，有利于旅游地或旅游企业了解主要客源国市场情况，从而针对特定客源国市场的需求特性，制定相应的市场营销策略，从而提高市场营销效果。

第三，气候。各地气候的不同会影响旅游产品的消费，影响旅游者的流向。气候寒冷、缺少阳光地区的旅游者一般趋向于到阳光充足的温暖地区旅游，如地中海地区、加勒比海地区。根据气候特点的不同，企业可以把旅游市场细分为热带旅游区、亚热带旅游区、温带旅游区、寒带旅游区等。

第四，聚落。聚落是人类聚居和生活的场所，分为城市聚落和乡村聚落。尽管人口和地域的城市化进程不断加快，但在职业和心理城市化完成之前，城乡居民的旅游行为在各个方面均将长期存在较大差异。随着城市旅游、乡村旅游等的兴起，按照聚落进行旅游市场细分变得越发重要。

第五，经济区。经济区是指以城市为经济中心，以专门化生产为主体，将自然条件、经济发展方向大体一致的行政区组合在一起所形成的地域。经济区作为社会生产地域分工的表现形式，不仅客观存在，而且可表示在地图上，并可度量。各经济区发展不平衡，表现在旅游行为上，发达地区的旅游需求更加旺盛，出游频率更高、范围更广。

第六，空间距离。研究发现，由于客源地与目的地的距离直接影响到出游的成本和感知的风险大小，旅游业内存在"距离衰变"现象，即在距离（包括空间距离、经济距离、时间距离、心理感知距离等）的阻尼作用下，旅游客流量一般会随着与目的地距离的增加而逐渐减少，因此许多旅游目的地在划分和选择目标市场时，经常依据客源地与旅游目的地之间的距离来圈定一级市场、二级市场。这种以空间距离来进行的市场划分，也是典型的地理细分方法。

需要特别指出的是,旅游市场并不是仅仅以某一个因素或标准进行细分。随着市场竞争的日趋激烈,旅游企业会将许多因素叠加在一起,从而更加精准细致地细分旅游市场。比如,亚朵瞄准的"新中产",就掺杂了阶层、年龄、收入、教育、家庭、聚落、生活方式等诸多细分因素,是一个细分得非常深入的市场。

另外,创造一个市场,也常常是市场细分的一种策略,特别适合于高端、定制化、奢侈等产品与服务,如野马汽车本来定位于年轻人市场,但却受到中老年顾客的追捧,因为驾驶野马能使其显得年轻。

三、旅游市场细分的原则

旅游企业可根据单一因素,也可根据多个因素对市场进行细分。选用的细分标准越多,相应的子市场也就越多,每一个子市场的容量相应地就越小。如何寻找合适的细分标准,对市场进行有效细分,在营销实践中并非易事。一般而言,成功、有效的市场细分应遵循以下基本原则。

1. 可衡量性

可衡量性是指按照某个或某些变量进行细分后形成的细分市场的需求之间存在明显的差异,从而保证了企业能够清晰地界定不同细分市场的范围界限,并度量或估算出各细分市场的需求程度和购买实力。有些细分变量虽然的确能够引起旅游需求和行为的不同,但是往往无法探知旅游者的群体边界及其分布,也无法有效衡量细分市场规模的大小。在这种情况下,市场细分就无法指导企业进行合理的选择,对企业来说没有太大的意义。

2. 可进入性

可进入性是指以某种标准进行细分后的各个子市场,应处于旅游企业营销活动与辐射能力范围之内,即是通过努力能够使产品进入并对旅游者施加影响的市场。一方面,有关产品的信息能够通过一定媒体顺利传递给该市场的大多数旅游者;另一方面,该企业在一定时期内有可能将产品通过一定的分销渠道运送到该市场。例如,在旅游大发展的潮流中,许多资源品位并不是很高的旅游目的地,也在宣称自己要同步发展国际和国内旅游,然而,他们却并没有什么渠道将自己的信息传播到国际旅游市场。

3. 可盈利性

可盈利性是指以某种标准进行细分后的各子市场拥有的足够的潜在需求和购买力,企业借此可实现其利润目标。可盈利性的三个重要指标是市场规模、购买力和企业服务能力。市场规模指细分市场有足够大的同质需求群体,其容量或顾客数量要足以形成规模效应以使企业获利;购买力既包括购买能力也包括购买频率,这些购买力能够兑现企业生存发展的能力和空间;企业服务能力指企业能够保质保量且持续满足细分市场上的需求。

4. 可操作性

可操作性是指按照特定细分变量进行市场细分的难度易于把握,细分工作可以顺利完成,细分后必须至少存在具有经营价值且相对稳定的子市场,即最终选定的子市场应有一个相对稳定的顾客群体和期限,能够有效地形成一个较长时期的市场购买力。具体的市场细分标准和期限的要求可根据市场的变化和商品的特征而定。一般来说,细分标准越客观,就越易于操作,越利于目标市场的确定。

四、旅游市场细分的步骤

市场细分是一个调查、分析、比较、选择的过程,市场细分的步骤因市场类型的不同而有所差异。杰罗姆·麦卡锡(Jerome McCarthy)曾经提出市场细分的七个一般性步骤,如图 5.1。

图 5.1　旅游市场细分步骤

1. 依据需求选定产品市场范围

旅游企业在确定了总体经营方向和经营目标之后,就必须确定其经营的市场范围,这项工作是企业市场细分的基础。市场范围的确定以旅游者需求为着眼点,而不是主观地去创造有特点的产品,因此,企业应充分调研分析市场需求动态,并结合自己的经营目标和资源,从广泛的市场需求中选择自己有能力服务的市场范围,不宜过窄或过宽。

2. 列举潜在顾客的基本需求

在确定适当的市场范围后,根据市场细分的标准和方法,了解市场范围内所有现实和潜在顾客的需求,并尽可能详细归类,以便针对旅游者需求的差异性决定采用何种市场细分变量,为市场细分提供依据。

3.分析潜在顾客的不同需求

对于列举出来的基本需求,不同顾客强调的侧重点可能会存在差异。比如,交通方便、安全是所有顾客共同强调的,但有的顾客可能特别重视度假生活的丰富,对康乐设施有特别的要求,另外一类用户则对环境的安静、内部装修等有很高的要求。通过这种差异比较,不同的顾客群体即可初步被识别出来。

4.移除潜在顾客的共同需求

通过分析不同旅游者的需求,同时找出旅游者需求类型的地区分布、人口特征、购买行为等方面的情况,从而做出分析和判断,使之构成可能存在的细分市场。共同需求固然重要,但它是所有或绝大多数用户都渴望被满足的需求,因而无法作为细分标准,但可以考虑兼顾这些共同需求。

5.筛选并暂时命名细分市场

根据潜在顾客基本需求上的差异,企业应分析哪些需求因素是重要的,通过与企业实际情况和各个细分市场的特征进行比较,寻找主要的细分因素,筛选出最能发挥本企业优势和特点的细分市场,并将其划分为不同的群体或子市场,并赋予每个子市场一定的名称。

6.深入挖掘各细分市场特点

通过深入分析各细分市场的需求,了解旅游市场上消费者的购买心理、购买行为等,对各细分市场进行必要的分解或合并。这项工作将帮助企业寻找并发现最终的目标市场。

7.测量各细分市场规模潜力

前面六个步骤完成后,各细分市场的类型已基本确定,此时企业应估算各细分市场的潜在销售量、竞争状况、赢利能力和发展趋势等,并找出市场的主攻方向,进而确定目标市场。

市场细分的以上步骤有利于企业在市场细分中正确选择营销目标市场,但无须完全拘泥于某一种模式,可以根据实际情况进行简化、合并或扩展。

五、旅游市场细分的方法

由于各企业的经营目的、产品和服务不同,在细分方法上有所差别。比如,科技图书的市场营销,区别需求差异的因素主要是受教育程度、职业等,而不是性别或家庭规模等;服装产品的市场营销则受性别、年龄、收入等的影响。两者相互比较,服装市场细分的基准比科技图书市场细分的基准更多、更复杂,也更难掌握,因此企业应根据具体情况,灵活运用市场细分方法。

1. 单因素细分法

单因素细分法就是根据影响市场需求的某一种因素对整体市场进行细分的方法,可以是年龄、收入、职业、人口,也可以是用户的地理位置、规模、购买数量等。比如,凯悦早期的市场细分采用性别因素作为标准,而万豪早期的市场细分则选取职业为标准。

2. 双因素细分法

双因素细分法就是按影响市场需求的两种因素的组合对整体市场进行细分,比如,休闲娱乐市场可按照性别和年龄两个因素进行细分,如表5.3。

表 5.3　双因素细分举例

性别	少年女性市场	青年女性市场	中年女性市场	老年女性市场
	少年男性市场	青年男性市场	中年男性市场	老年男性市场
年龄	少年	青年	中年	老年

3. 三因素细分法

三因素细分法就是按照影响市场需求的某三种因素的组合对整体市场进行细分。比如,按影响休闲娱乐需求的旅游者性别、年龄、收入水平三个因素的组合细分。

4. 多因素细分法

多因素细分法就是按照市场需求的多种因素的组合,对整体市场进行细分。比如,按性别、年龄、职业、受教育程度、地区和聚落六个因素进行细分,有1000余个细分市场,图5.2线条连接的部分即代表一个细分市场,即"具有研究生教育程度,来自中部城市的中年女教师"。当然,在营销实践中,有些组合并无实际意义,进行细分时还需要考虑其实用程度,比如,儿童的职业和受教育程度不会存在工人、高中以上等细分组合。

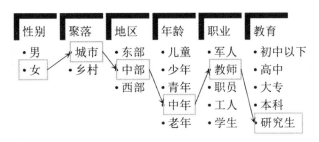

图 5.2 多因素细分举例

【项目1】 请从市场细分角度,分析"新中产"人群及其旅游行为特点。

第三节 旅游目标市场选择

目标市场就是企业通过对整体市场和各细分市场进行综合评估,根据细分市场的市场潜力、竞争状况、本企业资源条件等因素决定要进入的一个或几个细分市场。

一、旅游目标市场评估

企业在对细分市场进行评估时,需要考虑很多因素,如市场规模、年销售增长率、价格敏感程度、产品生命周期等市场因素,以及竞争对手的强弱程度、进入和退出壁垒、技术的成熟性、公众的价值取向、法律法规等内外部因素。细分市场的规模与发展前景、细分市场结构的吸引力以及企业的目标和资源,是要优先和着重分析的三大因素。

1. 细分市场的规模与发展前景

有吸引力的市场必须具有适当的市场规模,市场规模的估计主要参考选定时期内该细分市场总的收益情况。评价细分市场时,旅游企业面对的首要问题是潜在细分市场是否具备适度规模与发展前景。适度规模是个相对的概念,市场太小,所有企业都无利可图,大的细分市场往往又被大而成熟的企业牢牢占据,他们忽视或避免进入的市场一般规模不大,销售量小、利润低或投入产出比低,这类细分市场恰好给了普通企业发展的机会。

细分市场的发展通常带有一种理想和期望的特征,因为公司一般都想扩大销售额和增加利润。不过,竞争对手会迅速抢占正在发展的细分市场,从而抑制旅游企业的盈利水平。

2. 细分市场结构的吸引力

细分市场可能具备理想的规模和发展前景,然而从盈利的观点来看,它未必有吸引力。在第二章,我们学习了波特五力分析模型,可将其应用于分析旅游细分市场结构及其吸引力。

第一,细分市场内同业竞争的威胁。

如果某个细分市场已经有了为数众多、强大或竞争意识强烈的竞争者,该细分市场就会失去吸引力。比如,当出现细分市场十分稳定或正在萎缩、市场内旅游产品品种和数量大幅度上升、退出市场的障碍过多、竞争对手在细分市场上投入大量资源等情况时,旅游企业如果想坚守该细分市场,就需要不断应付价格战、广告争夺战,并不断更新产品和服务,这势必会付出较高的代价。

第二,新的竞争者加入竞争的威胁。

新的竞争者加入竞争的威胁取决于进入(保护)壁垒和退出(止损)壁垒,进入壁垒影响回报的高低,退出壁垒决定经营风险,如图5.3。如果新竞争者需要具备雄厚的资金、管理经验或先进技术等优势才能进入,则该旅游细分市场进入壁垒较高。细分市场的进入壁垒越低,则越容易吸引新的竞争者,市场竞争越激烈,这个细分市场就越缺乏吸引力。退出壁垒是指企业在退出某个行业时所遇到的困难和要付出的代价,退出壁垒越高,企业破产、转移等撤退的障碍和代价就越高,该企业越可能死磕到底,这个细分市场就同样缺乏吸引力。最坏的情况是细分市场的进入壁垒较低,而退出壁垒却很高。于是,在经济景气时,大家蜂拥而至,但在经济萧条时,却很难退出。其结果是各企业长期生产能力过剩,收入降低。

图 5.3 入局者经营分析

第三,替代产品的威胁。

旅游产品和服务具有较强的排他性,因此在行业内和行业外的替代产品不仅多而且冲击力大。任何旅游细分市场都客观存在旅游需求的替代产品或潜在替代产品,替代产品与企业在细分市场所供给的旅游产品和服务的差异性越小,该细分市场的吸引力就越小。旅游企业除关注替代产品本身外,还应密切关注细分市场需求趋势的变化,以及技术发展与应用。

第四,旅游者议价能力提高的威胁。

如果某个细分市场中旅游者的议价能力很强或正在加强,该细分市场的吸引力就会减弱。旅游者对产品和服务提的要求会越来越高,同时还不断设法压低价格,促使竞争者相互争斗,开展价格战或促销战,从而使企业的利润受到损失。随着信息对称性不断加强、旅游者消费经验不断累积和提升、替代品越来越丰富等,旅游者的议价能力已经非常高。在细分市场存在集体购买、产品无差别化、顾客转化成本低等情况下,旅游者的议价能力还会得到加强,所以传统大众化旅游市场的吸引力越来越小,进行市场细分和选择成为所有旅游企业的必然选项。

第五,供应商议价能力加强构成的威胁。

如果旅游企业的供应商在某些细分市场能够提价或者降低产品和服务的质量,或减少供应量,该企业所在的细分市场吸引力就会减小。如果该细分市场产品的供应商行业被一些具有比较稳固市场地位而不受市场激烈竞争困扰的企业控制,即形成供应商体系或组织,或者供应商的产品质量或设计特别好,有差异化优势,转换成本太高,或者很难找到可与供应产品相竞争的替代品,这样企业在该目标细分市场就会受到供应商议价能力强的威胁。

3. 企业的目标和资源

即使某个细分市场具有一定的规模和发展前景,并且其组织结构也有吸引力,旅游企业仍需将其本身的目标和资源与其所在细分市场的情况结合在一起考虑。某些细分市场虽然有较大吸引力,但不符合企业长远目标,因此不得不放弃。这是因为这些细分市场本身可能具有吸引力,但是它们不能推动企业完成自己的目标,甚至会分散企业的精力,使之无法达成主要目标。如果一个细分市场适合企业的目标,也必须确定它是否拥有足够或短期可获得的技术和资源。如果没有,则最好不要进入此细分市场。

对市场吸引力的评估,应该有一个明确的时间期限,因为一个细分市场目前有吸引力,不等于几年后同样具有吸引力;同时,市场规模也可能发生变化。

二、旅游目标市场覆盖模式

旅游目标市场选择,即关于旅游企业为哪个或哪几个细分市场服务的决定。通常有五种覆盖模式,如图 5.4,图中 P 为旅游产品和服务,M 为细分市场。

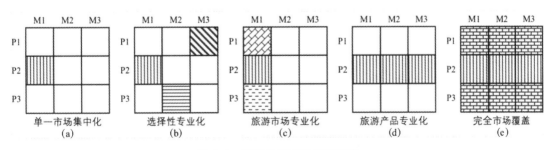

图 5.4 旅游目标市场覆盖模式

1. 单一市场集中化

如图 5.4(a)所示,最简单的模式是旅游企业只选择一个细分市场,或专门填补细分市场的某一部分空白,集中力量为之服务,如某旅行社专门经营国内游客的欧洲游产品和服务。单一市场集中化模式是旅游企业在深刻了解该细分市场的需求特点和自身独特优势的基础上,采用针对性旅游产品、价格、渠道、促销、公关等策略,从而获得强有力的市场地位和良好声誉的模式,一般适合较小但有一定市场专精和产品专精技能的旅游企业。不过,该策略隐含较大的经营风险,一是旅游市场与需求的稳定性、持续性和趋势性,二是自身优势的程度和被对手模仿超越的难度与时长,三是产品的独特性与拓展融合性等,都可能引起市场的巨大波动。

2. 选择性专业化

如图5.4(b)所示,选择性专业化是单一市场集中化模式的扩大化,旅游企业根据市场细分与自身资源优势匹配度,同时选择几个细分市场,并提供不同的旅游产品,可以达到资源充分利用、风险分担、资源向市场预期和趋势转移等目的。选择性专业化模式适合实力较强或面临转型压力的旅游企业,一般来说,这些企业拥有的资源、技术等拓展或资源转移相对容易,但是,资源、技术等重叠、闲置的现象较为严重,或者界限明显、相关性不大、协调融合困难等。选择性专业化模式虽然会分担企业经营风险,但也带来企业资源分散,以及当今发展重心和未来发展方向的问题,采取该模式的企业应当有非常长远的规划和部署。

3. 旅游市场专业化

如图5.4(c)所示,旅游市场专业化指旅游企业专门服务于某一特定顾客群,尽力满足他们的各种需求的模式。比如,武汉某旅行社专门为老年游客提供康养、怀旧、交友、文艺等各种旅游产品和服务,该旅行社因此成为武汉地区知名度、美誉度较高的老年旅游产品首选提供者,在老年市场形成良好的声誉。旅游市场专业化模式适合实力较强且在某些细分市场有特殊积累、沉淀、资源、客户等的旅游企业,同时该细分市场应具备规模、前景、偏好、购买力等相对稳定和持续的特点,因此在细分市场时不宜过度细分,市场边界也应尽量清晰。采取该模式的企业需注意,一旦该细分市场的需求、特点、关键资源与客户等发生突然变化,企业将承担较大风险。

4. 旅游产品专业化

如图5.4(d)所示,旅游产品专业化指旅游企业集中生产,并向所有顾客提供这种产品及其相应服务的模式。比如,某旅游拓展企业面向所有年龄段游客提供各种高档和社群化的旅游拓展服务,企业因此在高档旅游拓展方面树立起很高的声誉和品牌形象。旅游产品专业化模式适合实力中等的产品和技术专精型旅游企业,尤其是产品和服务技术相对领先、垄断或优势较为突出的企业。但是,采取该模式的企业应密切关注替代品、需求偏好转移、新技术应用等的变化。

5. 完全市场覆盖

如图5.4(e)所示,完全市场覆盖是企业力图用各种产品满足各种顾客群体的需求,即以所有的细分市场作为目标市场,为所有旅游者群体提供产品和服务,而不愿放弃任何一个细分市场的模式。完全市场覆盖模式一般只有实力强大的企业才能采用,如表5.4就是全球顶尖酒店集团的完全市场覆盖模式下的品牌分布。

表5.4 全球顶尖酒店集团各档次品牌分布

	1. 洲际集团			
奢华	六善			
豪华	丽晶、洲际			
高端	金普顿(精品)、英迪格(设计)、华邑(华人专属)、皇冠假日(商务/度假)、VOCO(细节品控)			
中端	逸衡(健康养生)、Staybridge Suites(家居长住)、Candlewood Suites(商务长住)、Holiday Inn			
中低端	Holiday Inn Express、Avid(减配的智选)			

	2. 万豪集团			
	经典		特色	
奢侈	丽思卡尔顿、瑞吉、JW万豪、宝格丽		丽思卡尔顿隐世、艾迪逊、豪华精选、W酒店	
高级	万豪、喜来登、万豪度假会、德尔塔	长住:万豪行政公寓	威斯汀、艾美、万丽、盖洛德	长住:万豪住宅及别墅系列
精选	万怡、福朋喜来登、SpringHill Suites、万枫、普罗提亚	长住:Residence Inn、TownePlace Suites	AC酒店、雅乐轩、Moxy酒店	长住:源宿
典藏	傲途格精选、臻品之选、Design Hotels			

	3. 温德姆集团
奢华	Registry Collection Hotels、Wyndham Grand
高端	Dolce(道玺)、Wyndham(温德姆)
潮流/生活	TRYP(爵怡)、Esplendor、Trademark、Alltra
中端	LaQuinta、Wingate(蔚景)、Wyndham Garden、AmericInn、Baymont、Ramada(华美达)、Ramada Encore
经济	Microtel(麦客达)、Days Inn(戴斯)、Super8(速8)、Howard Johnson(豪生)、Travelodge
长住	Hawthorn Suites by Wyndham

	4. 雅高集团
奢华	莱佛士、东方快车、FAENA、德拉诺、索菲特传奇、21C、费尔蒙、SLS、EMBLEMS、SO/、索菲特、Rixos、MORGANS ORIGINALS、悦榕庄

	续表
4.雅高集团	
高档	Mantis、美憬阁、Onefinestay、艺术系列、蒙德里安、铂尔曼、瑞士酒店（Swissotel）、25 Hours、瑞享、美爵、Peppers、SEBEL、海德、塔拉萨、悦椿
中档	Mantra、诺富特、美居、阿德吉奥、Mama Shelter、Tribe
经济	Breakfree、宜必思、宜必思尚品、阿德吉奥 Access、Greet、宜必思快捷、JO&JOE、HotelF1
5.希尔顿集团	
奢华	华尔道夫（Waldorf Astoria）、LXR
豪华	康莱德（Conrad）
高端	希尔顿（Hilton）、格芮精选（Curio Collection by Hilton）、嘉悦里（Canopy by Hilton）、Signia Hilton
中端	逸林（DoubleTree by Hilton）、Tapestry Collection by Hilton、欣庭（Homewood Suites by Hilton）
中低端	尊盛（Embassy Suites by Hilton）、惠庭（Home2 Suites by Hilton）、花园（Hilton Garden Inn）、欢朋（Hampton by Hilton）
低端	MOTTO、Tru by Hilton

三、旅游目标市场选择策略

 1. 无差异营销

所谓无差异市场营销策略，是当企业看到市场中顾客需求的共性大于差异性时，倾向于将整个市场视为同质的市场，因而将整个市场都作为自己的目标。企业设计一种产品，采用统一的价格、品牌和广泛的销售渠道来吸引和服务于尽可能多的消费者。企业通过产品的大量销售和广泛宣传，争取在旅游者心目中树立最佳的产品形象。

成本经济性是实行无差异营销的主要原因。旅游产品种类少且统一设计、生产、宣传和销售，广告计划的无差异，无须进行细分市场的调研和筹划工作等，这些都可以降低成本，从而体现出在成本节约方面的巨大优势。然而，对于市场的同质性的假设，使得企业对市场需求的了解停留在普通的表层，单一的产品也意味着企业不可能很好地满足不同的需要，也显得单调而缺乏变化。

在旅游业发展的最初阶段，由于消费者的旅游需求尚处于启蒙阶段、旅游经验不丰富，旅游的个性需求还未充分体现，因此许多旅行社曾经一度采用无差异营销的办法，大力发展大众化的团队旅游。然而，如今旅行社的产品已经出现了一条多重面貌的线路，这足以说明无差异营销在当下的局限性。

2. 差异性营销

在对整体消费者市场进行细分的基础上,将所有各个细分市场都作为自己的目标市场,或者选择其中多个细分市场作为自己的目标市场,然后针对每一个目标市场的需要和特点,分别为其设计相应的产品和服务,并以不同的营销组合方式分别面向各个目标市场人群开展营销,以加深他们对这些产品和服务的了解与认识,提高本企业或旅游目的地在这些目标市场中的地位。这便是市场营销研究中所称的差异性目标市场策略。

差异性市场营销策略充分肯定消费者需求之间的差异性。就旅游业中的情况而言,目前世界各地,特别是在发达国家中,绝大多数的旅游目的地和旅游企业所采用的都是某种形式的差异性目标市场策略。例如,在国际上,饭店营销者的普遍经验之一是,如果一个饭店的目标市场少于 4 个,通常都将难以实现成功经营。对于多数饭店企业来说,这在一定程度上反映了实行差异性目标市场策略的必要性。不过,旅游目的地或旅游企业在选用差异性目标市场策略时,需要具备两个基本的前提条件:其一,营销者必须确认旅游消费者的需求存在差异,并且这些差异性需求确实值得本目的地或本企业予以满足,换言之,确实能给本企业带来令人满意的经济回报;其二,在分别满足这些不同人群的差异性需求方面,本企业或旅游目的地必须具备足够的供给实力和营销能力。

3. 集中性营销

集中性目标市场策略有时也称为密集性目标市场策略。有些旅游企业,特别是一些规模较小的旅游企业基于自己实力较弱、营销能力有限的考虑,往往会在整体旅游消费者市场中选择一个或两个自己认为具有经营价值、同时又不为同业竞争者所看重的空隙市场即利基市场,作为自己的目标市场,将自己的全部资源和能力集中针对这一两个空隙市场,开展专门化经营,此即集中性目标市场策略。无差异和差异性营销策略的大前提都是基于整体市场开展营销活动,而集中性策略的出发点是基于少数细分市场或子市场,集中力量开展营销活动。

选择采用集中性目标市场营销策略的根本原因在于,对于一些规模较小、实力较弱的旅游服务企业来说,如果与实力雄厚的同业竞争者一起去竞争市场规模较大的那些消费者人群,即使自己拼尽全力,充其量只能挤占到很小一部分市场份额。与其如此,不如避其锋芒,选择那些实力雄厚的同业竞争者不屑一顾的某一空隙市场作为自己的目标市场,从而争取在这类规模较小的细分市场中占据较大的市场份额。

旅游业中的这类案例很多。著名的美国 Motel 6 公司在其创办初期所做的战略选择,是这方面的一个典型。面对当时美国汽车旅馆行业中的激烈竞争,该公司根据自己对汽车旅馆住宿市场所做的调研和分析,并基于对自身竞争实力的考虑,决定选择将那些追求廉价的自驾车外出开展工作的推销员市场和自驾车外出旅游度假的家庭市场作为自己的目标市场,并针对这些人群追求廉价住宿这一需求特点,推出了每夜房价"6 美元"的低价位营销策略。该公司在实施这一集中性目标市场策略方面所取得的成功,已被后来的事实验证。

由于中小型旅游企业在旅游业中一直占据多数,所以集中性目标市场策略至今仍被世界各地的很多旅游企业采用。以旅行社行业中的情况为例,很多经营包价旅游业务的中小型旅行社往往都是选择将某一个或少数几个特定的特殊兴趣人群作为自己的目标市场,实行有特色的专门化经营。

无差异营销、差异性营销、集中性营销三种策略对比见表5.5。

表5.5　无差异营销、差异性营销、集中性营销的优点和不足

无差异营销	优点:① 发展初期用,可先发制人;② 容易形成垄断性旅游产品的声势和地位,所以易于树立产品的市场形象,形成品牌效应;③ 产品线单一,便于组织大批量生产,从而有助于降低单位产品的成本,提升产品竞争力;④ 无须对整体市场进行细分和单独开发、营销等工作,可以节省大量营销和管理费用 不足:① 往往以大众旅游产品为主,适合资源种类较多、规模较大、资源特色突出、资源品位较高、区位条件较好、竞争对手较弱、服务能力较强的旅游企业;② 只针对最大的细分市场提供单一的旅游产品和服务,势必会造成对规模较小的细分市场的忽略,从而丧失可能存在的市场机会;③ 当几个旅游企业同时参与竞争时,必然会加大竞争的激烈程度,最终导致利润降低;④ 不大可能真正适应所有消费者人群的需要,不能满足目前日益增长的旅游多样化要求 适用性:适合旅游产品和服务具有需求广泛、市场同质性高、垄断性较明显等特征的企业
差异性营销	优点:① 能够针对消费者的特色开展营销,有利于市场的深层次发掘,从而更好地满足市场需求;② 充分适应不同消费者的不同需求,吸引各种不同的购买者,促进产品销售;③ 针对不同目标市场人群分别设计和组织产品,有助于适应和满足不同消费者的需要,提高市场占有率;④ 针对性提供服务,有助于促成目标顾客的重复购买,树立品牌形象并培育顾客忠诚;⑤ 对目标消费者的需求及其行为变化反应灵敏,有助于增强经营者对市场的适应能力和应变能力,减小经营风险;⑥ 各目标市场的行为不尽相同,从而有助于旅游接待设施的充分利用,减轻不利影响 不足:① 目标市场多,产品品种多,营销组合多,增加了成本;② 有可能引起企业资源和注意力分散,甚至内耗;③ 对企业资源调配、综合协调等能力,以及企业实力等有很高要求 适用性:目前较为理想的策略,但旅游企业需具有较强的综合实力,旅游市场多元且购买力较强,旅游产品和服务在主要细分市场具有较为鲜明的特色和竞争力
集中性营销	优点:① 集中优势资源办大事,充分发挥资源的价值和作用;② 避实就虚、扬长避短,主动规避大企业的竞争和挤压,甚至可以形成与大企业的合作互补;③ 产品相对单一,易于发挥经营者的生产潜力;④ 易于树立本企业和本企业产品的市场形象;⑤ 有利于在"小众市场"形成专、精、特、新的局部优势,甚至是技术和服务的垄断和壁垒;⑥ 相对灵活 不足:风险较大,目标市场狭窄、单一,一旦市场需求或兴趣潮流发生变化或者该供给领域中出现强大的竞争者,本企业可能会迅速陷入困境 适用性:适合资源、力量有限,但产品、服务的特色、技术和资源等优势较为突出的中小旅游企业,尤其是处于市场开拓的初级阶段的旅游企业

四、影响策略选择的因素

旅游企业在选择目标市场策略时,要综合考虑企业实力、市场特点、产品特点、产品生命周期、竞争状况等因素。旅游企业目标市场策略选择的影响因素分析见表5.6。

表5.6 旅游企业目标市场策略选择的影响因素分析

类型	企业实力	市场特点（同质性）	产品特点（同质性）	产品生命周期	市场竞争特点（竞争者策略）	市场竞争特点（竞争者数量）
无差异策略	强	高	高	投入期	—	少
差异性策略	强	低	低	成长期、成熟期	无差异、差异性	多
集中性策略	弱	低	低	—	—	多

1. 企业实力

企业实力主要包括企业的资源、生产、销售、管理等各方面的优势,如组织和员工素质、资金和管理水平、营销与公关能力、产品技术优势等,这些条件对于确定目标市场策略起决定性作用。如果经营者实力强,各种资源丰富,可以采取差异性目标市场策略。反之,如果实力不足,且规模不大,则应采取集中性目标市场策略。

2. 市场特点

在目标市场策略选择上,旅游市场特点尤其是需求同质性特征往往会发挥较大作用。在市场对旅游产品和服务的需求同质性较强的情况下,选择无差异性策略显然较为理想,特别是对于景区、博物馆等资源垄断性、公共和公益服务性特征较明显的旅游企业,异质性需求事实上是长期被忽视的。但是,多数情况下,旅游产品和服务的需求差异性大于同质性,即便是旅游餐饮、旅游住宿这种生活必需品,也可能需要划分很多档次,才能满足旅游者多样化的需求。所以,对于大多数旅游企业而言,选择差异性策略和集中性策略可能更合适。

3. 产品特点

旅游产品和服务的同质性特点主要从产品和服务本身、旅游者的感受两方面去理解。如果不同旅游企业的产品和服务本身差异性不大,显然应该采取无差异性策略。比如,在旅游团餐上,旅行社和旅游餐饮企业几乎均以50元、35元等价格标准为依据提供产品和服务,所以旅游者选择哪家旅行社,旅行社选择哪家旅游团餐的差别可能并不大,而旅游者的评价往往都不会太高。旅游者的感受主要从旅游者体验、评价或感受的角度看待旅游产品的同质性。事实上,很多旅游产品和服务本身差异性并不大,但是旅游者却有不同认知,而有些旅游产品和服务差异性明显,却被忽视。如果旅游者认为 7 天和如家没区别,要么是该旅游者不是两家酒店的主要顾客,要么就是两家酒店的营销存在不足。相反,如果旅游者认为 7 天和如家差异明显,则说明二者的营销都取得了一定的效果。旅游企业营销的重心应该是在产品和服务同质的基础上,尽量营造不同的旅游体验和感受,形成品牌认知,即采用差异性和集中性营销策略。

4. 产品生命周期

旅游企业还应根据产品生命周期的不同阶段采取相应的目标市场策略。对处在投入期或成长期的旅游产品,特别是市场对品牌认知不高的基本需求类旅游产品和服务,建议采用无差异市场策略,这既是试水市场的需要,也能收集产品与市场的契合点和切入点信息。当产品进入成熟期或衰退期后,建议采用差异性目标市场策略,以利于开拓新的目标细分市场,尽力延长产品生命周期,或者采用集中性目标市场策略,使企业集中力量于少数有利可图的细分市场开展营销活动。

5. 市场竞争特点

如果企业的产品垄断性强,竞争者数量少或势力弱,可以采用无差异性市场策略。就一般情况而言,如果本企业的竞争对手所采用的是无差异目标市场策略,那么本企业也应采取同样的策略,并通过加大营销力度去与之抗衡。否则,本企业将难免会丧失市场份额,使自己处于不利的地位。出于同样的道理,在竞争对手采用差异性目标市场策略的情况下,本企业一般也应以同样的策略加以应对,并且力争在市场细分方面做得比竞争对手更加精细,从而以更为有效的差异性目标市场策略去与之竞争。

当然,如果营销者觉得本企业势单力薄,实力不济,难以同竞争者抗衡,则应考虑选用集中性目标市场策略。

目标市场的选择是一个系统性的工作,不但需要旅游经营者做好充分的市场调查,还要全面考虑各种影响因素。对于旅游企业来说,随着时间的演进,无论是本企业自身的实力条件、旅游市场的供求格局,还是经营工作所处的外部环境,都有可能会发生变化。这意味着一个企业不应永远不变地固守原有的目标市场策略,而应当根据自身实力条件的变化,在对旅游市场供求格局进行分析和评价的基础上,对本企业的目标市场策略做出必要的调整。

仍以 Motel 6 为例,该公司在创业初期,为了能够在竞争激烈的汽车旅馆市场中立足,依靠集中性目标市场策略大获成功,其后实力不断壮大。如今,该公司的营销对象已不再只是追求廉价的汽车旅馆市场,所采用的目标市场策略也早已转为差异性目标市场策略,全面介入全方位住宿服务领域。

【项目2】 请结合实地调研,分析全季酒店(武汉沌口开发区店)的市场选择策略。

第四节 旅游目标市场定位

一、旅游目标市场定位概述

1. 旅游目标市场定位的概念

目标市场确定后,企业为了开拓和进占市场,取得产品在目标市场上的竞争地位和优势,还要在目标市场上为产品和服务做出具体定位决策。

艾尔·里斯和杰克·特劳特于1972年提出"定位"概念,认为不同商标的产品在消费者心目中会占据不同的位置,他们会在内心按自己认为重要的产品属性将市场上他们所知的产品进行排序。随着市场上商品越来越丰富,与竞争者雷同的产品通常无法吸引消费者的注意,因此,企业应该根据竞争者现有产品的特色以及在市场上所处的地位,针对顾客对产品特征或属性的重视程度,强有力地塑造本企业产品与众不同的、形象鲜明的个性或特征,并把这种形象生动地传递给顾客。

通常,人们会对某些事物形成较为固定的评价和认知,这些认知当中,正面的部分被我们称为"心智资源"。随着市场竞争的日趋激烈,抢占顾客的心智资源成为市场定位策略的核心环节。市场研究的方向不是研究顾客的需求,而是研究竞争对手在顾客的心智中占有何种定位、拥有何种心智资源,然后在这个基础上来制定品牌的定位战略。

根据哈佛大学心理学博士乔治·米勒的研究,顾客心智中最多也只能为每个品类留下七个品牌空间。而特劳特先生进一步发现,随着竞争的加剧,最终连七个也容纳不下,只能给两个品牌留下心智空间,这就是定位理论中著名的"二元法则"或"数一数二"原理,即任何一个市场最终会变成两个品牌竞争的局面,居于第三位以下的品牌,将因为在消费者心智阶梯中的弱势地位,需要不断促销才能改变选择排序,因而生存艰难。

5-6 定位的本质——占有心智资源

特劳特认为"心智资源"是企业的起点、方向和目标。定位就是让品牌在顾客的心智阶段中占据最有利的位置,使产品成为某个类别或某种特性的代表品牌。这样顾客产生相关需求时,便会将该品牌作为首选,也就是说这个品牌占据了这个定位。

据此可以认为:市场定位是通过识别顾客需要,开发并向顾客传播与竞争者不同的优势产品,使顾客对该产品有比竞争产品更好的认知的过程。这一过程也是企业树立市场形象、品牌形象和产品形象,确定企业在顾客心里的位置和在市场上的位置的过程。

针对旅游业,美国营销学者戴维斯认为,市场定位实际上"是一种理念的表达,是旅游者的理念的感知的凝固,在较理想的状况下,这种感知定位(实际上,区域旅游组织和企业很难控制)是定位策略(旅游组织和企业可以完全控制)作用的结果"。但是,事实往往难以预料,因为人们理解和接受一个策略要经过许多途径,所以实际发生的变化是很大的,这些变化体现在旅游产品的供给、价格结构、促销组合和广告等方面,其中最主要的是广告的变化。"消费者(旅游者)就像一块海绵,吸取各个方面的信息,进而形成自己的感知。"旅游市场定位实质就是强化或放大某些产品因素,寻求建立某种产品的特色和树立某种独特的市场形象,以赢得旅游者的认同的过程。[①]

2. 旅游目标市场定位的意义

旅游目标市场定位是旅游市场营销战略体系中的重要组成部分,它对于树立企业及产品的鲜明特色、满足顾客的需求偏好、提高企业竞争实力具有重要的意义。

第一,定位是旅游企业对抗旅游者"遗忘"的法宝。

崇尚"暴力美学"的企业家们,在这样极端的竞争中,可能会倾向于强力的广告投放,让消费者的大脑在"轰炸"中被迫接收企业的信息,但在这时候,大脑也开始了它独特的反抗——遗忘和归类,而这也正是"定位理论"的原点。

定位本身就是人们的一种保护机制,是人们在信息泛滥环境中的生存之道。通过定位,消费者把与之不符的信息统统划为多余,从而实现了简化和自我保护。当外界信息量越来越大的时候,大脑就会启动"遗忘"这种生理机制,让绝大部分信息从大脑中被删除,这就让数以千亿计的广告打了水漂。接下来,它会将自己需要的信息进行分类和定位,让自己所需要的品牌、服务在每一个细分领域内都只留下几个可供选择的对象留存在记忆里,这便是"选择性记忆"。顾客一旦对你的品牌进行归类或者说定位之后,他就很难接受改变,无论你花多大的力气、投入多少也很难做到改变他的心智。

第二,定位是旅游企业激发旅游者"选择性记忆"的良药。

人们往往只能记忆对自己有利的信息,或只记自己愿意记的信息,而其余信息往往会被遗忘。特劳特从中发现了著名的"心智阶梯"原理。比如,你要买牙膏,在你的潜意识中就会出现一个牙膏类别的品牌阶梯,通俗地说,出现一张购物单,在这个单子上,你可能列出了两面针、中华、云南白药等品牌,它们自上而下有序排列。

这种阶梯存在于我们的潜意识里,每个人对每一品类产品都隐含着一个这样的阶梯。虽然你浑然无觉,但实际上是这个单子在潜意识中为你圈定了购物的地图,指引、规范着你的购买行动,并决定你是否接收新的产品信息。例如,你想参观武汉的红色旅游景点,就可能有八七纪念馆、首义博物馆、武汉革命博物馆等这样一个阶梯;你要去网上订酒店,携程、飞猪、美团等购物单也会指引你。虽然在具体的购买现场,你有时会受到各种临时信息的影响而改变购买的选择顺序,但总体上而言,这个购物单具有很强的稳定排序。

所以说定位决定购买,只有建立在顾客心智阶梯中的定位才是驱动企业成长的力量。

[①] 赵毅,叶红. 新编旅游市场营销学[M]. 北京:清华大学出版社,2006.

我们一定要首先确立品牌在顾客心智中的定位之后,再去围绕定位配置资源。凡是成功的品牌,它都是因为占据了顾客心智阶梯中的某种资源,而不光是优秀的团队、良好的管理、更大的投入,以及优质的产品。

第三,定位是旅游企业为旅游者创造核心价值的保证。

旅游目标市场定位,追求的是让旅游产品和服务特色鲜明、独特、与众不同,达到"人无我有,人有我优,人优我奇"的境界。同质化严重的今天,没有哪个旅游企业敢说自己的产品和服务在外观、性能、品质等硬件上比对手优秀多少。在所有旅游企业的产品和服务都非常优秀的激烈竞争中,如何才能让自己的品牌脱颖而出,拥有持久的生命力,并在旅游者脑海里留下深刻的印象?打造品牌个性化定位、制造品牌"差异"是不二的选择。清晰的个性能够让品牌与其他品牌明显区分开来,差异化是旅游者喜欢甚至爱上一个品牌的主要动力,因此,定位成为旅游企业创造核心价值的根本。

如今,旅游者的购买和消费越来越注重个性,差异化旅游需求也较以往任何时代更加突出和紧迫。在资源有限的情况下,任何旅游企业都只能先确定自己要为哪些旅游者服务,他们哪些诉求得不到充分的响应,或者连旅游者本身也没有意识到这些诉求,我们该如何利用自己的优势去响应、引导他们的诉求。

除此之外,旅游者的欲望无止境,需求多样而"模糊",大多数旅游者都无法清晰表达自己梦想中好玩的、物超所值的、充满惊喜的最佳旅游产品和服务究竟具体是什么。这给了旅游企业无限创造核心价值的机会,当然也提醒旅游企业不要试图用一个产品、一套服务、一次旅程,去完成旅游者的"梦想之旅"。定位就是帮助旅游企业在适当的,即不窄也不宽、不早也不晚的事业领域、产品领域,扬长避短、发挥优势、顺势而为,为旅游者创造惊喜、追寻梦想。

第四,定位是旅游企业建立与旅游者持续稳定关系的基础。

彼得·德鲁克自1954年开始,终其一生都在说:"企业存在的唯一目的是创造顾客。"只有顾客才能造就企业,在日益发达的商业和竞争中,产品差异总是很容易被模仿和跟进,而心智认知很难改变。一旦你在顾客心智中占据了优势地位,生意就会源源而来,这也是企业唯一可靠的长期竞争优势。

旅游者对选择旅游产品和服务的厌倦一直存在,更不用说区分品牌各自的形象了。旅游企业目标市场定位的价值,就是要在这些纷繁复杂的选项中,直击旅游者的两个痛点,一是旅游者需要什么样的旅游产品和服务,二是旅游者怎样可靠、便捷而高效地得到这些旅游产品和服务。如果旅游企业能够连续数次给旅游者解决痛点、带来惊喜,那么旅游企业与旅游者之间持续、稳定的关系就会形成,而且会不断加深和延伸。

3. 旅游目标市场定位的原则

如果说定位就是要突出旅游企业自身产品的差异化,那么被选择的差异化特征是否有价值,能不能成为顾客选择购买的理由,非常值得我们思考。因为每种差异化特征都有可能增加企业的成本和顾客的利益,所以旅游企业要细心选择每种区分自己和竞争对手的途径。一种差异化利益值得开发的前提条件要符合以下原则。

第一,重要性。被选择的差异化利益能提供给足够数量的顾客以高度的利益,能够成为顾客非买不可的理由中的重要组成部分。

第二,区别性。被选择的差异化利益,要么是其他旅游企业(尤其是主要竞争对手)不能提供的,要么是由企业以一种十分与众不同的方式提供的,能够很容易给顾客留下深刻印象。

第三,独特性。旅游企业向目标顾客提供的这种差异化利益,在技术、设备、人才、服务、环境、资源等方面,不易被竞争对手模仿。

第四,沟通性。这种差异化利益对于顾客来讲,是容易理解和接受的,并且是可见的。旅游企业能够通过一定的方式与顾客进行有效的交流与传播。

第五,负担得起。旅游企业能够接受因提供这种差异化利益而增加的成本费用。

第六,盈利性。旅游企业通过提供这种差异化利益有利可图。

同时,随着企业的不断扩大,要防止可能出现的定位错误。其一,定位不够。一些企业发现顾客对自身产品和服务(或差异化利益)只有一个模糊的概念,顾客并不真正知道它的任何特殊之处。其二,定位过分。这引起顾客产生过于狭窄的印象,未来将难以进一步拓展。其三,定位模糊。对定位有着过多的说明或者时常改变产品和服务的定位,均有可能造成顾客产生混乱的印象。其四,定位疑惑。顾客从产品和服务特征、价格或提供者的角度很难相信企业宣传的各种利益。

二、旅游目标市场定位步骤

定位活动围绕"如何在旅游者心目中创造优势差异"这个问题展开,主要由寻找优势差异、合理评估和选择差异、展示差异与有效沟通三个步骤组成。[①]

1. 定位的基础:寻找优势差异

以竞争对手为比较对象,审视自己有什么人无我有、人有我优、人优我奇的独特之处,考察其成为优势潜力、价值的可能性,这就是寻找优势化差异的过程,也是定位的首要工作。旅游企业和相关组织、群体可以通过旅游产品和服务的内生特性,以及外在形象、渠道和相关群体等去寻找差异。

第一,产品和服务差异。

产品和服务是旅游企业竞争优势的核心基础。不同产品和服务在满足旅游者诉求及创造惊喜等方面的能力、效果和方式上差别明显。产品和服务的特色、性能、一致性、可靠性等都可以成为优势差异。

(1)特色。特色通常是指旅游产品和服务除具有核心效用以外,还能带来有独特价值的某些附加功能。前者是满意的前提,后者是惊喜的基础。旅游产品和服务的特色大多与其

---

① 林巧,王元浩. 旅游市场营销:理论与中国新实践[M]. 杭州:浙江大学出版社,2018.

特有的资源环境相关联,更与旅游企业的精准定位与营销密不可分。旅游企业也可以通过自我设计和创新来实现产品和服务的特色化。例如,某度假区拥有特殊富含特定矿物质的温泉,某海滨浴场的淤泥富含某些微量元素,因而宣称能够实现特殊的美容、延缓衰老或治疗疾病等功能。这些特殊的功能既能满足很多旅游者的需求,也能让旅游企业树立康养品牌形象,甚至成为该领域的开拓者和领军者。湖北恩施主打的"富硒"旅游,就是典型的特色旅游产品。

(2)性能。性能是旅游产品和服务中的主要功能属性或要素所能达到的水平和程度。除基本需求外,旅游者通常怀着期望开始旅游活动,各旅游企业的产品和服务也因此具有某些共同属性。这些属性超出旅游者预期、超过行业中上游水准、超越竞争对手水平等,是创造旅游产品和服务性能优势的关键,旅游企业如果能将这种"超水平"营销起来,自然会收到奇效,因为许多竞争对手恰恰会忽视这些基本属性,或者顾客根本不了解实现这些属性的过程。比如,清洁、卫生是所有酒店的基本要求,也是所有酒店都会认真对待的严肃工作,但"爱干净、住汉庭"的营销还是帮汉庭吸引了众多顾客,因为这正是顾客选择酒店的痛点,而且许多顾客因为对酒店的清洁卫生程序、要求等不了解,所以产生了很多的焦虑和不信任。汉庭不仅喊出了"最土"的口号,而且积极兑现口号,实现了"口号促进行动,行动兑现口号"的良性循环。我们对日本酒店所谓"马桶水都可以喝给你看"的卫生高标准的印象,正是定位和营销宣传的功劳,真实情况恐怕也是在汉庭式的"良性循环"中不断得到强化、改善和提升。

(3)一致性。旅游产品和服务的异质性、产销同步性、效果主观性等特殊性,使其"品质的稳定性"产生了很多不确定性。不同时期、不同服务提供者、不同场景等,都有可能让旅游者产生不同的体验和评价。要确保旅游产品和服务始终如一的高品质几乎不可能,旅游企业能做的就是尽量提高下限,这样才能保证产品和服务品质在高水准波动,即旅游产品和服务在高品质方面具有较高的一致性。这个高水准的一致性,正是旅游企业最根本的优势。

四季酒店享誉全球,源于其对"卓越的奢华体验"的一贯追求。四季酒店开张前试营业不是面对社会的,而是面对员工的,试运转一个月,员工试消费一个月,发现问题,随时叫停,为的是保证开业百分之百的质量——酒店不能把客人当"实验品"。系列培训的最后一项是让员工做一天客人,除客房免费安排外,另发给员工600元,让员工穿上便服在酒店消费,就餐、健身、上酒吧都可以,要求员工站在客人的角度体验酒店、理解顾客,由此出发去创造高度满意的服务,从而创造了"拥有高素质员工,吸住高素质客人,产生高出租率和高房价的双高效益"的良性循环,并形成四季酒店的竞争优势。

(4)可靠性。可靠性对于有形产品来说是在既定的使用期内保持不坏的可能性,它以产品使用功能不受到损害为界限。对于无形的服务来说,可靠性是不出现服务失误的比率,通常用旅游企业可靠地、准确无误地完成所承诺的服务的能力来衡量。因为服务性产品具有无形性的特征,其可靠性往往更依赖于坚定有力的服务承诺来传递。

旅游目标市场定位事实上更像是旅游企业向所定位的服务对象的承诺,特别是旅游企业以简单、易懂、易记的语句作为定位口号时,所有顾客都会抱着热切期望来体验这份承诺。根据SERVQUAL模型,顾客可能从企业完成承诺的及时和准时性、准确和适宜性、专业和可靠性,顾客遇到困难时关心与帮助的主动性,以及服务记录、反馈与服务补救等方面评判旅游企业是否值得信赖。可靠性成为旅游企业在旅游者心目中诚信、专业、负责任等正面形象的最佳代表,是旅游企业最必要的差异性优势。一提到希尔顿,大家都能想起它"微笑服务"的承诺。不管有多么辛苦,即使由于经济萧条,旅馆业务受到严重影响的时候,希尔顿管理者们也经常提醒员工:"我们心里的愁云万万不可摆在脸上,希尔顿旅馆服务员脸上的微笑永远是属于旅客的,不管旅馆本身遭受了怎样的困难。"因此,在旅馆纷纷倒闭的经济危机中,希尔顿旅馆成了仅存的20%的旅馆之一。而希尔顿旅馆服务员的脸上则始终带着微笑。后来,希尔顿旅馆在经济萧条刚刚过去的时候就率先进入了新的繁荣时期,并由此跨入了黄金时代。

第二,员工差异。

异质性是服务产品的重要特征,主要是由于员工和顾客之间的相互作用以及伴随这一过程的所有变化因素所导致的差异。年轻男性服务员象征效率和自信,长者具有稳重的气质,而女性则带来温和和细腻的服务感。旅行社、酒店等即便设计了同样的服务流程和服务规范,但经由不同的人员提供也会产生不同的效果。即便是同一个员工,在不同公司提供相同的服务,也会有较大的差异。如果旅游企业仅仅依靠上述"与生俱来的自觉和天赋"或样式统一的制服穿着与打扮,很难形成企业统一而独特的气质和文化,也无法在激烈的市场竞争中给顾客留下深刻印象,甚至很难留住优秀员工。

如果我们梳理全球知名酒店集团的经营理念会发现,它们几乎无一例外地把员工看作酒店发展的最重要资产之一。万豪长期以来一直坚持认为"员工是最重要的资产",将"照顾好我们的员工,然后员工才会照顾好我们的客人"的口号发挥到极致,因而拥有了万豪聘用的员工"有爱心、道德品质优良、诚信可靠"的良好声誉。凯悦也认为员工"使凯悦拥有了卓越的阅历","我们努力帮助员工发展职业生涯,而不仅仅是工作","充满激情的员工是我们实现目标的有力保证","他们对凯悦价值观的认可使我们与众不同"。四季酒店认为"我们最大的财富和赖以成功的决定因素就是我们公司的全体员工","在四季,我们以期望员工对待顾客的方式来对待员工——热情、彬彬有礼和尊重。我们知道只有员工的高效和满意,顾客才能满意和不断光临。作为对待员工责任的一部分,四季以为员工提供补偿和利益计划而感到自豪"。

员工是企业的一面镜子,有什么样的员工就有什么样的企业。对于旅游业这种非常特殊的直接对客服务型行业而言,员工内在的形象气质、态度意愿,及其外显的精神面貌、言行举止等都直接影响顾客的体验和感受。当这种体验和感受被员工的群体行为多次强化或多次矛盾冲击,顾客就会对企业形成固定的印象,强化则体现出企业文化与形象的个性、稳定性和可靠性,矛盾则昭示企业在管理、品控、售后等各方面的混乱和不值得信赖,并最终左右顾客的购买行为和倾向。形象力已成为与体力、智力同等重要的人力资源三大组成部分之一,是形成企业差异化竞争优势的重要方面。旅游企业应当有意识地引导和塑造企业文化、员工气质和形象等。

第三,其他差异。

(1)销售渠道的差异。人们对于不同的销售渠道有不同的感知和评价,这种评价也会传导到销售的产品之上。高端渠道出售的商品,比较容易让人认同它的档次和身价;反之,通过低端的渠道出售高档的产品,会让人产生不信任感,或导致产品形象的贬值。通过新兴的渠道进行产品销售，会让顾客感觉企业比较时尚；而通过传统渠道进行销售，则可能表现出产品比较经典或传统。一些景区仅接受网络预订，否则无法购买门票；一些酒店则只通过官网销售；一些旅游目的地建设自己的"品牌专卖店"，都可以让人感觉到它们的与众不同。

（2）使用者的差异。如果企业选择的目标市场非常特殊，或者经过调查发现自己的使用群体有着鲜明的特征，是其他竞争对手都没有注意或没有重视的目标市场，那么对于目标市场的选择本身就形成了一种差异。企业只需要明确地将其服务的对象，或者说产品的潜在使用者描述出来即可。例如，奥地利有一家专门为老年人服务的超市，名为"50+"，雇用的都是老年人做服务员，提供许多老年人的便利服务。劳斯莱斯汽车的使用者中 2/3 的人都拥有自己的公司，每个人都有多处房产，50% 的人都有艺术收藏，平均年龄在 50 岁以上，因此，该品牌与其他豪华品牌的汽车，如宝马、奔驰就产生了差异。当然，在旅游行业也同样可以有类似的做法。例如，上海有一家专门为带宠物的人服务的餐厅，名为"陪它来此"，甚至也有专门的宠物旅行社；费希尔岛，被佛罗里达的豪华住宅开发公司定位成"经营者的放松乐园"也是同样的道理。

2. 定位的选择：合理评估和选择差异

企业发现自身在产品、人员、形象、渠道等方面的差异时，并不意味着企业已经塑造出自己独特的形象，因为，并不是所有的差异都适合成为企业的定位基础，也并不是在企业的定位中应该展示所有的差异。营销者需要对备选的优势差异成为定位的可行性进行谨慎的评价和判断，而后才能将这个方面的差异作为塑造个性的基础。

第一，差异选择的依据。

图 5.5 展示了对备选差异进行筛选的一般过程。在这个过程中，旅游企业从消费者、竞争者和企业自身三个角度去评价差异成立的可能性。

首先，定位的最终目的是让消费者认同企业的与众不同，采取购买行为或形成购买倾向。差异选择首先需要考虑消费者对差异点的认同、理解和接受程度。所选择出来的差异必须是消费者在产品或品牌决策时所重视的属性，而不是无关紧要的差异。否则，企业的定位将无法对消费者产生足够的影响力。

其次，选择优势差异时需要充分把握竞争者的行为。根据消费者的心智和记忆规律，一旦有竞争者率先使用了某个差异作为定位，并且被消费者认同和接受，那么后续竞争者再想要以同样的差异来赢得消费者认同就非常困难。比如，佳洁士在美国市场上是以防蛀作为其牙膏的主要定位的，在中国市场上，高露洁一开始就选择了"防蛀"这个定位，佳洁士作为后进入中国市场的品牌虽然想夺回这个定位，但是没有成功，因为消费者心目中已经牢牢地树立起了"没有蛀牙——高露洁"这个联结，要想打破它非常困难，因此，在选择差异时，要充分考虑是否已经有竞争者在同一个方面树立了明确的形象。

最后，在选择差异时应该充分考虑差异优势的持久性，或者说在多长的时间内不会被竞争对手超越，或者被其他更优秀的属性替代。定位的塑造和传播需要投入很多的时间、资金和精力，不可能朝令夕改，因此，一旦选择，可能会长时间地产生影响。而如果定位的优势差异很容易被竞争者超越，就可能成为被竞争者攻击的弱点，顾客可能也就因此流失到竞争者那里。

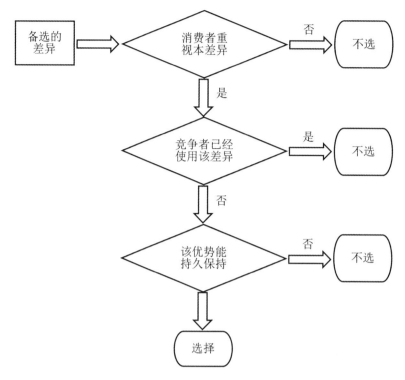

图 5.5　差异选择的筛选流程

第二,差异选择的可行性。

被选择的优势差异具备以下主要特征,是定位的基础。

(1)独特性。这个属性能够让旅游者或潜在消费者产生直接联想,与本企业的产品品牌联系在一起,应确保竞争者不具备这样的属性,或本企业提供这种属性的方式是与众不同的。

(2)重要性。这种差异是旅游者体验和评价中的重要因素,对旅游者的决策产生重要影响。缺乏这个属性,可能使消费者直接拒绝这个产品和服务。

(3)决定性。这个差异能够成为影响消费者选择的因素。有时候,一些产品的属性非常重要,但是却不能对消费者的选择产生影响,因为消费者认为竞争品牌在这个特征上非常接近,不具有区分度,以致在选择时并未将其列为主要的标准。例如,清洁是顾客对酒店非常重视的一个属性,但是高星级酒店在清洁方面都做得很成功,因此顾客在选择高星级酒店时可能更多地考虑服务和人性化。

(4)可沟通性。寻找差异的目的并不是为了向自己证明,而是为了让消费者接受,因此,所选择的差异应该是目标顾客群体在已有的知识结构背景下,能够完全接收和理解的。

(5)持久性。持久性强调这种差异点不仅使企业拥有先发优势,还具备防御能力,难以被攻击。当然,由于企业和它的竞争者都在动态变化中发展,因此,差异的持久性还取决于企业内部相关资源的投入和对差异的维护活动的有效性。

总体来说,一个有效的定位必须能兑现对顾客利益的承诺、建立起顾客的期望,并展示与竞争者不同且更好的解决方案,而非一个空洞苍白的口号。

3. 定位的沟通：展现差异和有效沟通

差异化形象的塑造和传递是定位活动的最后一步。许多企业错误地认为，差异化形象的塑造只依靠宣传促销活动，然而事实上，企业自身的这种差异化要被顾客了解、熟悉、认同、喜爱，可以并且应该通过所有营销组合要素来体现。一家将自己定位在"服务细致入微"的酒店，必然在客房设计上充分考虑顾客的需求细节、在服务中强调以观察为基础对顾客提供个性化服务；把销售也当作服务的过程，充分重视销售渠道的设计对旅游者的便利性。当然，在宣传的广告中也需要生动地展示酒店"服务细致入微"的细节，从品牌的名称、精彩的广告语、合适的传播者等方面，都要精细化处理。任何一个环节对定位产生偏离都有可能使得整体的形象产生缺失，或失去顾客的信任。

为了避免消费者在理解企业定位时产生偏差或误解，企业在研究如何传播形象时，应该更多地站在消费者的角度，用顾客的思维方式去理解自己的差异。在旅游业中，不少企业或旅游目的地直接采用体验营销的方式，来使得消费者对本企业产品的差异产生亲身的体验，而后借由他们去进行形象的传递，这是一个很有效的方法。

三、旅游目标市场定位方法

定位不是一个依赖直觉或灵感就能够完成的工作，在实践中需要专业性的工具使其操作具体化。企业在定位的过程中如果能恰当地运用下列工具，就能够更准确地思考和确定自己的定位。

1. 排比图——对比描述相互竞争的产品或品牌

排比图是直观描述相互竞争的产品或服务在重要的属性上的表现和差异的重要工具，它能够帮助分析出不同产品品牌的相对优势和劣势。图 5.6 表示的是对某地四家不同品牌的五星级酒店的排比图，A、B、C、D 表示四家不同的酒店。

图 5.6 的左侧需要列举出顾客对于五星级酒店这种产品最重视的属性（如管理规范性、价格合理性、硬件完善度、服务水平、环境舒适度、位置便利性等），并且按照属性的重要性排列。在这个过程中，企业需要赢得顾客的参与。通过顾客调查的方式来确定属性的种类，给属性的重要性程度评分。

当然，企业也可以根据自己的需要删减或增加参与对比的品牌的数量。图 5.6 中用 1~7 分的刻度来衡量各酒店在不同属性上的表现优劣。将不同品牌的各属性得分点连接成折线，就得到了不同酒店的品牌特征线（即 A、B、C、D 四条不同的折线）。

不同竞争者的品牌特征线的分离和差异程度，可以很明白地显示出不同竞争者的优势特征。如图 5.6 中显示，A 酒店在位置便利性、服务水平和价格合理性上的优势明显，但管理短板较为突出；B 酒店在硬件完善度和位置便利性上较有优势；C 酒店在价格合理性上较为理想；D 酒店在服务水平和环境舒适度方面有相对优势。

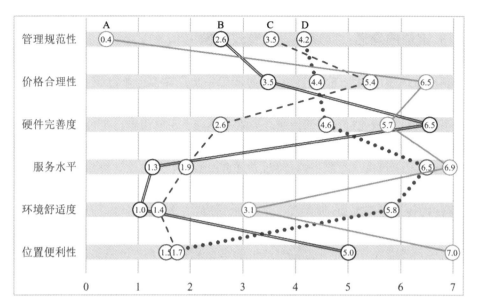

图 5.6 四家五星级酒店的排比图

2. 象限分析——描述不同属性的重要性及表现

象限分析是帮助描绘某个特定的品牌、企业或旅游目的地的比较全面的表现方法。如图 5.7 所示,象限分析需要描绘许多不同属性的重要性程度,以及该分析对象在这些不同属性上的表现(满意度)。与排比图一样,象限分析同样需要顾客的参与,无论是重要性还是满意度,都是根据顾客的意见得出的。

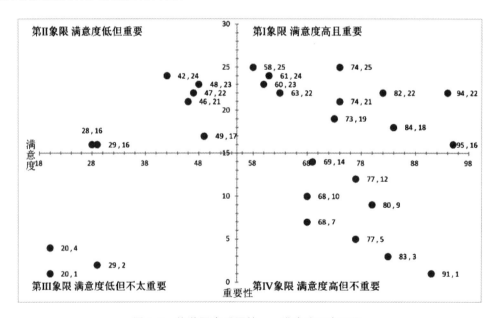

图 5.7 旅游要素重要性——满意度四象限图

林巧依据四象限法研究了井冈山红色旅游者动机,选取了自然景观、红色文物、当地的特色文化、红色体验与节庆活动等24个指标,用李克特量表对满意度和重要性程度进行衡量,并将满意度和重要性程度作为坐标轴,绘制出用于表示某个要素的属性。然后,依据研究的需要和科学性的要求,在重要性程度和满意度程度上各选择一个分界,则可以将平面切分成四个不同的象限。位于不同象限中的属性,有不同的特征。第Ⅰ象限的属性是井冈山最让游客满意的属性,同时也是最重要的属性,可以构成井冈山优势定位的基础。第Ⅱ象限中的属性,则是井冈山应该着力改变的属性,否则它们将大大地影响井冈山作为红色旅游目的地的竞争力。第Ⅲ象限是那些并不是很重要又表现不太突出的属性,我们可以对其投入有限的关注。第Ⅳ象限则是那些不太重要,但该地表现很突出的属性,可以起到锦上添花的作用。[①]

5-7 使用感知图进行量化定位

象限分析可以帮助我们明显地区分属性的重要性及其表现,但是很难显示出哪些属性最能够区分于不同的竞争对手,即无法显示属性的独特性。

3. 感知定位图——描述多个竞品的市场地位

如果能够展示竞争对手在当前市场中占有怎样的地位,我们就可能寻找到自己的市场机会和定位的空间。感知定位图就具有这样的作用,它是一种直观的、简洁的定位分析工具,一般利用平面二维坐标图的品牌识别、品牌认知等状况做直观的比较,以解决有关的定位问题。其坐标轴代表消费者评价品牌的特征因子,图上各点则对应市场上的主要品牌,它们在图中的位置代表消费者对其在各关键特征因子上的表现的评价。感知定位图的应用范围很广,除有形产品外,它还适用于服务、组织形象甚至个人等几乎所有形式的定位。

描绘一张感知定位图需要两个步骤:首先,利用判别分析这一统计技术来考察不同属性对区分不同竞争对手的作用,也就是要选择出最能够将竞争对手区别开来的属性;其次,根据竞争对手在判别属性上的表现,在图中标出它们的位置。

图5.8是根据顾客对某区域主要连锁酒店的感知所描绘的感知定位图,图中的横轴和纵轴是根据判别分析识别出来的最能区分竞争对手的两个属性——位置便利性和服务水平。

图5.8中A—H的点标识的是根据消费者的感知所确定的8家酒店在市场中的感知位置(每个点表示一个酒店)。所有酒店给客人理想的感知状态应该无限接近于右上角的五星位置。从现实情况看,位置便利性一般很难控制,但是酒店可以在局部做调整,如汉口火车站某酒店通过更改大门朝向,疏通酒店新大门前往公交站和火车站的道路等措施,大大提高了位置便利性,从而大大提升了经营成效。服务水平是各酒店可以很好且很快改善和提高的环节,应当引起充分重视。

---

① 林巧,戴维奇. 红色旅游者动机实证研究——以井冈山景区为例[J]. 北京第二外国语学院学报,2007(3):72-81,29.

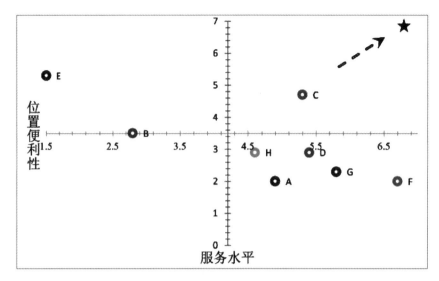

图 5.8　酒店定位感知分析图

从现有 8 家酒店的总体感知状况看,在服务水平方面能做到突出的还比较少,E 酒店虽然服务水平最高,但位置便利性最差,至于位置便利性强而服务水平上乘的酒店则更加稀有。C、D、G、F 酒店的位置便利性优势非常明显,如果着力提高顾客的服务水平感知,会有非常出色的表现,服务水平应当成为它们近期的定位重点;C 酒店更应该继续强化高水平服务的顾客感知,力争建立起本区域服务水平定位的领军企业形象。

四、旅游目标市场定位策略

1. 主体性定位

从营销主体角度进行定位,不仅能描述企业的目标、使命,也能帮助消费者理解企业的优势与追求,并形成企业独特的个性形象。

第一,目的定位。

目的定位是企业向消费者描述产品和服务的功能、特色与附加值,以及企业目标、使命与个性追求等,以帮助消费者增加对企业的认识,并判断与其需要和价值诉求的匹配性。例如,Wingate 旅馆提出"我们为商人而建,你所在的任何地方都舒适和自由";某些酒店将自己定位成一个专业的会展、商务协助者;黄陂和咸宁都声称自己是"武汉的后花园"等。

第二,类别定位。

在遗忘模型中,消费者在面临众多选择信息时,通常采取遗忘或归类方法。类别定位就是基于帮助消费者归类、理解和记忆以引起注意、对抗遗忘的思想,主动将产品和服务定位于某特定类别。而且,如果企业能开创一个全新的产品类别,就能成为这一门类的领头羊,占据难以替代的优势地位。许多度假型、长住型、主题型酒店大多基于这一思想,当然,我们最常见的是各种星级酒店和中高端连锁酒店,以及七星级等超五星级奢华酒店,这种归类方法可以直击和匹配旅游者需求,并将自己与其他类型或低档酒店区别开来,成为这个类别酒店中的代表。

第三,价格定位。

价格是将消费者进行购买力分类最常见的依据,消费者也往往因为非专业性、可支配收入情况、商务出行报销限制等,而以价格作为选择产品和服务最直接的标准,因此,价格暗含了产品品质、档次、以及身份、待遇、保障等许多信息,成为定位的重要工具。许多高档的连锁酒店集团致力于保持高房价,甚至在争夺某个地区最高的价格,并以此来彰显自己的至尊地位。某些旅游企业在面对顾客质疑高价格时,总能淡定且自信地谈自己的产品和服务的价值、保障、附加值等优势与独特性,在"穷家富路"的思想下,中国旅游者往往会以价格换安心。当然,消费者在付出高价格后,一定对应着高期待,旅游产品和服务的品质必须以顾客能够体验、感知和认可的方式传递出来,优质优价、质价相符才能让消费者感到满意。

 2. 竞争性定位

有时企业在定位时主要考虑与竞争对手之间的实力对比,并将定位作为应对竞争的重要工具。根据企业定位中表现出对竞争对手的不同态度和与对手的不同关系,竞争性定位策略可以分成避强定位、比附定位和对抗定位三种。

第一,避强定位。

避强定位指避开强有力的竞争对手,或者避开竞争对手已有的强势定位,在无竞争的市场部分定位的策略。这种定位的优点是能够使企业远离其他竞争者,以新鲜、新奇的形象在该市场上迅速站稳脚跟,市场风险较小,成功率较高。避强定位往往造就"第一",比较容易获得成功。比如,在武汉东湖与杭州西湖的对比上,类似"如何不作钱塘景,要与江城作画图"的避强定位,总能鼓舞武汉人民,我们清楚自己的短板,也总有一份胜人一筹的自信。在东湖磨山景区西峰的"朱碑亭",有朱德同志的题词:"东湖暂让西湖好,今后将比西湖强;东湖有很好的自然条件,配合工业建设,一定可以建设成劳动人民十分喜爱和优美的文化区和风景区"。多年来,武汉人民以自己的方式和自信,努力推进着东湖世界级旅游目的地的建设工作。

第二,比附定位。

比附定位就是攀附名牌的借势定位策略。企业通过各种方法和同行中的知名品牌建立一种内在联系,使自己的品牌迅速进入消费者的心智,占领一个牢固的位置,借名牌之光而使自己的品牌生辉。比附定位常见的形式有三种。

(1)甘居第二。博弈论上称为"智猪博弈"或搭便车,就是明确承认同类产品中另有最强品牌或最正宗的产品,而自己只不过是第二。先摆出谦虚诚恳和可靠的态度,然后搭上"老大"开拓市场和渠道、教育消费者、发展基础等便车,再选择老大的软肋出击。如巴奴火锅"服务不是巴奴的特色,毛肚和菌汤才是"的口号直戳海底捞软肋,后来又改为"服务不过度、样样都讲究",更是直接批评海底捞的过度服务及其消费者的无奈,与安飞士"因为我是第二名,所以我们不排队"有异曲同工之妙。

（2）攀龙附凤。也就是将自己与本类别中最具地位或代表性的品牌相联系，说明自己与之相似，或者在某个特定区域内相当于这个品牌的地位。例如，武汉以"东方芝加哥"之名驰声于海内外。方特主题乐园长期以"东方迪士尼"自比，在园区布局上有很多借鉴迪士尼的痕迹。同样，苏州乐园开业之初就以"东方迪士尼"为品牌定位，以"迪士尼太远，去苏州乐园"为宣传口号。

（3）进入高级俱乐部。旅游企业如果不能攀附第二名，也可以利用模糊数学的手法，借助群体的声望，把自己归入高级俱乐部式的品牌群体中，强调自己是这一群体的一员，从而提升自己的形象和地位。例如，长江三峡、黄鹤楼、神农架等入选"中国旅游胜地四十佳"，黄鹤楼更是享有"中国古代四大名楼""中国十大历史文化名楼""江南三大名楼""武汉三大名胜""武汉十大景"等声誉，稍加利用，便有高大上之感，这是旅游企业定位的常见手法。

第三，对抗性定位。

对抗性定位也叫"迎头定位"，是旅游企业与市场上实力较强的竞争对手采用针锋相对的定位，从而使自己能够吸引竞争对手的顾客，扩大自己的市场份额。一般来说，采用对抗性定位的企业有两种可能：其一，企业认为与竞争对手的正面冲突是不可避免的；其二，企业找到了竞争对手的关键弱点，或者在竞争对手选择的定位方面，具备了超越竞争对手的实力。例如，维萨信用卡与美国运通公司竞争时的做法是，展示所有不接收运通公司而只接收维萨卡的地方。肯德基和麦当劳的油炸食品被归类为垃圾食品，于是真功夫以"蒸的营养专家"自居，确立了"营养丰富的、健康美味的、为您着想的蒸饭快餐连锁"的新中式快餐的品牌定位，并以李小龙的动漫形象作为品牌IP，传递出国人的骄傲、真功夫、真实力等信息，很快取得成功。

5-8 湖北 17 市州旅游宣传口号大全

3. 消费者定位

企业也可以站在消费者角度，选择能打动消费者的定位诉求。根据与消费者沟通方式的不同，消费者定位主要有三种方法：利益定位、情感定位和文化定位。

第一，利益定位。

利益定位是强调旅游产品和服务能够给消费者带来的利益，其他竞争者不能很好地提供这种利益。航空公司可以定位在经济性，也可以定位在安全性，还可以定位在高效准点性；酒店可以定位在其无微不至、尊贵非凡的体验上，如可以像丽思卡尔顿酒店那样定位在高贵的品质和细致入微的服务。旅游地的选择更加多样，每一种独特的体验都可以成为独一无二的特色利益定位和独特卖点。如"问道武当山，养生太极湖""人间四月天，麻城看杜鹃""世界硒都，仙居恩施""养生山水，长寿钟祥"都是十分出彩的利益定位口号。

第二，情感定位。

如果说利益定位是通过理智因素与消费者进行沟通的话，那么情感定位则是与消费者进行情感的交流。旅游目的地，酒店都可以展示自己带给旅行者的亲切、欢乐、温情、舒适、激动、兴奋等情绪和情感反应，从而吸引旅游者。例如，凯悦酒店曾用"俘获心灵"的标语，并用微笑的员工来体现自己的感性诉求。"香城泉都，温馨咸宁""世界那么大，我想去神农架"

"随心随愿随州城""知音汉阳,缘来最懂你"等都是很好的情感定位。值得注意的是,情感定位一般来说比利益定位更加具有主观性和无形性的色彩,可能是一种联想和想象,因此,情感定位在运用和传播时更需要借助一些客观的线索来体现。

第三,文化定位。

文化定位是旅游业中常见的定位方式。由于旅游活动本身是一种文化活动,许多文化活动、文化现象和文化渊源都能够形成独特的吸引力,因此,旅游目的地使用文化定位不仅有利于创造独特性,也有利于传播。例如,"楚国古都,三国荆州""诸葛躬耕地,传奇襄阳城"等就是不错的文化定位。文化定位在主题酒店和餐厅中也经常运用,例如,雅鲁藏布大酒店是以藏文化为主题的博物馆酒店,泰国北部道家养生花园则是以道教养生文化为主题定位的酒店。

4. 再定位

再定位也叫重定位,就是对品牌重新定位,旨在摆脱困境,使品牌获得新的增长与活力,尤其是当竞争者推出新品牌,争夺市场,或者消费者偏好改变,使得该品牌需求减少时。再定位与原有定位有截然不同的内涵,它不是原有定位的简单重复,也不是对原有定位的一概否定,而是企业经过市场的磨炼之后,对自己、对市场的一次再认识,是对自己原有品牌战略的一次扬弃。再定位给了品牌一次重新出发的机会,是内部整合所有价值链资源及内部动员的绝佳机会。

第一,再定位原因。

(1)原有定位出现错误。一般来说,企业定位经过一段时间后,就可以感受到定位的效果。如果旅游者或潜在的旅游者对企业产品或品牌的认知度上升很慢,市场对产品反应冷淡,企业销售情况与预测差距太大,这时企业就应该进行市场定位的分析,判断定位的选择是否出现了错误。如果是,那么就应该进行重新定位。

(2)原有定位阻碍企业开拓新市场。在企业发展过程中,原有定位可能会成为制约企业或组织发展的因素,阻碍企业开拓新的市场;或者由于外界环境的变化,企业有可能获得新的市场机会,但原来的定位与外界环境难以融合,因此企业出于发展和扩张的目的,需要调整和改变原有定位。

(3)原有定位削弱品牌的竞争力。企业在竞争中可能会丧失原来的优势,而建立在此优势上的定位会削弱品牌竞争力,甚至竞争对手会针对企业定位的缺陷,塑造它们自身的优势,比如,推出性能更好的同类产品。企业如果仍死守原来的定位不放,就会在竞争中处于被动挨打的地位,最终丧失市场。在这样的情况下,企业应对品牌进行重新定位。

(4)顾客价值取向和消费偏好发生变化。品牌原有的定位是正确的,但随着消费者观念的变化和更新,企业原来所定位的关键利益可能失去了原有的效力。比如,旅游观念从自然观光到文化体验,再到康养娱乐和沉浸体验等的变化,使纯粹以自然景观作为定位的企业几乎举步维艰;而从线下旅游代理到线上 OTA,再到定向社群推送与分享旅游等渠道和消费模式的革新,也让传统旅行社的定位必须与时俱进。

第二,再定位方式。

(1)重新定位。当企业发现原有定位错误,现有定位已经无法打动和吸引消费者的时候,或者自己的定位优势被超越和取代,旅游企业就必须对定位进行革新,即重新定位。改名是旅游企业和旅游目的地重新定位的常用手法,这种快刀斩乱麻的做法有时会起到意想不到的效果。比如,大家可能不知道大庸市、崇安县、中甸县、南坪县、新安江水库都在哪儿,但是,如果说张家界、武夷山、香格里拉、九寨沟、千岛湖国家森林公园,众多游客一定对这些成功更名或重新定位、促进旅游发展的神来之笔叹服不已。不过,改名不代表重新定位一定成功,如湖北黄州改名黄冈、荆州改名荆沙、襄阳改名襄樊等,游客瞬间就降低了游览这些地方的兴致和期望。至于张家界将"南天一柱峰"改为"哈利路亚山",安徽琅琊山景区把"会峰阁"更名"琅琊阁",湖南天岳幕阜山将女娲补天的垫脚石"顶天立地"更名为"铁榔头",则不免有些弄巧成拙。

(2)定位升级。定位升级是指对原有定位的提升。当企业或组织发现自己原有定位中的属性、利益是具有相对竞争优势的,也是得到消费者重视的,但越来越多的竞争对手所进行的营销活动削弱了消费者对本企业定位的感受力和敏感性时,企业可以在原有定位的基础上,通过提炼和增加自己定位的强度,使得定位更加突出,更富有影响力。例如,在酒店行业,直接在品牌名上加上"精选""臻选""尚品""智选""优佳"等升级词汇的做法非常普遍,从"如家"到"如家精选",从"宜必思"到"宜必思尚品"等,直接就可以让消费者感受到品质、服务、调性等的提升。不过,在消费大升级和产品优缺点都被移动终端无限传播、分享和放大的今天,旅游企业在定位升级的过程中更应该注重自身"内涵"的提升,即便不能让游客乘兴而来,也绝不能让他们败兴而归。

(3)定位拓宽。虽然原有定位在目标市场上仍然行之有效,但企业增加了新的目标市场,原有定位中的属性、利益、情感描述可能过于狭隘,甚至成为企业向其他市场延伸的障碍。此时,企业或组织往往需要对定位进行拓宽,而非全盘否定原有的定位。在酒店企业中,中低端品牌向高端市场拓展时,常常会另起品牌,以便于摆脱固有的低端形象。比如,很多顾客可能不知道7天、丽枫、希岸、维也纳等同属锦江旗下,2013年7天创始人郑南雁用完全区隔的方式,同步推出丽枫、喆啡、ZMAX等酒店品牌。汉庭为了拓展中高端市场直接更名华住,旗下美爵、禧玥、桔子水晶、全季、星程等品牌,完全不会给顾客带来汉庭和海友的"经济快捷感"。这种主动淡化,甚至是"掩饰"原有品牌形象的做法,不可谓消费升级大背景下旅游产品和服务定位拓展的典范之举。

(4)定位对手。定位对手就是给对手归类或贴标签。严格来讲,定位对手算不上再定位方式,给对手贴标签也不算很光彩,企业的重心应当放在为顾客创造更多价值上。但是,在激烈竞争中,如果对手出现失误或产品有致命缺陷,定位对手不失为再定位的一种选择。比如,乐百氏强调27层净化,农夫山泉的"我不生产水,我只做大自然的搬运工"则告诉大家,无论净化多少层都是非自然的人工水,而今麦郎凉白开则以"适合中国人肠胃的熟水"来给其他矿泉水贴上"生水"的标签。公牛推出"安全"插座就有将对手产品贴上"不安全"标签的嫌疑。前些年某产品"不含苏丹红""不含PPA"等宣传,就是典型的攻击对手致命缺陷的行为。前文海底捞被暗讽"过度服务"的案例,也是一种定位对手过度、强制和非必要收费的策略。

第三,再定位步骤。

(1)确定再定位原因。企业应探明企业再定位的原因和必要性。如果之前的定位是正确的,没有做好,则要解决的是运营配称的问题。如果之前的定位是错误的,则一定要解决定位的问题,因为方向错了,任何努力都等于零。

(2)调查分析与评估。确定必要性后,必须依据消费者、行业等调查结果进行再定位评估,如消费者认知与消费行为、市场潜力与竞争状况、技术应用与未来趋势、外部环境与机遇等,明确企业再定位的价值和可行性。

(3)确定再定位市场。即使品牌的表现极佳,但当面临新的竞争者或顾客偏好的改变时,企业则须进行再定位。再定位更多的是在必要性和可行性的基础上,进一步明确目标市场,推出更具体可行的营销策略和措施。

(4)制定再定位策略。企业在对再定位市场进行深入分析后,应尽快确定新的定位策略,最好制定几个备选方案并进行测试,最终确定最好的方案。

(5)再定位的传播。企业再定位后应迅速将产品和品牌信息传递给消费者,并不断强化,使它深入人心。企业制定营销方案应以新的品牌定位为核心,防止新定位与传播的脱节甚至背离。

【项目3】 请根据湖北(或武汉、汉阳)旅游的特点,设计一个市场定位的口号,并说明原因。

本章小结

第一,所谓目标市场营销,即企业识别各个不同的购买者群体的差别,有选择地确认一个或几个消费者群体作为自己的目标市场,发挥自己的资源优势,满足其全部或部分需要的过程,又被称为STP战略,是现代市场营销理论和实践的核心战略。

第二,旅游目标市场营销的依据:以标准化服务为基础的广泛营销被以个性化需求为导向的目标营销取代。旅游企业和旅游相关者资源有限,旅游营销活动不得不有所为、有所不为。旅游市场竞争和旅游需求差异催生旅游企业利基策略与错位竞争。

第三,市场细分是以消费者需求和消费习惯的差异性和同质性为标准,对整体市场和消费者群体进行划分和归类的过程。被划分出来的子市场称为细分市场,各细分市场的消费需求和消费习惯,均具有相对其他细分市场的独特性,以及本细分市场内部的类同性。

第四,造成旅游需求特征多样化的所有因素,统称为细分标准或细分变量。常用细分变量包括人口因素、心理因素、行为因素和地理因素四大类。

第五,市场细分是一个调查、分析、比较、选择的过程,一般分为依据需求选定产品市场范围、列举潜在顾客的基本需求、分析潜在顾客的不同需求、移除潜在顾客的共同需求、筛选并暂时命名细分市场、深入挖掘各细分市场特点、测量各细分市场规模潜力七个步骤。

第六,企业在对细分市场进行评估时,细分市场的规模与发展、细分市场结构的吸引力以及公司的目标和资源,是优先和着重分析的三大因素。

第七,旅游目标市场选择,即关于旅游企业为哪一个或哪几个细分市场服务的决定,通常有五种覆盖模式:单一市场集中化、选择性专业化、旅游市场专业化、旅游产品专业化、完全市场覆盖。旅游目标市场选择策略包括无差异营销、差异性营销和集中性营销三种。

第八,市场定位是通过识别顾客需要,开发并向顾客传播与竞争者不同的优势产品,使顾客对该产品有比竞争产品更好的认知的过程。这一过程也是企业树立市场形象、品牌形象和产品形象,确定企业在顾客心里的位置和在市场上的位置的过程。

第九,定位活动围绕"如何在旅游者心目中创造优势差异"这个问题展开,主要由寻找优势差异、合理评估和选择差异,展示差异与有效沟通三个步骤组成。

第十,旅游目标市场定位策略包括主体性策略如目的定位、类别定位、价格定位等;竞争性定位如避强定位、比附定位、对抗性定位等;消费者定位如利益定位、情感定位、文化定位等;再定位如重新定位、定位升级、定位拓展、定位对手等。

◇ 本章思考题

1. 试述旅游目标市场营销的产生。
2. 简述旅游企业和旅游相关者资源的有限性。
3. 简述旅游企业成为市场利基者的天然优势。
4. 简述旅游市场细分的发展阶段。
5. 试述旅游市场细分的基础。
6. 简述旅游市场细分的意义。
7. 简述旅游市场细分的标准。
8. 简述旅游市场细分的原则。
9. 简述旅游目标市场评估需要考虑的因素。
10. 简述旅游目标市场的覆盖模式。
11. 试述旅游目标市场的选择策略。
12. 简述旅游目标市场定位的意义。
13. 简述旅游目标市场定位的步骤。

第六章 旅游产品策略

◇ **本章目标**

■ **知识与技能**

能准确描述旅游产品的概念、类型、层次;能深入分析旅游产品生命周期各阶段特点;熟练运用"八段式"的新产品开发模式进行新产品开发工作;能准确描述旅游产品组合的概念,准确分析旅游产品组合的广度、深度和关联度,运用旅游产品组合的优化策略进行旅游产品组合的评价、优化等;能准确描述品牌的主要效应,分析旅游品牌的要素,掌握旅游品牌分析模型。

■ **过程与方法**

在自主、合作、探究的学习过程中培养学生熟练运用旅游产品层次拓展旅游产品生命周期策略、旅游新产品开发策略、旅游产品组合优化策略、旅游品牌策略的技能,锻炼学生运用不同手段和方法进行旅游产品设计、开发、运营、品牌打造并进行综合分析与应用的思维和能力。

■ **情感态度与价值观**

通过对整体旅游产品层次的分析、评价等,引导学生充分认识旅游产品的结构和特征,形成尊重自身实际、尊重市场需求、尊重时代特征的踏实作风,正确引导市场需求;通过对产品生命周期各阶段特征及其策略的分析,引导学生客观看待旅游产品和旅游业发展的现实和趋势,并根据客观实际调整相关策略,形成实事求是的学习、工作和生活态度;通过对旅游产品组合的差异与优化分析,培养学生勇立潮头、开拓进取的同时专心做好"一件事"的精神;通过品牌效应和要素分析,培养学生建立品牌的信心、争取品牌和市场"话语权"的决心和紧迫感,形成"一流企业做标准、二流企业做品牌、三流企业做产品"的思维,以及为民族品牌崛起奋斗的志向。

■ **项目与方法**

本章涉及的常见分析方法包括旅游产品层次分析法、旅游产品(旅游地)生命周期理论、"八段式"的新产品开发模式、新产品商业分析清单、波士顿矩阵、GE矩阵、品牌效应分析、基于消费者的品牌资产模型(Customer-Based Brand Equity, CBBE)等。通过本章学习需要完成的项目:尝试调查分析全季酒店客房产品的五个层次;根据产品生命周期理论,分析武汉市蔡甸区消泗乡油菜花景区的旅游产品生命周期,并提出消泗乡油菜花景区的旅游产品开发利用策略;根据旅游新产品开发策略,利用情景化、场景化思维构思江汉大学校园开放日的宣传活动;运用波士顿矩阵理想业务组合模型(或 GE 矩阵),分析华住集团酒店产品和业务组合现状;运用 CBBE 模型,为明德酒店制定品牌打造和提升策略。

◇ 引 例

延安红街:红色文化赋能城市新旅游

2021 年,万达集团新的文旅产品创新尝试又启幕了。

复盘这些年万达集团在小镇领域的项目,其中最具特色的项目有两个,一个是武汉的楚河汉街,另一个是万达集团的扶贫项目——丹寨小镇。

武汉汉街规划面积 180 公顷,是以文化为核心,兼具旅游、商业、商务等功能的世界级文化旅游项目,规划有楚河汉街、万达广场、汉秀剧场、电影乐园、星级酒店群,2014 年 12 月开业。丹寨小镇首创旅游产业扶贫模式,将当地民族文化与现代商业融合,借助万达的商业开发和运营优势,将其打造成贵州乃至全国独具特色的民族文化旅游目的地,自 2017 年 7 月开业,3 年累计接待游客超过 2000 万人次。

经历了楚河汉街、丹寨小镇两个街区模式的项目投资、建设、运营,万达集团的创新中枢万达文旅院吸取经验,提炼最新的文旅产品理念、模式,把创新的成果快速应用在不同的区域市场。在延安红街项目上,开启了探索红色旅游模式的新路径。

作为红色圣地的延安,是红色革命精神和遗迹遗存最丰富的城市之一,这几年,延安也在通过路径探索和模式创新来推动红色文化和旅游融合发展。

近两年,红色旅游产品的游客群体也正在快速年轻化,年轻人已成为红色旅游市场大发展的一个重要支撑点和推动力量。据行业数据显示,今年上半年,红色旅游人群年轻化的特征明显,"95 后"和"00 后"占比近 50%,他们对红色文化的接纳度和喜爱度正在不断提高,这也成了红色文旅的重要趋势。

那么,如何将旅游式小镇与年轻化的游客群体结合好,做出能打动年轻人的红色产品呢?经过思考,我们认为,延安红街的定位不能是纯观览式、纯旅游式的小镇,应从"后浪"的心理特质入手,将内容形象化、趣味化、沉浸化,让他们在参与中学习、感悟,水到渠成实现与红色文化资源的共情、共鸣。

一、突出沉浸互动体验

对于红色旅游来说,创新也是一种传承。有别于旅游景区,延安红街除了再现延安老城街景的空间建筑风貌,在业态规划及内容方面更注重对历史的创新性表达,创新打造了超过60%互动体验式的业态,从而让游客在这里感受一场身体与心灵融合的红色之旅。

1. 大型沉浸式情景剧《再回延安》

大型沉浸式情景剧《再回延安》是国内知名导演创作的当地首部红色主题行进式情景体验剧,也是国内首部选择长征这段红色征程作为精神内核的沉浸式情景剧。

《再回延安》是由万达集团文旅规划院提供创意的国内首部大型红色室内情景体验剧。以延安革命历史为背景,包括"一间记忆的博物馆""一簇燎原的星火""一条漫漫的长征路""一面不朽的旗帜"等四部分内容。该剧不同于以往镜框式的"坐着看",而是采取了行进式的"走着看"沉浸形式,同时利用声、光、电、风、雨、雪等高科技手法,打造多重的体感互动场景。观众与演员几乎是零距离,观众几乎成为演出的一部分,产生全维度的参与体验感。多个场景无缝切换,有机衔接,始终保持了激昂的革命旋律和节奏。《再回延安》不仅是顶级的红色经典,整个舞台剧范畴也堪称绝佳。

已有数万名来自全国各地的观众慕名而来,接受红色文化的洗礼,这股红色观演热潮持续升温。演出期间,陕西省委、延安市委相关领导及专家莅临指导并给予演出高度评价,人民网、央视新闻、新华社等主流媒体也对该演出进行了专访报道,称其"以一种创新的表达方式,体现了红色文艺精品的魅力"。

2. 综合军事体验馆——练兵场

"练兵场"是集国防教育与红色培训于一体的综合性军事体验馆。红街开业首月,练兵场就吸引游客超25万人次。

练兵场以转战陕北中"三战三捷"战役为背景,融入军事沙盘模拟、互动射击等体验,同时还为青少年定制了多项军事策略类、对战模拟类、战场还原类的体验项目及课程,内容丰富、体验感强。"地道战"项目,采取沉浸式游览,由"民兵队长"带领,游客扮演"民兵",腰挎"盒子炮",穿梭于逼真复原的贯通房屋、院落、灶台、水井、马槽、草垛的地道,采用声、光、电、烟等逼真的战斗场景,驳壳枪是拥有真实尺寸、重量且具有后坐力的激光枪。"民兵"参加战斗、寻找密道、炸毁敌人碉堡。游客全程紧跟故事情节,需要智力和体力配合才能完成任务,这使得"地道战"更具参与性和趣味性,也更受青少年喜爱。

在练兵场的地下还建设了上千平方米、17条弹道的实弹靶场,是西北地区最大实弹射击场所。

从数据分析来看,"互动体验"正是延安红街吸引客流的最大功臣。全维度的参与和多维体验感,将内容形象化、趣味化,让90后、00后接纳和喜爱红色文化,让他们在参与中学习、感悟,水到渠成地实现与红色文化资源的共情、共鸣。

二、突出红色文化艺术

延安红街的148个商户经营的红色业态范围广泛,内容丰富,其中红色文化占比超过30%。拥有多家独家定制的主题文化业态,包括万达影城、华润南泥湾主题超市、鲁滨美术馆、弓舍射箭俱乐部、鲁艺城市生活馆等。

1. 红色文化主题研培——红培研学基地 IP

延安红街携手延安干部培训学院的专家,在红街上结合各类实景倾力打造了 11 门创新型红色培训课程,形成了独有的红色培训 IP——有结合红色钱币艺术馆开设的主题为"陕甘宁边区金融事业的发展与贡献"的现场教学点,有在练兵场围绕军事战略打造的"以延安换取一个新中国"现场教学点,还有"和平解决西安事变:中共应急处突的典范""大生产运动的旗帜:南泥湾"等课程。

这些课程有专家的精心设计讲解,还有延安红街的实景体验,两者结合让红培学员们的学习更为深刻、理解更为透彻,从而使延安红街成为一个真正的红色大课堂。

2. 红色文化主题馆——主题博物馆、艺术馆等

延安红街上还分布着多个红色文化主题博物馆、艺术馆。在红色钱币艺术馆,游客不仅能看到"边币",还可以见识中华人民共和国成立前在各个根据地印制发行的货币实物。

在红色大生产博物馆,近三千件珍贵历史文物再现了延安时期大生产的场景。红街上还有两处与中国谍战历史密切相关的场馆,分别是隐蔽战线英雄馆、千金药局康养馆。

3. 红色文化主题住宿——窑洞主题酒店群

延安万达嘉华及万达锦华酒店为亲子旅行、团队红培等活动带来感受红色传承、体验红色生活的新体验。酒店拥有 178 间独具陕北风情的客房,其中最具特点的是以陕北传统土生窑洞为原型设计的特色窑洞房。房内设有北方"炕床"和仿古木质家具,3 米多宽的"炕床"带来地道陕北生活方式体验又兼顾现代酒店的舒适感。

三、创新传统非遗体验

1. 美食餐饮非遗体验——长征·寻味餐饮

红街遍布着美食餐厅,湖南口味的毛家饭店、缘起乌蒙山的四川酸菜面、洛川会议大灶、南泥湾香菇面、子长煎饼,都能勾连起长征与延安岁月。各个餐厅通过场景再造,带给食客穿越历史的体验。以南泥湾餐厅为例,通过劳动工具展示、主题画面呈现等形式,还原当年延安大生产的场景,食客在品尝陕北美食的同时,还能集味觉、视觉、听觉多位一体,体验经典红色的"味道"。

2. 陕北非遗文化民俗体验——剪纸、腰鼓

红街如何保持新鲜感,留住流量,让大家流连忘返,这是运营中必须面对的问题,红街通过设置丰富的陕北非遗文化业态,如延安剪纸、安塞腰鼓、吴起泥塑、洛川刺绣等陕北非遗技艺,可以让游客全方位感受传统艺术的历史底蕴与魅力,从而巩固了客流,使文化味、历史味成为红街的"人设",让革命圣地延安焕发新的生机。

四、红街空间、建筑规划

延安红街占地面积约 61 公顷,空间规划 5 大主题广场、4 大红色街区、8 大历史建筑等场景,通过革命节目、陕北非遗、互动体验,串起红色延安 13 年,让游客在 1.5 公里的街区里吃、住、游、玩、行,感受火热革命生活,重温红色革命故事,接受红色革命教育。

1. 空间再现延安古城风貌

延安古城历史悠久,距今2000多年,有"两水三山绕五城"之说。我们从古城中提取了"楼、街、坊、院"等4大当地特色建筑,以延安城的中央大街为原型,采用广场、街楼、牌坊、院落等丰富的建筑形态规划了这条长街,规划建设1~2层的建筑,空间收放聚合,层次丰富,展现了古城革命风貌。

2. 建筑步移景异、天际线丰富

红街空间根据陕北山地城市特点,利用地形高差,以会师广场牌坊为肇始,到胜利广场结束,整体街区南北高差28米,象征着从中国共产党成立到新中国成立走过的28年艰难革命征程,也寓意中国革命力量由幼稚走向成熟,中国革命事业由挫折走向胜利。

3. 五大红色主题广场,开启延安之旅

延安红街于面状空间中建设开放式街坊——五大广场。从最北面的会师广场开启延安之旅,其后是边区广场、圣地广场和抗大广场,到最南端的胜利广场结束。

这一空间布局将党中央在延安的革命历程进行了线性排布,每一个广场、每一段街区都承载着一段历史记忆,让游客在不知不觉中熟悉党中央建立延安革命根据地,领导中国革命一步步走向胜利的光辉历史过程。

4. 八大历史性建筑,沉淀红色记忆

红街建筑包括历史还原建筑、陕北窑洞建筑、延安民居建筑等,同时结合现代建筑,具有地域、地标、文化属性,其中八大红色历史建筑——会师楼、新华书店、西北旅社、抗日军政大学校门、大众戏楼、延安保育院等展现了红色文化特色、沉淀红色记忆。

五、线下、线上文化运营活动丰富多样

追逐"国潮风"已经成为一种群体性文化心理,人们对于好的红色旅游景区充满分享欲。延安红街的出现,不仅打造了新的文旅运营方式,更以当代年轻人喜闻乐见的方式,创造了新的社交货币。当年轻人真正从身和心两方面感受到源于"红色"信念背后的希望,唤醒潜在的文化自信力量时,自发地社交分享是自然而然的事情。

延安红街推出"我在延安红街打卡"的全民挑战赛、延安非遗文创展、大学生红色文化艺术节、小号兵成长营、热气球光雕音乐节、陕北民歌明星演唱会等系列活动,同时计划每年下半年在延安红街举办中国红色旅游发展峰会。

开街数十天,延安红街就吸引了数十位不同领域的网红大V前来打卡,总粉丝量超过4500万,相关话题视频播放量上亿次,点赞总量达百万。一系列的线下、线上红色文化活动极大地激发了大众的参与热情。

红街开街首日接待游客逾26万人次,3天客流突破60万,10天客流突破100万,一个月延安红街累计接待游客超过200万人次,"80后""90后""00后"占比超5成;获得各级政府、企业及媒体的高度关注,半个月之内,5次被央视点赞,与著名传统景区黄河壶口瀑布和黄帝陵一道占据了榜单的前3名,共接待省内外各级政府部门、企业考察调研300余次,规模达3000余人。

延安红街是第一个做中国红色革命特色旅游产品的尝试,填补了红色旅游精神谱系中的延安精神的模式创新这样一个空白。它既是一个项目创新,也是一个发展方式的创新,更是游客体验感的创新;既坚守了传统,也创新了现代的表达。

(资料来源:中国旅游协会。)

【思考】

1. 红色旅游的市场化较为困难。延安红街如何把红色文化拿捏在合适的尺度内,做成全年龄层能广泛接受的旅游产品,请尝试着分析。

2. 武汉汉街、延安红街都体现了万达集团旅游产品创新、旅游品牌打造、旅游产品营销等的一些共同特点,学习完本章,相信你可以很好地总结其中的奥秘和精髓。

第一节　旅游产品概述

一、旅游产品

1. 旅游产品的概念

从市场营销学的角度看,产品是能够满足一定消费需求并能通过交换实现其价值的物品和服务。我们把服务也作为一种产品,因为它具有产品的基本属性,通过劳动而产生,能满足一定的消费需求,能被用来交换并实现价值,只不过它是不具有固有形态的"无形产品"。

旅游产品,也称旅游服务产品,是由线路、项目、组织、环境等多种要素组合起来的产品和服务的集合体,既包括旅行商集合景点、交通、食宿、娱乐等设施设备、活动项目及其相应服务,也包括景区、饭店等单个企业提供给旅游者的产品和服务。从需求方来讲,旅游产品是旅游者所购买的从居住地到旅游目的地,再回到居住地的一次完整的旅游活动、经历和体验。从供给方来讲,旅游产品是旅游经营者向旅游者提供的用以满足其旅游需求的全部服务及其过程。

旅游产品和服务的内容广泛,除了常见的食、住、行、游、购、娱六要素服务外,还有旅游信息与咨询、旅游安全与保险、旅游组织与保障等,涉及旅游者旅游生活中的身体、心理、知识、观念、价值观、环境等方方面面。

旅游产品既有一般产品的共同特点,又有自身的独有特点,如综合性、无形性、生产和消费的同步性、不可储存性、不可转移性及生产依赖性等特点。正是基于这些独特性和旅游需求和欲望的无限性,即旅游者的需求和欲望不会像普通产品的需求一样,体现出明显的收益递减规律,相反,当旅游者体验到极致的旅游产品和服务后,可能更会激起其更高、更深层、更能彰显个人追求和价值实现的新的旅游需求和欲望,因此,旅游产品的概念和内涵会向各个领域不断延伸,包括一切有价值和能够创造价值的人物、场景、组织、技术、思想等。

2. 旅游产品的构成

一个完整的旅游产品,一般由旅游吸引物、旅游设施、旅游服务和可进入性等构成。旅游吸引物即旅游资源,其质量如何很大程度上影响了旅游产品的质量。旅游设施是指向旅游者提供服务所凭借的各种物质条件,包括旅游服务设施(如住宿、餐饮、交通设施等)和旅游基础设施(如供水供电设施、排污设施、邮电通信设施等),旅游设施的好坏也会影响游客的旅游决策。旅游服务是旅游企业根据旅游者的需求,在可能需借助一些旅游设施、设备的情况下向旅游者提供的满足其需要的劳务活动总和,被认为是旅游产品的核心内容。可进入性是指旅游者进入目的地的难易程度,这一因素日益成为影响某一旅游产品生命力的重要因素。常见的可进入性障碍有:交通不便、出入境手续烦琐、旅游地人满为患、旅游地服务效率低下等。

3. 旅游产品的类型

根据不同的分类标准,旅游产品有不同类型。

第一,按旅游产品的组成状况,旅游产品可划分为整体旅游产品和单项旅游产品。

整体旅游产品也叫总体旅游产品、综合性旅游产品。从旅游者的角度来说,整体旅游产品指的是旅游者离开居住地到旅游目的地,再从旅游目的地回到居住地这一旅程中全部旅游经历的总和。从旅游经营者的角度来说,整体旅游产品实际上就是一条完整的旅游线路。

单项旅游产品指的是旅游企业为旅游者提供的单一服务项目,如旅游交通服务、讲解服务、住宿服务等。

第二,按旅游产品的功能,旅游产品可划分为观光旅游产品、度假旅游产品、事务旅游产品和专题旅游产品。

观光旅游产品是旅游企业提供的以满足旅游者观光游览要求为主要目的的旅游产品,包括文化观光、自然观光、民俗观光、生态观光、艺术观光、都市观光、农业观光、工业观光、科技观光等。观光旅游产品长期以来一直是国际旅游市场和国内旅游市场的主流产品。

度假旅游产品是旅游企业为满足游客的度假需求而设计的旅游产品,包括海滨度假、山地度假、湖滨度假、温泉度假、滑雪度假、海岛度假、森林度假、乡村度假等,具有在旅游目的地的停留时间较长、消费水平较高的特点。

事务旅游产品是旅游企业为满足国家与地区间越来越多的事务性交流而设计的旅游产品,包括商务旅游产品、会议旅游产品、奖励旅游产品、节事旅游产品等。这种产品具有逗留时间不长、消费水平高、对服务的要求高、受天气及季节的影响较小等特点。

专题旅游产品。这是旅游企业为满足人们特定的旅游需求而开发的旅游产品。这些特定需求是观光、休闲、度假、事务以外的带有明确主题的需求,如修学、科考、探险、教育等。

第三,按旅游产品的付费形式,旅游产品可划分为包价旅游产品和非包价旅游产品。

包价旅游产品指旅游者在旅游活动开始前将全部或部分旅游费用预付给旅游企业,由旅游企业根据与旅游者签订的合同或协议相应地为旅游者安排旅游项目。包价旅游产品可分为全包价旅游产品、半包价旅游产品、小包价旅游产品和零包价旅游产品及组合旅游产品。

非包价旅游产品主要指单项服务,也称委托代办业务,是旅游企业根据旅游者的具体要求而提供的各种非综合性的有偿服务,如票务、住宿服务、餐饮服务、代办签证服务、导游服务、会务等,旅游企业非包价旅游产品的服务对象主要是散客。

此外,还可以按距离(远程、中程、近程),功能(基础、提高、发展等),费用来源(公费、自费、奖励等),旅游方式(自助、跟团等),组织形式(团、散),等级与价格(豪华、标准、经济)等进行分类。

4. 旅游产品的特性

旅游产品除具有服务产品所共有的一般特点之外,还具有自身的特性。

第一,生产与消费同时性。旅游产品的生产过程即旅游服务的提供过程,顾客在消费的同时也参与了生产过程,一旦顾客不再消费,旅游产品的生产过程即停止。

第二,无形性。旅游产品的核心竞争力往往在无形部分体现,旅游产品中的有形部分则常作为生产旅游服务的条件和载体而存在,且易于被对手模仿和超越。

第三,不可储存性。旅游产品生产与消费的同一性、无形性等决定了其不可储存性。旅游企业要善于创造和引导需求、精于管理需求和配置供给。

第四,不可转移性。旅游产品生产与消费依赖于游客主动来到目的地和企业,以获取旅游产品的暂时使用权。

第五,时间性。旅游产品具有典型的时限性和周期性特征,既指旅游企业必须在规定时间内高效兑现服务承诺,也指旅游者在规定时间内或既定周期中,体验旅游产品,特别是旅游场景和服务的局限性。

第六,后效性。旅游者消费后对旅游产品的评价、分享和推荐,将产生巨大的口碑效应。旅游营销必须重视市场的跟踪反馈,妥善保持与游客长久的良好关系。

第七,综合性。旅游产品是一个综合性概念,这是由旅游活动的综合性所决定的。

二、旅游产品的层次

产品整体概念强调,任何产品都必须包含三个部分:产品核心利益即基本效用或基本功能,解决消费者的核心诉求;产品形态即外观及特征,是消费者识别和选择的主要依据;产品附加利益即产品的额外服务或承诺,解决消费者的附加需求以吸引消费者购买。

在激烈的市场竞争中,旅游产品的核心利益和形态外观已经很难打动消费者,而以前可有可无的附加利益成为旅游企业及其产品竞争力的主要源泉。旅游企业要在市场竞争中保持自己的领先优势,就是应当从以下五个层次上去认识旅游者对旅游产品的不同需求,如图 6.1 所示。

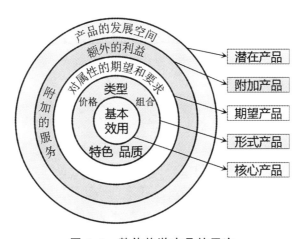

图 6.1 整体旅游产品的层次

1. 旅游核心产品

旅游核心产品是旅游产品的核心部分,是旅游消费者所需要的最基本的效用或利益,它是产品最基础的一个层次。旅游核心产品是旅游者真正想购买的核心利益,即最想满足的核心需要,是旅游产品设计的起点。比如,对于旅游者来说,核心产品是付出一定的货币、时间、精力而获得的满足其自身物质和精神需求的经历。旅游航空公司提供的核心产品是实现旅客的空间移动,饭店客房提供的核心产品是顾客的休息与睡眠。可见,旅游核心产品是一个抽象的概念,并非整体产品中有一个实体的"核"。因此,旅游营销者要借助具体的形式来反映顾客的核心需求,即将其转变为顾客可感知的一般产品。

2. 旅游形式产品

旅游形式产品是指旅游核心产品借以依托和展示的有形部分,即旅游营销者为了将旅游者核心需要具体化,并让顾客能够直接感知到,而采用的满足其需要的具体形式和载体。比如,飞机、火车、大巴和邮轮等都可以提供运输服务,以解决旅客空间移动的核心诉求,房间和床位则解决了旅游者"安心睡好觉"的核心诉求。当然,旅游形式产品也可以抽象为质量、美观、地理位置等,甚至是无形的环境或档次。比如,丽江悦榕庄,作为旅游形式产品,不仅解决了睡眠、赏玉龙雪山、体验东巴文化、享悦榕水疗等核心诉求,更是质量、美观、地理位置、环境、档次等服务与奢华体验的重要载体和象征。

3. 旅游期望产品

旅游期望产品就是指一般公众所普遍认同的旅游企业在形式产品基础上应该提供的一组属性和条件,是旅游者对于其需求满足程度的某些特定要求和期望。例如,游客期望航空公司提供的运输服务必须准点、安全、高效;期望饭店提供的睡眠房间必须整洁明亮、安全幽静,床铺要卫生舒适、大小适宜、软硬适度;期望景区的游览服务必须快捷高效、细致周到、温馨礼貌等。需要注意的是,旅游期望产品通常被看作特定社会环境中,旅游产品必不可少的组成部分,它直接影响着游客对旅游企业的评价,是旅游企业及其产品竞争力最直观、最集中的表现。

4. 旅游附加产品

旅游附加产品是指旅游者在核心利益和需要得到满足的前提下,能够满足其关联性需要的产品,其表现为对需求满足程度的进一步提高。附加产品通过为顾客提供多种附加利益,能把本企业的产品与其他企业的产品区分开来,形成吸引顾客的独特因素,并创造顾客忠诚。例如,为了帮助旅游者省钱而建立的旅行支票和旅游信贷服务,为了帮助旅游者节省时间而建立的旅游信息咨询和智慧旅游服务,为了帮助旅游者顺利抵店而建立的免费接送服务等。这些附加产品很多以免费形式提供以建立用户黏性,许多旅游企业会通过会员形式提供,以形成会员体系或建立客源垄断。

5. 旅游潜在产品

旅游潜在产品主要是指旅游企业对旅游者消费过程中,可能产生的新的需求的满足,这些需求可能是旅游者已经意识到但企业没有做到的,也可能是旅游者并未意识到却非常重要的,需要旅游企业主动去引导和诱发的需要。旅游潜在产品的存在会促使企业对现有产品不断地进行更新与改造,并努力开发出新的产品,如果能根据不同消费者的需要,开发出专供学者著书立说用的书斋式旅馆,供全家度假用的家庭式旅馆,或供人们扩大社会接触面而用的社交式旅馆等,就有可能诱发出人们潜在的需求和欲望,从而使企业的市场面得到进一步的扩大。如果说附加产品表现了产品现有的内容,那么潜在产品则指出了产品可能的演变趋势和前景。潜在产品也有个时间的界限,现在的潜在产品部分,一段时间以后可能会成为现实的附加产品或是期望产品。

三、旅游产品的拓展

1. 可及性

旅游产品的可及性一般包括品质与特色、规模与容量、便捷与安心、需求与购买力等方面。我们通常认为,旅游产品的品质与特色既有自身因素,也有与周边竞品对比的考虑,是旅游产品的可及性的核心环节。旅游产品的供给数量和结构合理、容量控制与调度有力等是旅游产品的可及性的重要方面。旅游者安全、舒适和快速地在旅游地和旅游企业集散,旅游者能及时准确获取产品信息,与监管部门、旅游地、企业及其各渠道沟通顺畅,消费符合习惯和预期等,这就是便捷;旅游地和旅游企业包容好客、治安良好、管理水平上乘、产品售后无忧等,这就是安心。旅游产品供给把握供给时间、地点、偏好、场景、技术等需求特征及其发展趋势,使之与购买力适应并适当引导和激发新需求等,这是旅游产品成功的关键。

2. 氛围

氛围直接给予旅游者强烈的心理暗示,是决定旅游产品与服务成败的第一因素。旅游产品主要销售的是环境、场景、经历和体验,没有好的氛围,可能直接就将旅游者挡在了门外。很难想象一个灯光昏暗、地面狼藉、音乐嘈杂、服务员着装邋遢的旅游企业会有游客光顾。

感受氛围的主要渠道是视觉、听觉、嗅觉和触觉。视觉包括色彩、亮度、规格和形状等。听觉主要是音量和音调。嗅觉常以香型和新鲜度来体现。触觉包括柔软度、光滑度和温度等。

氛围至少可以通过四种方式影响购买行为:唤起注意、向潜在顾客提供信息、创造效果、创造情绪。一位环境心理学家曾用高负荷与低负荷来描述环境。明快的色彩、耀眼的照明、大声喧哗、人流涌动,是典型的高负荷环境的构成元素。高负荷环境创造一种欢快的、好奇的情绪,而低负荷环境创造一种放松的情绪。前往拉斯维加斯的度假者很可能会对一直期盼的能给人刺激的高负荷环境做出积极反应。火烈鸟希尔顿饭店的前台紧靠饭店的赌场,就在等候办理入住手续时,客人们就能听到赌场里的声音,看到那些玩家,兴奋之感油然而生。相反,那些商务旅行者在劳累一天之后,总希望能像在家一样得到放松,所以往往喜欢低负荷的环境。比如,饭店大堂常常配有舒适的沙发、茶几,简直是筋疲力尽的人的避难所。

作为营销人员,我们应该清楚顾客要从购买经历中得到什么,哪些氛围因素能强化信念或唤起情感反应,哪些因素是购买者所追求或有时是他们所逃避的因素,所营造的氛围在对手如林的市场中是否成为有效的竞争手段?

3. 顾客与服务系统的互动

顾客参与到大多数旅游产品的提供过程当中。

在加入阶段，我们必须尽量用相对专业或官方的方式让顾客注意并很容易了解我们的产品。比如，湖北省尤其是武汉市的文旅部门和众多知名旅游企业推出的宣传片，就很容易因其权威性和专业性激起旅游者的兴趣和购买欲望。而一些专门从事中介服务的个人，尤其是进行非专业的"探店"推广活动则往往让顾客不适。

在消费阶段，我们必须理解顾客是怎样与产品发生互动的。顾客消费的第一印象往往来源于与服务人员的接触，高素质的员工队伍成为吸引顾客的重要因素。硬件的特征、布局和标记也可用来帮助改善顾客与产品互动的效果。如果餐厅的洗手间很难找到或很难走到，那对于喜欢喝酒的顾客而言简直是灾难。

在离开阶段，我们必须给顾客留下"回来的理由"。他们需要结账、要车到机场、要一份不在营业时间点的餐食或其他服务，等等。有些饭店购买并代销机场离境税票，顾客因此就不需要在机场排队等候而且无须承担额外费用。这些环节和互动应该在我们产品设计中得到充分体现。

4. 顾客间互动

顾客间互动贯穿于消费服务的整个过程，旅游企业要十分注意顾客间互动对顾客兼容性、关系管理、服务满意度、重复购买等的显著影响。顾客间互动的目的主要包括：工具性目的，即顾客相互寻求和交流信息和帮助，是口碑传播等的基础，旅游者决策中，"说服顾客不如说服他的家人朋友"就是典型的利用顾客互动实现营销目的的例子；社交性目的，即顾客希望与其他顾客建立某种社会关系，是品牌社群互动等的基础，散客总是不愿意碰到团队客，高档产品用户总在躲避其他顾客，雪橇滑雪者不喜欢与滑雪板爱好者共用滑雪场等，是典型的反社群互动行为；自我认同目的，是指顾客为了投射自我形象，而与其他顾客交流、提供帮助等，有许多游客把在攻略网站、社交终端、笔记和点评空间等分享平台写游记、发图文、发短视频分享旅游经历和攻略感想等视为旅游过程中最重要的事情之一，其本质是通过"晒"来实现自我认同。

旅游企业应该重视营造口碑传播的条件和环境，因为可怕的"坏消息"的传播力远高于好消息，游客可能因为一条负面评价就否定了某旅游产品，但他需要10条以上的正面评价才能下定购买决心。旅游企业也应该有意识地去主动建立互动社群，未来的营销，社群将成为一个重要渠道和平台。在旅游产品设计和创新上，足够多的"晒"点也许会成为未来旅游需求的核心。

5. 顾客参与

在产品和服务生产过程中，顾客为获得情感、个性化需求、自我创造及自我实现等方面的需求而承担一定的生产者角色的行为,即为顾客参与。从行为角度来看,顾客参与是顾客通过参与服务确定他们自己在服务过程中所充当的角色和他们对服务所怀有的期望的行为。从心理层面来说,顾客参与是顾客在交易过程中对更高心理需求的追求,如情感、被别人尊重、认可、自我实现等方面满足的结果。

对于旅游活动而言,旅游者越发重视体验性、参与性,让顾客参与成为旅游企业的重要课题。营销人员应该首先区分旅游产品的哪些部分是需要积极吸纳顾客参与的,而哪些部分应尽量避免让旅游者"掌控",对于顾客参与的广度、深度和专业性等也应把握一定的度,不可一刀切。不少饭店偏好自助服务,从预订到结账,从入住到退房,从用餐到用房,从送餐到送物等,我们需要仔细想想,这些服务提供过程真的是游客想要参与的吗?对于一些农事体验型旅游产品,游客真的喜欢吗?正常生长的作物真的承受得了吗?顾客参与对促进产品创新、提升市场接受度、提高顾客满意度、改进服务质量感知、提升企业绩效等方面的作用毋庸置疑,但是,顾客被动参与、服务成本转移、顾客专业培训、产品风险控制、顾客心理预期提升导致满意度下降等问题必须引起足够重视。

【项目1】 请尝试调查分析全季酒店客房产品的5个层次。

第二节 旅游产品生命周期

产品生命周期是指产品从进入市场到退出市场的周期化变化过程。产品的生命周期不是指产品的使用寿命,而是指产品的市场寿命。

一、旅游产品生命周期及其典型形态

旅游产品生命周期借用了有形产品生命周期的概念,指一个旅游产品从开发出来投放市场,到最后被淘汰退出市场的整个过程,一条旅游路线、一个旅游活动项目、一个旅游景点、一个旅游地的开发大多都将遵循一个从无到有、由弱至强、衰退消失的时间过程。

1. 生命周期的阶段划分

旅游产品生命周期的各个阶段通常以旅游产品的销售额和利润的变化状态来进行衡量,并被划分为投入期、成长期、成熟期和衰退期四个阶段,不同阶段会呈现出不同的特点。图6.2即为旅游产品生命周期模型(PLC模型)。

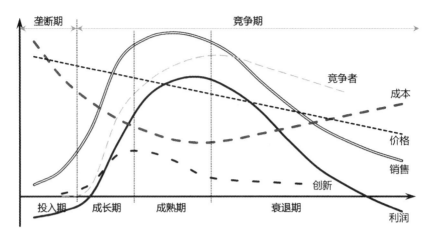

图 6.2 旅游产品生命周期示意图

(1)投入期。投入期指旅游产品刚刚进入市场的初始阶段。旅游产品的生产设计还有待进一步改进,基础设施急需配套、完善。食、住、行、游、购、娱六个基本环节有待于进一步协调、沟通。同时,服务人员的服务技巧尚不娴熟,服务质量不高。由于此时旅游产品的知名度不高,主要的消费者为愿意尝鲜的少数个体,因而销售额增长缓慢且不稳定,加上对外宣传和广告费用较高,使旅游企业利润率较低,甚至处于亏损局面。此阶段竞争者较少,或者说竞争者都处于观望状态。

投入期产品一般可以利用 MVP(最小化可行产品)来验证猜想,并且根据用户的反馈和数据来对产品进行迭代和调整,此阶段一般只做最基础的核心功能,解决客户最核心的需求,只有首先保证产品的有用性,才能追求更多的附加值。

6-1 产品生命周期模型:生意越来越难

产品投入期一般不追求顾客数量的快速增长,既是因为产品本身功能和体验并不完善,有许多需要打磨的地方;更因为非目标客户使用不完善的产品,会激起大量的负面评价,形成恶性口碑传播和影响,为后期产品的推广带来巨大隐患。

(2)成长期。成长期指新的旅游产品逐渐定型并形成一定特色,日渐被旅游者接受,销售量迅速增长的时期。在这一时期,旅游产品的策划、销售已基本定型,主题明确;基础设施已日趋完善,旅游六大基本环节相互联系紧密,运转正常;服务人员的服务熟练程度提高,服务趋于标准化和规范化,服务质量得以大幅度提升;旅游产品的知名度渐渐提高,广告费用降低,销售成本大幅度下降,从而使产品的销售额稳步上升,企业利润得以大幅度增加。与此同时,新的竞争者开始迅速参与市场,展开竞争。

产品能够进入成长期,说明产品价值已基本得到各方认可,并且也有一定的时间来调整和迭代产品,如果产品本身能够实现自增长,那说明能够满足企业发展的需求,可以进行运营推广,而如果产品不能实现自增长,说明产品很有可能不被市场认可,强行利用运营手段来推广产品,不会获得太好的结果。

成长期的产品已经具有一定的用户量,但尚未得到主流市场的认可,而且产品质量和顾客体验依然无法得到充分保障,因此,企业的主要目标应该是尽快完善产品,快速占领市场份额,抢占用户,充分利用先发优势,并且构筑一定的竞争壁垒来阻碍竞争对手的跟进。

(3)成熟期。成熟期指旅游产品稳定地进入市场销售,市场需求趋于饱和,供求基本均衡的阶段。处于成熟期的旅游产品已被大多数潜在购买者接受,是产品的主要销售阶段。但是,企业间竞争日趋激烈,仿制品、创新品、替代品不断涌现,产品售价开始逐渐探底,多数旅游企业为保持产品地位需投入大量的营销资源。旅游企业促销费用显著增加,销售能力发挥到最大,旅游产品成为名牌产品或老牌产品。成熟期旅游产品的市场占有率较高,销售额渐渐达到高峰,销售增长率趋减,年销售量增长率基本能稳定在5%左右。旅游企业利润达到顶峰,并出现下滑趋势。

(4)衰退期。衰退期指旅游产品老化,逐渐退出旅游市场的阶段。这一时期,旅游消费者兴趣转移,消费习惯发生改变,旅游新产品、换代品和替代品层出不穷,旅游产品已不适应旅游者不断变化的消费需求。处于衰退期的旅游产品"硬件"老化,"软件"懈怠,旅游六大环节不能协调,员工流失率变高,军心涣散,旅游产品的某些环节频繁出现"低级失误"。旅游企业促销成本急剧增加,销售能力受到影响,销售出现大滑坡,因而旅游产品盈利能力和企业利润下降明显。部分竞争者开始逐渐撤离或转移,但随着市场规模快速萎缩等因素影响,竞争并未淡化,甚至上演价格战、宰客等同质恶性竞争,旅游者的体验感急剧下降,进一步影响衰退期旅游产品的声誉和形象,加速其走向衰退并最终退出市场,完结整个生命周期的进程。

2. 旅游产品生命周期各阶段的判断方法

第一,销售增长率法。这是根据某一旅游产品在不同时期销售增长率的大小,划分旅游产品生命周期不同阶段的方法。其计算公式如下:

$$销售增长率=(本期销售额-上期销售额)/上期销售额$$

一些营销学者提出了界定各阶段的经验数字:

(1)新产品,销售增长率≤10%,且非常不稳定,普及率<5%,旅游产品处于投入期;

(2)年销售增长率>10%,且较为稳定,普及率<50%,旅游产品处于成长期;

(3)经过成长期的产品,年销售增长率为0.1~10%,且较为稳定,普及率趋近100%,旅游产品处于成熟期;

(4)经过成熟期的产品,年销售增长率<0.1%,普及率趋近100%,旅游产品处于衰退期。

第二,供需比例法。某旅游产品的供求比例,是现有市场上该旅游产品的供应量与整个市场需求量(包括潜在市场需求量)之比。

用供求比例法划分旅游产品生命周期各个阶段的参考数值如下:

投入期≤0.15;

成长期≤0.65;

成熟期≤1.2;

衰退期>1.2。

第三,类比法。这是通过比照类似旅游产品的发展情况来分析判断。

二、旅游产品生命周期主要影响因素

旅游产品生命周期的变化,既受外部因素如自然与生态、政治与法律、社会与经济、人口与文化等影响,也受到内部因素如旅游产品与服务、市场需求与竞争、企业经营与管理、目的地"软环境"与"硬环境"等因素的影响。总的来说,以下因素的影响较为关键。

(1)旅游产品与服务。旅游产品的吸引力主要来源于旅游吸引物,即旅游资源本身,这是旅游产品生命周期长短的基础和决定性因素。一般来说,富有特色、内容丰富、具有深厚文化底蕴的旅游资源,其生命周期较长,如秀美壮丽的长江三峡与宏伟的万里长城。而那些缺乏特色、形式雷同的旅游产品,就只能通过在旅游服务和创新渠道、体验、细分、特色等方面多做文章,以提高其可持续发展能力。

6-2 产品生命周期视角下的麻城杜鹃旅游

(2)旅游目的地状况。旅游目的地状况包括可进入性、旅游氛围等"软环境"和服务接待设施与基础、政治经济与市场环境等"硬环境"。旅游业的竞争就是旅游环境的竞争。优美的自然环境、优越的经济状况、良好的社会氛围、完善便捷的接待设施、友好的居民态度、开放的商业环境、良好的治安状况等,共同营造了旅游活动良好的大环境,是旅游目的地旅游产品生命周期变化的重要背景。

(3)旅游需求及其变化。旅游需求既有自身发展和演化的规律和趋势,更是旅游企业有目的的引导和激发的结果。旅游消费行为、观念、结构、方式等的变化,以及旅游者收入、假日、身体心理环境等的改变,对旅游产品的更新迭代等提出了较高的要求,进而从根本上影响了旅游产品的生命周期。旅游企业也可以充分利用现代技术及其创新运用等,主动去引导和激发市场需求,从而优化和延长旅游产品生命周期。

(4)旅游市场竞争状况。激烈的旅游市场竞争,必然催生出很多新型的旅游产品、观念、形式等,原有旅游产品的生命周期不断缩短,固守成规的产品则被市场淘汰。旅游市场竞争既是旅游企业与对手的竞争,更是旅游企业与自身的竞争。前者更多是迫于对手的竞争压力,后者则是迫于旅游产品复购率低的先天不足和市场条件,尤其是客户和渠道、协作商和供应商,以及潜在竞争和制约等的压力。如果旅游产品不创新迭代,不提高服务质量,不树立旅游特色,将很难生存。

(5)旅游经营管理。旅游产品的生命周期过程,在一定程度上就是旅游企业对旅游产品的经营管理过程。旅游企业针对旅游产品不同的生命周期阶段,采用不同的经营管理手段和策略,可以使旅游产品的生命周期延长。因此,诸如旅游服务质量的高低、广告与宣传力度的强弱、旅游产品组合状况、旅游产品的定位,都直接影响着旅游产品的生命周期。

三、不同旅游产品生命周期形态曲线

在时间跨度上,不同旅游产品的生命周期差别明显。有些产品的生命周期长达百年,而有些产品可能在几个月内消失。大多数新产品在投入期就夭折了,还有相当一部分的旅游产品在成长期,因自身经营瓶颈和外部环境制约等,或者因对手模仿、创新和超越能力强大而最终被淘汰。旅游产品还呈现出多种不同的生命周期形态,如图6.3所示。

1. 持久型

如图6.3中a曲线所示,旅游产品在进入了成熟期以后,维持非常久的时间,还未出现衰退的迹象。诸如故宫、长城、黄山、西湖等依托稀缺自然或人文资源所形成的景区(点),由于其不可替代性,故而在旅游市场上长盛不衰。

2. 再循环形态

如图6.3中b曲线所示,产品进入衰退期之后,在各种因素的作用下又进入一个新的快速成长阶段。例如,某些酒店在经营了较长一段时间后,出现了设备老化、出租率明显下降的情况。酒店通过重新定位、产品更新、员工培训、重新装修等,激发了业绩的再次回升和增长。

3. 多次循环形态

如图6.3中c曲线所示,产品在进入成熟期以后,由于企业实施有效的创新和营销策略,如创造新特性、发展新用途、实施新策略、树立新形象、开发新市场等,使产品销售量不断达到一个又一个高峰,是旅游产品比较理想的形态。这些形态也一定包含了其旅游产品在空间、时间、深度、广度等方面的创新。比如,以前黄山只经营山上的顶级资源,后来逐渐扩展到山腰、山脚、山下;以前只做观光,后来逐渐扩展到休闲度假、文化旅游、乡村旅游、特种旅游;以前只做景区,后来酒店、娱乐、商务等内容越来越丰富;以前关注旺季更多,后来逐渐关注全年经营。

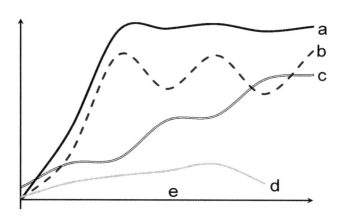

图6.3 不同旅游产品生命周期形态

4. 夭折型

如图6.3中d曲线所示,产品刚进入市场就被市场淘汰,也就是说直接由投入期进入了衰退期,几乎没有成长期和成熟期。这种形态的出现,多半都是由新产品的开发失误造成的。旅行社一些缺乏吸引力的新旅游线路,一些选址不当的饭店,或者不合时宜的旅游新景点,明明不温不火,经营效果很差,但企业依然愿意等待某个"风口"的到来。

5. 早衰型

如图6.3中e曲线所示,产品顺利地经过了投入期和快速的成长期,但是成熟期维持的时间非常短。例如,湖南湘西永顺县的芙蓉镇由于1986年刘晓庆和姜文主演的电影《芙蓉镇》而蜚声中外,但后期缺乏有效的产品开发和服务管理,致使其在后来的旅游浪潮中缺乏持续竞争力,很快就衰退了。应该注意的是,有些季节性和周期性特别明显的旅游产品,如夏季的漂流、冬季的雾凇、麻城的杜鹃、武大的樱花等,可能呈现出多轮次的"早衰"特征,但产品事实上依然较有竞争力。

四、旅游产品生命周期各阶段营销策略

旅游产品处于生命周期的不同阶段,会呈现出不同的特点,这些特点大致可从市场认知程度、旅游者类型、竞争者、销售、成本、利润、产品质量等方面判断。根据不同的特点,旅游企业在成本策略、质量策略、渠道策略、价格策略、促销策略等方面也应有所不同,每个阶段的营销工作也应有所侧重,具体见表6.1。

表6.1 旅游产品生命周期各阶段特点

	投入期	成长期	成熟期	衰退期
产品	基本的产品 质量一般不太稳定,不太成熟,用户不满和抱怨较多、投诉较多	改进和扩展的产品 随着制度、培训、服务等不断完善,旅游产品和服务质量不断稳定提高	多样的产品 旅游产品和服务质量已很稳定,改进和完善的空间已经不大,质量虽重要,但产品质量竞争逐步转向特色竞争、定位竞争、渠道竞争等	适当的产品 旅游产品和服务质量稳定,但创新空间和潜在价值小,几乎被市场和企业冷落
竞争	新产品在刚投放市场销售时,同类竞争者一般较少,甚至没有	市场认知程度大为提高,进入门槛低,后来者纷纷模仿,竞争压力骤大	市场很快饱和、竞争空前激烈,市场开始重新洗牌,知名企业优势越发明显,市场、品牌等垄断开始显现,各细分市场的错位竞争开始成为主流	竞争者纷纷退出市场,但旅游产品生存压力依然巨大

续表

	投入期	成长期	成熟期	衰退期
销售	旅游者对新产品的了解和认知程度不高，产品往往销路不畅	旅游者对旅游产品的了解和认知程度提高，旅游产品销售额快速增长	销售量虽有所增长但增速大大减缓甚至停滞，部分缺乏创新和实力的企业逐渐显出疲态，生存环境开始恶劣，有特色的产品才有较好销路	市场偏好发生巨大转移，没有与时俱进的旅游产品和服务，销售量急剧下降
渠道	销售渠道往往较单一，中间商不愿推介和代理	中间商迅速加入，销售渠道逐渐被打开，渠道问题突出	销售渠道已经十分成熟和稳定，以协作商、供应商、流量、社群等为代表的渠道为王时代到来	渠道商纷纷改变策略，产品被各方冷落
利润	单位旅游产品成本很高，利润很少，甚至亏损	单位成本下降，企业盈利增长，高净利产品受到欢迎	单位成本较稳定但呈上升趋势，利润较高但开始出现下滑迹象，后期竞争白热化，迫切需要更多的创新和延伸	单位成本快速上升，利润迅速下降，甚至发生亏损
顾客	创新者和早期采纳者：洞察力强，眼光超前，敢于尝鲜，外向乐观，易成关键意见领袖；较为挑剔且小众	早期大众：崇尚流行和时尚，长于跟进，愿意冒险，看重他人经历或推荐，也乐于分享，较随和大度；大众群体	后期大众：生活阅历丰富，见识较为广博，处事稳重理性，善于思考和收集信息，富有主见，乐于参与，倾向于选择相对成熟、口碑不错的旅游产品，购买力较强，对产品品质、特性或性价比等有较高要求；大众群体	保守者和怀旧者：自律性强、善良朴素、多愁善感，倾向于需求对口、高性价比的可靠产品，较挑剔；多为老年群体

1. 投入期的营销策略

旅游产品投入期是旅游产品刚进入市场的时期，也是旅游产品最艰难的时期，大多数旅游产品都在投入期被淘汰。旅游企业应尽快引导旅游产品进入成长期，即缩短投入期时间。但是，旅游产品的特殊性又决定了其产品不同于一般的制造业产品，可能会经过漫长的销售、检验、调整的过程。因此，旅游新产品的推出应该有十分细致周全的调研论证过程，一旦进入投入期，其营销工作的重心应放在以下内容上：积极培育产品认知和消费习惯，传播产品形象和定位，努力培养客户黏性；努力塑造品牌、定位、客户、质量、特色、技术、观念、价值观等壁垒，防止产品被对手轻易模仿和照搬；努力与协作商、供应商建立多品互补、长久合作和持续共赢机制，降低合作伙伴的经营风险，提高渠道信心；建立完善的产品管理、人才培训、质量管控、客户关系管理等机制，着力提高产品和服务质量标准，提升用户体验。此外，企业应有长远规划，做好持续投入的准备，最好不要有短期回本或迅速扭亏为盈的高期望。

在旅游产品投入期，价格和促销是两个最常用手段，可建立如图6.4的四象限图进行分析。

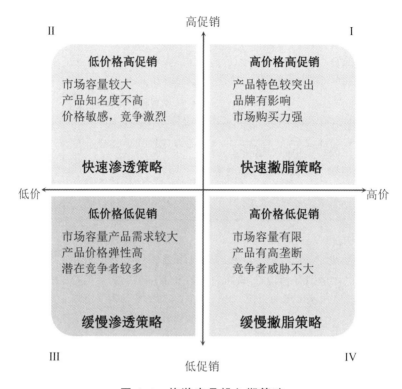

图6.4 旅游产品投入期策略

Ⅰ象限——快速撇脂策略：旅游企业通过以高价格配合大张旗鼓的促销策略推出新产品。实行高价格帮助企业在单位销售额中赚取更高的利润。大量投入促销经费用于快速提升市场知名度，使消费者了解和熟悉产品，快速打开销路以占据市场。

快速撇脂策略的使用有一定的限制条件：首先，旅游产品特色较为突出，目标消费者对于产品的价值有比较高的评价，他们渴望得到产品并有支付能力；其次，旅游企业本身已有一定的品牌影响力，希望旅游产品投放市场后，快速在市场中树立形象，巩固品牌信誉和地位；最后，潜在的竞争对手比较多，新产品在市场可能马上就会面临其他产品的竞争。

Ⅱ象限——快速渗透策略：这是一种高促销投入和低价格相结合的策略。采用这种策略能够降低消费者因高价引起的知觉风险，减少购买障碍；同时，高促销投入也加快了市场的接受速度。因此，快速渗透策略能够最快地打开和占领市场，带来销售量和市场占有率的较快增长。但是，这种策略意味着企业在投入期可能处于亏损或极低利润的状态。

企业使用快速渗透策略是因为：首先，旅游市场容量较大，企业可以通过扩大生产快速降低生产成本；其次，市场潜量很大，但是人们对此旅游产品的特色尚不了解；最后，消费者对于产品价格相当敏感，潜在竞争者威胁较大。

Ⅲ象限——缓慢渗透策略：即旅游企业确信旅游市场需求价格弹性很高而促销弹性较小时，以较低的价格鼓励旅游者接受旅游产品，以较低的促销费用尽可能降低成本，使企业实现更多的利润。

采用这种策略的条件是：首先，旅游产品的市场容量较大，通过低价格帮助消费者快速接收新产品；其次，旅游产品需求价格弹性较高，消费者对价格较敏感；最后，有相当数量的潜在竞争者准备加入竞争行列，但威胁并不大。

Ⅳ象限——缓慢撇脂策略。采用高价格和低促销投入的方式推出新产品，对于企业而言，可以在投入期降低营销费用，并赚取比较高的利润，回收资金。

采用缓慢撇脂策略的原因有：首先，旅游产品的市场规模比较小，难以获得规模效应；其次，旅游产品在市场上具有高度垄断性，或者品牌影响力巨大，潜在竞争者威胁不大；最后，购买者有很强的支付能力，并愿意出高价购买。

旅游产品投入期是旅游产品成长的关键时期，不少制造类企业的产品如果在投入期的效果不好，可以在损失较小的时候停止生产，但对于大多数旅游企业来说，这点几乎不可能做到。因此，旅游企业管理者应谨慎选择适合旅游产品及符合企业自身条件的市场策略。

2. 成长期的营销策略

在成长期，产品已有一定知名度，销售量快速增长，成本快速下降，利润得以快速增长。但是，产品本身的短板和缺陷依然明显，竞争对手开始仿制或者发起挑战。企业对于成长期的期望通常是"快"，但这一时期应该是产品在市场中的防御和巩固期，对产品和消费者进行再投资至关重要，即进一步完善产品和服务及其体验，努力提升产品美誉度；增强旅游产品的特色与优势，着重打造品牌和形象；提高产品被仿制的门槛和成本；努力寻求和开拓新的细分市场和销售渠道等。

第一，完善与改进产品。成长期是旅游企业创造名牌的最佳时期，是旅游企业获利的黄金时期，当然也是产品缺陷最集中爆发的时期。因此，旅游企业要进一步改进旅游产品设计和完善配套服务，加强客户意见的收集、反馈、沟通工作，将完善产品功能、突出产品特色、提升产品附加值、强化产品的市场适应性、激发与引导产品需求等放在重要地位。

第二，制定新的宣传策略。旅游新产品宣传的重心应该从原来的提高知名度，转向树立形象、提高美誉度上来，还应进行各种公关活动，努力塑造旅游企业的良好形象，增强旅游者对旅游企业及其产品和服务的信任感。

第三，巩固现有市场。作为通往成熟期的一个重要过渡期，成长期需要奠定成熟期的几乎所有市场基础。旅游企业不能被成长期的高利润率蒙蔽，应以挖掘旅游产品的市场深度为主，不断提高旅游产品的质量，发展旅游产品的品种和规模，以细分化的产品满足不同目标市场的需要，强化市场地位和竞争力。

第四，开拓分销渠道和新市场。旅游产品在成长期的市场机会是最大的，但市场变化也很快，机会往往稍纵即逝。旅游企业应该给渠道成员合理的激励，以保持他们的销售动力和热情。同时，通过开拓新的销售渠道和加强管理，在巩固原有渠道的基础上开拓新市场。对未来市场与供求发展趋势做出充分的预判和规划，进一步扩大自身优势。

3. 成熟期的营销策略

旅游产品和服务进入成熟期，说明其质量、销售、形象、管理、渠道等各种状态相对成熟、稳定和良好,特别是定位和形象已经较为明确,有一定规模且稳定的忠诚顾客,产品和服务的知名度、美誉度、认同度、信任度及其市场占有率较高,各种渠道和供应商合作机制已经十分成熟。产品和服务的改进空间和潜力已经不太大,但市场和顾客依然可以接受和理解。成熟期为旅游企业带来稳定而较高的利润率,因此往往期望成熟期越长越好,工作重心也是尽量延长成熟期。理论上,某些产品的成熟期可以无限延长。

成熟期的旅游产品同样面临硬件老化、软件懈怠、模式固化、创新动力不足、产品新鲜感下降、竞争白热化、市场偏好转移、利基市场开发殆尽等诸多挑战。旅游企业应通过产品改革、市场策略调整、调整营销组合、开发旅游新产品等措施来尽量延长成熟期。

第一,改革旅游产品。旅游企业应充分重视旅游产品与市场需求的互动与发展趋势,可尽量通过产品与服务质量改进,营销组合与策略调整,定位、形象与个性化的改变,产品纵横向拓展与延伸,产品设计、服务与体验创新等来巩固顾客忠诚度,增强旅游产品的竞争力。每一次服务质量的提升、服务设施的更新、服务项目的增加等,都会起到刺激增长、延长成熟期的效果。如图6.5所示,如果策略得当,便可实现类似图6.3种b曲线的旅游产品再循环形态。

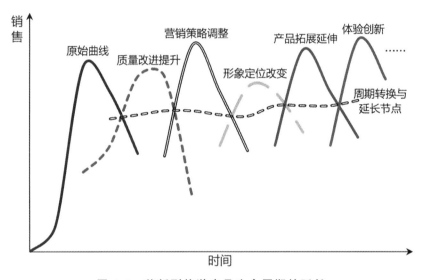

图6.5 革新型旅游产品生命周期的延长

第二,市场策略调整。旅游产品最大的不足是复购率低,市场总在求新求异,旅游企业应慎重对待因追求规模扩大而进行的重复性投资,更要避免使用价格战武器。同时,积极面对市场趋于饱和与竞争白热化的现实,努力发掘产品的新用途、新渠道、新利用方式。

第三,营销组合调整。与投入期和成长期追求缩短本周期的时间以尽快过渡到下个阶段的"打江山"思维不同,成熟期是延长本周期时间的"守江山"思维,因此成熟期产品的营销策略和重心应从追求市场占有率、增长率和知名度、满意度、美誉度等产品领域,转向追求品牌形象、产品附加值、顾客体验与自我价值实现,以及维护甚至垄断特定市场和人群等营销领域,着重取得形象优势和竞争优势,形成市场壁垒,提高顾客转移成本。

第四,开发旅游新产品。旅游产品更新换代速度非常快,旅游产品创新的脚步一刻都不能停。在成熟期,旅游企业拥有足够多的资源和时间,特别是具有与市场、顾客、合作伙伴无限接近和充分互动的先天优势,此时加强新的细分市场和利基市场的调研和开发工作,积极准备新产品方案,保持旅游新产品与老产品良好的衔接关系至关重要,且较为便利。如图 6.6 所示,如果策略得当,便可实现类似图 6.3 种 c 曲线的旅游产品多次循环形态。

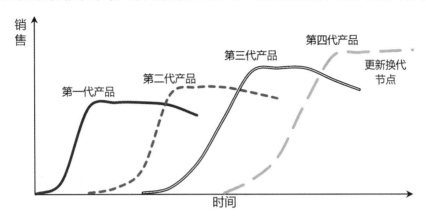

图 6.6 更新换代旅游产品生命周期曲线

4. 衰退期的营销策略

除了极少数先天资源优势特别突出的旅游产品可以长盛不衰外,绝大多数旅游产品进入衰退期是十分正常的规律。旅游企业应客观看待旅游产品的衰退期,"果断"是本阶段的核心策略,需把握好以下三种策略。

第一,维持策略。旅游企业发现竞争对手纷纷撤离,竞争已不再激烈,市场需求和利润依然存在,或者从品牌形象、市场承诺、社会责任、未来期许等角度考虑,决定暂时继续保留部分生产能力,直至产品被其他新产品完全取代。

第二,收缩策略。旅游企业发现部分细分市场已无利可图时,积极收缩市场、削减营销费用、精简销售人员和销售渠道,将企业资源集中于最有利的少数细分市场,维持旅游产品的集中营销,从最有利的市场和渠道中获取利润,为产品完全退出市场做好准备。

第三,撤退策略。旅游产品在各细分市场的销售量和利润率迅速下降,勉强维持下去会使旅游企业处于极其被动的局面,就应积极筹备撤出市场,将生产能力转移到其他产品上,也就是说,要尽可能地缩短旅游产品的衰退期,以减少旅游企业的损失。

旅游产品生命周期各阶段营销策略见表 6.2。

表 6.2 旅游产品生命周期各阶段营销策略

策略	投入期	成长期	成熟期	衰退期
营销目标	市场进入、市场扩张	市场扩张、市场渗透	市场细分、市场保持	市场跨越/酌情退出
运营方向和重点	种子顾客的拉取和运营,需求挖掘、功能探索、产品定位、商业模式确定	目标群体的吸收运营,围绕拉新进行产品迭代,继续修正商业模式	高价值和细分用户维护,围绕变现进行产品迭代,思考新爆发点(上下游延伸、产业整合)	跨圈层用户吸引和激活,重新审视渠道圈层、重新挖掘需求、重新定位

续表

策略	投入期	成长期	成熟期	衰退期
主要营销策略	培育产品认知和用户黏性;提升知名度、满意度;提高渠道信心;提升用户体验,采取快速撇脂/快速渗透/缓慢撇脂/缓慢渗透策略	完善与改进产品,提升美誉度、认可度;制定新的宣传策略,打造品牌和形象;巩固现有市场,构筑和强化竞争壁垒;开拓分销渠道和新市场	旅游产品改革,巩固顾客忠诚度,增强旅游产品竞争力;市场策略调整,发掘产品新用途、新渠道;调整营销组合,取得形象优势和竞争优势,提高顾客转移成本;开发旅游新产品	可选策略包括:维持策略,暂时保留部分生产能力;收缩策略,维持旅游产品的集中营销;撤退策略,缩短衰退期时间

产品生命周期提供了一套适用的营销规划观点,只考虑销售和时间两个变数,简单易懂。它将产品分成不同的策略时期,营销人员可针对各个阶段不同的特点而采取不同的营销组合策略。其缺点主要有:产品生命周期各阶段的起止点划分标准不易确认;并非所有的产品生命周期曲线都是标准的 S 型,无法确定产品生命周期曲线到底适合单一产品项目层次还是一个产品集合层次;该曲线只考虑销售和时间的关系,未涉及成本及价格等其他影响销售的变数;易造成"营销近视症",认为产品已到衰退期而过早将仍有市场价值的好产品剔除出了产品线;产品衰退并不表示无法再生。

【项目2】 请根据产品生命周期理论,分析武汉市蔡甸区消泗乡油菜花景区的旅游产品生命周期,并提出消泗乡油菜花景区的旅游产品开发利用策略。

第三节 旅游新产品开发

一、旅游新产品开发概述

1. 旅游新产品的概念

人们往往会误以为"新产品"是那些在市场上从未出现过的产品和服务项目。然而,在旅游产品开发工作中,这种意义上的全新型产品其实并不多见。大多数新产品实际上都是在现有产品基础上进行的改进,或者重新设计和包装。

所以，旅游营销者在讨论产品开发时所使用的"新产品"这一概念，实际上指的是那些在顾客方面看来有很大变化的产品和服务项目，其变化程度之大使得本企业/旅游目的地有时需要为该产品设计全新的营销策略，或者对其原有的营销策略进行调整。

旅游新产品有很广泛的含义，既可能是与众不同的全新产品，如设计并推出市场上从没有的旅游线路，也可能是局部改进与创新的新产品，如原有的旅游线路加了新景点、新服务项目，甚至可能是一些小小的变化，如客房、餐厅装饰等做些改动。旅游市场营销所认为的新产品，根据其在功能上或形态上与现有产品相比而具有的新颖程度，一般分为四类。

第一，全新旅游产品，即完全意义上的创新型产品，是采用新原理、新设计、新方法生产的市场上前所未有的旅游产品和服务项目。相对而言，全新旅游线路的设计并不是太难，一些服务项目的创新也较易做到，而实物形态的全新旅游产品的设计往往有一定难度。由于该产品是首次问世，因而营销者需要策划该产品的定位。

第二，换代新产品，需要重新定位的改进型产品。由于该产品和服务项目的改进程度较大，使其性能、附加值等有重大改进，已不再适合采用原先的定位，因而营销者需要为该产品选择新的定位。比如，对招待所进行改造和装修后将其变成四星级酒店，产品档次已经升级换代，因而营销者需要对其原有的定位、目标市场等进行调整；又如某一市场全覆盖的观光型旅游产品，增加了康养、休闲等设计和服务内容，并转向特定细分市场，以前的营销策略显然就不合时宜了。

第三，改进新产品，无须重新定位的改进型产品，即只是根据顾客的意见，或者根据有关应用技术的发展，对该产品和服务项目做出某些改进。由于变更的幅度不大，并且仍然面向原定的目标市场经营，因而营销者不需要改变该产品的原有定位。比如，自助餐根据客人口味变化调整部分菜肴。原有旅游产品中，被顾客投诉较多的环节或商家被更换，或者增加一两个更有吸引力的景点等。

第四，引进型或模仿型新产品，即引进或仿制他人的有关产品和服务项目，有时也作局部的改变，国际上通常称为"me-too"产品。虽然该产品和服务项目在市场上可能并非新奇，但由于本企业、本市场、本地、本时段等不曾提供过，对顾客来说依然属于新产品。由于大部分旅游产品很难实施严格、有效的专利保护措施和手段，因而市场上充斥着大量仿制和改造型旅游产品，这是旅游业容易产生同质化甚至恶性竞争的根源之一。从长远来看，创新仍然是旅游企业唯一的出路，第二章 SWOT 分析中的扭转型战略，以及本章的生命周期理论已有相关论述。

2. 旅游新产品开发的方向

许多制造业的产品创新往往体现在新的材料、新的工艺、新的技术应用等。由于旅游产品的提供有赖于特定的服务环境和提供服务的人员，并因服务流程的不同可能带来不同的效果，因此旅游产品创新除具备制造业产品创新的特征外，也有一些新内容。

首先，旅游产品创新可以表现在新的服务项目设立、新服务要素增加等方面。例如，某会议酒店增加会议侍从或会议金钥匙，为会议组织者提供贴身的对应服务，从而使其会议服务与众不同。

其次，旅游产品创新可以体现在服务流程的再造中，如增加服务元素、优化服务步骤和标准、重新设计服务流程等。例如，华住集团部分酒店采用自助入住和离店系统，客人可以不用经过前台就直接办理入住和结账退房；采用机器人送货系统，以快速高效响应客人需求；以联合采购形式接待合作企事业单位的商务差旅客人，客人不再需要自己去办理烦琐的报销事宜。这些做法提高了工作效率和客户体验，并使提供方与众不同。

6-3 史上"最全"旅游场景营销分析

再次，旅游产品创新可以是服务情境（服务环境）的重塑或改进。情景化、场景化将成为未来旅游业重大的发展方向，这不仅体现在旅游场景沉浸化的代入感上，更体现在旅游产品和服务的场景化表达和传递上。比如，某些旅行社或酒店大堂，向展厅或发布厅的转变，又如携程借《清明上河图》的形态，精心设计和勾勒出不同旅游生活场景，营造出顾客在"超市"中游逛的效果，推动大众自发了解促销信息。

最后，旅游产品创新可以表现在服务人员的更新和素质提升。有些时候，服务人员素质的提升或形象的改变，往往也能给人耳目一新的感觉。

3. 旅游新产品开发的必要性

旅游市场会不断产生新的需求，不断出现新的趋势。这些变化可能意味着原有产品对市场需求的满足能力将被削弱，旅游者会寻求新的解决方案，即需要新的旅游产品。因此，不断进行产品创新，不仅成了旅游企业巩固和提升市场竞争地位的重要手段，更是旅游企业生存与发展的根本所在。旅游新产品开发的主要必要性可从产品、市场、竞争、商业模式等方面体现，参见表6.3。

表6.3 旅游新产品开发的主要必要性

产品	刺激和增加其他组合和互补产品销售，提升销售效果和业绩
	实现产品多元化，优化资源配置，提升竞争优势，分担风险
	优化产品和服务流程与体验，提升产品附加值和用户满意度
市场	精准匹配供给与需求，巩固市场地位，提升品牌形象和声誉
	开发和抢占特定的细分市场，形成竞争优势和市场竞争壁垒
竞争	提升竞争意识和紧迫感，取长补短，常更常新，确保持续发展
	提升核心竞争力和品牌识别度、美誉度等，形成差异化优势
商业模式	实现精准定位，培育私域流量，实现专精特新等专业化优势
	利用科技进步及其转化应用，整合产品、市场、渠道等资源

二、旅游新产品开发的步骤

布兹等人提出的"八段式"的新产品开发模式影响较大，如图6.7所示。

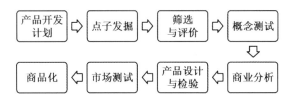

图 6.7 "八段式"的新产品开发模式

1. 产品开发计划

旅游新产品开发工作始于制订开发计划,即结合本企业及其产品与服务的自身特征、优劣势、新定位、发展目标与战略等,配合外部环境、市场发展、竞争形势等的动向和趋势等,来指导产品开发战略及其实施。新产品开发工作包括两个主要方面,一是阐明新产品的开发方向及类别,二是新产品开发组织与资源调配。

2. 点子发掘

点子发掘可以认为是旅游新产品构思的过程。构思也叫创意,是对新产品的设想。需要注意的是,任何新产品的构思都来源于诸多因素和渠道的综合作用,特别是来源于"用户的烦恼",而开发者的"灵感"几乎可以忽略。解决用户诸如经济性、便利性、可达性、功能性、愉悦性、私密性、分享性、附加值等困扰,才是构思新产品的源泉。

第一,构思旅游新产品的来源。

从游客及市场需求看,旅游者消费产品和服务的烦恼、中间商传递产品和服务的烦恼、旅游企业员工生产和提供产品与服务的烦恼等都是重要的新构思来源。旅游企业需要反思的是:为何脱离旅游企业的自驾、自由行、旅游攻略等受到如此热捧?因为我们的产品和服务解决不好游客、中间商和企业员工的烦恼,如游客消费和产品体验是否满意、对企业信任感和依赖感如何,中间商是否便利、持续且稳定地有利可图,企业员工有哪些产品供应障碍、是否有职业成就感和自豪感等。当然,旅游企业也应该用好这些旅游行为和旅游攻略,因为它们本身就带来了许多启发和新产品创意。

从竞争态势看,解决用户烦恼的新产品创意,均来源于各种利益相关者,而将这些创意进行构思、发掘、实践和检验出来,并最终形成旅游新产品的,往往又是竞争对手。所以,在新产品的点子发掘中,关注竞争对手的创意,并从模仿中进一步创新显得尤为重要,因为这是"成本最低"且行之有效的构思和创意。此外,影响竞争的内外部环境也会深刻影响竞争态势的发展和变化,如经济环境、社会环境、文化环境等均会持续而深刻地影响竞争格局,企业自身经营管理、资源、人才、市场、客户管理、企业文化等优化,直接决定产品和服务的创新程度及其核心竞争力,如新产品和服务的优越度、识别度、垄断性、不可复制或模仿性等。在发展演变和全新的竞争格局中,旅游企业的长盛不衰只能依靠创新创意。

新技术的开发应用也是构思旅游新产品和创意的主要来源。新技术不仅优化了服务流程、方式、效率、渠道等,也优化了供给、传递、和消费过程,更能营造新场景、新模式、新观念、新思维等。新技术应用带来的变革程度、烈度、广度、深度等均是其他创意和构思无法比拟的。市场需求的依赖性和同步性,决定了旅游企业必须比其他任何企业更加关注新技术的应用。比如,传统旅行社的线上与智能终端、圈层与社群分享、细分和主题特色、行业整合与跨界等转型,就是典型的社会发展和新技术应用催生的必然结果。跟不上新技术应用的旅游产品和服务,最终会被无情淘汰。

第二,旅游新产品构思方法。

问题分析法。问题分析法通过对已有的产品和竞争对手的产品进行研究分析,寻找其不足,并尝试对这些问题加以解决,从而形成新产品的创意。

强制关联法。强制关联法是将不同服务要素交叉或联系起来,形成更全面深入的服务产品。

形态分析法。形态分析法是列举产品的关键形态属性及其不同表现,并思考每个属性是否存在改进或进行任意组合的可能性,从而形成新产品创新的方法。

头脑风暴法。将若干名专业人员、产品开发者或旅游者等集合在一起,就新产品开发中的特定问题进行集体讨论,从而获得尽可能多的想象和构思。

3. 筛选与评价

筛选与评价构思就是对新产品构思进行甄别、排序,剔除不合理的构思。筛选构思的主要工作是建立标准:第一,构思是否有潜在的需求,特别是需求的规模、趋势、持续性、替代性、满足程度等,主要解决开发价值问题;第二,构思是否与企业战略目标相适应,特别是企业长远规划和主要发展方向,主要考虑统一产品系列和优势发展方向,尤其要避免新旧产品的冲突或风格文化等的大转向,如旅游OTA企业直接做留学中介是否合适;第三,有无构思开发的资源和能力,特别是管理与资金、人才与技术、原材料供给与上下游产业链、生产与销售、售后与客户关系等,主要针对开发和经营能力;第四,构思开发的现实困境,特别是风险控制、竞争环境和状态、宏观环境和条件等,主要关注产品的生存和发展空间,不符合当地习俗文化或民族心理的旅游产品显然没有生存土壤,没有对竞争产品的颠覆性革新和垄断性"绝活"的旅游新产品和服务也没有发展空间。

也许,旅游企业会同时有很多新产品构思,但必须结合自身实际对所有"有价值且能实现"的构思进行排序,挑选出一两个最佳构思去实践,毕竟能够像郑南雁一样,同步推出丽枫、喆啡、ZMAX等新酒店品牌的成功案例屈指可数。对于余下的构思,则可以采取授权开发、联合开发、指导其他实体开发、暂时搁置或直接放弃等措施。

4. 概念测试

所谓的产品概念是企业从顾客角度对这种新产品构思所进行的详细描述,如产品的内容、提供的利益、产生的附加值等。产品概念的形成要求企业在构思的基础上,进一步思考这个产品是由谁使用、什么时候使用、他们从中获得怎样的利益,将产品及其构思用文字、图形、模型、虚拟现实等予以描述、解释和表达,使其成为能被顾客准确理解、描述和传播的事物。

通常来说,一个新产品构思可以形成多个不同的产品概念。企业可以根据产品对顾客的吸引力、可能的收益和竞争对手的情况对多个产品概念进行分析,并选择最佳的产品概念。

概念测试是通过定性和定向调研、深入访谈等方式,将这些概念产品在目标消费者中进行检验,旨在了解他们对新产品的理解、认同与接受程度、购买意愿等,特别是与竞争产品、替代产品的优越性对比,各方面属性改进和调整的需求和方向等。有效的概念测试能够在新产品正式开发前就发现可能存在的问题,是非常重要的新产品开发环节。

5. 商业分析

通过概念测试后,旅游企业需要进行概念产品的商业分析,即分析该概念产品的商业价值,预测其市场适应性及发展能力和方向。其内容主要包括:目标市场的规模、结构和消费行为,新产品的定位、环境与竞争、风险及其控制等;预期销售额与销售量、市场占有率与增长率、目标利润与收益率、成本与回收期等;新产品的营销推广策略、品牌形象打造、主要分销渠道、营销预算,以及在不同阶段的营销组合策略等。

6. 产品设计与检验

新产品开发工作进展到这一阶段时,就要尽快将该项新产品按照计划的规格要求设计成型,并配制出样品,以便尽早投放市场。在进行旅游新产品的设计与开发时,要重点考虑该产品的功能及质量,兼顾功能性、适用性、经济性、可靠性、安全性、扩展性等诸多属性和环节,因此需要经历大量反复的测试和调整过程,以期让最终产品具备概念产品中所列举的属性,并且能够在预期成本范围中生产出来。

7. 市场测试

市场测试就是旅游新产品的试销。试销是将研发出来的产品投放到特定范围的市场中进行实际的销售试验,观察与了解市场的真实反应,并据此对产品或销售政策等进行调整。试销的主要目的在于:了解旅游新产品在正常市场营销环境下可能的销售量和利润额;了解旅游新产品及整体营销计划的优势与不足,及时加以改进;确定旅游新产品的主要市场所在及构成;估计旅游新产品的开发效果。

在新产品试销阶段应该注意选择恰当的试销范围、时间、人群等,并注重收集使用率、市场普及率及各方面的反馈意见。在旅游行业中,试销期的决策非常重要。通常情况下,对于饭店来说,设置较长时间的试营业期(如 6 个月)有利于在充分了解市场的基础上改进和调整产品和服务,而旅行社产品的试销期可能非常短。新产品的商业分析常用问题清单见表 6.4。

表 6.4 新产品的商业分析常用问题清单

问题	理想回答	不理想回答
与当前产品线协调吗	补充且强化	冲突或抵触,有损害

续表

问题	理想回答	不理想回答
有特殊诀窍或技能吗	可以通过培训获得	需引进新员工并培训
销售和利润会稳定吗	有持续大量购买	短命的
目标市场会增长吗	需求不断增长	需求小,持续减少
目标市场规模大吗	只需占有很小份额	不够大
能接近目标市场吗	容易	很难,代价昂贵
沟通宣传难吗	容易,现有渠道	很难,成本高
性价比高吗	非常高,受欢迎	性价比低,很难卖出
与竞争产品比较	优势明显	没有优势
对品牌忠诚有何影响	大幅提升品牌忠诚	单次购买,无回头客
差异化如何	有创新,有识别度	没有明显差异化优势
容易被抄袭和模仿吗	有壁垒,难以模仿	马上就会被抄袭
生命周期如何	很长,可预期	短暂爆红,很快过时
顾客接受程度如何	盼望已久	有心理、行为等冲突
容易进行营销吗	易,成本低见效快	难,成本高,时间长
有明显成功标准吗	利润与顾客增长	很难衡量
寻求资源和支持难吗	没有问题	成本很高
持续经营成本如何	维持在较低水平	持续高成本,增长
投资回报率如何	投资回报率高	很低
利润贡献多大	利润贡献全面,高	利润贡献单一,很低
边际贡献多大	边际贡献高	很低,影响其他经营

 8. 商品化

旅游新产品的商品化又称商业化,是指新产品的大规模生产和投入旅游市场,即旅游新产品正式进入生命周期的投入期阶段。一般来说,新产品投放市场的方式有两种:一是同时全面投放,即面向所有的目标市场人群同时投放;二是分期分批投放。旅游企业通常会选择第二种投放方式,以减少启动资金和风险压力。旅游管理者应注意投入新产品的时间、目标市场、销售渠道等方面的决策,即用什么方法,在何时、何地,以何种方式投入什么市场。旅游企业需要制订一个把新产品引入市场的实施计划,在营销组合要素中分配营销预算。同时,正式确定新产品的各种规格和质量标准、价格构成、促销和销售渠道等。将旅游新产品投放到市场后,还要对其进行最终评价。旅游企业还要继续搜集旅游市场、中间商、服务提供者等的反应,掌握市场动态,检查产品的使用效果,为进一步改进产品和市场营销策略提供依据。

三、旅游新产品开发策略

旅游新产品的开发,是旅游业长期生存的必要条件,也是旅游企业保持活力和竞争优势的重要途径。旅游企业通常可以采用以下策略开发旅游新产品。

1. 资源重组策略

(1)从市场需求的角度组合旅游资源。旅游资源的组合要能够激发旅游者的旅游动机,满足或创造旅游需求。这种组合方式建立在对旅游市场的深入调查和对旅游者消费行为进行仔细分析的基础上,具有灵活性强的特点,适用于新的旅游线路和产品的开发。

(2)以文化为纽带组合旅游资源。可分别根据以自然要素为对象的生态文化、以宗教与民俗为主题的传统文化、以高新科技和新文化为代表的现代文化等多种类型的文化特色来组织开发旅游产品。这种策略有利于营造文化差异环境和内容的市场卖点。

(3)从经济效益的角度组合旅游资源。旅游资源的组合要能够实现旅游资源价值增值和利润回报,提高产业贡献率,这也是旅游企业发展的内在需求和动力。

2. 产品升级策略

(1)提升旅游产品形象。旅游产品形象影响着人们对其的心理感知程度。提升旅游产品形象是指在原有旅游产品形象的基础上提炼新形象,从而使旅游者从一个全新的角度来认识原有旅游产品,并产生强烈的兴趣。

(2)提高旅游产品品质。提高旅游产品品质的一个重要途径是持续地改进与完善旅游产品的规划设计与管理,对原有旅游资源进行深度开发,不断丰富原有旅游产品的内容。

(3)提高旅游产品的科技含量。积极寻求智力支持与技术依托,通过全面利用现代的声、光、电、全息等技术,制作与推出具有一定轰动效应的高科技旅游产品。

3. 产品投入策略

(1)旅游企业在旅游新产品投入期的策略重点应突出一个"快"字。一方面要认识到新产品的优势、特色,敢于在促销方面投入;另一方面对竞争带来的风险、压力要有足够的估计,果断迅速地采取措施,促使它较迅速地进入成长期。

(2)旅游企业应重视宣传工作,运用各种促销手段宣传产品特性和能给旅游利益相关者带来的利益,使旅游者及中间商认识和了解产品,这有利于迅速扩大市场面,使产品较快进入成长期。

【项目3】 请根据旅游新产品开发策略,利用情景化、场景化思维构思江汉大学校园开放日的宣传活动。

第四节 旅游产品组合及其优化

一、旅游产品组合的概念

旅游企业为了保持和提高其产品在市场中的应变能力和竞争活力,分散经营风险,往往不会只经营单一的产品,而是依据自身条件、产品特色与市场状况等,开发和经营不同档次与规格、功能与深度、类型与覆盖面、现实需求与潜在趋势的多种产品项目,并将这些项目按照一定的战略需求进行搭配和组合。

1. 旅游产品项目

旅游产品项目指产品大类中各种不同品种、规格、质量和价格的特定的产品和服务。例如,观光旅游产品线又可以根据旅游资源的特点划分为山水旅游产品、湖泊旅游产品、峡谷旅游产品、森林旅游产品等项目。文化旅游产品项目就更多了,如文物古迹、民俗风情、主题公园、露营探险等项目。修学旅游产品包括文化教育类的博物馆、科技馆、动植物园等产品,思想教育类的红色旅游、黑色旅游、工业旅游等产品,艺术教育类的文艺演出、写生体验等产品。当然,相同的产品项目也可能存在档次上的差异性,比如,文艺演出中不同位置的观看体验不同,服务程度各异,门票价格就不一样。

2. 旅游产品线

旅游产品线指互相关联或相似的一组产品,即所谓的产品大类。通常可依据产品功能上的相似性、消费上的连带性、供给上的关联性、市场与价格范围的稳定与同质性等划分旅游产品线。比如,旅行社经营的观光旅游产品、文化旅游产品、度假旅游产品、修学旅游产品、休闲旅游产品等,即根据旅游需求和功能的相似性,划分和形成的不同旅游产品线或产品大类。

3. 旅游产品组合

旅游企业提供给目标市场的产品和服务,绝大多数是多种产品的搭配和组合,即由多条旅游产品线组成,每条产品线包含若干旅游产品项目,而每一项产品又有若干品牌和服务。

从旅游市场营销学角度看,旅游企业提供给市场的全部产品系列(旅游产品线)和旅游产品项目的组合或结构,即旅游产品组合,通俗点理解就是旅游企业的业务经营范围。

二、旅游产品组合的差异

旅游企业通过设计和调整旅游产品组合,以优化资源配置,适应和引导市场需求,达到降低成本、突出优势、挖掘潜力、拓展和占领旅游市场、提高效益等效果。一般来说,旅游企业的产品组合的差异性及其程度,可用旅游产品组合的广度、深度和关联度来描述和衡量,其中,广度和深度的具体示例见表6.5。

表6.5 旅游产品组合的广度和深度

	旅游产品组合的广度:描述旅游产品线(大类)的多寡			
	1.自然风光游	2.历史文化游	3.科考修学游	……
旅游产品组合的深度:描述某产品线上项目的多寡	1.1 山水旅游产品 1.2 湖泊旅游产品 1.3 峡谷旅游产品 1.4 森林旅游产品 ……	2.1 文物古迹旅游产品 2.2 民俗风情旅游产品 2.3 主题公园旅游产品 2.4 露营探险旅游产品 ……	3.1 科学考察旅游产品 3.2 文化教育旅游产品 3.3 思想教育旅游产品 3.4 艺术教育旅游产品 ……	……

1.旅游产品组合的广度

旅游产品组合的广度,也称旅游产品组合的宽度,是指旅游企业向市场提供的较为成熟的旅游产品线(大类)的总和,反映旅游产品类别的跨度。旅游产品组合的跨度越大,说明旅游企业的多元化程度越高,即其经营的旅游产品组合类型越多。

拓宽旅游产品组合宽度,就能满足旅游者不同类型的旅游需求,从而拓展旅游市场面,提高旅游企业的应变能力和抗风险能力;也会分散旅游企业经营资源,增加经营成本,影响旅游产品的质量和竞争力,不利于提升其产品的专业化程度。

2.旅游产品组合的深度

旅游产品组合的深度是指旅游企业特定旅游产品线(大类)所包含的不同类型、档次、品种、特色的单项旅游产品,即旅游产品项目的数量,反映旅游企业满足特定类型旅游需求的全面性能力、个性化水平和专业化程度。旅游产品组合的深度既有横向的旅游产品项目的多寡之分,也有纵向的同一旅游产品项目档次(豪华游、品质游、舒适游等)、规格(深度游、体验游等)、特色(定制游、主题游等)等的差异性。

增加旅游产品组合的深度,可以提升旅游企业以不同程度、方式、层面等满足旅游者特定需求的能力,即能更好地让旅游者把某类旅游活动"玩深玩透,玩出花样和个性",从而从更深层次、不同侧面,更个性化地深化和丰富旅游者的体验,提升其满意度。因而,增加旅游产品组合的深度,既有利于提升旅游企业的专业化水平、服务质量和竞争力,又有利于对旅游市场进行区隔和细分,从而集中资源为特定市场提供更加个性化、专享、纯粹的旅游产品和服务,塑造与提升品牌形象,形成差异化优势、特色化经营、精准化营销、专业化壁垒等核心竞争力,大大提高旅游产品的黏性和客户的忠诚度。

3. 旅游产品组合的关联度

旅游产品组合的关联度是指旅游企业生产经营的各类旅游产品及其组合在生产、销售、消费等方面的相互联系程度,如在生产条件、最终用途、营销推广、渠道选择、旅游内容替代等方面互相支持的程度,有时也采用各种产品贴近该企业当前核心产品主题和特色,以及发挥核心竞争力的程度等来衡量。旅游产品组合的关联度反映旅游企业的综合性或专业化程度,关联度越小,企业综合性越高,即企业可以从事许多不同的业务;关联度越大,企业专业化程度越高,即企业深耕于某个或少数自己擅长的领域,产品的主题和特色十分鲜明。

关联度大的产品组合可以使旅游企业精于专业,有利于巩固和提高其在特定细分市场的地位,塑造和突出整体品牌和形象,从而有利于经营管理水平的提高。对于中小型旅游企业而言,比较适合关联度大的产品组合;而对于那些综合实力强的大型旅游企业集团来说,关联度较小的产品组合尽管成本昂贵,但足以保持其在各个市场和领域的强势地位,彰显企业实力,提升知名度,为争取各方资源提供信心和便利。

三、旅游产品组合的优化

1. 旅游产品组合的评价

旅游产品生命周期客观存在,旅游企业的旅游产品组合也应根据不同单项产品的生命周期进行不断调整和优化,而旅游产品组合的评价是其基础和前提。

旅游产品组合评价的重点在于各层次产品体系自身及其组合的齐全性、合理性。比如,特定旅游产品中的核心产品、形式产品、期望产品、附加产品和潜在产品的搭配关系及其市场反响;又如同一产品线的不同档次、规格、特色的产品或项目的相互关系与满足市场需求的程度等。

一般来说,旅游产品组合评价的标准包括:基于产品组合前景与趋势等的发展性评估,基于产品组合市场地位与品牌影响力等的竞争性评估,基于产品组合利润率与产出比等的盈利性等。目前比较常用的评价方法有以下几种。

第一,波士顿矩阵。波士顿矩阵以市场占有率和销售增长率进行四象限交叉分析,如图 6.8 所示。

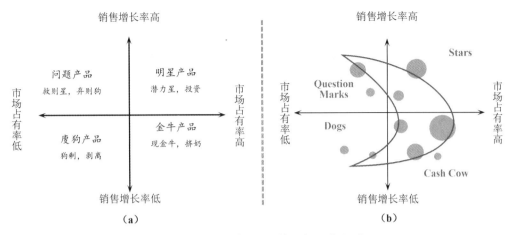

图6.8 波士顿矩阵(a)及其理想业务组合(b)

象限Ⅰ明星产品(Stars)：增长率很快，市场占有率也很高，得到的利润较好，就像明星一样，发展前途很好，这类业务处于迅速增长的市场，具有很大的市场份额。在企业的全部业务当中，明星产品在增长和获利上有着极好的长期机会，但它们是企业资源的主要消费者，需要大量的投资，企业一般应对此类业务进行保护和扶持，在短期内优先供给它们所需的资源，支持它继续发展。

象限Ⅱ金牛产品(Cash Cow)：市场占有率高，但销售增长率稳定，不再增高，像奶牛一样，吃的是草，产出的是高质量的牛奶，这种产品一般处于成熟期，市场地位有利，盈利率高，本身不需要投资，反而能为企业提供大量资金，用以支持其他业务的发展。但是，企业一定要给予足够的重视，保证、巩固它的地位，努力改进产品或开拓新的市场，尽量使其销售增长率在一定时间内都稳定，延长它的生命周期。

象限Ⅲ问题产品(Question Marks)：销售增长率较高，但市场占有率却不是很高，得到的利润有限。这类业务通常处于最差的现金流量状态，机遇和风险并存，市场增长率高，企业就需要大量投资，而市场占有率低，意味着短期内投资回收压力大。因此，企业需要判断使其转移到"明星业务"所需要的投资量及其未来盈利能力，研究是否值得投资等问题。

象限Ⅳ瘦狗产品(Dogs)：市场占有率和销售增长率都很低，像瘦狗一样，要吃饭，但是自身却没有什么价值。Dogs在英文中有长期困扰、折磨的意思，意指瘦狗产品份额少、卖不动、没潜力，是应该尽快甩开的鸡肋产品。这类业务处于饱和的市场当中，竞争激烈，可获利润很低，不能成为企业资金的来源。如果这类经营业务还能自我维持，则应该缩小经营范围，加强内部管理。如果这类业务已经彻底失败，企业应及早采取措施，清理业务或退出经营。

旅游企业的产品组合中，可能都会包含上述四种类型或者四个阶段的产品。不同产品在产品组合中发挥的作用和影响不一样。一般来说，金牛产品为明星产品和问题产品提供现金流；明星产品预示市场和企业未来的方向和趋势，是企业可持续发展的基础；瘦狗产品则可能曾经为企业发展贡献过力量，只是现在走到生命周期的最后阶段。我们可以从不同阶段产品在具体的旅游产品组合中的分布状况来判断该组合的合理性。比较理想的状态是金牛产品和明星产品较多，且具有一定的梯次，问题产品和瘦狗产品相对较少或者没有。如图6.8(b)所示,如果每个产品用一个圆来表示,圆的大小表示产品的价值大小,将产品组合中的每个产品相连起来能够形成一个月亮的形状,则表示该产品组合比较理想,发展比较合理。

第二,GE矩阵。GE矩阵又称麦肯锡矩阵、九盒矩阵,主要做法是将市场吸引力和产品线竞争力按高中低三维度进行交叉,以九宫格形式评估产品组合,如图6.9所示。

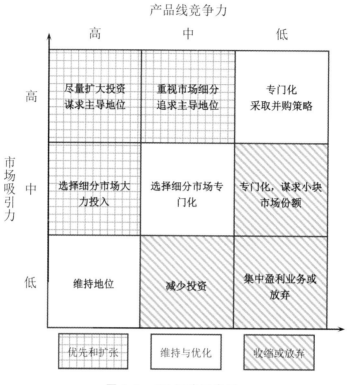

图 6.9　GE 矩阵示意图

应用 GE 矩阵必须经历以下 5 个步骤。

(1)产品组合的分解。根据旅游企业产品与服务或地域分布等,对产品组合(产品线)进行划分,形成战略业务单位,并进行内外部环境分析。

(2)确定评价因素及其权重。从总体上讲,市场吸引力主要由行业的发展潜力和盈利能力决定,企业竞争力主要由企业的财务资源、人力资源、技术能力和经验、无形资源和能力决定。

(3)进行评估打分。根据行业分析结果,对各战略业务单位的市场吸引力和竞争力进行评估和打分,并加权求和,得到每一项战略业务单元的市场吸引力和竞争力最终得分。

(4)将每个战略单位标在 GE 矩阵上。在标注时,注意圆圈的大小表示战略业务单位的市场总量规模,有的还可以用扇形反映市场占有率。

(5)对各战略单位策略进行说明。根据每个战略业务单位在 GE 矩阵上的位置,对各个战略业务单位的发展战略进行系统说明和阐述。

GE矩阵可以比较全面地对产品组合进行规划分析,只要在因素评估中考虑到未来某个时间每一因素的重要程度及其影响大小,就可以建立预测矩阵,还可以针对企业实际和产业特性,进行产品组合的关键影响和制约因素的优化分析。

图 6.10 中,如果以阴影区为界,GE 模型可用于分析产品线中 1 至 8 各个产品项目的组合状况。显然,旅游产品组合中,只有产品 8 远离阴影区,市场吸引力和产品竞争力双低,是本产品线中可以更换或舍弃的环节;产品 1、2、3 的市场吸引力很强,主要问题是竞争力均低于行业平均水准,但竞争力是相对可控的内因环节,只要企业投资和改良得当,进入阴影区问题不大。所以,总体上本产品组合较为合理,只需适度调整并积极优化即可。

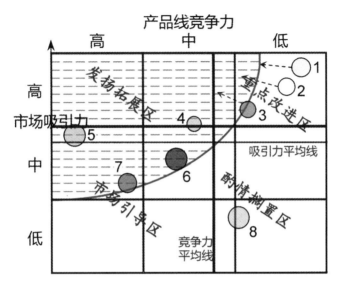

图 6.10　GE 模型产品组合分析示意图

如果以行业平均线(粗线)为界,图 6.10 又可以分为 4 个区域,只不过此时的项目 1 至 8 需要调整为制约和影响本产品线的主要因素。由图可知,因素 1、2、3 位于重点改进区,市场重视但企业不擅长,是本产品线需要努力改进的核心环节;因素 4、5 位于发扬拓展区,是目前做得比较好且市场反响不错的因素,可继续发扬;因素 6、7 位于市场引导区,是需要企业与市场积极沟通的环节;因素 8 位于酌情搁置区,既不是企业擅长的领域,也得不到市场认可、重视和关心,可暂且搁置。企业应将其核心能力构建在关键成功因素上,实现企业资源优化配置。

2. 旅游产品组合的优化

第一,旅游产品组合扩展策略。旅游产品组合扩展策略是指旅游企业在产品组合中新增一条甚至多条产品线,扩大旅游产品组合广度的策略。采用扩展策略有助于旅游企业充分利用企业资源,扩大经营范围,实现多元化经营,提高经济效益。旅游企业采用扩展策略的出发点有:① 新增产品线与原有产品系列关联度较强,即能充分利用和发挥现有资源、渠道等的富余能力,达到节约成本和提升效益,增强整体竞争力等目的;② 企业实力大幅提升,或者外部环境出现重大且长期的利好,企业还能取得某些市场、资源、竞争等的重大话语权和优势;③ 企业获得对重大竞争对手的并购和资源重组的机会和权力,且对手产品组合依然具有较大市场、品牌等影响力,或者与企业现有产品线可以融合互补;④ 原有产品线竞争压力大,盈利能力降低,甚至出现价格战,而新的市场机会随着消费行为、观念、方式等的革新而不断涌现。例如,美团、小红书等切入旅游市场就是兼具了上述多种条件:关联度强、实力大幅提升、市场和资源优势、消费方式革新等。

第二,旅游产品组合简化策略。旅游产品组合简化策略与扩展策略的思路相反,是旅游企业主动缩小旅游产品组合广度的策略。采用简化策略可以优化旅游企业资源配置,特别是提高资金利用率,强化形象管理与推广;同时实现旅游产品与服务的专门化、专业化和深度化,形成特色化、品牌化、定制化等竞争优势和市场壁垒。旅游企业采用简化策略的条件是:① 市场竞争激烈,对手强大,旅游企业及其产品组合的市场地位与影响力有限且难以提升;② 旅游企业为有效地利用资源,主动放弃获利较小或处于生命周期末段的产品系列,集中经营相对优势较为突出的细分市场;③ 旅游企业获得某些技术、资源、人才、市场等独特优势,从而可以追求专业化经营;④ 外部环境、市场消费行为模式、企业决策失误等的长期不利影响,企业不得不重新定位和改善形象,顺应市场需求和环境变化趋势。

第三,旅游产品组合更新策略。旅游产品组合更新策略指旅游企业改进现有产品和服务流程和模式,实现形式、功能、内容、质量等的创新和升级的策略。采用更新策略可以提高产品和服务质量与效率,提升旅游体验,吸引更多旅游者重游复购;也能更贴近市场需求及其发展趋势,探索更多细分市场,延长产品生命周期。旅游企业采用更新策略的原因有:① 市场消费行为模式发生重大转变,原有产品组合已经进入衰退期,吸引力大幅下降;② 新思维、新观念、新技术等在旅游业的新应用取得突破性进展,企业不得不进行流程再造和技术革新;③ 市场竞争异常激烈,各种产品和服务已经十分成熟,企业不得不在附加产品和潜在产品等领域进行附加利益、关联利益等的特色化、标志性创新;④ 为提高生产运营效率、品牌形象等,全面引进先进的管理团队、管理思想、管理技术等。

【项目4】 请运用波士顿矩阵(或 GE 矩阵),分析华住集团酒店产品和业务的组合现状。

第五节　旅游产品品牌管理

一、品牌的含义

1. 品牌

品牌是用以识别产品或企业的某种特定的标志,以便于将其产品和服务与竞争对手的商品和服务区别开来。品牌通常以某种名称、标识、记号、图案、设计及其他识别符号或是这些因素的综合所构成。

品牌和商标的区别主要体现在使用者上。一般来说,品牌"属于"购买产品和服务的消费者,是消费者用以识别产品差异并形成情感依附的符号。那些不被消费者使用和认知的所有品牌,无论它们的差异性多大,都会被这些群体归入"其他"类,如在某些消费者眼里,空调只有格力和其他,手机只有华为和其他,咖啡只有瑞幸和其他,主题公园只有方特和其他,连锁酒店只有锦江和其他,OTA只有携程和其他等。商标则是企业为保护其产品和服务的品牌要素,而在工商行政管理部门正式登记注册的特定名称、图案、文字、标识等,主要使用者是企业。没有经过注册的品牌不受法律保护,所以也就难以成为独有的识别标志——商标,甚至在被他人注册之后,就不得不放弃使用。

品牌是依托于产品并经过企业系统包装(故事、认知、人设、IP、定位等)的无形资产,是触动受众心理活动的产品标识。产品满足客户的物质需求,品牌则能满足其精神需求。每一个品牌都有特定产品支撑,但是有产品不一定有品牌。品牌不仅注重产品质量、风格、特色等,更注重产品文化、形象的树立与引领。因此,品牌和产品相辅相成,产品是躯体,品牌是灵魂。产品与品牌的概念对比见表6.6。

表6.6 产品与品牌

产品	品牌
企业生产和提供的具体的、物质的事物	消费者认知、评价、推崇的抽象的、精神的事物
满足客户物质需求为主的有形产品和无形服务	满足客户精神需求为主的无形资产
注重质量、风格、特色等功能满足,易模仿超越	注重文化、形象的树立、引领与传播,自成一派
注重形状、色彩、质地、体量等外显包装	注重故事、认知、人设、IP、定位等,内涵丰富
形成于企业和提供商,倚重市场同质化需求的满足	形成于营销,倚重市场的差异化营销和引导
是品牌的基础和支撑,有品牌一定有产品	是产品和服务的发展和升华,有产品不一定有品牌
利益追逐的需求满足性消费,难以形成忠诚度	品牌追逐的"象征性消费"为主,忠诚且主动分享
有生命周期,会不断更新换代,甚至替换、淘汰	成功的品牌永续成长,价值和影响力不断增加
影响短暂,面对危机可升级更新,甚至新瓶旧酒	影响深远,危机处理不当可能导致毁灭性灾难
三流企业生产产品,二流企业打造品牌,一流企业制定标准	

2.品牌的内涵

品牌就像人的姓名一样,不仅具备基本的识别和区分功能,更能使其载体形神兼备且饱满丰富、活灵活现、生气勃勃。就如当我们听到一个熟悉的名字,不仅能浮现这个人的身形、音容笑貌等外表，更能联想到他/她的性格、气质、修养、学识、能力等许多内在品质，从而产生各种情感上的判断，如喜好与厌恶、亲近与疏离、温暖与恐惧、景仰与鄙夷等。品牌也一样，而且更加偏重文化内涵、价值追求、生活方式、社会责任等无形层面，因此品牌成为企业及其产品的象征，是消费者的品牌忠诚度、阶层归属感、价值观与生活方式的彰显，甚至是其炫耀与伪装、虚荣心和攀比心等的外显载体。

当人们看到某一品牌时，就会联想到其所代表的产品或企业的特有品质，联想到在接受这一品牌的产品或企业时所能获得的利益和服务。这就构成了品牌的基本属性。然而，由于品牌本身又是一种文字和图案，其本身所具有的文化内涵，也会使人们产生某种联想，所以品牌的内涵就变得十分复杂。通常，品牌的内涵可从以下方面理解。

第一，属性。对于消费者而言，品牌最基本的价值就是代表着产品或企业的品质内涵，即它可能代表着某种质量、功能、工艺、服务、效率、位置，以及经济性、可靠性、安全性、扩展性等诸多属性和环节，以及这些属性和环节的保障程度。

第二，利益。消费者并不会简单地接受品牌的属性，而是从自身的角度去理解各种属性给自身带来的利益并进行评价和选择。所以，品牌在消费者的心目中，往往是不同程度、不同形式、不同组合的利益评判与象征。比如，有人使用高端产品只是冲着品质保障，而有人则是为了体现自己的文化认同、生活方式、价值观与个性等。

第三，价值。品牌不仅会给消费者带来各种利益，也会为企业创造巨大的价值，还会以各种形式传导出品牌所特有的价值观，并对整个社会形成不同的影响。品牌最大的价值是对某个群体心智资源的占有，而且品牌越高端，这种占有就越牢固，为企业带来的利润也越丰厚。即便企业退出这个市场，其他层级的品牌也极难迅速占有。比如，在美国的打压之下，2022年第一季度，华为的全球高端手机市场几乎全部被苹果拿走，OV、小米等品牌无论多努力都很难分到一杯羹，同时苹果还赚走了行业6成以上的利润，这就是品牌的力量。

第四，文化。品牌是一种文化的载体，其所选用的符号本身是一种显在文化，它可使人们产生同其文化背景相应的各种联想，从而决定其取舍。品牌所代表的产品或企业本身所具有的文化特征，也会在品牌中体现出来，被人们理解和认同，这是品牌的隐含文化。

第五，个性。好的品牌应具有鲜明的个性特征，其不仅在表现形式上能使人们感到独一无二、新颖突出，而且会使人们联想到某种具有鲜明个性特征的人或物，这样才能使品牌产生有效的识别功能。

第六，角色感。品牌还体现了一定的角色感，因为它往往会是某些特定的顾客群体所喜欢和选择的，从而使某些品牌成为某些特定顾客群体的角色象征。群体之外的人使用该品牌的产品会使人感到惊讶。这也就是使用者同品牌所代表的价值、文化与个性之间的适应性。

鉴于旅游产品的无形性，从消费者获得的承诺的角度能更好地诠释旅游品牌的内涵，即旅游品牌是企业向消费者传递的系列承诺的组合，当且仅当消费者能够识别品牌所传递的承诺，并通过体验或信息沟通认同了承诺及其带来的利益，品牌才能够真正成为企业的资产，才能为企业带来价值。

二、品牌的性质

品牌的内涵使品牌具有了一些特定的性质。

1. 品牌的依附性

品牌都依附于一定的产品和服务而存在。品牌的声誉和价值也因其所代表的产品和服务的品质优劣而不同;消费者对品牌的接受通常建立在对其所代表的产品接受的基础之上,名牌产品也首先因其品质的优良而著名。

2. 品牌的异化性

虽然品牌必须依附一定的产品和服务而存在,并因产品和服务的优劣而优劣,但是当品牌被大多数人所了解,其所代表的产品和服务的品质声誉就会转化为品牌本身的声誉,品牌就有可能脱离产品和服务而独立发挥作用了。人们很可能"认牌不认物",将某种品牌直接看作某种品质的象征。于是品牌就出现了异化,成为人们意识中某种抽象的品质、价值或文化的象征。

3. 品牌的延伸性

由于品牌的异化性,所以当某一品牌脱离其原来所依附的产品和服务,用于新的产品和服务时,其所代表的品质、价值或文化也会随之延伸到新的产品上去。人们会对冠以相同品牌的产品视为同一品质,同样表示欢迎或加以拒绝,于是就构成了品牌效应。

三、品牌的效应

1. 品牌的溢价效应

对于消费者来说,品牌溢价就是其偏好的成本和代价,对于企业而言,品牌溢价就是其产品与竞品相比所具有的高标价能力。品牌之所以能高标价,是因为消费者群体的共同且较为稳定的偏好能让企业最高效、稳定、持续地赚取利润、塑造形象。

消费者之所以愿意为其偏好付出更高的成本和代价,无外乎品牌降低了其搜寻、决策、社会、信用等各种成本。消费者对大多数产品并不了解,为了降低买到劣品风险和搜寻挑选产品的时间成本,而愿意溢价购买品牌产品,因为品牌是质量保证和售后信誉的承诺。旅游者偏好知名旅行社、品牌酒店、高等级景区等,都是因为有品牌或国家旅游机构(是另一种"品牌")的背书。

6-4 带你一起玩前卫、涨见识,看见更酷的世界

一些消费者为了彰显自己的身份、个性、态度、价值观、生活方式等,相信某类品牌能充分且高额地赋予其特殊的无形价值,降低社会认同风险,提升社会地位和形象,从而形成品牌信仰及脱离基本需求满足的高溢价"象征性消费",即消费者关心的不是品牌是什么,而是品牌让消费者成为什么。旅游本身是一种生活方式,独游时旅游者可能将就,但在家庭和群体旅行中,大多数旅游者尤其是组织者和决策者(或"买单者")会比较挑剔,高品质、高价格的旅游产品,如高档酒店和餐饮、特色化旅游项目、定制化旅游服务等,反而更受青睐,因为他的身份、态度、价值观等不允许出现众口难调的局面。

还有消费者出于怀旧、交际、兴趣爱好、收藏等情感偏好,以及对特定企业、商家、服务人员的特殊情谊和信任等,也愿意付出更高价格购买产品。旅游者为情怀买单就是典型的情感偏好溢价,有人说"差周星驰一张电影票",于是就溢价购买了 VIP 包厢,某些歌星球星的告别演出,也总能售出天价门票。我们经常看到有些旅游者或旅游组织的购买行为实际上是跟着特定人员、供应商、服务商等的流动而流动,这种溢价更确切地说属于渠道溢价。

另外,品牌的溢价效应还体现在知名品牌在话语权、影响力和带动作用等方面带来的商业价值,尤其是谈判筹码和底气,即如果品牌足够强大,就能从非消费者领域获取足够的溢价,从而大幅度优化经营和竞争环境、降低经营成本和风险等。比如,某地发展全域旅游,知名品牌旅游企业就可以凭借其影响力和带动作用,向政府和管理部门提出政策扶持、税收与资金、用地与配套、供给与保障、行业联动与供应链、人才机制与经营管理等多种要求。类似万达、方特、华侨城、世茂嘉年华等大型旅游项目的引进及企业的入驻,带来的全域旅游巨大良好的示范和带动效应,每一个地方政府都必须考虑,因此知名品牌总能获取足够的利好"溢价"。再具体一点,同样地段的酒店装修,知名品牌可以给装修公司提出许多要求,即便同档装修,知名酒店依然可以卖出更高的房价;品牌酒店转让价格比单体酒店高出很多,因为它具有更高的残值、口碑、商誉、客户价值等;商场招商入驻,知名品牌就能提出租金、场地、配套等各种要求,星巴克就是要求免租金,按营收抵扣相关费用,海底捞也有足够的底气进行谈判和"溢价"。而要想爱马仕进驻,商场不仅不能收租金,还要给最好的位置,最大的空间,给足够的装修补贴,而且爱马仕还要使用自己的独立收款系统……

2. 品牌的聚合效应

聚合效应又称聚合价值,是指成功塑造知名品牌,不仅可获得较高的利益,还可使企业在品牌效应的惯性加持之下不断发展壮大。因为名牌企业或产品能获得政策、环境、资源、竞争、市场、人才、技术、社会、舆论等各方面的巨大利好和倾斜,即溢价。消费者会慕名而来,购买、使用和推荐该品牌,也会由此及彼,选购企业的其他产品和服务;政府会给予更多的支持、爱护,促使企业及其品牌的实力得到加强;合作者也会加强合作、积极配合,建立起良好的关系。

企业通过加强与管理部门、社会及各类资本、市场与消费者、渠道及供应商、关联与支持企业等的良好互动,全方位聚合人、财、物、境等各类资源,并进行科学运营、整合和利用,使企业及其品牌逐步走上稳定、持续、良性发展的快车道,企业发展质量及实力稳步提升,实现企业长盛不衰。

研究表明,旅游企业品牌形象越好,其人才吸引力越强,其员工往往更有归属感、荣誉感、创造性、进取心、团队意识和奉献意识。他们在工作中更加积极主动,并且具有强烈的使命感、责任感和主人翁意识,更加热爱企业并自觉维护企业名誉,更愿意把自己的命运与企业的命运相连,牺牲自己的时间为企业的发展贡献力量。知名品牌的企业往往士气高涨,工作氛围好、效率高。

旅游企业不厌其烦地强调"世界500强""中国百强""全球最佳雇主""亚洲最大旅游服务供应商"等众多头衔,都是为了充分发挥其聚合价值以吸引市场、人才、技术、资本、政策等。许多游客乐于购买和接受知名旅游企业的产品和服务,并相信其有能力创造更大的价值和惊喜,因此知名旅游品牌更易于引导和激发旅游消费,甚至有可能形成独有的私域流量及其特色化传播模式。因此,一些重大的外事接待和旅游活动组织策划工作,多数都交给了知名企业。

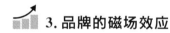

3. 品牌的磁场效应

企业品牌拥有很高的知名度与美誉度后,就在消费者心中树立起极高的威望,并具有超强的说服力和影响力,吸引着大批的追随者。消费者会认为此企业产品或品牌信誉好,质量有保障,还能体现个人的价值追求,购买或使用这种产品让人放心、自信和自豪,更是一种享受,甚至把其当作身份的象征。此种品牌就像磁石一样强烈地吸引着消费者,他们会在这种吸引力下形成品牌忠诚,反复购买、重复使用,并对其不断宣传,品牌形象进一步提高,并吸引其他品牌消费者的注意和使用,甚至使他们同样成为该品牌的忠实消费者和拥护者,进而形成品牌的良性循环。

企业品牌的知名度越高,美誉度越好,所发挥的磁场效应就越强。这不仅可以起到提升产品市场占有率的作用,更能保证企业持续稳定地发展,这就是磁场效应的稳定作用,尤其是在经济萧条和波动时期,这种稳定效应就体现得越明显,它既可以稳定军心,拉动地区经济发展,也能给投资者以信心,使人、才、物等资源不至于流走。

溢价效应让品牌自带利润,聚合效应让品牌自带能量,磁场效应让品牌自带吸引力。在营销活动中,企业必须十分注意对品牌效应的认知和利用。

使用优秀品牌的产品,品质必须也能保持优秀,否则如果发生品质低劣的问题,影响的也不只是一个产品,而是整个品牌的声誉。比如,希尔顿酒店集团多年来一直坚持采取品牌统一策略,其绝大多数产品都冠以"希尔顿"的名字,就是为了强调希尔顿始终如一的高品质,当然这也增加了希尔顿运营和管理的成本、难度和风险。

对于普通品牌,如主打"性价比"的品牌,则其向新产品的延伸需十分慎重,特别是有全新定位或需要改变企业和品牌形象的新产品,最好不用该品牌。因为这个品牌在用户心中的"普通""将就""廉价""低端"等形象很难被改变。如7天的品牌不能延伸到丽枫、维也纳,海友也绝不会延伸到禧玥、花间堂等品牌。如果将一个原来用于中低档产品的品牌,延伸到高档的产品上去,人们也会将高档产品误解为是中低档的产品。

四、旅游品牌要素

品牌要素是指企业可操控且有助于形成特定品牌联想和品牌形象的营销变量的总和。企业选择和塑造出支撑品牌形象的品牌要素,并形成消费者的品牌认知和品牌联想。旅游品牌要素的选择应从人的知觉规律出发,选择旅游者最关注的属性和特征,并予以抽象化、形象化等适当加工和升华,然后通过沟通、参与、体验等营销活动引导、强化、固化旅游消费者的品牌联想和品牌识别。

旅游品牌一旦形成,将成为强化旅游产品差异化与识别度的有力手段,大大提高旅游产品附加值和竞争优势,并建立和发展旅游企业与顾客的牢固关系,最终成为凝聚各种资源和力量的巨大推手,以及旅游企业内修品质、外树形象的旗帜。

1. 旅游品牌标识

旅游品牌标识包括旅游品牌的名称、标识、标语,是旅游品牌的三种展示方式。旅游品牌名称应该易记、有特色,能够支持标识和标语,并提供品牌联想。同样,旅游标识和标语的设计应有利于品牌识别和定位,从而创造积极的品牌联想。名称是品牌基本的核心要素,是品牌认知、沟通和形成品牌概念的基础。名称与品牌之间的差异在于名称只有辨识功能,而品牌则附有认同感和个性在内。标识与标语是品牌的其他展示方式,如武汉动物园标识(图 6.11)初看是金丝猴形象,细看则是本园多种明星动物形象的组合;"携程在手,说走就走""出门玩之前,先上马蜂窝"等标语更是将旅游企业的印记牢牢打进旅游者内心。

图 6.11 武汉动物园标识

2. 旅游品牌认知

品牌知名—品牌认知—品牌联想—品牌忠诚是品牌建设的四段里程,即:一个成功的品牌,首先应该具备比较高的知名度,然后是受众对该品牌的内涵、个性等有较充分的了解,并且这种了解带来的情感共鸣是积极的、正面的,最后,在使用了产品、认可了产品价值后,还会再次重复购买,成为忠诚的消费者。

品牌认知是消费者对品牌固有的印象和感知,即消费者对品牌内涵及价值的认识和理解度,它包含了品牌与产品类别间的联系。简单说,品牌认知就是大众对于品牌的了解程度,是被大众第一时间认出或想起的能力。当需求产生以后,大多数消费者会选择自己熟悉的品牌,至少是知名度较高的品牌,因为这样可以降低选择的成本和风险,因此品牌认知就是抢占用户心智资源,是企业持久"流量"的根源。

为提高品牌认知度,旅游企业通常需要做到三点:第一,基于用户需求准确定位品牌,找准要服务的典型细分人群与品牌的深层联结;第二,创造品牌记忆点,设计好读、好记、好传播的品牌标识;第三,强化用户体验和心理认知,持续讲述和演绎深入人心的品牌理念和品牌故事。

6-5 读懂三大品牌模型

3. 旅游品牌感知质量

通常,我们理解的产品和服务质量基于三种质量,即真实质量、产品质量、生产质量。真实质量指产品和服务的优质程度;产品质量指产品反映物体满足需要的能力和特性的总和;生产质量指生产过程是否符合规范达到零缺陷目标。

旅游品牌感知质量是消费者了解旅游产品和服务之后,心理上对该产品和服务相对于其他产品和服务的质量或优势的整体感受。这种感受是基于产品和服务质量,又完全超越产品和服务质量的主观感受。比如,我们第一次购买旅游纪念品为什么会偏爱"老字号",我们为什么还没入住就觉得五星级酒店肯定比高端连锁酒店好。这就是旅游品牌感知质量的作用,它往往可以左右消费决策。

从品牌资产角度看,感知质量对品牌塑造至关重要:其一,感知质量对企业而言是溢价优势,于客户是购买理由,于渠道成员是更高的利益和回报;其二,在所有品牌联想中,只有感知质量可以推动财务绩效,是对投资回报率最为重要的贡献因素,是顾客满意度的主要驱动因素;其三,感知质量是品牌定位和品牌扩展的关键维度,常常成为差异化的定位点;其四,感知质量通常是消费者购买决策行为的核心,是品牌识别的最低衡量标准;五是感知质量能够创建对真实质量、产品质量的感知。

旅游企业应该明白:人们对旅游品牌感知质量的判断可能不准确甚至错误,因此旅游企业不能光做质量不做感知;旅游产品和服务的质量很难迅速提高,而感知质量能降低低质量及负面形象的影响;旅游企业不要盲目追求质量,却无法回应消费者诉求,感知质量就是客户关系晴雨表。

要提高旅游品牌感知质量,需要做到以下几点。

第一,提供高质量的产品和服务是旅游品牌感知质量的根基,旅游产品和服务需要依据市场需求进行性能、可靠性、体验感、价值感等的优化,同时也要注重企业服务能力、素质、资质等的不断提升。

第二,发出高质量的信号,旅游市场已经进入"酒香也怕巷子深"的白热化竞争阶段,高质量的产品一定要想尽一切办法被消费者感知到,一是从服务设计和流程优化上,尽可能改良、创造、优化更优质的服务接触点,在细微处创造惊喜,如海底捞在洗手间配备牙刷牙膏;二是在整体营销推广上,高质量和惊喜一定要让消费者看得到、听得见、摸得着、记得住、传得开,最好能体验,能验证质量承诺;三是传播平台和渠道需要匹配"高"这一特点,如在央视做广告就会有央视背书的光环,适当抬高价格也能传递高质量的信号。

第三,建立品牌实际与感知质量的匹配、验证支持体系。顾客会时时处处想方设法验证旅游企业的质量承诺,旅游企业不仅要罗列各种理由和依据,如头衔、奖项、证书、检测报告等,更要用实际行动捍卫自己的质量宣言。如西贝承诺"任何菜品不合口味都可以无条件退换",如果有一次不能兑现,将彻底击垮西贝的品牌形象。

4. 旅游品牌联想

品牌联想是消费者品牌知识体系中与品牌相关联的一切信息结点,包含了消费者对特定品牌内涵的认知与理解。简单说,品牌联想就是顾客关于品牌所联想到的事物,包括感觉、经验、评价、品牌定位等。品牌联想反映了顾客对品牌的认知、情感和态度,进而影响其消费行为,同时也预示着其未来的行动倾向,以及品牌的未来收益能力。品牌联想可以用强度、认同度和独特性进行测量,品牌联想与这三个指标的总和便构成了品牌形象。

出色的品牌由于具有更多、更强、更独特、更鲜明、更丰富、更具顾客价值的品牌联想,往往被消费者优先考虑。当他们使用后,所主张的联想得到印证,甚至超出期望,品牌联想和品牌形象就得到强化,经过多次强化的品牌联想会被口碑传播、分享和推荐,进而影响其他消费者对该品牌的联想。

品牌联想复杂多样,根据品牌联想的抽象程度,品牌联想分为属性联想、价值联想、态度联想三类。

第一,属性联想。

属性是刻画一种品牌的产品和服务的描述性特征。属性还可以划分为产品相关属性与非产品相关属性。产品相关属性是指消费者所寻求的发挥产品和服务功能必不可少的因素,这些因素能决定产品的性能和本质,如酸奶的产品相关属性包括原料、浓稠度、口感、营养成分等。非产品相关属性能影响顾客的选择和消费过程,但不会直接影响产品性能,如产品包装、价格、制造商、品牌使用者形象、品牌个性等。

第二,价值联想。

消费者关心的不是品牌是什么,而是品牌让消费者成为什么,这就是价值联想,即消费者认为这种产品和服务能为他们带来什么价值和意义,以及它能更广泛地代表什么。根据潜在动机的不同,价值划分为功能性价值、标志性价值、体验性价值。

功能性价值通常与产品属性一致,常常与基本动机相关,体现了马斯洛需求层次理论中的生理需要、安全需要。标志性价值是产品和服务的外在价值,常与非产品相关属性有关,尤其涉及使用者形象。标志性价值体现了马斯洛需求层次理论中潜在的社会认同、自我表现、交际与自尊的需求。体验性价值是指能够引起消费者使用产品和服务兴趣的价值,它同时对应于产品相关属性和非产品相关属性。这些价值能够满足体验性需求,如感官满足、多样化、审美、认知刺激等。

第三,态度联想。

态度是最抽象也是最高层次的品牌联想。品牌态度是指消费者对一个品牌的总体评价。消费者的品牌态度通常取决于属性和价值的综合考虑。

一个品牌的联想是众多的,旅游企业更关心的是直接或间接影响到旅游行为的联想因素,旅游产品特征和旅游者利益是两种重要的联想。此外,还有一些其他的因素,如旅游产品应用,使用产品的类型,表达出旅游者的生活方式、社会地位、职业角色等。

5. 旅游品牌忠诚

品牌忠诚包括态度忠诚和行为忠诚两方面。态度忠诚是指某一品牌的个性与消费者的生活方式、价值观念相吻合,消费者对该品牌已产生了情感,甚至引以为豪,并将其作为自己的朋友和精神寄托,进而表现出持续交易的欲望和行为。行为忠诚是指消费者在交易行为上能够持续购买某一品牌的产品和服务,这种行为的产生可能源于消费者对这种品牌内在的好感,也可能是由于交易冲动、服务活动、消费惯性、转换成本或市场覆盖率高于竞争品牌等其他与情感无关的因素促成的。

品牌忠诚是旅游品牌营销的终极目标之一,是一种重要的无形资产。旅游者对旅游品牌的忠诚降低了旅游营销费用,这些现存的旅游者基础有助于形成新的旅游者,产生可见的品牌认知。品牌忠诚是由许多因素产生的,其中最重要的是使用经验,品牌忠诚与使用经验紧密地联系在一起,品牌忠诚也部分地受到品牌资产中其他因素,如品牌认知、联想、所体现的质量的影响。因此,旅游企业应正确对待旅游者,使旅游者对旅游服务感到非常满意,确保旅游者有积极有益的旅游经历。

五、旅游品牌模型

1991年,大卫·艾克提出品牌管理就是管理品牌资产,在营销学领域创建了品牌学。建立起包含品牌知名度、品牌认知度、品牌联想度、品牌忠诚度和专有品牌资产的五星模型。不久后,凯文·凯勒出版《战略品牌管理》一书,提出了基于消费者的品牌资产模型(Customer-Based Brand Equity,CBBE),分析了构成一个强势品牌的主要要素和企业打造强势品牌的方法这两个核心问题。

如图6.12,CBBE模型认为:一个品牌包括显著性、绩效、形象、评价、感觉、共鸣六大要素,这六大要素又分为品牌识别、内涵、反应、关系四个层次。

首先,打造品牌要建立品牌标识,关键是创造品牌显著性,即让品牌容易被消费者认出来、时常讨论,当其有相关需求或想法,第一时间能想到这个品牌。

其次,塑造品牌内涵。主要包括品牌绩效和品牌形象塑造与提升。绩效又称性能,指品牌的功效、品质、可靠性等。形象主要来自四个方面:用户特征、购买渠道和使用条件、个性与价值、品牌历史传统和发展历程。

再次,与消费者建立关系,引导品牌正向反应。品牌反应包括评价和感觉两个要素。评价代表消费者对品牌的理性看法,包含可信度、购买考虑和优越性。感觉代表消费者对品牌的感性看法,包含品牌是否让消费者感到安全、开心、激动、自尊、社会认可等。

最后,与消费者缔结品牌关系——共鸣。让消费者产生归属感,提升忠诚度,主动参与到品牌传播中来。

图 6.12 CBBE 模型

品牌首先寻求的是人的记忆反应（认识、记住你是谁），其次是认知反应（了解、认知你的价值），然后是情绪反应（认可、认同你的价值观和形象），最后是行为反应（思想和行为忠诚），这就是品牌模型的全部要义。在关于品牌的五星资产模型以及品牌动力金字塔模型中，几乎也展现了相同的结论。从这个角度看，品牌更像是一种消费心理现象。品牌打造的过程也更像是心智资源的占领和争夺的过程。CBBE 模型较好地诠释了这种观点，其构成与应用如图 6.13，左边代表了品牌四个层次的构成，右边则能展示四大层次的应用及其策略。该模型为品牌打造提供了一种思路。

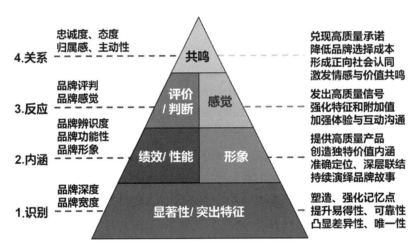

图 6.13 CBBE 模型的构成与应用

如识别层次（认识）是为了便于消费者记忆。从品牌深度而言，就是要让消费者容易辨识和记忆传播，因而企业需要采取设计和塑造品牌标识系统及其推广宣传，凸显产品和服务的差异性和唯一性等手段；从品牌广度而言，就是要让消费者易得易用，企业就需要在产品价格、渠道、覆盖面等领域下功夫，让顾客能较为轻松、容易、放心地消费。

内涵层次（认知）是为了让产品的功能和形象深入人心。绝大多数品牌被认识和认同的基础就是产品品质过硬、特色鲜明，甚至某些方面不可取代，企业可努力提供稳定的高质量产品和服务，准确定位市场需求并建立品牌与顾客的深层联结，不断丰富其独特的价值内涵和附加值，通过持续和始终如一的品牌故事演绎等活动，进一步强化品牌辨识度、功能性和形象。

反应层次(认同)是为了在消费者心中建立品牌的正面形象和反馈。让消费者能够积极评价品牌的优越性,同时品牌也积极响应消费者对社会认同、自尊和个人价值实现等的高层次需求。企业需要不断释放品牌的持续且稳定的高质量的信号,强化品牌带给消费者持续积极的利益与附加值,加强品牌与消费者的沟通互动,提供足够深度、丰富和全面的品牌体验。

关系层次(忠诚)是为了建立起品牌与消费者之间牢固的共同体。消费者群体逐渐形成归属感、主人翁意识等倾向性态度,不仅习惯购买而且主动介入品牌宣传推广活动中,甚至参与品牌建设和发展中;企业不断兑现其高质量的宣言和承诺,不断降低消费者的选择成本,建立起高度的品牌信任感;在符合时代、民族、细分市场、社区与社会等价值追求的基础上,不断强化品牌正向而鲜明的情感和社会认同,从而使品牌"活化"。

六、旅游品牌策略

1. 品牌化策略

品牌化策略又称品牌化决策,是指企业是否对其产品规定品牌名称。在市场中,并非所有的产品都有必要建立品牌,例如,未经加工的原料产品、很难形成独特风格的初级产品、消费者习惯上不考虑品牌的商品、难以形成差异的简单商品等。采用无品牌策略,短期内可以给企业节约很多成本,但这样做并不利于企业及其产品的长久发展。随着生存发展、市场竞争的不断升级和加剧,以及生活方式、消费行为和模式等的不断进步,无品牌策略对企业发展的限制越来越大。对于生产者来说,品牌有助于他们进行产品介绍和促销、进行市场细分、培育回头客,并在此基础上形成顾客的忠诚度;此外,注册商标可使企业的产品特色得到法律保护,防止他人模仿抄袭,从而保护创新者的利益。对于购买者来说,品牌和商标作为获得产品信息的重要来源,可以帮助他们识别、选择和评价不同生产者生产的产品,大幅度降低消费者的选择成本,并可通过诸如消费名牌产品等方式获得心理的满足和回报。

2. 品牌使用者策略

在这方面,企业有三种策略可供选择:企业可以决定用自己的品牌,这种品牌叫作生产商品牌;企业可以决定将其产品转卖给中间商,中间商再用自己的品牌将产品转卖出去。这种品牌叫作中间商品牌、私人品牌;企业还可以决定部分产品使用自己的品牌,部分使用中间商产品。在旅游企业中一般使用自己的品牌,而一些旅游零售商则往往采用批发商或旅游经营商品牌。

3. 品牌统分策略

品牌统分策略,又称为家族品牌策略,指企业决定对其产品分别使用不同的品牌还是统一使用一个或几个品牌。在这个问题上,也有不同的选择。第一,个别品牌名称,即企业各种不同产品分别使用不同的品牌,其优势在于整个企业的声誉不至于受到某种产品的负面影响;第二,统一品牌名称,即企业所有的产品都统一使用一个品牌名称,其优势在于促销成本低且形象鲜明;第三,分类品牌,即企业的各类产品分别命名,一类产品使用一个牌子。这种策略适用于不同产品类别且市场差异大的企业;第四,企业名称加个别品牌名称,即企业决定其各种不同的产品使用不同的品牌,而且各种产品的品牌前面还冠以企业名称,通常连锁饭店采用这一模式,如武汉万达瑞华酒店等。

4.品牌扩张策略

品牌扩张策略是随着企业的发展和产品线的变革,对品牌进行发展和延伸的策略。品牌延伸是品牌扩张的常见策略,是企业利用其成功品牌的声誉推出改良产品或新产品的策略。品牌延伸的优点是有利于新产品顺利进入目标市场,降低市场导入费用和促销成本,降低市场风险,加快新产品市场定位,有利于品牌效应的递增与强化,促使品牌增值。但是,品牌延伸会将现有产品的特征和特性的认知移植到新产品上。因此,当新产品与原有产品缺乏共性时,使用这一策略,往往会产生品牌冲突,甚至影响原有品牌的形象。

当企业旗下的不同产品差异性越来越明显时,企业可能会选择给其中的一种产品或新产品确定一个新的品牌,这就是品牌分化策略。品牌分化往往给企业带来多样化的形象,从而提高对不同市场的吸引力。

品牌联合往往在两个强势品牌之间进行兼并或收购的时候发生。为了保持对原有两个品牌的忠诚顾客的吸引力,或者使得新品牌兼有原来两种品牌的优势,就会将原来两个品牌联系在一起形成新的品牌。不少酒店进行委托管理的时候,都会将原有酒店名称与受托方的名称联合在一起,如武汉保利白玫瑰酒店、武汉富力万达嘉华酒店等。

【项目5】 请运用CBBE模型,为明德酒店制定品牌打造和提升策略。

◇ 本章小结

第一,旅游产品,也称旅游服务产品,是由线路、项目、组织、环境等多种要素组合起来的产品和服务的集合体,既包括旅行商集合景点、交通、食宿、娱乐等设施设备、活动项目及其相应服务,也包括景区、饭店等单个企业提供给旅游者的产品和服务。一个完整的旅游产品,一般由旅游吸引物、旅游设施、旅游服务和可进入性等构成。

第二,旅游企业要在市场竞争中保持自己的领先优势,就是应当从以下五个层次上去认识旅游者对旅游产品的不同需求:旅游核心产品、旅游形式产品、旅游期望产品、旅游附加产品、旅游潜在产品。

第三,旅游产品生命周期各阶段特点。

	投入期	成长期	成熟期	衰退期
产品	基本的产品 质量一般不太稳定,不太成熟,用户不满和抱怨较多、投诉较多	改进和扩展的产品 随着制度、培训、服务等不断完善,旅游产品和服务质量不断稳定提高	多样的产品 旅游产品和服务质量已很稳定,改进和完善的空间已经不大,质量虽重要,但产品质量竞争逐步转向特色竞争、定位竞争、渠道竞争等	适当的产品 旅游产品和服务质量稳定,但创新空间和潜在价值小,几乎被市场和企业冷落
竞争	新产品在刚投放市场销售时,同类竞争者一般较少,甚至没有	市场认知程度大为提高,进入门槛低,后来者纷纷模仿,竞争压力骤大	市场很快饱和、竞争空前激烈,市场开始重新洗牌,知名企业优势越发明显,市场、品牌等垄断开始显现,各细分市场的错位竞争开始成为主流	竞争者纷纷退出市场,但旅游产品生存压力依然巨大
销售	旅游者对新产品的了解和认知程度不高,产品往往销路不畅	旅游者对旅游产品的了解和认知程度提高,旅游产品销售额快速增长	销售量虽有所增长但增速大大减缓甚至停滞,部分缺乏创新和实力的企业逐渐显出疲态,生存环境开始恶劣,有特色的产品才有较好销路	市场偏好发生巨大转移,没有与时俱进的旅游产品和服务,销售量急剧下降
渠道	销售渠道往往较单一,中间商不愿推介和代理	中间商迅速加入,销售渠道逐渐被打开,渠道问题突出	销售渠道已经十分成熟和稳定,以协作商、供应商、流量、社群等为代表的渠道为王时代到来	渠道商纷纷改变策略,产品被各方冷落
利润	单位旅游产品成本很高,利润很少,甚至亏损	单位成本下降,企业盈利增长,高净利产品受到欢迎	单位成本较稳定但呈上升趋势,利润较高但开始出现下滑迹象,后期竞争白热化,迫切需要更多的创新和延伸	单位成本快速上升,利润迅速下降,甚至发生亏损

续表

	投入期	成长期	成熟期	衰退期
顾客	创新者和早期采纳者：洞察力强、眼光超前，敢于尝鲜，外向乐观，易成关键意见领袖；较为挑剔且小众	早期大众：崇尚流行和时尚，长于跟进，愿意冒险，看重他人经历或推荐，也乐于分享，较随和大度；大众群体	后期大众：生活阅历丰富，见识较为广博，处事稳重理性，善于思考和收集信息，富有主见，乐于参与，倾向于选择相对成熟、口碑不错的旅游产品，购买力较强，对产品品质、特性或性价比等有较高要求；大众群体	保守者和怀旧者：自律性强、善良朴素、多愁善感，倾向于需求对口、高性价比的可靠产品，较挑剔；多为老年群体

第四，旅游产品生命周期各阶段营销策略。

策略	投入期	成长期	成熟期	衰退期
营销目标	市场进入、市场扩张	市场扩张、市场渗透	市场细分、市场保持	市场跨越/酌情退出
运营方向和重点	种子顾客的拉取和运营，需求挖掘、功能探索、产品定位、商业模式确定	目标群体的吸收运营，围绕拉新进行产品迭代，继续修正商业模式	高价值和细分用户维护，围绕变现进行产品迭代，思考新爆发点（上下游延伸、产业整合）	跨圈层用户吸引和激活，重新审视渠道圈层、重新挖掘需求、重新定位
主要营销策略	培育产品认知和用户黏性；提升知名度、满意度；提高渠道信心；提升用户体验，采取快速撇脂/快速渗透/缓慢撇脂/缓慢渗透策略	完善与改进产品，提升美誉度、认可度；制定新的宣传策略，打造品牌和形象；巩固现有市场，构筑和强化竞争壁垒；开拓分销渠道和新市场	旅游产品改革，巩固顾客忠诚度，增强旅游产品竞争力；市场策略调整，发掘产品新用途、新渠道；调整营销组合，取得形象优势和竞争优势，提高顾客转移成本；开发旅游新产品	可选策略包括：维持策略，暂时保留部分生产能力；收缩策略，维持旅游产品的集中营销；撤退策略，缩短衰退期时间

第五,"八段式"的新产品开发模式:旅游新产品开发计划、点子发掘、筛选与评价、概念测试、商业分析、产品设计与检验、市场测试、商品化。

第六,一般来说,旅游企业的产品组合的差异性及其程度,可用旅游产品组合的广度、深度和关联度来描述和衡量。旅游产品组合的广度是指旅游企业向市场提供的较为成熟的旅游产品线(大类)的总和,反映旅游产品类别的跨度。旅游产品组合的深度是指旅游企业特定旅游产品线(大类)所包含的不同类型、档次、品种、特色的单项旅游产品,即旅游产品项目的数量,反映旅游企业满足特定类型旅游需求的全面性能力、个性化水平和专业化程度。旅游产品组合的关联度是指旅游企业生产经营的各类旅游产品及其组合在生产、销售、消费等方面的相互联系程度,如在生产条件、最终用途、营销推广、渠道选择、旅游内容替代等方面互相支持的程度,有时也采用各种产品贴近该企业当前核心产品主题、特色及发挥核心竞争力程度等来衡量。旅游产品组合的关联度反映旅游企业的综合性或专业化程度,关联度越小,企业综合性越高,即企业可以从事许多不同的业务;关联度越大,企业专业化程度越高,即企业深耕于某个或少数自己擅长的领域,产品的主题和特色十分鲜明。

第七,品牌是依托于产品并经过企业系统包装(故事、认知、人设、IP、定位等)的无形资产,是触动受众心理活动的产品标识。产品满足客户的物质需求,品牌则能满足其精神需求。品牌和产品相辅相成,产品是躯体,品牌是灵魂。

第八,溢价效应让品牌自带利润,聚合效应让品牌自带能量,磁场效应让品牌自带吸引力。在营销活动中,企业必须十分注意对品牌效应的认知和利用。

第九,品牌首先寻求的是人的记忆反应(认识、记住你是谁),其次是认知反应(了解、认知你的价值),然后是情绪反应(认可、认同你的价值观和形象),最后是行为反应(思想和行为忠诚),这就是品牌模型的全部要义。

◇ 本章思考题

1. 简述旅游产品的概念及其构成。
2. 试述旅游产品的特性。
3. 试述旅游产品的层次。
4. 试述旅游产品生命周期及其典型形态。
5. 试述旅游产品生命周期的主要影响因素。
6. 试述不同旅游产品生命周期的形态。
7. 试述旅游产品生命周期各阶段的特点。
8. 简述旅游产品投入期的营销策略。
9. 试述旅游产品成长期的营销策略。

10. 试述旅游产品成熟期的营销策略。
11. 试述旅游产品衰退期的营销策略。
12. 试述旅游产品生命周期各阶段营销策略。
13. 简述旅游新产品的概念。
14. 简述旅游新产品开发的必要性。
15. 试述旅游产品组合的差异性。
16. 简述品牌的内涵。
17. 简述品牌的效应。
18. 试述旅游品牌要素。

第七章 旅游价格策略

> ◇ **本章目标**

■ **知识与技能**

能阐述旅游价格的特征和作用;能分析旅游价格的主要影响因素;能说出旅游产品定价的主要目标;能说出旅游产品定价的程序;能熟练运用常用的旅游产品定价方法对旅游产品进行定价,能灵活运用旅游产品定价策略进行产品定价和调整。

■ **过程与方法**

通过旅游产品定价主要影响因素的分析,弄清旅游产品定价的基本原理;通过旅游产品定价目标的选择,训练旅游产品定价的观念和思维;通过旅游产品定价方法的使用,使学生熟练掌握旅游产品定价的技能和技巧;通过旅游产品定价策略的运用,使学生熟练掌握旅游产品价格调整、应对价格竞争、制定基于目标的价格策略等的技能和技巧。

■ **情感态度与价值观**

培养尊重市场和消费者、科学合理区隔市场的意识;建立诚信经营、协作共赢的基本观念;培养乐观向上、脚踏实地、严谨自律的品质。

■ **项目与方法**

本章涉及的常见方法有成本加成定价法、盈亏平衡定价法、目标成本定价法、目标收益定价法、差别定价法、认知价值定价法、声望定价法、需求弹性定价法、随行就市定价法、排他性定价法、率先定价法、边际贡献定价法等。通过本章学习需要完成的项目:请分析明德酒店产品价格结构与特征,谈谈你自己的看法和建议;请调查学校周边至少4家不同类型酒店的价格,尝试分析这些价格差异形成的原因和意义;请完成本节"成本导向定价"中两个计算题的计算过程;学校食堂"网红手抓饼"欲涨价30%,请从认知价值定价角度提出相关策略;我们调酒实验室采取免费供应的策略,但多年运营下来,均未出现亏损情况,你知道是怎么实现的吗?请先设计一个方案,为实验室持续运营提出意见建议,然后调研学长们的运营思想和经验教训,在对比的基础上,完成一份不少于300字的总结。

◇ 引 例

惠游湖北 助力湖北旅游提质增效

一、2019年:惠游湖北 实现经济与社会效益双丰收

4月至6月,湖北省文化和旅游厅开展了"花点时间·惠游湖北"2019全省全域旅游惠民大行动,为游客免费提供包括全省11个5A级景区、重点4A级景区和乡村赏花区域在内的125家景区门票,受到省内外游客的热烈欢迎,引导了百姓消费,刺激了旅游经济。

一是拉动了文化旅游综合消费。活动期间成功发放门票20.6万张。受此带动,今年五一全省共接待游客3806.6万人次,旅游总收入177.9亿元,同比分别增长32.67%、32.42%。端午节期间共接待游客1769.24万人次,旅游总收入69.8亿元,同比分别增长13.5%、14.43%。

二是宣传了湖北旅游形象。惠民大行动的大力宣传,进一步提升了湖北省"灵秀湖北 楚楚动人"的文化旅游主题形象。4月26日至5月5日,"惠游湖北"小程序的访问量达6994万人次。活动信息被学习强国平台刊发推送,赠券预约的单条信息阅读量达10万余次。参加惠民行动的游客总体好评率达到90%。

三是放大了品牌形象辐射范围。参加本次惠民大行动的外省游客预约门票2.2万份,占成功预约数的10.58%。入园消费的游客涵盖28个省市区和香港特别行政区,提升了外省游客对湖北旅游的认可度。

四是推动了全省文化旅游均衡发展。重点景区、重点城市的龙头地位进一步巩固,如黄鹤楼公园、海昌极地海洋公园、知音号、武当山、神农架等景区门票全部约满。同时,十堰、黄冈、襄阳等地景区也受到市场热捧,全省文化旅游发展雁群效应正在形成。

二、2020年:"惠游湖北"百日5300万游客免费游荆楚

11月15日,"与爱同行惠游湖北"活动开展100天。活动开展以来,湖北参加免门票开放的390家A级旅游景区累计接待游客5338.02万人次,景区旅游综合收入51.19亿元。随着活动的深入开展,湖北旅游景区综合效益不断提升,外省团队游客日益增多,"与爱同行 惠游湖北"活动激活市场消费效果明显,活动影响持续扩大。

1.七成以上景区实现正增长

自8月8日"与爱同行惠游湖北"活动启动以来,湖北390家A级旅游景区对全国游客免费开放。三个多月来,湖北各大旅游景区收获超高人气。截至11月7日,神农架十大景区入园游客量同比增长49.93%,全年实现正增长目标可期;截至11月16日,武当山景区今年累计入园达56.76万人次,是去年同期的145%;襄阳盛世唐城景区从8月8日至11月1日,接待游客量达101.9万人次,突破百万大关。武汉木兰草原景区从今年五一开放到10月底,接待游客116万人次,超过去年同期水平⋯⋯

统计显示,截至 11 月 15 日,湖北全省已有 299 家景区游客接待量达到或超过去年同期水平,占比 76.67%,有 341 家恢复到去年同期 80% 以上,占比 87.44%。

2. 旅行社组团量超去年同期

"惠游湖北"活动开展三个多月以来,中国旅游集团旗下湖北中旅、武汉国旅、宜昌国旅 3 家旅行社国内游接待量均超过去年全年,"这个活动非常好,市场效果显著,给我们带来极大的信心。"中国旅游集团董事长万敏日前在接受媒体采访时表示。据介绍,截至 10 月底,中国旅游集团湖北组团人数已经突破 10 万人次。

"在 39 家省级和重点城市子公司中,湖北康辉复工情况是最好的,今年 8 月就实现了单月盈利。"中国康辉旅游集团总裁王应荣表示,湖北康辉迅速满血复活,得益于"惠游湖北"活动对旅游市场的拉动作用。从活动推出到现在,湖北康辉接待的游客超过了 10 万人次。

据统计,截至 11 月 15 日,湖北旅行社组接团游客累计 1090.96 万人次,超去年同期约 589.87 万人次(以 100 天计),同比增长 117.72%。其中,外省游客达到 298.88 万人次,占比 29.62%。从活动启动到 11 月 15 日,湖北累计接待组接 1000 人以上团队达 65 个。

3. 有效激活市场消费

11 月 16 日,湖北省十堰市发布"惠游湖北"活动成绩单:活动启动以来,该市游客接待人次和旅游综合收入分别达到去年同期的 106%、105%,全部实现正增长。在旅游景区门票全免的情况下,全市景区综合收入不降反增,增幅达到 25% 左右。纳入预约的 47 家景区累计入园 384 万人次,综合收入超过 15 亿元。十堰市 73 家景区接待游客 765.5 万人,实现旅游收入 25.79 亿元,同比分别增长 45%、21%;市外、省外游客占比达 60%。

游客的大量涌入撬动消费升级。全市餐饮行业销售额同比增长 35.2%,星级饭店平均入住率达 75.2%,社会商务酒店平均客房出租率达到 60%,香菇、木耳、葛根、道茶、水产等系列土特产品以及旅游商品销售量同比增长 16.39%。全市乡村旅游景点旅游接待量同比增加 40%。五龙河景区实现二次消费项目收入同比增长 18%。在政策和市场的多重刺激下,2020 年,十堰市签约文旅项目 10 个,计划总投资近 200 亿元。

十堰市是"惠游湖北"促进湖北市场复苏、激活市场消费的一个缩影。据湖北省统计局公布的数据,受"惠游湖北"活动的有效带动,今年 10 月,全省限上住宿业营业额同比下降 10.0%,降幅环比收窄 3.5 个百分点;餐饮业营业额同比增长 6.1%,环比提升 4.1 个百分点。截至 11 月 15 日,湖北省星级饭店复工数为 354 家,复工率 94.4%。

7-1 @全球游客
湖北亿元补贴
邀您来旅游

新冠疫情之前,湖北就以免门票等形式,推动实施了全域旅游惠民大行动,2019 年累计减免门票 3000 余万元,拉动了湖北旅游综合消费、树立了湖北旅游品牌形象、进一步完善了湖北全域旅游服务体系和质量;疫情之后,"惠游湖北"活动提升优惠和补贴力度,从最初千万元的免门票,到数亿元的旅游补贴政策,实现了旅游综合收入、旅游效益、旅游形象、旅游服务质量等诸多关键指标不降反升的奇效;近两年,湖北又酝酿在"惠游湖北"活动基础上,实施超亿元的"引客入鄂"奖励补贴办法,邀请全球游客来鄂旅游。从游客、经营者、管理者等旅游相关者,到景区、餐饮、住宿、交通、商业等旅游相关行业和企业,从湖北到全国,再到全球的游客均可受益,比如,从境外、省外包机来湖北旅游、住宿2晚以上的,将给予包机旅行社最高3万元的奖励,团队每多住一晚再奖5000元。真金白银的奖励、补贴政策让旅行社愿意降低产品价格,让利给游客。与省级奖补政策叠加,恩施、武汉等地也在推出旅游补贴套餐,天河机场还为中转旅客推出了一次值机、免费吃住等服务。

(资料来源:https://www.mct.gov.cn/whzx/qgwhxxlb/hb_7730/201907/t20190730_845376.htm;http://www.ctnews.com.cn/jqdj/content/2020-11/20/content_91764.html;https://hb.cri.cn/n/20210113/396ff276-16ce-b9ef-99e3-3cc1c6e0983f.html;https://news.hbtv.com.cn/p/2377533.html.)

【思考】

1. 在不伤害旅游者体验的前提下,旅游企业和旅游管理部门采用免门票的价格策略,如何确保经济、社会、生态等效益和服务质量的全面提升?

2. 旅游产品适合薄利多销吗?你认为旅游者对旅游产品哪些方面的价格比较敏感?

通过本章的学习,相信你不仅能很好地回答上述问题,还会有更多收获。

第一节 旅游价格概述

一、旅游产品价格的构成

产品价格是产品价值的货币表现。产品价值一般由生产过程中消耗的生产资料的价值、生产者为个人消费的劳动的价值、生产者为社会劳动所创造的价值由三部分构成,这种构成表现在货币形态上,就是生产成本、利润和税金。产品从生产领域进入消费领域,在流通中所发生的各种耗费,通过货币形式表现出来的费用是商品(产品)流通费用,这些费用又必须通过产品价格得到补偿。因此,价格作为产品价值的货币表现,由四个因素构成。

(1)生产成本。生产成本是在生产产品的过程中所耗费的物资资料和劳动报酬,这是构成价格的基础,也是制定价格的依据,生产成本是产品价格的主要构成因素。

(2)产品流通费用。产品流通费用指产品从生产领域到消费领域所支付的各种费用。对旅游产品来说,主要是推销、促销所支付的费用。产品流通费用是构成商品价格的又一组成部分,是正确定价的必要条件。

(3)利润。利润是企业存在和扩大再生产的必要条件。利润分为毛利润和纯利润两种,毛利润是产品销售价格减去营业成本的余额;纯利润是毛利润减去营业费用、财务费用、管理费用等所有费用后的余额。

(4)税金。税金是国家财政收入的重要来源,它按照国家税制计入产品价格中。

二、旅游产品的价格体系

(一)产品的比价

产品的比价是指各种不同产品在价格之间的比例关系,表现在特定时间内,同一市场不同产品的价格之间的比例关系。旅游产品一般经过中间商对食、住、行、游、购、娱等不同产品和组分进行筛选、整合而成,是一种典型的综合了多种组分的整体产品,比价既包括特定产品与可以相互代替使用的类似产品相比较的价值及其使用价值,比价成为旅游产品竞争和替代关系的参考标准,比如,同样是漂流旅游产品,选择九畹溪、桃花冲,还是朝天吼、毕昇大峡谷,比价是旅游者的重要参考依据;比价也包括特定旅游产品各组分之间的比例关系,如在我国旅游产品的比价体系中,交通费用等非核心旅游环节费用在基本旅游产品消费中所占比例过大,在短途旅游中尤为明显,这大大稀释了旅游者的价值感和获得感,形成国内游花了太多"冤枉钱"的印象,影响了我国旅游行业的整体形象;相反在出境旅游中,大多产品不仅总价较高,而且还时常剥离了机票、住宿等主要开支,加上异国风情体验的稀缺性,给人非常"实惠"的感觉。

(二)产品的差价

产品的差价是指同样的旅游产品由于购销渠道环节、购销地区、购销季节的不同,或其他原因引起的产品价格在一定幅度内的变化或差额。旅游产品差价主要包括以下几种。

(1)质量差价,指同类产品由于质量不同而产生价格的差别。
(2)地区差价,指同类产品由于地区不同而形成的价格差别。
(3)季节差价,指同类产品由于时间上的周期性、节律性等影响,所形成的价格差别。
(4)批零差价,指同类产品批发价格与零售价格间的差额。

(5)数量差价,或称数量折扣,是根据用户购买某种产品的数量或金额给予一定的折扣优惠,数量越多,价格越优惠,主要目的是鼓励调动大量购买。

合理的旅游产品差价有助于调节旅游冷热点、淡旺季的配置和供求,旅游产品差价规律运用得科学、灵活、有效,才能加快资金周转,提高经济效益。

三、旅游产品价格的特征

旅游价格是旅游者为满足旅游活动的需求而购买单位旅游产品所支付的货币量,它是旅游产品价值、旅游市场供求关系和货币币值三者的综合反映。旅游者食、住、行、游、购、娱等需求,必须通过支付一定货币量的交换活动才能获得满足。从旅游经营者的角度看,旅游价格又表现为向旅游者提供各种服务的收费标准,它直接与利润相关。

旅游产品不同于一般产品,其特殊性决定了旅游价格的特殊性。

(一)综合性与协调性

旅游价格是旅游者旅游活动中食、住、行、游、购、娱等活动和服务等价格的综合表现,或者是这些单个要素价格的总体显示。同时,由于旅游产品的供给方分属于不同行业与部门,因而必须经过科学的协调,使之相互补充、有机搭配,因此旅游价格又具有协调性,以协调各有关部门的产品综合地提供给旅游者。

(二)垄断性与市场性

旅游产品的基础是旅游资源,而独特个性是旅游资源开发建设的核心,这就决定了旅游价格具有一定的垄断性,它表现为一方面在特定时间和特定空间范围内旅游产品的价格远远高于其价值,高于凝结于其中的社会必要劳动时间;另一方面,旅游产品又必须接受旅游者的检验,随着旅游者的需求程度及其满足旅游者需求条件的改变,旅游产品的垄断价格又必须做相应的调整,从而使旅游价格具有市场性,即随着市场供求变化而变化。

(三)高弹性与高附加值性

旅游需求受到诸多不可预测因素的影响,因此旅游者的旅游动机及其需求千差万别,千变万化。相反地,旅游供给却又相对地稳定,于是这种供求之间的矛盾所造成的相同旅游产品在不同的时间里价格差异较大,从而使旅游价格具有较高的弹性。从某种程度上讲,旅游活动就是旅游者获得一次独特心理感受的过程,在不同档次的旅游环境中,相同的旅游产品给旅游者的感受差异会很大。旅游产品的档次愈高,服务愈好,旅游者愿意支付的旅游价格也会愈高,其中便蕴含了较高的附加值。

（四）一次性与多次性

旅游产品中，餐厅的食品、旅游纪念品等商品，是使用权与所有权均出售，其价格是一次性的；此外，诸如旅游景点、旅游交通和客房等均只出售使用权而不出售所有权，从而造成不同时间的价格有所不同，因而又存在多次性价格。因此，旅游产品价格实质上是一次性与多次性相统一的价格。

7-2 旅游差价和旅游优惠价

四、旅游产品价格的作用

在旅游市场营销的四个基本策略要素中，价格是唯一关联收入的营销要素，其余的要素都与成本和支出相关。旅游价格在旅游业的市场营销活动中有其独特的作用，主要表现在以下几个方面。

（一）价格是利润的直接决定因素

通过旅游产品的定价，为旅游企业收回成本和投资，并实现旅游企业的利润目标。价格代表了愿意购买产品的顾客和希望卖出产品的生产者之间进行自愿交换的交易条件。通过相互认可的交换条件，以及通过对用于出售的竞争产品进行选择，顾客试图使自己对利益的感知和货币价值最大化。生产者则努力要达到目标销售量、获取目标销售收入和市场占有率，并使投资收益最大化。

（二）利用价格调整旅游供求关系

价格是营销组合中最为灵活的因素，它能够迅速反映市场需求和竞争的变化，而且，决策者可通过灵活地调整价格对需求和竞争产生影响作用。旅游产品和其他有形产品制造业不同，制造业可以提前制造产品，储存待售，以此来调节市场供求关系。而旅游产品的特殊性，注定只能和市场销售、消费同步进行，旅游产品的供给量取决于旅游企业某个时点的接待能力，无法满足超过接待能力的旅游需求。只能利用价格机制，提高旅游产品的价格来抑制游客的需求，达到供求平衡的目的。

（三）利用价格进行市场合理区隔

旅游企业要针对不同的细分市场，推出不同档次的旅游产品来满足不同目标游客的特殊需求。由于旅游产品的无形性，不同档次的旅游产品质量很难被游客辨识清楚，旅游企业可以通过对不同档次的旅游产品的价格差异来表现旅游产品的档次，这样就可以把不同的细分市场进行有效区隔，并确立产品和服务的市场形象，创造顾客忠诚。

（四）利用价格有效应对市场竞争

价格是 4Ps 策略中最具艺术性和策略性的竞争要素。价格是吸引顾客注意力和增加销售量的强有力因素,具有可以微调和快速反应的特点,最能被企业得心应手地利用于瞬息万变的市场竞争中,可以随时针对旅游市场上供求关系的变化状况,以及竞争对手的市场策略做出回应,服务于企业的营销目标,使企业保持市场竞争中的主动地位。

【项目 1】 请分析明德酒店产品价格的结构与特征,谈谈你自己的看法和建议。

第二节　旅游产品定价基础

一、影响定价的主要因素

旅游产品价格的影响因素十分复杂。除考虑产品价值、成本、供求、竞争、货币与价格政策等定价要素外,旅游产品定价还需要考虑地点、人员、过程、气候、季节、便利等诸多要素。同时,价格决策和产品销售之间有较长的前置时间,旅游产品价格的动态变化等更加大了价格策略的挑战。正确分析旅游产品价格的影响因素并研究其变化趋势,对于制定合理的旅游价格非常必要。

（一）内部因素

 1. 旅游产品的成本

旅游产品成本是旅游产品生产和销售过程产生的费用支出,是影响旅游产品价格最基本、最直接的因素,是制定旅游产品价格的下限。旅游产品成本由产品的生产过程和流通过程所花费的物质消耗和人力资本所形成,它是构成产品价值的主要组成部分。企业要维持再生产和持续生存能力,产品的平均价格必须高到能创造足够的收入以支付所有成本,并带来令人满意的回报。

但是,就短期来看,成本不一定是定价的下限,有时为服务于特定的营销策略,企业也有可能把价格降到成本之下。

2. 旅游产品的特点

旅游产品的特点是定价的基础,旅游产品的特点对定价的影响主要有以下几个方面。

第一,旅游产品的替代性。旅游产品不仅能被其他旅游产品替代,也能被影视、休闲、运动等非旅游产品替代。就前者而言,替代性的强弱主要取决于构成旅游产品资源的垄断性,对于替代性强的产品,在定价中势必考虑同类产品的价格水平;而对于替代性较弱的产品,企业就具备一定的定价主动权。

第二,旅游产品的价格弹性。所谓价格弹性就是旅游产品的需求数量对产品价格的敏感性程度。有些旅游产品价格的少许变动会带来需求数量的巨大变动,而有些旅游产品即使价格变动也不会带来需求数量的变动。比如,旅游纪念品的价格弹性就比较大,为实现增加销售的目的,旅游产品生产者和经营者就有可能实行削价竞争。而在2023年春节这个特定时期,三亚某酒店超十万元一晚的客房竟供不应求,说明在特定环境下其客房产品严重缺乏弹性。

第三,旅游产品的市场形象。旅游者往往缺乏对旅游产品品质和档次的理性判断能力,因此价格通常成为旅游者评判旅游产品品质、档次和形象的重要标准,是旅游产品体验感和旅游服务满意度的现实基础。因此,零负团费、低价游产品"事故"频发,被相关行政部门严厉打击,不仅如此,随着人们生活水平和旅游追求的不断提高,许多大众化旅游产品也因低价低质广受诟病,严重影响旅游企业及其产品形象。

第四,旅游产品的整体构成。旅游者既看重旅游核心产品品质,又关心旅游整体服务质量、额外利益获取程度等,他们往往不能接受额外收费项目,当然也不会认为真有价格之外的免费服务。一些景区自作聪明地设置大小门票、强制性收费的摆渡大巴等,长期效益并不会比通票更好。此外,高价格意味着高品质,而高品质建立在旅游者理解和认可的基础上,如旅游线路与行程的设计和执行、接待与食宿等环境和条件、娱乐与消费等项目的安排、导游与讲解等服务水准、投诉与沟通渠道的畅通、主动的服务与关怀、专享和独树一帜的旅游"特权"体验等。这都是旅游产品的"核心",它们都很重要且没有主次之分,共同构成整体旅游产品,是旅游者愿意高价购买和自愿推荐该产品的信心基础。

3. 营销目标及策略组合

旅游企业总是根据市场需求的变化和自身实际情况,确定经营侧重点,并以此来制定阶段性的营销目标,常见的营销目标有生存目标、短期利润最大化、市场份额最大和产品质量领先等。这些营销目标往往与定价目标相一致,进而影响实际定价,比如,新产品往往定价较低,以进入新市场;改变价格体系让利给中间商,是为尽快建立销售网络;定价远高于成本,是为尽快兑现产品稀缺性价值;以市场和竞争者动态采取价格反应,是为生存和竞争;根据供求关系调整价格,是为了稳定和提高市场占有率。通过调节价格可以达到旅游企业特定短期营销目标,但不宜作为竞争的常用手段。

旅游产品定价必须考虑营销组合策略,与产品、渠道、促销、公关等手段相互协调,才能形成统一有效的营销策略和计划。如果产品是根据非价格因素来定位的,那么有关质量、促销和销售的决策就会极大地影响价格,如不同档次的客房,应该形成相应的价格差异及其象征意义,不同的渠道策略,决定了渠道商佣金占价格体系的比例。如果价格是一个重要的定位因素,那么价格就会极大地影响其他营销组合因素的决策。

但是,即使产品以价格为特色,营销人员也要牢记,顾客很少只根据价格就做出购买行为。相反,顾客寻找能够带给他们最大价值的产品,这些价值的表现形式就是支付价格之后所能得到的利益。

4. 企业战略与组织因素

价格是展示企业长期发展战略、企业形象、产品定位与品质等最直观、最牢固、最具冲击力的因素。旅游企业若把"性价比"作为核心战略,就会在市场上树立并固化"廉价、中低档、品质一般"等企业和产品形象。它们往往只能在大众市场以量取胜,很难通过提高价格及提升产品品质等进军高端市场,这就是为何 7 天、汉庭等一些经济型品牌进军高端市场时,往往需要重新树立和打造其他高端品牌,甚至更改企业名称,并或有意或无意地隐藏其与原中低端品牌或企业之间关系的原因。企业要竭力维持定位价格,不能轻易变动。高端品牌如果长期采取低价和降价策略,将会严重影响企业形象,并流失本身就非常有限的优质客户,最终阻碍企业战略目标的实现。

企业的规模、组织结构、管理方式不同也会对价格的制定产生影响。在一些小企业中,价格的制定者通常是最高管理层;而在一些大企业中,价格通常是由企业中的销售部门制定,其他业务管理部门可以有一定的调整价格的自由度,但必须在年度财务结算时对整个定价目标负责。国外许多大型航空公司、游船公司、汽车出租公司以及饭店联号设立收益管理部,负责定价以及与其他能影响价格的部门间的协调。

(二)外部因素

1. 市场结构

旅游企业产品定价的自主权因所处市场结构的不同而异。市场结构一般分为完全竞争的市场、不完全竞争的市场、完全垄断的市场和寡头垄断的市场等四种类型。

在完全竞争的市场中,旅游产品同质化程度很高,产品间替代性很强,自主定价的风险极高,因此出售相同旅游产品的不同企业只能形成价格平衡并相互制约,旅游产品的价格只能在小范围波动,比如旅游车票的价格。

在不完全竞争的市场中,企业有意识地创新旅游产品和服务,并形成旅游产品、品牌等的差异性与特色化,最终塑造出旅游产品的不可替代性以及对目标群体的特殊吸引力。旅游产品可以据此进行溢价销售,如奢侈和定制化旅游产品。

在寡头竞争的市场上,市场份额被少数几家企业瓜分,市场的进入壁垒很高,每个寡头都有较高的市场份额,市场内的几家寡头往往心照不宣地恪守潜在的价格同盟,寡头间相互制约和垄断,市场中产品的价格不易被改变,比如航空市场。

在完全垄断的市场中,某特定时空范围内的旅游产品或服务只有独家经营。由于资源独占性和政府的严格监管或保护,其价格往往具有垄断性和公益性特征。这种情况在一些资源依托型、公共服务型旅游产品中较为明显,如特许经营风景区、森林公园等。在旅游产品定价时,企业不仅要考虑供求平衡,更要兼顾政府的有关政策和社会、生态等效益的最大化。

2. 消费者对价格与价值的认知

最终决定产品价格是否适当的还是消费者。在确定产品价格时,管理人员必须考虑消费者是怎样看待价格的,必须考虑这些认知性因素以何种方式影响购买决策。正如其他营销决策一样,价格决策也必须是顾客导向的。营销人员必须设法研究消费者选择某种产品的原因,并根据消费者对产品价值的感知来确定价格水平。由于消费者赋予产品的价值不同,营销人员常常在不同的细分市场上采用不同的价格策略,以不同的价格提供不同的产品组合。

3. 竞争者

旅游企业在短时间内对产品价格进行调整大多是由竞争因素引起的,正是在战术性营销这个层次上价格竞争才成为主要影响因素。

第一,旅游供给者之间的竞争影响旅游产品的价格。同种旅游产品的众多供给者为了尽快将产品销售出去而展开了激烈的价格竞争,如某个供给者要价较高,其他供给者则以较低的价格销售,迫使要价高的供给者不得不降价,使得该种旅游产品在较低的价位成交。

第二,旅游需求者之间的竞争影响旅游产品的价格。当某种旅游产品较为紧俏时,一些旅游需求者不惜高价予以购买,那些只愿出低价的需求者则会落空,不得不提高购买价格,使得该种旅游产品在较高的价位成交。

第三,旅游供给者与旅游需求者之间的竞争影响旅游产品的市场价格。供给者期盼高价销售,需求者渴望低价购买,双方为此展开竞争,竞争中哪一方力量较大,旅游产品就会以倾斜于哪一方的价位成交。

4. 政府的法规和政策

由于公众健康和安全的原因,也为了保证供应商之间的竞争,保护消费者,所有国家的政府都会干预或影响旅游价格决策,因此旅游产品价格的制定必须考虑有关政策和法规。旅游目的地为实施其经济发展战略,必然要制定一系列的宏观经济政策,而旅游价格政策是政府宏观经济政策的重要组成部分,宏观经济政策指导价格政策,并对旅游价格产生不同程度的影响。

政府对旅游产品的价格管理,主要通过行政、法律、经济等手段来调控和体现。政府对旅游产品价格干预和管理的目的在于制约旅游企业间的不正当竞争,保护游客的正当权益。政府主要通过行政手段、法律手段制定旅游产品的价格变动幅度,其变动幅度的上限和下限,就形成了产品的最高价格和最低价格。

我国政府对旅游产品价格的管理工作主要通过物价局和旅游局两大职能部门来进行。随着我国行政管理体制改革的日益深化及旅游行业管理组织的建立和完善,对旅游产品的价格管理,也将由政府直接规定转由行业管理组织制定。

5.其他外部因素

在确定价格时,旅游企业还必须考虑外部环境中的其他一些因素。像通货膨胀、汇率变动、繁荣与衰退等经济因素会影响价格决策。它们既影响产品的生产成本从而影响价格,也影响消费者对产品的价格和价值的认知。

二、旅游产品定价的目标

定价的目标就是企业通过定价欲达成的具体目的,定价目标是企业选择定价方法和制定价格策略的依据和前提。旅游产品定价的目标一般有以下几种。

(一)利润目标

利润目标包括利润最大化目标和满意利润目标。对绝大多数旅游企业而言,利润最大化是一种难以实现的理想状态,只有当企业在市场竞争中处于绝对有利地位时方可以此目标制定价格。因此,企业可以以满意的利润为目标进行定价,即在旅游企业所能掌握的市场信息和需求满足能力基础上,制定合理的利润目标。

企业依据利润目标定价时,若只顾眼前利益,甚至不择手段地追求最高利润,必将使企业信誉受到损害而难以发展,因此,企业应着眼长远,一是不能把利润最大化等同于高价格,过高的价格虽然会带来单个游客的高利润,却会抑制游客对旅游产品的需求,使游客总量减少;二是应该注重企业整体利润的最大化,有时降价甚至免费反而会带来整体利润的最大化;三是要注重企业长期利润、持续收益和无形效益的最大化,利用定价实现凝聚力量、塑造品牌、树立形象、反哺社会等目标。

7-3 那些不合理低价游为何不靠谱?

(二)产品目标

旅游产品的质量是旅游产品定价的基础,但旅游者在使用旅游产品前很难直接评判产品质量,价格成为承载旅游者期望和评判旅游品质的最常用标准。

1. 反映旅游产品特色的定价目标

旅游产品的特色指其在遵从普遍性的前提下,显著区别于其他旅游产品的风格、形式、内涵和意境等,如造型、功能、服务、品牌、文化氛围等,它反映了旅游产品为旅游者创造和带来的独特附加价值。旅游者往往期望通过特色旅游产品的消费,彰显其品位高端、地位尊贵、生活幸福、经历丰富、学识渊博、特权优越等。附加价值越独特,旅游产品定价的有利地位越高,其溢价也更容易被旅游者接受。

2. 反映旅游产品垄断的目标

旅游资源是旅游产品形成的基础,一定的时空环境里的旅游资源经科学开发和组合而形成的旅游产品具有稀缺性,与同行业竞争对手相比具有很强的竞争能力,旅游者的边际需求评价较高,因此其定价可以取较高的价位。

3. 提高旅游者满意度的目标

旅游服务对旅游者的心理感受和满意度影响很大。由于旅游者的文化背景、个人素养不同,阅历各异,相同的旅游服务(即使是标准化的、规范化的服务)对不同的旅游者来说也会有不同的感受,从而形成不同的评价。因此,旅游企业要针对不同旅游者的需求提供有针对性的服务。

(三)市场目标

旅游业固定成本高而变动成本低,一旦固定成本回收后,销售量的少量增加就会导致利润的大幅度提高。旅游产品不可储存、不可移动、产销结合等特点,决定了旅游企业保持和扩大市场份额的极端重要性。旅游企业可从扩大和稳定市场的角度来制定旅游产品价格。

1. 以稳定价格为目标

旅游行业中居于领袖地位的企业为了避免不必要的价格波动,往往以保持行业价格的稳定为定价目标,以期获得长期的利润回报,因而经营同一种或同一类旅游产品的主要旅游企业,相互默契地制定较为稳定的价格,以消除价格战,市场中的其他企业则往往与这些实力雄厚或市场占有率最大的企业保持一致的价格,而不轻易变动。

2. 以利于销售为目标

销售目标主要是通过扩大市场占有率和实现销售增长率来实现的。市场占有率反映企业的经营状况和竞争能力,销售增长率反映产品的消费频率和盈利能力。企业通常采取低价策略以促进销售,但该策略不仅影响企业定位及其品牌形象,也可能促使旅游产品平庸化、大众化、劣质化等,从而流失大量优质顾客,不利于市场稳定及影响力提升。

(四)竞争目标

大多数企业日常进行的战术性价格调整都是为了应对竞争对手的价格变化。当竞争主要围绕着价格展开,降价可以取得战术上的优势,但竞争对手也可能随之降价,使全行业面临利润下降的危险,而降价组织自身也失去了再投资开发长期产品或服务的能力。因此,以竞争为目标而降低价格必须谨慎。

一般对于实力较弱的旅游企业,主要采用与竞争者价格相同或略低于竞争者价格出售产品的方法;对于实力较强又想提高市场占有率的企业,可采用低于竞争者的价格出售产品的方法;对于资产雄厚并拥有特殊技术或产品品质或者能为旅游者提供较多服务的企业,可采用高于竞争者价格出售产品的方法;对于为了防止别人加入同类旅游产品或服务竞争的企业,在一定条件下,可采用一开始就把价格定得很低的方法,从而迫使弱小企业退出市场或阻止竞争对手进入市场。

三、旅游产品定价的原则

旅游产品价格的确定一般包括三个因素:① 旅游产品的成本规定了产品的最低价格;② 旅游产品消费者的购买力规定了旅游产品的最高价格;③ 旅游企业竞争对手则决定了旅游产品的市场价格。

合理的旅游产品价格应在最高与最低价格之间浮动。当然在定价过程中,企业管理人员还必须考虑到许多其他因素,包括旅游产品的特点、供给与需求之间的关系、市场需求的替代性等。此外,还要考虑国家价格政策、税收政策、旅游市场情况、旅游者出游国的旅游政策等。由于旅游市场变化因素越来越复杂,企业做出正确的定价决策越来越困难,因此要制定理想的价格,必须遵循如下原则。

(一)反映旅游产品的价值

旅游价格的高低应以旅游者的满意程度为准则。旅游业是一项服务性事业,旅游从业人员以劳动形式为旅游者提供服务,消耗劳务,创造价值,它和工农业生产劳动一样,也是以社会必要劳动量来决定价值的大小的,因此制定旅游产品价格仍应以价值为主要依据。

(二)价格须适应市场需求

旅游产品的价格不仅要反映产品的价值,而且必须反映供求关系。在旅游产品供给中,有一些服务项目,其成本并没有区别,但由于消费者需求状况不同,价格必须有所区别。一般供不应求的产品价格可高一些,供过于求的产品价格可低一些;热点城市的旅游产品的价格可高一些,冷点城市的旅游产品的价格可低一点;旺季价格可高一些,淡季价格可低一些。旅游产品的价格必须适应目标市场的需求能力,旅游价格不合理,定价过高,将降低市场购买力。

(三)产品价格相对稳定

旅游产品在旅游市场中的价格政策,直接代表了旅游目的地在旅游市场中的形象,旅游产品是一种奢侈品,其替代性很强,因此,旅游市场对旅游价格的变化相当灵敏。实践证明,同一旅游产品价格的变化过于频繁,会给潜在消费者带来心理上不稳定的感觉,影响消费者的购买。因此,旅游价格要具有相对的稳定性。价格变化不宜太频繁、变化幅度不过大,此外,调价要留有余地。

(四)价格要具有相对灵活性

旅游产品价格的相对灵活性是由供求关系多变和旅游产品不可储存的特性决定的。一条旅游线路在旅游旺季可能是紧俏商品,但在旅游淡季却可能无人问津。因此,旅游企业都特别注意使用率(出租率),为了增加销售,提高企业经济效益,旅游产品价格必须随市场需求的变化有升有降。常用的灵活价有优惠价、淡季价和浮动价。

(五)安排旅游产品各服务项目的比价

在制定旅游产品价格时,必须认真研究旅游产品各项服务的价格比例关系,消费比例不协调,就会影响销售,甚至形成巨大的负面影响。一般当前国际旅游的人均总消费中,约三成用于住宿和餐饮,三成用于交通,四成用于参观、游览等核心旅游产品和服务。在旅游目的地平均日消费中,购物和餐饮约占六成。

(六)服从国家政策的要求

制定旅游产品的价格要根据国家的法令和规定,特别要服从国家发展旅游业的总方针,对不同对象、不同地区采用不同的价格政策。

四、旅游产品定价的程序

(一)分析目标市场购买力及倾向

目标市场是旅游企业经过市场细分以后,所选择作为服务对象的特定游客群体,是企业开展旅游业务的空间和收益的来源,目标市场的收入水平、规模、消费倾向是企业定价的前提条件。因此,定价之初通过对目标市场的评估,可以预测目标市场的容量和潜能,以及目标游客的价格承受能力,以及对旅游产品的价值理解程度,以便采取主动、灵活的价格政策,引导和培育目标市场的成长。对目标市场购买力的评估,要了解目标游客的总收入、纯收入、可自由支配收入、可能用于旅游产品购买的收入,除此以外,还要了解目标游客对旅游产品的偏好、对价格的敏感性、所接受的非价格竞争方式等。评估目标市场购买力及倾向的方法主要采用问卷调查、面对面交谈和专家意见法等进行。

(二)企业的市场定位和营销目标

旅游产品的市场定位确定了企业的市场形象,例如,一条精品旅游线路和普通旅游线路的价格差异,绝不仅仅是其成本的差距。企业往往通过旅游产品价格来向市场显示自己产品的市场定位。企业在特定阶段有不同的营销目标,也要通过旅游产品的价格策略来实现。比如,在开发出旅游新产品后,可以通过较低的价格来鼓励游客的试用,如果定价过高,会抑制游客试用新产品的积极性,因此,旅游产品的定价应该反映企业的营销战略和策略的意图。

(三)测算旅游产品成本

目标游客的需求强度是旅游产品价格的上限,而成本则是旅游产品价格的下限。二者决定了旅游产品价格变动的区间。企业应该精确测算旅游产品的成本,尤其是区别其中固定成本和变动成本对制定价格有着特别重要的意义。值得企业研究的是成本、价格和需求数量间的相互作用的动态关系,成本影响着价格,价格影响需求数量,而需求数量又影响着产品成本的高低,尤其是单位固定成本与需求数量的关系。企业需要测算出最佳规模时的最低成本,并从中看出旅游产品成本发展的趋向,从而为确定最佳的产品价格提供可靠的依据。

(四)选择旅游企业定价目标

目标市场购买力的大小、企业产品成本的高低、企业市场环境的走向决定了旅游企业定价的时间考虑、报酬取舍、市场占有率分析和防止竞争等目标的选择。因而,旅游企业确定定价目标关系到企业生存和发展的时间、空间,无论企业做何种定价目标决策,都必须考虑到自身的规模实力,考虑到市场拓展的有利因素和障碍,考虑到目标市场的转移、替换以及企业资源配置的可能和变化等,进而与旅游市场中现在和今后可能变化的最高限价和理想价格比较,从而在诸多的定价目标中选择出符合自己实际的定价目标。

(五)确定采用的定价方法

旅游产品价格的确定要遵循客观规律的要求,在全面准确的调查、预测基础上,运用科学方法确定价格,旅游产品的价格水平就易于与市场的需求相吻合。但是,由于旅游市场中竞争者的存在以及旅游消费者具有各种各样、千差万别的需要,加之价格因素的灵活性的影响,旅游企业在定价过程中还必须充分考虑到定价的策略,要从竞争者和消费者的心理上、市场的差异上、需求的差别上巧妙地进行定价工作,使定价工作与企业其他营销工作相配合,为企业的全面发展创造良好的环境和条件,又能在定价工作中充分体现出定价的科学性、艺术性和技巧性,更加增进旅游者对旅游产品和服务的价格理解和偏爱。

（六）进行价格调整

依据一定的定价方法计算出来的旅游产品价格,仅仅形成了价格的基准,企业还应该综合考虑各种因素对基准价格进行适当的调整,以发挥价格在营销中的促销作用。这是价格策略的艺术性的具体体现。价格调整可从以下几点入手:按季节对价格进行调整;按心理因素对价格进行调整;按地区差别对价格进行调整;按渠道的定位进行价格调整。

【项目2】 请调查学校周边至少4家不同类型酒店的价格,尝试分析这些价格差异形成的原因和意义。

第三节　旅游产品定价方法

定价方法是旅游企业在具体定价目标指导下,根据企业的生产经营成本、面临的市场需求和竞争状况,对旅游产品价格进行计算的方法。旅游定价方法选择是否得当,直接关系着旅游定价目标能否顺利地实现。一般地,产品成本构成了价格的底线,而消费者对产品价值的认知构成了价格的上限。企业必须根据自身定价目标及其定价的主要影响因素,选择一种定价方法,以便在两极之间找到最佳平衡点。影响定价的因素很多,而定价方法中主要依据其中的成本、需求和竞争三类因素,因此定价方法也主要分为三类。

一、成本导向定价

成本导向定价是指企业在定价时主要以成本为依据。当然,在定价时除了以成本为基础外,也考虑其他因素,如企业目标、需求状况、竞争格局、政府法令等;并根据这些因素对以成本为基础得出的价格进行适当调整。

（一）成本加成定价法

成本加成定价法是指在平均总成本的基础上加上一定比例的预期利润或税金，从而形成售前价格的方法。其公式如下：

$$单位产品价格 = \frac{单位产品成本 \times (1 + 成本加成率)}{1 - 税率}$$

$$单位产品成本 = \frac{固定成本}{预计销售量} + 单位变动成本$$

例如，某旅行社经理要求某旅游线路产品加成率为 10%，单位产品成本为 1200 元，税率为 20%，则报价为 1650 元。

计算 1：某宾馆有客房 500 间，全部客房年度固定成本总额为 2400 万元，单位变动成本为 45 元/（天·间），预计客房出租率为 80%，成本利润率为 30%，营业税率为 5%，试确定客房的价格（286.52 元/间·天）。

（二）盈亏平衡定价法

该定价法就是在成本加成定价法中，设定成本加成率（利润率）为零时的旅游产品价格，即在企业的固定成本、平均变动成本不变，并且能预计产品的预期销量的条件下，实现销售收入与总成本相等时的旅游价格。按该价格销售出预期数量的产品，企业就能保本，所以该定价也被称为保本价格，计算公式为：

$$旅游产品保本价格 = \frac{\left(\dfrac{固定成本}{预计销售量} + 单位变动成本\right)}{1 - 税率}$$

很显然，保本并非企业的目的，在此价格基础上，企业赢利的途径有二：一是在保证预期销售量的基础上高于保本价格销售产品；二是按保本价格销售产品的同时，突破预期销售量。盈亏平衡定价法常用作对旅游企业各种定价方案进行比较和选择的参照依据。

计算 2：某饭店有餐桌 60 个，餐厅每天应摊销的固定费用为 12000 元，各餐桌每接待一桌客人平均消耗原材料 46 元，预计每天餐桌开台率为 5，该饭店营业税率为 10%。试确定餐厅每餐座的平均消费价格至少应为多少（300 元）。

（三）目标成本定价法

旅游产品的成本不是恒定的，它受销售数量和一些外在因素的影响很大，当一种旅游产品在导入期，由于市场知晓度很低，因而游客极少，那么计算出的产品实际成本会很高，以实际成本计算的价格必然会制约销售。而这时企业可以考虑用目标成本取代实际成本进行计价。目标成本是企业为谋求长远利益和整体利益，根据它所处的内外环境和条件及其变化趋势，拟定的一种"预期成本"。目标成本不同于实际成本，而是一种"影子成本"，一般会低于目前的现实成本。目标成本定价法就是以经过努力能够达到的预期成本为依据，加上一定的目标利润和应纳税金来制定价格的方法。其计算公式是：

$$单位产品价格 = \frac{目标成本 \times (1 + 目标成本利润率)}{1 - 税率}$$

旅游企业采取较低的预期成本定价，必须努力扩大销量，使现实成本迅速降低，才能实现利润目标和长远利益增大。它主要适用于经济实力雄厚、营销能力强的旅游企业及新的旅游产品定价。

（四）目标收益定价法

目标收益定价法以企业目标收益率作为制定价格的基本出发点，在企业总体目标利润中除去各项成本费用和其他营业部门利润，剩余部分即为客房部需要承担的营业利润指标，再将这一数值除以预期可以出租的客房数量，即为平均房价。其公式为：

$$房价 = \frac{总成本 \times (1 + 预期收益率)}{预期销售量}$$

例如，某旅游体验项目预计未来5年年平均接待游客30万人次，预计每年总成本为500万元，期望达到的年收益率为20%，若该项目不会产生其他收益，则项目价格为20元。

这种方法规定了客房部必须承担实现企业目标收益的责任，房价将会随着其他营业部门盈利状况上下波动，以弥补其他部门的经营短板，这显然不合理。

另外，千分之一定价法也是目标收益定价法的特殊形式和具体应用。千分之一定价法认为旅游饭店成本构成中最主要的是固定成本，而固定成本则和饭店的造价密切相连，造价在很大程度上决定了饭店的档次和价格水平，房价应占整个饭店造价的千分之一。如某饭店总造价5000万元，有客房200间，故每间客房价格为250元（即50000000÷200÷1000）。千分之一定价法忽略了机会收益和通货膨胀等因素，因而往往只能作为简便、粗略的产品定价。

7-4 千分之一定价法和赫伯特公式法

成本导向定价的方法只是在企业立场上，从价格形成的角度去制定价格，它实际上是以产定销的经营思想，没有考虑游客需求、市场竞争及市场其他环境因素的变化。成本导向定价的方法适合于旅游市场还处于卖方市场或市场经营环境比较稳定的情况，而且按成本导向定价的方法制定的价格相对固定且灵活性差，不能适应激烈的市场竞争。

二、需求导向定价

需求导向定价主要根据旅游者的需求强度、支付水平以及对旅游产品价值认知程度来制定价格。对于需求强度大、支付能力强、认知价值高的就定一个较高的价格，反之则定较低的价格。同时,旅游产品作为一种特殊产品和服务,其价格高低不仅取决于产品特征及其供求关系、旅游者支付能力及其需求强度,也取决于旅游者的支付意愿,特别是其对旅游产品的感受、理解和评价等主观因素。因此,旅游企业应善于分析旅游者对旅游产品价值的认识和理解状况,把握旅游需求强度,据此进行旅游价格的制定。

需求导向定价的方法反映了旅游需求,有利于旅游产品流通和旅游产品价值的实现,通常用于服务产品最高价格的确定和服务产品的差别定价。但是,这种定价方法与成本没有必然联系,供不应求时,价高利大;供过于求时,价低利微,因此,旅游企业要注意不同供求状况下利润的合理分配。

(一)差别定价法

差别定价法是指在旅游产品成本相同或差别不大的情况下,根据旅游者对同一旅游产品的效用评价差别来制定差别价格。

1. 不同游客的差别定价

同一旅游产品视游客的不同需求效用实行差异价格,满足他们各自不同的需求。如同一个饭店的房间对散客、团队客人、合同客人定不同的价格;同一景点对学生、军人和老人等特殊游客实行优惠价格。

2. 不同时间的差别定价

同一旅游产品在不同时段有不同的供求关系,企业可根据这种差别进行定价,在一定程度调整这种供求关系。在不同的季节、不同的日期,甚至不同的钟点,实行不同的价格。比如,旅游业的淡旺季有一定的差价,浴池收费在白天和晚上不同。

3. 不同地点的差别定价

同一消费者在不同地点的需求效用不同,周围环境和气氛差异对消费者形成不同的吸引力和理解价值,如一般餐厅与酒店餐厅的相同菜品价格不同,在餐厅享用与送到客房享用的价格不同;同一饭店同档客房定价也不同,如海景房价格高也备受青睐,无窗房即便低价也可能卖不出去。

4. 同一旅游产品增加微小服务的差别定价

消费者对不同的产品形式、功能和特征的需求效用不同,如注重性价比的客人多数不愿意为非核心产品和额外服务买单,而重享受和个人价值展现的客人,为"周全"服务的支付意愿更大;又如,客房增加早餐服务、开夜床服务、每天送一束鲜花也能让顾客接受较高的价格。

实施差别定价法应当注意几点：一是价格要符合国家的价格法规和国际惯例，不能对不同游客进行歧视；二是旅游产品需求市场必须能够被细分，并且在不同的细分市场上能反映出不同的需求强度；三是采用差异定价的市场应该有足够大的规模，差别定价的成本不能超过差别定价带来的收益；四是不同消费者对价格的反应不同，应避免使顾客产生误解；五是应当避免低价产品被购买者向其他市场转售。

（二）认知价值定价法

认知价值定价法也称理解价值定价法、感受价值定价法，是指企业以消费者对产品价值的认知和理解程度为定价依据的价格制定方法。其特点是企业利用营销组合中的非价格变量来建立购买者头脑中的感知价值，并确定适当的价格来与这种价值相匹配，这就要求企业必须在准确测定产品的市场认知价值基础上，做好产品定位与推广，不过，更多企业通过消费者引导和教育、品牌营销、消费体验与互动、潮流引领等形式去重塑顾客的消费观念、认知和习惯等，并通过高价、高质、高附加值和高独特性予以强化。

认知价值定价法一般适用于实力强或产品具有较高市场门槛的企业。在企业推出新产品或进入新市场时，也常采用该方法。

顾客对价值的感受反映了对于所购买旅游产品和服务感受到利益，与根据支付成本感受到的损失之间的权衡利弊。顾客购买旅游产品的总成本远不止所支付的货币价格。其他成本还包括时间成本、精力成本和体质上的成本，反映了顾客为了得到旅游产品的利益而不得不花费时间和忍耐麻烦。同样，顾客的总价值也会延伸到产品价值以外，包括服务价值、人员价值和形象价值。

（三）声望定价法

声望定价法是一种利用消费者仰慕名牌或名店的声望所产生的崇拜、信任、炫耀等心理，有意识地给商品定高昂价格以提高商品地位，抑制部分消费，创造高端、特权印象的定价方法。声望定价法通常适用于名牌产品、优质产品，质量不易鉴别的产品最适合采用此法。美誉度高的旅游企业，可以有意识地拉大与同类旅游产品的价格差距，以此强调企业旅游产品和服务的高质量和高附加值，提高旅游产品和旅游企业的档次与声望。

声望定价法的策略主要有以下几种。

1. 借声望定高价，以高价扬声望

顾客之所以能接受高价，一方面是出于对挑选产品的时间、精力等成本的综合考量，另一方面是对企业提供产品和服务的能力与水准的信任，同时也能得到身份和社会地位的认同，因此在其能力允许时，往往优先且欣然选择名企名店名牌产品和服务，即使一时名气不大的高质量产品和服务，顾客也会在"一分钱一分货"的心理作用下选购。

此外，高价优质不仅巩固了企业或产品的良好声誉和形象，也为进一步提升其品质和形

象积累了资源和责任,并形成良性循环。有些旅游产品即使在销售的淡季也不降价,甚至对有质量问题的产品宁可销毁也不降价销售,始终保持该产品在市场上的最佳形象和稳固地位,进一步坚定了顾客对该产品的信心。

2. 设置购买障碍,制造稀缺气氛

人们对多而易得的东西往往不会珍惜,对少而难得的视如珍宝。所以,顾客不那么容易买到的"稀罕"商品,反而更能刺激他们的购买欲和好胜心理。一旦买到手,他就会有很强的优越感,同样能达到促销的目的。如布达拉宫每天限量4000人观赏,一人一年只能去一次,因而常常一票难求。

3. 巧借外部环境,创造"声望产品"

声望定价的前提是企业或产品已有了较高的声誉,但任何企业或产品并不是一诞生就有很高名望的,所以要很好地利用声望定价就必须会巧借外部环境,创造"声望产品",如武汉东湖宾馆就有"湖北中南海"的崇高声望,住这里,顾客自然不会将价格作为考虑因素。

采用声望定价法,必须注意以下约束条件:一是旅游企业有较高的社会声誉,其旅游产品必须优质并不断地改进,否则就不能维护和巩固旅游者对该产品的信赖;二是价格不能超过旅游者心理和经济上的承受力;三是当"声望产品"创造出来后,其有关标志要及时注册,用法律保护起来。

(四)需求弹性定价法

需求价格弹性是指市场商品需求量对于价格变动做出反应的敏感程度。通常用需求量变化的百分比除以价格变化的百分比(需求价格弹性系数)来表示。由于需求规律的作用,价格和需求量呈相反方向变化,即价格下跌,需求量增加;价格上升,需求量减少。因此,需求量和价格的相对变化量符号相反,所以需求价格弹性系数总是负数,习惯上将需求弹性看作一个正数,公式为:

$$需求弹性 = -需求量变动率/价格变动率$$

当需求量变动率大于价格变动率,需求弹性系数大于1时,叫作需求富有弹性或高弹性,价格上升会使销售收入减少,价格下降会使销售收入增加;当需求量变动率等于价格变动率,需求弹性系数等于1时,叫作需求单一弹性,价格变动不会引起销售收入变动;当需求量变动率小于价格变动率,需求弹性系数小于1时,叫作需求缺乏弹性或低弹性,价格上升会使销售收入增加,价格下降会使销售收入减少。

如果需求是富于弹性的,涨价后厂商收入反而下降,因为需求量下降的速度要大于价格上涨的速度;如果需求是缺乏弹性的,那么涨价可提高厂商收入,因为需求量下降的速度要小于价格上涨的速度;如果弹性正好为1,则厂商收入不变,因为需求量下降的损失正好抵消了价格上涨的收益。所以,在厂商制定价格时,必须考虑有关商品的需求弹性情况。价格弹

性与销售收入之间的这种简单而又重要的关系,被广泛地运用于产品定价决策和对外贸易中。例如,对于一个谋求最大利润的企业来说,决不会选择在其需求曲线缺乏弹性的区间降价,因为这样做一方面虽可使销售量增加从而增加销售收入,但另一方面却因价格降低而减少了销售收入,最终净结果将因产品缺乏弹性而使销售收入减少。而且,销售数量的增加又会导致生产成本的上升,其结果必然是利润的急剧下降。

需求的价格弹性可以分为弧弹性和点弹性。弧弹性是指一段时间内的弹性,而点弹性是指一个时间点的弹性。点弹性也可以说是弧弹性中的一个极限。弧弹性表示价格变动量较大时的需求曲线上两点之间的弹性,而点弹性表示价格变动量无穷小时的需求曲线上某一点的弹性。

需求的价格弧弹性表示某商品需求曲线上两点之间的需求量的变动对于价格的反应程度。简单地说,它表示需求曲线上两点之间的弹性。假定需求函数为 $Qd=f(P)$,$\triangle Q$ 和 $\triangle P$ 分别表示需求量的变动量和价格的变动量,以 Ed 来表示需求的价格弹性系数,则需求的价格弧弹性的公式为:

$$Ed = -\left(\frac{\triangle Q}{(Q_1+Q_2)/2}\right) \bigg/ \left(\frac{\triangle P}{(P_1+P_2)/2}\right) = -\frac{\triangle Q}{\triangle P} * \frac{(P_1+P_2)}{(Q_1+Q_2)}$$

当需求曲线上两点之间的变化量趋于无穷小时,需求价格弹性要用点弹性来表示,即需求曲线上某一点的需求量变动对于价格变动的反应程度。

$$Ed = \lim_{\triangle P \to 0} -\frac{\triangle Q}{\triangle P} * \frac{P}{Q} = -\frac{dQ}{dP} * \frac{P}{Q}$$

若需求函数为已知,即可根据上式求出任一价格下的点弹性系数。

例:某风景区门票价格为 30 元,游客容量为 5 万/天,实际接待量为 4 万/天。历史资料显示,景区门票价格需求弹性系数为 0.9,为促进游客接待量达到最大容量,在不考虑其他影响因素的前提下,门票价格应该如何调整,调整后景区收益又是如何变化?

$$Ed = -\frac{\triangle Q}{\triangle P} * \frac{(P_1+P_2)}{(Q_1+Q_2)} = -\frac{50000-40000}{P_2-30} * \frac{P_2+30}{50000+40000} = 0.9$$

求得,$P_2 \approx 23.41$ 元,即门票若降价至 23.41 元,可使日接待量达峰,此外,$Ed<1$,降价意味着总收益减少,经计算减少约 2.97 万元。同理,在不考虑其他影响因素的前提下,为了提高景区收益,其门票应尽量提高至政府指令价,或者物价、工商等其他行政管理部门规定的上限价格。

三、竞争导向定价

在激烈竞争的旅游市场中,定价除考虑成本和游客需求外,还需要考虑竞争因素。竞争对手的价格策略对企业旅游产品的销售会产生很大的影响,而企业的价格变动也会引起竞争企业的反应。也就是说,价格不是基于服务企业(卖者)与其服务对象(买者)之间的交易制定的,而是在竞销和竞购同一服务产品的多个卖者和买者之间进行的,主要影响因素有买者与卖者的数目,服务企业所占市场份额,各自产品的特色与差异化程度等。

竞争导向定价的方法一般有以下几种类型。

（一）随行就市定价法

随行就市定价法就是以同行业的平均价格（一般通行价格）或领袖企业的价格为标准来制定旅游产品价格，主要适用于完全竞争性的服务产品市场，经营同一服务产品的企业数目众多，每家企业的供应量占该产品的总供应量的比重都不大，也即市场份额小的情况。随行就市价格的实现可使大多数企业得到行业的平均回报，同时也避免了行业内部企业间的恶性价格竞争，而把精力集中在企业信誉、销售服务水平的竞争上。当然，随行就市也不是不考虑各企业旅游产品间的质量差异，当本企业旅游产品的质量、销售服务水平及企业信誉与其他同行企业相比有较大差异时，其定价可在比照价格的基础上加减一个差异额。但是，随行就市定价法对于中小企业和知名度较低的企业来说是明显不利的。

（二）排他性定价法

排他性定价法是指行业内实力强大的企业以较低的价格来吸引游客、排挤竞争对手、争夺市场份额的定价方法。如果说随行就市定价法是防御性的，那么排他性定价法则是进攻性的，具体有两种类型。

7-5 心理导向定价

1. 绝对低价法

本企业旅游产品价格以较大的幅度低于同种旅游产品的价格，这样可以争取到对手的顾客，达到打压竞争对手的目的，严重的还可能使得竞争对手破产；同时低价还可形成壁垒，阻止潜在竞争对手进入行业，避免了未来的激烈的行业竞争。这种定价法运用的基础是企业强大的财力，如果财力不支，只能"搬起石头砸自己的脚"，同时可能涉嫌不正当竞争。

2. 相对低价法

某些质量好的名牌旅游产品，可以适当降低价格，缩小名牌旅游产品与一般旅游产品的价格差异，以吸引下一档次旅游产品消费的游客进入本旅游产品消费。比如，五星级酒店与三星级酒店正常的价格差异为1∶3。而五星级酒店企业有意把该价格差异降低到1∶2以下，必然会吸引一部分住低档饭店的游客转向五星级饭店消费。

（三）率先定价法

一些实力雄厚或产品独具特色的旅游企业则采用主动竞争的定价方法。在制定价格时，旅游企业首先将市场上的竞争产品价格与企业估算价格进行比较，分为高于、低于、一致三个层次；其次将企业产品的性能、质量、成本、预计销售量等与竞争企业进行比较，分析造成价格差异的原因;再次根据以上综合指标确定本企业产品的特色、优势及市场地位。在此基础上按定价所要达到的目标,确定产品价格;最后,要根据竞争产品的价格变化,及时分析原因,相应调整本企业的价格。这种方法所确定的旅游产品价格若能符合市场的实际需求,率先定价的旅游企业会在竞争激烈的市场环境中获得较大的收益,居于主动地位。

(四)边际贡献定价法

边际贡献是指每增加单位销售量所得到的收入超过增加的成本的部分,即旅游产品的单价,减去单位变动成本的余额,这个余额部分就是对旅游企业的"固定成本和利润"的贡献。当旅游产品的销量足够大,旅游企业的当期固定成本已经收回,增加的旅游产品销量可以不考虑固定成本时,新增旅游产品的单价大于单位变动成本的余额即是对旅游企业的利润贡献,那么边际贡献大于零的定价可以接受。比如,旅游旺季一间双人客房按正常价格出售,增加一张床位的价格可按边际贡献方法定价。另一种情况是,旅游淡季时旅游产品供过于求,旅游企业低价销售产品没有盈利,但不销售则亏得更多,如一间客房房价成本价为100元/天,其成本构成为固定成本60元,变动成本40元,如不得已销售价降为90元/天,卖则亏10元/天,不卖则亏60元/天,故还是卖为好。当然,如果售价低于40元/天,则不卖为好。因此,可以这样概括边际贡献定价法,它是指保证旅游产品的边际贡献大于零的定价方法,即旅游产品的单价大于单位变动成本的定价方法。

【项目3】 请完成本节"成本导向定价"中两个计算题的计算过程。

【项目4】 学校食堂"网红手抓饼"欲涨价30%,请从认知价值定价角度提出相关策略。

第四节 旅游产品定价策略

旅游产品定价策略是旅游企业在特定的经营环境中,为实现其定价目标所采取的定价方针和价格竞争方式,具体表现为对各种旅游定价方法的有效选择。旅游产品定价策略与旅游定价方法两者相辅相成,共同为实现旅游产品定价目标服务。定价策略决定定价方法的选择,定价方法影响定价策略的落实。没有明晰的定价策略,定价方法的选择和调整就会变得僵化、呆滞或盲从,就很难准确地把握竞争时机,实现定价目标和经营目标。因此,研究和制定有效的旅游产品定价策略,是实现旅游产品定价目标的重要环节。

一、新产品定价的策略

在产品生命周期的不同阶段,定价往往不同。有关新产品即投入期的四种价格策略,在第六章第二节已有叙述,这里仅作简单补充。

(一)市场撇脂定价策略

撇脂定价是在产品上市初期,价格定得很高,目的在于在短时间内收回投资并获取高额利润。然后,随着时间的推移,再逐步降低价格以应付竞争、扩大市场份额。如果需求缺乏弹性,这种定价策略就较有吸引力。但是,竞争者必然会注意到消费者所愿意支付的高价,从而也会被高额利润吸引进入该市场,从而引发竞争,最终使价格回落。

撇脂定价只能作为一种有效的短期策略,应用时需要注意几个条件:第一,产品的质量和形象必须能够支持产品的高价格,并且有足够的购买者想要这个价格的产品;第二,虽然有可能销售量不大且单位成本较高,但企业仍能获得高额利润;第三,竞争对手不能轻易进入该产品市场和压低价格。它适用于具有独特的技术、不易被仿制、生产能力不太可能迅速扩大等特点的旅游产品,同时市场上存在高消费或时尚性的要求。对于旅游业中的大多数企业来说,长期使用这种策略几乎是不可能的。

(二)市场渗透定价策略

与撇脂定价相反,渗透定价是一种采取低价以便迅速而深入地渗透到市场中,吸引众多买者,并赢得大的市场份额的方法。这种定价策略由于价格偏低,有利于迅速打开旅游产品的销路,扩大市场占有率,并有效地抑制竞争者进入市场。较高的销售额能够降低单位成本,从而使企业能够进一步降价。

在有些情况下,采用低价是合适的,以下几个条件有利于设定低价格:第一,市场必须对价格高度敏感,一般使用低价格能够促进市场的增长;第二,必须存在规模经济;第三,低价必须能够排除竞争,否则价格优势只能是暂时的。它适合用于特点不突出、易仿制、技术简单的新产品,如旅行社的观光类产品、低星级饭店的客房产品等。

(三)满意定价策略

这是一种折中的定价策略,它介于上述两种定价之间。所谓"满意",是指所确定的价格使生产者和消费者双方都感到满意。企业新产品刚投放市场时,采用这种方法,虽然利润很少或有少量亏损,但随着市场销路打开后,很快就能转亏为盈。虽然这种价格比较稳定,但是从长期来看,这种策略比较保守,不适合复杂多变及竞争激烈的市场环境。

二、现有产品定价策略

（一）成长期的定价策略

在成长期，旅游产品销售量迅速增加，单位产品成本明显下降，旅游消费增多，旅游企业利润逐渐增大，市场上同类型产品开始出现并有增多的趋势。这一阶段旅游定价可选择的策略有以下两种。

(1)稳定价格策略。该策略主张保持旅游价格相对稳定，把着力点放在旅游促销上，通过强有力的促销组织较多的客源，完成较多的销量，从而实现利润最大化。

(2)渗透定价策略。该策略主张在消费者增多的情况下，以较低的价格迅速渗透扩展市场，从而较大地提高市场占有率。

（二）成熟期的定价策略

这一阶段旅游需求从迅速增长转入缓慢增长，达到高峰后缓慢下降，旅游产品趋于成熟，成本降到最低点，旅游者对旅游产品及其价格有了比较充分的了解。这一阶段常常选择竞争定价策略，即用相对降价或绝对降价的方法来抵制竞争对手。

采用相对低价策略时，要辅之以旅游服务质量的提高；采用绝对低价策略时，要把握好降价的条件、时机和降价幅度。

（三）衰退期的定价策略

当旅游需求从缓慢下降转向加速下降，旅游产品成本又有上升趋势时，旅游产品进入衰退期。这时的定价策略有以下两种。

(1)驱逐价格策略。该策略主张以尽可能低的价格，将竞争者挤出市场，争取旅游者。

此时的旅游价格甚至可以低到仅比变动成本略高的程度，因为此时旅游企业的固定成本已经收回，高于变动成本的余额便是对企业的贡献。也就是说，驱逐价格策略的低价以变动成本为最低界限。

(2)维持价格策略。该策略主张维持原来的价格，开拓新的旅游资源和旅游市场来维持销售量。这样做既可使旅游产品在旅游者心目中原有的印象不致急剧变化，又可使企业继续保持一定的经济收益。

三、价格的施行与检验

（一）价格的施行

企业制定价格后，要求企业执行已制定的基本标价和各种特殊价格，并坚持价格的连续性、一致性和相对稳定性。例如,在旅馆业所制定的房价后,由前厅接待部和销售部负责施行,包括柜台销售、房价限制、团体房价可行性等方面的工作。

1. 房价限制

目的是提高实际平均房价,如果根据预测,在将来某个时期,旅馆的客房出租率很高,总经理或前厅经理决定限制低价客房或特殊房价客房,前厅接待人员只能出租其他价格等级的客房。其他限制房价的例子有:① 只出租最高房价的客房;② 不接待旅行社全部代办旅游;③ 不出租最低价的客房;④ 不打折扣;⑤ 不接受住一天的旅客。

前厅经理必须熟知本旅馆客房出租率的历史情况,善于分析近期客房出租率的变化趋势,预测未来本店居住的多种游客的人数及他们对多种房价的客房需求量,并根据具体情况,做出限制某种房价的决定。

2. 团体房价限制

这是前厅接待和销售部的共同职责,销售部应逐日预测团体游客人数和客房需求量,并据此注明限制团体房价的日期,哪一种房价的客房可以接待团体游客。例如,根据预测,在某一时期,旅馆的客房出租率可能接近100%。在这种情况下,旅馆就只应接待支付较高房价甚至最高房价的团体游客。

不过,任意地限制团体房价,会产生消极的影响,对任何一家旅馆来说,团体游客都是重要的客源。当然也应认识到,有时接待团体游客,旅馆反而会遭受损失。如果在某一时期,旅馆的客房出租率很高,接待团体游客,收取团体价,旅馆就无法接待支付高价的一部分零散游客。此外,为了接待大型团体,旅馆必须在团体到达前就留出房间;团体离店后,旅馆可能没有足够的新游客入住。

因此,旅馆管理人员必须正确地预测未来的客房出租情况,认真研究接待团体游客的可行性问题,找出正确的接待团队和零散客人的比例。

(二)价格的检验

价格的检验要求旅游企业人员应逐步分析价格对销售工作和企业利润的影响,以便了解企业能否实现预期的目标。常用工具如下。

1. 销售调查表

为了有效地检验销售工作的情况,应该填写销售调查表。其内容包括:① 产品的计划价格;② 竞争对手的价格;③ 预算的团队数;④ 利润目标等。

2. 房价调查表

大型旅游企业一般每年春秋要求所属各个旅馆填写房价调查表。表格的内容包括：① 旅馆的计划房价；② 今后 12 个月内，各月预计可实现的平均房价；③ 竞争对手的房价；④ 预计销售构成及各种房价的游客量；⑤ 预算的利润目标。

春季各旅馆上报的房价应是今后一年内计划执行的价格。秋季各旅馆根据利润预算，检验半年来房价的执行情况，并做出必要的调整。

3. 旅馆经理月报表

报表中列明本旅馆各种类型游客使用各种房价的天数及间数，以便分析营业构成对旅馆实际平均房价的影响。

四、旅游产品价格调整

旅游企业在确定了产品的定价结构和策略之后，在一定时期内，应该保持价格的相对稳定。但是，旅游企业随着自身的发展，其战略目标在与时俱进地调整。另外，企业经营的外部环境在不断发生变化，环境因素的多样性、动态性和复杂性使得企业必须根据变化来调整战略，以适应竞争的需要。在这些情况下，价格也做出动态性的战略调整。

（一）旅游企业主动调整价格

主动调整价格是在市场整体运行比较稳定的外部环境下，旅游企业根据自身市场份额、利润额、产品供求关系等经营业绩及市场变化而做出的先期价格调整。从战略的意义上来说，这是一种进攻性的定价战略调整。这种调整不外乎两种表现形式：降价和涨价。

1. 降价

当旅游企业面临生产能力过剩，市场上产品供大于求且竞争激烈，市场占有率下降，或者具备一定的成本优势时，可以适当调低旅游产品的价格。此外，采用率先定价的企业，希望通过降低售价来增加销售量和市场份额。

调低价格引起的不利方面：① 调低价格不见得一定会增加产品的总销售量，反而容易陷入低质量陷阱；② 可能会导致同类产品之间的价格战，甚至引发行业内部更加激烈的价格竞争；③ 调低价格后，即使销售量增加，往往也无法获得预期的营业收入，造成利润减少；④ 销量增加可能带来许多额外的成本和付出，造成经营、管理、售后等成本增加；⑤ 降低价格后，要想再恢复原价不那么容易。

不少旅游市场学家认为,即使不景气的时候,采取调低价格的做法,是一种目光短浅的行为。企业在决定降低价格之前,必须采取慎重的态度,进行周密的分析和研究,只有降低价格之后,企业能实现预期的销售量,使企业的利润有所提高。

2. 涨价

一般调高售价会引起顾客、代理商、经销商甚至本企业销售人员的不满,但如果涨价成功的话,能极大地增加企业的利润。调高售价的原因有:① 通货膨胀,物价上涨,为此除调高价格外,还会减少现金折扣和数量折扣,提高累进折扣的数量要求等;② 成本上涨、求大于供。

调高价格后,往往会引起需求量的下降,因此调高售价应认真分析价格对市场需求的影响,要想方设法尽量避免这种情况。

(二)旅游企业被动调整价格

如果竞争者率先调整价格,企业必须采取应对措施来应付竞争,这样企业就需要采取防御战略,也要相应地调整价格,这属于被动调整价格。在同质市场中,如果竞争者率先降价,大多数旅游企业会无奈地选择同样降价的策略。在异质市场上,企业可采取的策略如下。

其一,当市场对价格很敏感时,企业可以降价,以便和竞争对手的价格相匹敌。

其二,企业可以维持原价,但提高顾客感知到的质量。这对于已经拥有了一批忠诚顾客的旅游企业来说是一种好的选择,因为这些顾客对未体验过的服务有风险预期。

其三,改善产品和服务质量并提高价格。这样做的目的是要进一步差异化,以此来争取更多不重视价格的顾客,而放弃一些对价格过分敏感的顾客。

其四,设立一种低价格的"战斗品牌"。"战斗品牌"是指一个受到威胁或潜在威胁的企业可能引入一种品牌,这一品牌由于其与竞争产品相近而具有对竞争者的警告或威慑作用。

(三)消费者对价格调整的反应

消费者对价格调整的反应可能很复杂。调低价格,销售量应该增加,但消费者也可能认为:① 产品可能为新产品取代;② 商品销路不广;③ 降价的企业财政困难,可能还会倒闭;④ 价格可能还会下跌,最好再等一段时间购买或旅行;⑤ 说明产品质量下降了。

调高价格,理应减少销量,但是消费者可能认为:① 表明这种商品或旅游线路可能是热门货,应尽早购买;② 这种产品、旅游目的地价值特别高;③ 卖者总希望获得最大利润,他们制定旅游者所愿意支付的最高价格。

因此,企业调整价格,应对消费者的价值观念有足够的认识和估计。

(四)竞争者对价格调整的反应

旅游企业研究价格调整问题时,还必须对竞争者的反应做出估计。竞争者的反应可能为:① 竞争对手已制定应付价格调整的方针;② 竞争对手认为该企业调整可能是为了争夺市场占有率,扩大销量;③ 竞争对手认为可能是希望整个行业都减价,以便刺激整个市场的需求。

如果企业面临多个竞争者,企业就必须分析各个竞争者联合做出的反应,通过分析,调整自己的对策。

(五)对竞争对手的价格调整做出反应

如果竞争对手首先调整价格,本企业如何应付?一般来说,企业应考虑以下几个问题。竞争对手调整价格是为了竞争市场占有率,扩大销售量,还是为了促使整个行业调整价格,扩大整个市场需求?竞争对手调整价格是临时措施还是长期策略?如果对竞争对手的价格调整不予理睬,竞争对手调价是否会对本企业的市场份额和利润产生影响?如果本企业做出反应,竞争对手会采取什么措施?本企业的产品处于生命周期中的哪个阶段?该产品在本企业中的地位及重要性如何?竞争对手对价格和价值的敏感程度如何?本企业可以考虑采用哪些应付措施?

一般来说,针对竞争对手调价的决策程序如图7.1所示。这种决策程序,最适用于那些经常会调整价格且各个企业必须尽快做出应付决策的行业。

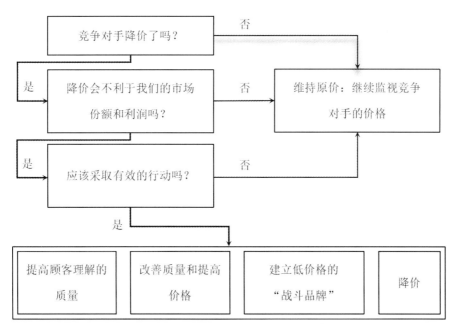

图7.1 针对竞争对手调价的决策程序

【项目5】 我们调酒实验室采取免费供应的策略,但多年运营下来,均未出现亏损情况,你知道是怎么实现的吗?请先设计一个方案,为实验室持续运营提出意见和建议,然后调研学长们的运营思想和经验教训,在对比的基础上,完成一份不少于300字的总结。

本章小结

第一,价格作为产品价值的货币表现,由四个因素构成:生产成本、产品流通费用、利润、税金。

第二,旅游产品不同于一般产品,其特殊性决定了旅游价格的特殊性:综合性与协调性、垄断性与市场性、高弹性与高附加值性、一次性与多次性。

第三,旅游价格在旅游业的市场营销活动中有其独特的作用,主要表现在:价格是利润的直接决定因素、利用价格调整旅游供求关系、利用价格进行市场合理区隔、利用价格有效应对市场竞争。

第四,旅游产品价格的影响因素:内部因素如旅游产品的成本、旅游产品的特点、营销目标及策略组合、企业战略与组织因素;外部因素如市场结构、消费者对价格与价值的认知、竞争者、政府的法规和政策及其他外部因素。

第五,旅游产品定价的目标一般有利润目标、产品目标、市场目标、竞争目标等。

第六,要制定理想的价格,必须遵循以下原则:价格反映旅游产品的价值,价格须适应市场需求,产品价格相对稳定,价格要具有相对灵活性,安排旅游产品各服务项目的比价,服从国家政策的要求等。

第七,旅游产品定价的程序:分析目标市场购买力及倾向,企业的市场定位和营销目标,测算旅游产品成本,选择旅游企业定价目标,确定采用的定价方法,进行价格调整。

第八,影响定价的因素很多,而定价方法中主要依据其中的成本、需求和竞争三类因素,因此定价方法也主要分为三类:成本导向定价的方法,如成本加成定价法、盈亏平衡定价法、目标成本定价法、目标收益定价法等;需求导向定价的方法,如差别定价法、认知价值定价法、声望定价法、需求弹性定价法等;竞争导向定价的方法,如随行就市定价法、排他性定价法、率先定价法、边际贡献定价法等。

第九,新产品定价的策略包括市场撇脂定价策略、市场渗透定价策略、满意定价策略等;成长期的定价策略包括稳定价格策略、渗透定价策略等;成熟期常常选择竞争定价策略;衰退期的定价策略有驱逐价格策略、维持价格策略等。

本章思考题

1. 简述旅游产品价格及其构成。
2. 简述旅游产品的差价及其类别。
3. 简述旅游产品价格的作用。
4. 简述影响旅游产品定价的主要因素。
5. 简述旅游产品定价的利润目标。

6. 简述旅游产品定价的原则。
7. 简述差别定价法及其实施注意事项。
8. 简述声望定价法的主要策略及注意事项。
9. 简述旅游产品降价的不利方面。
10. 简述在异质市场上旅游企业被动调整价格的主要策略。

第八章 旅游渠道策略

◇ **本章目标**

■ **知识与技能**

能阐述旅游营销渠道的概念和内涵;能说出旅游产品直接营销渠道和旅游产品间接营销渠道应用的场景和条件;能分析解释短渠道、长渠道、宽渠道、窄渠道的优劣势;能说出旅游中间商的概念和类型;能区分旅游批发商、旅游零售商,以及旅游经销商和旅游代理商,并将中间商进行归类;能熟练制定旅游营销渠道宽度策略,能准确分析和说明引起渠道冲突的原因及其对策;能熟练掌握旅游中间商的评估方法,能熟练运用各种手段对旅游中间商进行激励;能熟练掌握和应用调整旅游营销渠道的技巧。

■ **过程与方法**

通过对短渠道、长渠道、宽渠道、窄渠道的优劣势分析,培养对比和综合分析复杂问题的思维;通过对旅游中间商进行归类,培养实地调研、类比分析的能力;通过分析渠道冲突的原因及制定相应对策,培养应用所学知识和理论、分析解决身边实际问题的能力;通过对旅游中间商的评估和激励的训练,培养实事求是、客观理性的思想。

■ **情感态度与价值观**

经过本章的学习,特别是对旅游中间商经营实际的深入调研和了解,学生进一步深入社会生产生活一线,充分理解企业成长和发展的艰难,可形成脚踏实地、实事求是、换位思考、团队协作等素养;通过对旅游营销渠道的深入了解,形成担当作为、艰苦朴素等干事创业的良好作风。

■ **项目与方法**

本章涉及的常见方法有短渠道策略、长渠道策略、广泛性营销渠道策略、选择性营销渠道策略和独家经营营销渠道策略,以及旅游营销渠道的短宽化策略等;渠道协调的共同目标法、责权利法、信息沟通法、互相渗透法等;旅游中间商评估与激励方法,旅游营销渠道调整和改进方法等。通过本章学习需要完成的项目:请调研分析金色假日旅行社的主要业务关系;请从营销渠道角度,为云雾山景区设计一个抖音营销的方案;请调研旅游景区目前常用的自媒体营销渠道,对比其优劣势;请调研分析旅行社究竟是从哪些领域"赚钱"的;请登录众信旅游悠哉官网,分析其旅游产品的特点,并说明如何变渠道竞争关系为上下游合作关系。

◇ 引 例

湖北文旅局长纷纷出圈专家:"卷"起来代言值得鼓励

文旅局长们又"卷"起来了!近日,一段古装武侠风视频在网上热传。视频配文称"黄冈文旅局长卷起来才是最帅的",网友也留言评论,"咱黄冈文旅局的涂局长最帅!"

很多网友并未留意到视频下方的一行小字,"视频由 AI 技术合成"。极目新闻记者从黄冈市文旅局了解到,这段视频并非涂宝峰局长出镜拍摄,而是黄冈当地一名网友通过 AI 技术制作并发布在网上的。

近年来,全国各地文旅局长亲自出镜,为当地旅游业代言的案例屡见不鲜。2020年,时任新疆昭苏县副县长的贺娇龙,一身红衣、策马雪原的视频在互联网上"圈粉"无数。2021年,四川省甘孜藏族自治州文旅局局长刘洪以"笑傲江湖"变装视频在网络上广受好评。2022年,湖北省随州市文旅局局长解伟为宣传当地美景,以古装造型亮相引发讨论,意外"出圈"。

解伟接受媒体采访时曾表示:"只要大家能关注到随州,我个人不计较这些。我们需要话题,需要宣传自己的家乡,只要能让网友觉得有趣,哪怕是我自己献丑,让人觉得好笑,但只要你们知道有个随州,有越来越多的人知道随州有这么多美景就行了,其他的,我自己可以忽略。"

2月27日下午,湖北省文化和旅游厅主办的"九头鸟"文旅创意年度盛典上,以古装造型亮相推介随州旅游而走红网络的解伟被评为2022年度"九头鸟"文旅创意"年度之星"。

局长们"出圈"了,质疑的声音也随之而来。近日,黑龙江省塔河县文旅局局长都波在零下20℃的天气,拍摄了展示鄂伦春族白鹿服饰的宣传片,意外"出圈",却遭质疑是"花公款搞个人宣传"。对此,都波回应称,制作视频的都是单位职工,服饰也是借来的,自己拍摄修图,并没有什么成本。

中南财经政法大学旅游研究院院长邓爱民接受极目新闻记者采访时表示,各地文旅局长放下架子、撸起袖子、贴合实际,用网民喜闻乐见的形式来为本地宣传,这种做法值得鼓励。

在邓爱民看来,"局长效应"能否持续,如何"圈住粉""留住粉",才是更关键的问题,这也对文旅局长们提出了更高的要求。一是要转变思维,努力摒弃"怕给自己找麻烦"的情绪,充分认识理解"流量"对地方经济发展的正向价值,"敢触网、敢发声",有意识地运用互联网思维开展工作;二是要苦练功夫,知网、懂网、会用网,是领导干部必备的能力素质,不仅要熟练使用各类社交媒体,还要掌握熟悉传播规律,结合当地特色,找到"流量"关注点和工作突破口;三是要真抓实干,避免形式主义的"假作为",把进驻网络当成任务敷衍,文旅局长应结合地方发展实际,充分发挥网络的积极效用,为地方发展多干实事。

邓爱民特别提醒,旅游宣传固然重要,但旅游业发展,更重要的还在于练好内功,赢得游客口碑。对于文旅局长们来说,除了出镜代言吆喝,还有很多具体工作需要推动,比如,做好发展规划、推进项目建设、维护好市场秩序、营造好旅游环境、提高服务质量,等等。

中国旅游研究院院长戴斌日前在接受央视采访时,也表达了类似的观点。戴斌认为,旅游需要网红,但网红不是旅游的全部。一个地方旅游目的地的打造,有它特定的规律,游客是否选择一个地方作为旅游目的地,取决于它是不是有知名度,更取决于这个地方有没有生活品质,能不能方便到达。文旅局长在出镜代言的同时,还要关注地方旅游目的地中长期发展的科学规律,要用多元化的方式让游客愿意来、留得下、多消费。

(资料来源:湖北文旅之声。)

【思考】

1. 以前都是旅游经销商、代理商们打广告、搞营销,现在的文旅局长门亲自上阵,甚至为推动当地旅游业发展,甘愿"涉险"出圈,他们"卷"的背后是市场竞争,更是旅游产品营销渠道逻辑的改变。你能试着分析一下这种渠道逻辑吗?

2. 假设你是当地的文旅局长,请试着推广当地的旅游产品,提出可以采取的途径。

8-1 湖北文旅局长们的十八般武艺

通过本章的学习,相信你不仅能很好地回答上述问题,还会有更多其他的收获。

第一节　旅游营销渠道概述

旅游营销渠道是实现旅游产品价值的重要环节之一,在旅游市场营销组合策略中具有举足轻重的地位。要将旅游产品销售给旅游中间商、旅游者等最终旅游消费群体,旅游产品不仅要受到市场的广泛认可和欢迎,更要有合理、便捷、快速、完善的途径将旅游产品高效传递给旅游消费群体。旅游产品价值的实现既取决于产品本身是否定位准确、适销对路、质优价廉、售后无忧等,也取决于旅游产品从生产到消费的各个环节的通畅性、可靠性、稳定性、经济性等;对企业和渠道商而言,旅游产品具有较高的盈利能力和潜力、持续的竞争与供应能力、相对稳定的采购和销售体系、合理的利润共享与分配结构等;对旅游者而言,旅游产品必须具有较高的可得性、易得性、"省心"性等。

一、旅游营销渠道的概念

营销渠道决策是旅游企业管理者面临的最重要决策之一。企业所选择的渠道策略不仅直接影响到所有其他营销决策,而且也使企业与营销渠道其他成员形成承诺和业务关系,这就引起许多错综复杂的问题需要妥善处理。

随着生产专业化和社会分工的发展,多数产品生产部门开始凝聚资源和力量于产品专业化生产与创新环节,产品的销售任务则交由专业化的营销企业或销售部门去完成。生产者和最终消费者用户之间,有各种专门化的营销中间机构——旅游中间商,即从事转移旅游产品的具有法人资格的经济组织和个人。旅游批发商和旅游零售商等是典型的旅游中间商,他们买进商品,取得商品的所有权,然后再出售商品。有的中间机构如经纪人、销售代理人则寻找顾客,有时也代表生产商同顾客谈判,但是不取得商品所有权,他们叫代理中间商。因此,菲利普·科特勒认为,营销渠道是指某种产品或服务从生产者转移到消费者的过程中,取得这种产品或服务的所有权或协助所有权转移的所有组织和个人。

菲利普·科特勒的营销渠道概念同样适用于旅游营销渠道,只是旅游产品通过营销渠道的转移和传递,与普通实物产品通过营销渠道的流通又不完全相同,尤其需要注意的是,在绝大多数情况下,旅游者购买的是一种旅游契约产品,是一种有时间、地点限制,甚至是有资格限制的预期的旅游经历和体验,只有有限使用权而不拥有所有权。无论是旅游景点、饭店,还是旅游线路,旅游者都必须在指定的时间到指定产品的所在地消费。

因此,旅游营销渠道的概念可表述为:旅游产品和服务在从旅游产品生产者和供应者转移到旅游者的过程中,包括所有取得该产品和服务的使用权或者协助该使用权转移的组织和个人在内的有组织、多层次的销售系统。

从上面的分析可以看出,旅游营销渠道是一个内涵较宽的概念,它包括以下几个方面的内容。

第一,旅游营销渠道的起点是旅游产品的生产者和供应者,终点是旅游者,旅游营销渠道是指从起点到终点的各个流通环节组成的系统。

第二,旅游营销渠道是相关经营组织和个人的组合,除了起点和终点外,还包括各种类型的旅游中间商,如旅游批发商、旅游代理商、旅游零售商等。旅行社就是典型的旅游中间商。

第三,在旅游营销渠道中,旅游产品和服务被转移的是其一段时间的使用权,而非永久使用权,更不是所有权。

第四，旅游营销渠道包括旅游企业在生产现场直接向旅游者销售其产品和服务，也包括旅游企业依靠自身的力量在生产地点以外的其他地方销售其旅游产品的直接销售方式，还包括旅游企业借助中间商向旅游者出售其产品和服务的间接销售方式等多种层次。

营销渠道在旅游业中有着十分重要的意义。通过营销渠道可以将旅游产品的生产者同市场最终的消费者相联系。通过营销渠道可以提供便捷的销售服务，使旅游者在第一时间获得旅游产品的有关信息，为其决策提供便利。通过营销渠道可以给旅游产品生产者反馈有关市场的信息，以供旅游企业对旅游产品的组合、生产进行调整。通过营销渠道还可以使旅游者获取有关旅游产品的质量、价格方面的信息。

二、旅游营销渠道的特点

旅游产品本身的特点决定了旅游营销渠道具有以下特征。

（一）不可转移性

这种特点决定了旅游产品的销售不会发生实物形式的转移而只发生使用权的转移。旅游产品销售主要表现为一种产品信息流，即向旅游者提供有关旅游产品食、住、行、游、购、娱，以及商、养、学、闲、情、奇等一系列的有关信息。

（二）不可储存性

这一特点决定了旅游产品销售要注意时效性。由于旅游产品的时间性很强，旅游者购买旅游产品后，旅游企业必须在规定的时间内交付有关产品的使用权，如果旅游者不按时消费，对旅游企业来说不可能为其储存起来等待游客日后消费。

（三）产品的销售不可重复性

旅游者在同一时间内只能购买一项旅游产品，而且旅游产品的可替代性、非必需性等较强。旅游营销渠道要考虑到旅游者购买的便捷性，即可得、易得、值得且省时、省力、省心，因此，旅游营销渠道要分布广、渗透力强或不受时空限制，以方便购买。

（四）完整性

旅游产品主要以服务性产品为主，其价值主要由旅游者的主观满意程度来衡量，因此旅游营销渠道必须连续性明显，即旅游中间商不发生脱节、阻塞和不必要的停滞现象；配套性全面，即除具有买卖交易的能力外，最好还具有促销、运输、开发市场的配套功能；辐射性突出，即旅游营销渠道直接影响着旅游企业产品的市场覆盖面和渗透程度。

三、旅游营销渠道的职能

旅游产品需要通过各种途径和方式,即通过营销渠道将其从旅游企业转移到旅游消费者手中。营销渠道弥合了产品和服务与其使用者之间的时间、地点、信息等缺口,营销渠道的成员执行了一系列的重要职能,如顾客、竞争对手和其他参与者及力量等的信息传播与沟通等。

(一)生产职能

交通、住宿、餐饮等企业所提供的各种劳务与商品是该企业的最终产品。但是,这些产品并非直接为旅游者所需要的最终旅游产品。这些分散的旅游产品对于旅游者来说毫无意义,只有通过旅游营销渠道,才能对这些零散的旅游产品进行设计、组合、配套,制定整体路线计划,最后生产出一种综合性的、直接可向旅游消费主体销售的最终旅游产品。这个过程不再仅仅是流通,同时也带有生产的色彩,成为生产过程的延伸。旅游营销渠道各环节的劳动具有生产性质,它表现为对分散产品的追加劳动。

(二)组织协调职能

旅游产品的各生产部门并不由旅游营销渠道内各中间商管辖,因此,产品销售出去后,其价值实现就需要依靠各中间商进行组织与协调。各生产部门之间的联系以及外部突发情况的解决等,也靠营销渠道成员来完成。旅游产品交易的达成并不代表销售工作的终结,而是意味着更多的组织协调工作由中间商承担,这也是旅游营销渠道特殊性的体现。

(三)利益分配职能

旅游产品由多个部门共同提供,而旅游消费者将费用一次性支付给旅游中间商,这就涉及利益分配问题:一是中间商与旅游行业其他部门之间的分配;二是营销渠道内各中间商之间的分配。在分配中,旅游中间商起到了举足轻重的作用,它既要与旅游行业各组成部门订立比例合理的经济利益分配合同,又要把市场上各种有关信息及时传达给它们,使其决策工作有据可依,充分把握目标市场的需要,同时又要确保生产者与中间商都能获得理想的最佳收益。

需要特别说明的是,上述渠道职能应该由谁来执行。这些功能具有3个共同点:它们使用稀缺资源;它们常常可以通过专业化而更好地发挥作用;它们在渠道成员之间可以相互转换。当旅游服务提供者执行这些功能时,其成本会增加,其产品的价格也必然会上升。当若干功能转移到中间商那里,服务提供者的费用和价格下降了,但是中间商必须增加开支,以承担其工作。由谁执行各种渠道任务的问题是一个有关效率和效益的问题。

因此,与任何时候执行这些功能的机构相比,渠道功能才是本质。渠道的变化很大程度上是由于发现了更为有效的集中或分散经济功能的途径,这些功能是执行向目标顾客提供有用的商品组合的过程中所不可缺少的。

四、旅游营销渠道的作用

(一)降低成本

旅游营销渠道对产品从生产者转移到消费者所必须完成的工作加以组织,其目的在于消除产品或服务与使用者之间的差距。图 8.1 表明了中间商环节是如何达到节约成本目的的,3 家旅游企业和 8 位旅游者之间的交易,如果没有旅游中间商的介入,整个交易活动的完成需要 24 次,而在旅游中间商介入之后,只需 11 次交易便可完成全部交易活动。通过中间渠道,可以以更高的效率将商品提供给目标市场。中间商承担部分资金,利用其业务往来关系、经验、专长和经营规模,能为企业降低成本,而企业仅凭自己的力量是难以达到的。

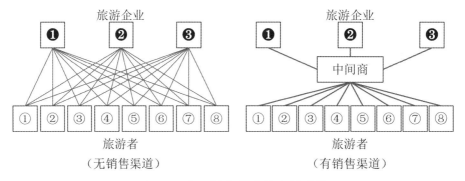

图 8.1 有无销售渠道的交易差异

(二)组装产品

旅游产品生产者和供应者一般只生产或供应单项旅游产品,而旅游活动是一种综合性的活动,因此,通常只有将单项旅游产品组合起来才便于出售给旅游者。当单项旅游产品进入销售渠道后,旅游营销渠道就开始发挥组合功能,将单项旅游产品组合成整体旅游产品,从而方便了旅游者购买。比如,旅游饭店只能提供食宿、店内的娱乐设施、会议地点和购物中心,它不能解决远距离交通问题,更不能提供风景名胜等供旅游者观赏。同样,交通部门只能提供交通工具服务,不能提供食宿等产品。只有通过旅游营销渠道才能将旅游产品有机组合,形成包价旅游产品。旅行社作为旅游营销渠道的重要成员,是这种功能的典型实践者。

（三）变潜在旅游需求为现实旅游需求

旅游中间商，特别是旅游批发商，依靠广告、宣传、咨询服务和各类促销活动来促进市场需求的形成，激发旅游消费者的购买欲望。而且，有了旅游中间商的介入，销售网点增加，销售环节减少，营销成本降低，旅游产品的价格会有所下降。因此，一般情况下，旅游者购买旅游产品需要耗费的精力会不同程度地减少，费用也会不同程度地降低。

（四）接受信息反馈，改进服务

中间商可以进行调查研究，提供信息，帮助旅游企业对客源市场的变化及时做出反应。通过旅游中间商，可以直接与旅游消费者接触，掌握消费者的需求和想法，帮助旅游企业不断适应旅游消费者的需求。

（五）降低风险

各销售渠道还会通过运输和存储部分商品，通过应付销售渠道运转、开支等方式帮助完成旅游产品的销售，从而承担旅游企业的部分风险。

【项目1】 请调研分析金色假日旅行社的主要业务关系。

第二节 旅游营销渠道的类型

科特勒在他的《营销管理》一书中，将产品的营销渠道分为四大类，即零层次渠道、单层次渠道、双层次渠道和多层次渠道。零层次渠道是指产品生产者向消费者（或使用者）转移其产品的过程中不涉及中间环节或中间商的销售途径。单层次渠道是指产品在向消费者（或使用者）转移过程中要通过一个中间环节或中间商的销售途径。双层次渠道是指产品在向消费者（或使用者）转移过程中要通过两个中间环节或中间商的销售途径。多层次渠道是指产品在向消费者（或使用者）转移过程中要通过三个或更多个中间环节或中间商的销售途径。这四种营销渠道的基本模式同样适用于旅游产品销售渠道，如图8.2所示。

根据旅游产品销售过程中是否涉及中间环节来划分，可以将以上四种基本模式分为两大类：一是直接营销渠道，二是间接营销渠道。

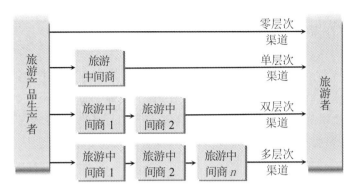

图 8.2 旅游产品销售渠道基本模式

一、直接营销渠道

直接营销渠道是商品生产初期的一种营销渠道,相当于科特勒营销渠道分类中的零层次渠道。旅游产品直接营销渠道是指旅游产品的生产者或供给者直接向旅游者销售其产品,而不通过任何中间环节的销售途径。比如,散客旅游者直接到饭店订购客房、到景区自购门票等旅游消费活动。在旅游市场中,不通过任何中间环节直接销售旅游产品的现象相当普遍,欧美各主要旅游接待国的散客市场份额高达70%以上,2015年中国在线自助游市场交易规模达到282.57亿元人民币,首次超越跟团游,至2019年,自助游市场交易规模达625.8亿元人民币,保持了强劲增长势头。

在一定条件下,运用直接营销渠道,实现产销一体化有明显的优点:① 产品销售及时,可以减少由于产品销售不及时而造成的浪费;② 可以减少中间环节的销售费用,降低成本、激发创新、提升效益,还惠于消费者,赢得竞争优势;③ 便于与市场和消费者直接接触,及时掌握相关信息并直接沟通和反馈,及时调整营销策略,改进产品和经营,提供优质服务;④ 便于精准控制产品数量、质量、价格,提供个性化、差异化、定制化服务等。

基于以上优点,不少有条件、有实力的企业自行组建销售网,或者不给中间商提成或支付佣金。直接营销渠道虽方便消费者,但旅游企业也面临销售成本高、管理难度大,销售局限于地区性市场,难以进一步扩大市场等挑战,因此,许多消费面广、市场占有率高的产品,一般都选择间接营销渠道进行销售。

从旅游产品的销售实践看,直接营销渠道一般有三种模式。

(一)旅游产品生产者或供给者→旅游者(在旅游目的地)

在这一模式中,旅游产品的生产者或供给者向前来购买产品的旅游者直接销售其产品,它在产品的生产地扮演了旅游零售商的角色。这种营销渠道至今仍被很多旅游企业所采用。例如,旅游景点、旅游饭店、博物馆等组织采用这种模式向散客销售其产品。

（二）旅游产品生产者或供给者→旅游者（在旅游客源地）

由于旅游产品的特殊性，旅游产品的消费必须在旅游产品生产现场进行，而旅游产品的销售只是一种买卖合同，旅游者可以在任何接受预购的地方，通过网络、电话等现代通信方式向旅游产品的生产者或供给者购买或预订旅游产品，旅游产品的生产者仍然扮演的是旅游零售商的角色。随着现代信息技术的迅猛发展及其在旅游业中的广泛应用，近年来，这种模式有了新的发展和突破。很多旅游企业都已开始借助计算机预订系统、移动终端等直接向目标旅游者出售其产品，为传统的直接营销渠道注入了新的活力。计算机系统、网络平台、移动终端等成为这种销售模式的主要使用工具。

（三）旅游产品的生产者或供给者→自营的销售网点→旅游者（在产品销售地点）

在这一模式中，旅游产品生产者或供应者通过自己设立在产品生产地以外的销售网点，直接向旅游者销售其产品。由于这些销售网点是旅游企业在一定市场区域拥有的自设零售系统，所以仍然归属于直接营销渠道。一般大中型旅游产品生产者或供给者会采用这种模式作为销售本企业旅游产品的重要渠道之一。比如，航空公司在目标市场所在区域设立自己的分公司或售票处；旅游饭店在机场设立销售点，直接向游客销售其产品；铁路部门在许多地点设立售票处、订票处开展销售活动；大中型旅游公司通过自设的销售网点销售旅游产品等。

二、间接营销渠道

由于企业规模的扩大和市场竞争的加剧，绝大多数旅游企业都在想方设法增强自身的销售能力以扩大市场份额。旅游营销渠道的选择不但受到旅游企业自身资源和经营实力的制约，而且受到投入产出的经济可行性制约，所以旅游企业更多地会选择间接营销渠道。

旅游产品的间接营销渠道是指旅游产品生产者或供应者通过旅游中间商将其产品转移给旅游者的销售途径。采用间接营销渠道，旅游企业可以充分借助中间商的专业性和其他优势，在一定程度上有助于消除单纯采用直接营销渠道的局限性，可使销售过程简化，使流通领域耗费的人力、物力、财力更趋合理。

根据所经中间环节的多少，间接营销渠道可划分为以下三种销售模式。

（一）旅游产品生产者或供给者→旅游零售商→旅游者

这种模式也可称为单层次营销渠道，即旅游产品的销售只经过了一个中间商，由三点组成两个销售环节：旅游产品生产者或供给者和旅游零售商组成第一个环节，旅游零售商和旅游者组成第二个环节。这一模式中，中间商主要是从事旅游零售业务的旅游代理商或其他代理机构,旅游产品的生产者需要向旅游零售商支付佣金或手续费。这种类型是我国目前普遍的经营模式。大部分企业,如饭店、航空公司、旅游景点都是通过这种方式销售自己的产品。

(二)旅游产品生产者或供给者→旅游批发商→旅游零售商→旅游者

这种类型包括两个层次的旅游中间环节,故又称双层次或二层次营销渠道,是指旅游产品生产者或供应者通过旅游批发商,再经由旅游零售商将其产品转移到旅游者手中的销售途径。这是一种最具普遍意义、在当前使用最广泛的旅游产品营销渠道方式。这种模式由四个点组成三个销售环节。旅游批发商通常是指从事团体包价旅游批发业务的旅游公司或旅行社。在这种模式中旅游产品的生产者只与旅游批发商发生直接业务关系,将其产品批量销售给旅游批发商,然后再由旅游批发商委托旅游零售商或通过自行设立的销售网点将产品销售给旅游者。旅游批发商通过大批量地购买航空公司、饭店、景点等单项旅游产品,并将其组合、编排成适应市场需求的包价旅游产品,但并不直接面向旅游者出售其产品,而主要通过旅游零售商进行销售,有时也通过自行设立的销售点进行销售。

二层次营销渠道同样为旅游产品供给者和消费者提供诸多的便利条件,同时又具有自身的特点,这主要是由批发商的经营特征决定的,因为大型的旅游产品批发商比零售商具有更大的销售规模、更有力的销售手段、更广的覆盖销售网。在我国旅游业中,这种营销渠道应用十分普遍,特别是大型旅游企业普遍采用这种方式进行销售,尤其是在出境旅游方面,大型旅游企业拥有组团资格或特许经营权,因此大多采用这一方式。

(三)旅游产品生产者→旅游总代理→旅游批发商→旅游零售商→旅游消费者

这种类型中又增加了旅游总代理这一中间环节,因此又称三层次营销渠道。目前我国大部分国际旅游(入境旅游)主要采用这种方式进行。

旅游总代理是指在某一地区全权代表旅游产品供给企业,进行产品销售业务及市场营销活动的旅游中间商。它不仅有权代表委托人签订旅游产品买卖交易协议,而且有权制定与调整旅游产品营销组合方案,修改具体营销战略以及代表委托人处理有关该地区销售的其他事务。委托地区总代理商的根本目的是在旅游产品供给者面对广大目标市场无力"事必躬亲"时,利用当地总代理商独有而专业的营销资源,提高本组织旅游产品在该地区市场的竞争力和效益。

当旅游企业在较大市场或新市场推广产品实力不足时,往往采用这一方式。例如,荆州方特、襄阳唐城等欲开辟武汉市场,除了自己通过广告直接销售外,还可以选择武汉一家或几家有影响或有特色的旅行社,作为自己在武汉地区的总代理销售其产品。此外,我国入境旅游市场也经常采用这一方式,我国经营入境旅游的旅行社由于自身条件的限制,尚不能大规模直接与国外旅游零售商或消费者合作或销售旅游产品,而通常是在价格谈判的基础上,将各单项旅游产品组合成包价旅游产品。核定价格后,委托客源市场当地旅游代理商、批发商向旅游消费者出售。

直接营销渠道与间接营销渠道的对比见表8.1。

表 8.1 直接营销渠道与间接营销渠道

分类	直接营销渠道	间接营销渠道
市场	集中、范围小	分散、范围大
产品	特殊线路 成本高、价格差异大的产品 出境旅游线路、豪华型	常规线路 成本和价格差异小的产品 标准型
旅游企业	市场营销能力强、资金充足 管理能力强 需要高度控制产品营销情况	市场营销能力弱、资金缺乏 管理能力弱 对产品市场营销的控制要求不高

（四）综合营销渠道或网络

这种营销渠道又可称为网络营销渠道，实际上是上述各种营销渠道方式的综合。旅游企业通过分工和合作，形成系统性的网络化营销渠道，使产品和服务能够有效地从生产者转移到最终消费者——旅游者手中。我国大型旅游企业一般都同时采用综合营销渠道的方式销售。

三、长短渠道和宽窄渠道

旅游营销渠道的长度是指旅游产品从生产者向旅游者传递的过程中所经过的中间环节的多少。所经过的中间环节越多，营销渠道就越长，反之，则越短。不经过任何中间环节，直接面对旅游者出售产品的营销渠道最短，这也就是人们常说的直接营销渠道，简称直销。通常，只有一个中间环节的渠道，称为短渠道，具有两个或两个以上中间环节的渠道，称为长渠道。

旅游营销渠道的宽度是指营销渠道中销售产品的中间商的数目及销售网点的数目和分布格局。其中既涉及经销或代理旅游产品的中间商的数目，也涉及本企业和中间商面向市场所设立的销售网点的数目及其分布的合理程度。平常所说的增加销售网点，实际上就是指加宽旅游产品的营销渠道。在一个旅游产品的营销渠道中，如果经销或代理该产品的中间商越多，而且本企业和中间商在各自的目标市场区域内为方便旅游者购买而设立的销售点也越多，则该营销渠道就越宽；反之，该营销渠道就属于较窄的营销渠道。

旅游营销渠道长、短、宽、窄的适宜度应根据不同旅游企业、不同旅游产品、不同目标市场而有所不同。例如，对于大众型旅游产品，主要是通过宽渠道进行销售，即采用多个销售网点以广泛、大量地接触旅游者；而对于诸如驾车穿越沙漠之旅和太空旅游等专业性强、费用高的产品则应该多采用较窄的营销渠道进行销售，以便于旅游产品的生产者对产品的控制，同时也适应此类产品市场销售面窄的特点。

短渠道与长渠道的对比见表 8.2。

表 8.2　短渠道与长渠道

分类	短渠道	长渠道
市场	客源市场相对集中、购买数量大	客源市场分散、购买数量小
产品	价格较高 新辟的旅游线路 需要特殊服务的产品(如登山、探险)	价格成本低 常规线路 不需要特殊服务的产品
旅游企业	实力强,营销人员素质高 资金雄厚、财力足 增加的收益能够补偿销售费用	销售能力较弱 缺乏资金、财力不足 增加的收入不足以补偿销售费用

【项目2】　请从营销渠道的角度,为云雾山景区设计一个抖音平台营销的方案。
【项目3】　请调研旅游景区目前常用的自媒体营销渠道,对比其优劣势。

第三节　旅游中间商

一、旅游中间商概述

(一)旅游中间商的概念

随着旅游业的迅猛发展,旅游产品的种类日趋繁多。旅游者的需求多样化的趋势十分明显。这些旅游者与旅游产品生产者之间的沟通就必须通过旅游中间商来完成。

旅游中间商是处于旅游生产者与旅游消费者之间,从事旅游产品的转售、流通等业务,促使旅游产品买卖行为发生和实现的集体和个人。中间商是商品生产、商品交换和商品经济发展的必然产物,是社会分工进一步扩大的结果。对于每一个旅游企业来说,合理地选择和利用中间商,可以加快产品的流通,节约销售费用,降低成本,提高企业竞争力。

(二)旅游中间商的类型

旅游中间商的类型较多。按业务方式,可将其划分为旅游批发商、旅游零售商两大类。

前者一般是不直接服务于最终消费者的旅游中间商；后者为直接面向广大公众从事旅游零售业务的中间商。

根据不同旅游中间商的经营性质，又可将其划分为经销商和代理商。旅游经销商是通过预付定金或足额购买的方式，从航空公司、饭店及其他单项旅游产品供给企业批量订购旅游产品，再直接转售给旅游者或加工组合之后以包价旅游产品的形式进行经营。旅游经销商在购买之后对产品拥有所有权，与旅游产品的生产者共同承担市场风险，其利润来自旅游产品销售过程中买入价和卖出价之间的差额。旅游批发行业中的旅游批发商和旅游零售商大多属于这类经销商。

旅游代理商则只是接受旅游产品生产者或供给者的委托，在一定区域内代理销售其旅游产品的旅游中间商。旅游代理商不需要预付定金或购买产品，对产品不具有所有权，其收入仅来自被代理旅游企业按协议支付的佣金。一般来说，旅游批发商多为经销商，独立经营的旅游零售商多为代理商。

（三）旅游中间商的作用

在旅游产品销售中，旅游中间商发挥着巨大的作用，具体表现为以下几个方面。

(1) 减少交易费用。旅游中间商的存在可以减少交易费用，使企业节约资金，从而降低成本。

(2) 促进市场营销。旅游中间商能很好地完成旅游市场营销的职能。例如，中间商能进行有效的市场调查、刊登产品广告以及向旅游者提供各项咨询服务。

(3) 沟通生产者与消费者。旅游中间商沟通旅游企业与旅游者。通过中间商可使寻找某些产品的购买者与销售该产品的生产者联系在一起。

(4) 反馈信息。旅游中间商是一批旅游专门人才，他们精通业务、经验丰富，贴近消费者，了解旅游市场的最新信息。通过旅游中间商提供有关市场信息资料，旅游企业可以改进产品，提供更能满足旅游者需求的产品。

(5) 开拓新市场与推销新产品。旅游中间商有利于企业进入新市场、推销新产品。一些小型企业由于资金不足、人力有限，不得不依靠旅游中间商从事市场开拓活动，如市场调查、市场预测、广告宣传等。

二、旅游批发商

（一）旅游批发商的概念

批发商是指专门从事向生产单位购买商品，然后卖给另一商业企业进行转卖，或者卖给以生产加工为基本职能的商业企业。商品从生产领域到消费领域的流通过程，一般都是经过批发商，然后通过零售企业进入消费领域的。与零售企业相比，批发企业的特点明显：① 批发企业是商品流通的起点和中间环节，商品由批发企业卖出后，商品的流通过程并没有终结；② 批发企业一般不直接与消费者发生联系；③ 批发企业一般进行大批量的商品买卖。

旅游批发商即以批量购进和销售旅游产品为主要业务的经销商,其销售主要出于转卖、加工或使用等目的。旅游批发商一般从事包价旅游的组织和销售活动,其组合的包价旅游产品主要面对闲暇旅游市场。旅游批发商的业务是将航空公司或其他交通运输企业的服务产品,与旅游目的地旅游企业的地面服务组合成整体性的旅游产品,然后通过某一销售途径推向广大公众。也就是说,旅游批发商就是从事批发业务的旅行社或旅游公司。它们通过大批量地订购运输公司、饭店、旅游景点等旅游服务企业的单项产品,将这些产品按日程编排为包价旅游线路,然后通过旅游零售商出售给旅游消费者。实际上,旅游批发商是从事上述批发业务的旅行社的总称,既包括纯粹经营批发业务的旅游批发商,也包括主营批发同时兼营零售业务的旅游经营商。

与零售商相比,旅游批发商有以下五个特点:批量购进,批量销售;交易产品一般不直接进入最终消费领域;交易地域范围广;交易关系较为稳定;多分布在大型经济中心城市和地区。

(二)旅游批发商的职能

旅游批发商经营其包价旅游产品时,包括三个方面的作用:一是旅游线路的筹划;二是线路产品的推销;三是旅行团队的组织与管理。

旅游批发商筹划包价线路产品主要通过分析旅游客流动态,以及通过对旅游零售商和潜在的旅游者开展调查,以制定出详细的旅游程序安排,包括出发日期、活动天数、使用的交通工具以及地面服务类型。旅游批发商与旅游目的地的有关旅游企业开展业务谈判,并签妥预订合同。同时,制定该线路产品的价格、同旅游零售代理商谈判佣金率和奖励销售的办法,以及组织设计和印制该线路的宣传品。这些工作完成后,筹划阶段方告结束。

旅游批发商经营工作中的第二项工作是推销线路。旅游线路的推销是决定该套产品能否成功的关键。推销要依据旅游批发商的规模和所选定的目标市场的情况而定。一般通过散发旅游宣传册、利用大众传媒做广告、开展人员推销以及同其他旅游批发商联系合作进行。

旅游批发商对旅游团的管理与组织工作,首先要制定出详细的旅游团活动日程和内容安排,并且建立预订登记系统,详细登记每一名团员应办理的手续文件及付款情况。各旅游零售点通过电话或计算机网络,将消费者的预订情况及时反映给旅游批发商。旅游批发商对这些预订情况进行证实、记录并建立文件保存。经过办理预订押金和最后付款一系列手续之后,旅游批发商将有关票据和文件,通过零售商转发给旅游者。旅游团在目的地旅游期间,既可由旅游批发商自己派员随团进行管理,也可以委托旅游目的地的接待旅行社代理。旅游团完成旅游后,旅游批发商才向旅游目的地的有关旅游企业付款。

三、旅游零售商

(一)旅游零售商的概念

零售商是指直接从事商业业务活动的经营单位。它一方面向批发商或生产者购买商品,另一方面再把商品销售给居民或机关团体,供其直接消费。零售商与批发商比较,有着明显的特点:① 零售商的销售对象是直接消费者,主要是个人消费,也包括集团消费,如机关、团体、学校等;② 零售商的商品一经售出,即从流通领域退出,进入消费领域,它处于商品流通的终点;③ 零售商一般规模较小,销售数量有限,但交易次数频繁。

旅游零售商是指直接面对旅游产品的最终消费者,从事旅游零售业务的中间商,它们与旅游者联系最密切,主要由旅游代理商构成,也包括其他代理预订旅游服务的各种机构,但是在对旅游零售商的研究中,人们通常以旅游代理商为代表。它们代理航空公司、车站、旅游景点、饭店等的机票、车票、门票、床位等单项旅游产品的销售,或代理旅游批发商整体旅游产品的销售,并根据销售量提取一定比例的佣金。有些旅游零售商也出售自己组合的包价旅游产品。旅游零售商直接与最终消费者接触,其交易活动是旅游产品流通过程的最后一道环节。

旅游零售商与旅游批发商相比有以下特点:每次交易量小,但交易频率高;交易进入最终消费领域;在旅游产品销售中伴随着相关服务;交易随机性大,交易活动较分散;交易的旅游产品类型丰富多样。

(二)旅游零售商的职能

1. 对旅游消费者购买决策的影响

旅游零售商在帮助人们选定旅游计划和选购旅游产品方面有很大的作用。很多调查研究表明,旅游零售商的这一作用并未因现代信息技术的发展而削弱。以北美为例,在旅游代理商所接待的游客中,有超过40%的人对自己要去何处旅游通常只有大致的想法。他们可能已经决定要去世界某一地区旅游,但具体去哪一个旅游目的地,并未拿定主意,因而需要并且愿意寻求旅游零售商的指导。在事先已选定旅游目的地的游客中,大多数人也往往就具体的问题寻求旅游零售商的建议和指导。

2. 传播销售信息的重要阵地

旅游产品生产者的很多促销活动都是在销售点开展的。尽管旅游产品生产者同地处客源地的旅游零售商之间,有时并不存在直接的业务关系,而是通过旅游批发商将两者间接地联系起来,但只要零售商所代销的旅游产品中实际有自己的产品,旅游产品生产者都会积极向这些零售商提供自己的产品宣传材料和其他信息资料,因而旅游消费者可以从旅游零售商那里获得各种旅游信息。但是,这并不意味着旅游零售商可以分担旅游生产者的促销工作。旅游零售商没有"存货",不存在因产品积压而导致亏损的问题,所以它们一般不会拿出自己的资金去分担别人产品的促销工作。这一点同旅游批发商完全不同。

3. 方便购买的销售点

旅游零售商地处客源市场所在地,并且大多坐落于当地城镇的繁华地段,从而成为购买旅游产品最便捷的销售点。除了地点上的方便之外,旅游消费者还可以通过旅游零售商一次性同时预订食、住、行、游等单项旅游产品,并且一次性向旅游零售商支付。旅游零售商通过销售产品和服务使旅游产品转化为货币,从而实现旅游产品的价值。

四、旅游代理商及其他中间商

(一)旅游代理商

旅游代理商是指只接受旅游产品生产者或供应者的委托,在一定时间、一定地区内代售其产品的中间商。它是独立的企业,它与旅游产品生产者订立代理协议进行销售,在扣除自己应得的佣金后,将销售收入交还企业。旅游代理商在旅游者选择旅游产品、旅游企业、旅游目的地的决策中起到很强的决定性作用。

旅游代理商有两个主要特点:① 它不拥有产品的所有权;② 旅游代理商为委托人和消费者提供服务,并从中获取佣金,作为其收入的主要来源。

由于不取得产品所有权,旅游代理商承担的风险要比经销商小得多。旅游产品生产企业一般在自己营销能力难以达到的地区,或者在新产品投放期、产品销路不太好的情况下利用代理商寻找营销机会。

(二)其他旅游中间商

1. 专业媒介

专业媒介包括旅游经纪人、奖励旅游公司、会议计划者、协会执行人、公司旅游办公室和旅游咨询者等。旅游经纪人是一种特殊的旅游中间商,它们不拥有旅游产品的所有权,不控制产品的价格和销售条件,并不参与交易实务,只为双方牵线搭桥,成交后,旅游企业付给其佣金。奖励旅游公司为企业雇员或分销商提供奖励旅游,作为企业对他们工作努力的一种报酬。由于奖励旅游经常在度假旅游区域进行,因此对度假旅游胜地和一些旅游目的地来说,奖励旅游公司是一种有效的分销渠道。

2. 饭店销售代表

饭店销售代表负责在某一特定市场区域内销售饭店客房和服务,他们直接收取佣金或佣金加薪金。雇用饭店销售代表往往要比饭店使用自己的销售人员更有效。

3. 饭店联营组织和电脑预订系统

饭店联营组织是多家饭店基于其成员的共同利益而联盟组合的饭店组织,而市场营销常常是联营形成的原因。它允许组织中成员的所有权和管理独立,同时获得群体营销的优势。电脑预订系统与饭店联营的界限正日益模糊,因为像 SRS、Utell 和 Supranational Hotels 这样的预订服务系统正在向营销活动扩展。其中像 Utell 和 Supranational Hotels 就已成为当今全世界五大饭店联合体的成员。Utell 代理来自 6500 家成员饭店的 130 万间客房。Utell 视窗能让全世界预订代理商在各自的电脑终端上看到饭店的图像。这一组织向奖励旅游市场、会议计划者、旅游经营商、公司会议组织者、旅行代理商和批发商等进行饭店营销,使营销链条提高对旅行代理商和世界市场的接近程度。随着其业务活动全球化进程的继续,饭店联营会成为更加强有力的营销工具。

4. 航空预订系统

航空公司为了促销而建立的为旅游中间商准备产品目录电话预订系统,包括航班目录、饭店企业、租车公司和其他旅游产品等。

5. 网络

网络分销系统的建立有利于消费者通过网络完成咨询和购买。

代理商、批发商和零售商共同构成了产品的流通渠道,它们之间也存在一定的差异。批发商与零售商之间的差异集中体现在经营业务范围上,一般批发商业务面广,零售商业务面较窄。由于第二次世界大战以来,旅游业蓬勃发展,旅游的各种中间渠道成员越来越多。因此,竞争就变得越来越激烈。旅游代理商、旅游批发商、旅游零售商等各种中间商的界限越来越模糊。例如,旅行社是旅游企业中的龙头,但是其本身既是批发商又是零售商,有时还担当代理商的角色。

在旅游销售网里,中间人越来越多样化。随着现代通信设备的不断完善,出现了国际预订系统、航空公司销售网、银行系统、超级市场等众多行业经营旅游产品的销售业务。销售方式有推销转向市场经营,旅行社将更多地作为经营消费者的参谋,经营方式将更多地方便游客。

【项目 4】 请调研分析旅行社究竟是从哪些领域赚钱的。

第四节　旅游营销渠道的选择与管理

营销渠道的选择一般从两方面考虑：一是选择营销渠道的基本结构，二是选择具体的中间商类型。虽然每一个企业都可以使自己的产品通过各种不同类型的结构和环节进入目标市场，但其经营效益却各不相同，因此，旅游企业必须有效选择旅游产品的营销渠道。

一、旅游营销渠道选择的影响因素

（一）产品因素

旅游营销渠道是专为旅游产品流通而设置的通道，在选择营销渠道模式时，首先要考虑的就是旅游产品因素。影响旅游营销渠道的产品因素主要有两个：一是旅游产品的性质和种类，不同类型的旅游产品在选择营销渠道时应有所不同，一般情况下，旅游景点、旅游汽车租赁公司、餐厅、汽车旅馆等类型的旅游企业大多以直接营销渠道为主，而规模较大的旅行社、旅游饭店、旅游包机公司等类型的旅游和交通企业则多以间接营销渠道为主；二是旅游产品的档次和等级，高档次、高等级的旅游产品往往由于成本高而价格昂贵，市场范围相对较小，而且购买对象往往更多地关注服务质量，此类产品应以高消费群体和回头客为主要目标市场，旅游产品的生产者或供给者对这类产品的销售多采用直接营销渠道，即使选用间接营销渠道也尽可能缩短营销渠道的长度，而大众化、较低档次的旅游产品，由于购买者多、市场覆盖面广、产品的标准化程度较高，采用间接营销渠道为主，直接营销渠道为辅，这样才能在较大范围内招徕更多的客源。

（二）市场因素

影响旅游营销渠道选择的市场因素众多，主要包括旅游市场规模、旅游产品生产者与目标市场的空间距离、旅游市场的集中程度、旅游者购买习惯等。

一般来说，旅游目标市场规模越大，为方便旅游者的购买所需设立的销售网点就越多，就越有必要借助中间商的力量进行销售。在遵循经济效益原则的基础上，尽可能多地选择不同的营销渠道。相反，如果旅游目标市场规模较小，就比较适合采用直接营销渠道和长度较短的间接营销渠道。

目标市场空间上的距离远近也影响着营销渠道的选择。如果目标客源市场距离旅游产品生产者较远，例如，国际旅游客源市场，则有必要采用间接营销渠道。这不仅仅是因为选择直接营销渠道所需支付的费用较高,无形中增加了企业的成本,还因为中间商对目标市场可能更为了解和熟悉,例如,无语言障碍、价值观和消费行为习惯相同等,更加有利于营销工作的开展。如果目标客源市场距离旅游产品生产者较近,例如,旅游企业所在的区域内旅游客源市场,旅游者能够比较方便地直接向生产者或产品的供给者咨询、购买旅游产品,而且生产者也较容易向目标市场的旅游者施加影响,则采用直接营销渠道比较适宜。

旅游市场的集中程度越高,即在潜在旅游者比较密集的市场区域,一般适合采用直接营销渠道或单层次的营销渠道,不必设立过多的销售网点。如果在一定区域内的客源市场较为分散,就需要建立较多的销售网点,这时采用间接营销渠道就较为适宜。

在选择营销渠道模式的过程中,目标市场旅游者的购买习惯也是一个不可忽视的因素。如果目标市场旅游者喜欢直接购买,旅游企业应充分利用现代信息技术,以直接营销渠道为主;如果旅游者非常信赖当地的旅游零售商,那就应该充分发挥旅游零售商的作用。此外,旅游产品的季节性对于选择营销渠道也有一定的影响。

(三) 企业因素

在旅游营销渠道的选择过程中,旅游产品的生产者或供给者自身的规模与实力,也会对营销渠道产生重大影响。首先,应考虑旅游企业的规模与组织接待能力。一般来说,大型旅游企业多采用间接营销渠道,而小型企业则以直接营销渠道为主。这主要是因为旅游企业自身的规模决定其实现盈利所需的客源量,自身组织接待能力决定其所能负荷的客源量。小型企业实现盈利所需要的或能够负荷的客源量相对有限,采用直销的方式就可能获得所需的客源量。大型企业所需实现的销售量较大,需要采用多种营销渠道去争取足够企业生存和发展的客源量。其次,应考虑旅游企业的营销实力,包括企业的资金、人员水平和管理经验。资金实力雄厚,在营销队伍和营销管理方面具备较好条件的旅游企业,可自行设立较多的销售网点,即建立直接营销渠道,即使采用间接营销渠道,也能够更多地从自己的意愿出发选择中间商。反之,则需要尽量依靠旅游中间商帮助销售。

(四) 政策法规因素

国家政策对某些旅游营销渠道的选择有着直接的影响。客源国和目的地国的政策法规,特别是有关旅游的政策法规是旅游企业选择其营销渠道时必须考虑的因素。例如,根据我国《旅行社管理条例》的规定,境外旅行商不能在我国设立经营性分支机构(具有宣传、联络功能的办事处除外),只有经过审批的国内出国游组团社,才能从事招徕、组织我国公民赴境外旅游业务,才有权组织公民自费出国旅游。因此,现阶段境外旅游批发商无法在我国建立直接的营销渠道,即使要建立间接营销渠道,也必须从有资格的出国游组团社中选择合作者,受到的限制是很明显的。但是,随着我国旅游业改革开放的进一步深入,旅游业与国际接轨的步伐加快,这些限制政策将会逐步取消。

二、旅游营销渠道的选择策略

旅游营销渠道模式受多方面因素的影响,在制定旅游营销渠道选择策略时,首先必须对营销渠道模式产生影响的因素进行认真的分析和研究,然后根据企业及市场的实际情况,结合选择营销渠道的基本原则,制定旅游营销渠道的选择策略。

(一)理想的营销渠道的特征

旅游营销渠道的选择要根据选择原则和相关影响因素进行,一条理想的营销渠道应具备以下特征。

1. 连续性明显

这是理想的旅游营销渠道的首要特征,即指所选营销渠道应环环紧扣、能够保证旅游产品不断地、顺畅地从生产者或供给者转移到旅游者,整个营销渠道与旅游者保持紧密联系。

2. 辐射性突出

旅游营销渠道的辐射性直接影响到产品的市场覆盖面和渗透程度,从而一定程度上决定了该营销渠道所能够带来的客源量。理想的营销渠道的市场辐射性突出,有着较大的市场覆盖率和渗透率。

3. 配套性全面

理想的旅游营销渠道应兼有营销活动所需的一些配套功能,如通过营销渠道可以对目标市场进行较为详细的市场调研;通过营销渠道可以在各个销售网点进行促销活动等,使营销渠道的功能更加全面和有效。

4. 经济效益良好

旅游营销渠道的选择必须考虑其交易成本,交易成本的降低主要取决于交易环节的减少、交易成功率的提高和旅游产品生产者与中间商之间利益划分的合理性。理想的营销渠道能够为企业带来良好的经济效益。

(二)旅游营销渠道的长度选择策略

旅游营销渠道的长度选择策略,就是对选择何种长度的营销渠道进行决策,即考虑选用直接营销渠道还是间接营销渠道，如果选用间接营销渠道，选用有几个中间层次的间接营销渠道等。

1. 短渠道策略

旅游产品生产者或供给者应当尽可能缩短营销渠道长度。首先，较短的营销渠道长度能够减少渠道中间商的环节，避免过多的中间商加价销售，降低成本，从而提高旅游产品的市场竞争力。其次，较短的营销渠道缩短了旅游产品生产者或供给者与旅游者之间的距离，可以有效地避免信息的误传、失真等情况的发生，有利于旅游产品生产者或供给者与旅游中间商、旅游者之间的信息沟通，以及实时掌握市场供求关系和市场竞争状况的变化，及时调整营销策略与应对措施；最后，由于渠道短，旅游企业能够较为有效地控制整个渠道的运作，而且短渠道策略密切了旅游企业与旅游中间商之间的关系，有利于积极开展客户关系管理，形成长期、稳定的合作伙伴关系。

短渠道策略的缺点是：不利于旅游产品的推广和市场营销工作的全面开展；旅游企业对中间商的依赖程度高，一旦旅游企业与中间商产生矛盾，销售渠道将被阻塞。

2. 长渠道策略

在销售渠道中有两个以上的中间商，并在同一环节启用多家同类中间商。长渠道策略具有以下优点：有利于旅游企业建立纵横交错的销售渠道网络系统，并借助于该网络系统大量吸引客源；可以迅速双向传递信息，提高企业经营决策的可靠性和对市场行情变化的灵敏性。其不足之处是：中间环节多，旅游产品的直接报价高，降低了市场竞争力；由于将部分或全部旅游产品的权利让渡给旅游中间商，旅游企业将丧失部分对目标市场的控制权和利润；在买方市场条件下，旅游中间商的谈判能力得到加强，导致旅游企业潜在利润的流失；旅游中间商有其自身独立的经济利益，一旦认为无利可图，必将丧失推销的积极性。

在实际的营销活动中，旅游企业一般会同时采用这两种营销渠道。一方面，对近距离市场，企业自身营销能力可以达到，多用直接渠道；另一方面，绝大多数旅游产品的目标市场都比较庞杂、分散且有生产与消费异地的特点，因此仅凭企业自身的营销力量很难建立起足够的营销网点，而借助各种类型中间商的力量，可以使营销活动的辐射空间更为广阔。

（三）旅游营销渠道的宽度选择策略

营销渠道的长度设定之后，旅游企业还应对每个环节中间商的数量，即渠道覆盖能力进行选择。制定旅游营销渠道的宽度策略大致面临三种选择，即广泛性营销渠道策略、独家经营营销渠道策略和选择性营销渠道策略。

1. 广泛性营销渠道策略

广泛性营销渠道策略又称密集性营销渠道策略，或称无限制分销，是指旅游企业在自身实力有限的情况下,为扩大产品的销售而广泛选择中间商的经营策略。这一策略在选择中间商时不受过多限制,只要中间商愿意就能够销售其产品,双方只要能在利益分配上达成协议,就能够成为合作者。

广泛性营销渠道策略的优点在于:市场覆盖面广、灵活性强,能够广泛渗透目标市场,方便顾客购买,可更多地吸纳客源,从而有利于大量销售和扩大市场份额,而且一般不会受到某一个旅游中间商经营失利的严重影响。因此,广泛性营销渠道策略比较适合客源比较分散、产品数量较大,市场面广的大众化旅游产品,如机票、火车票,以及普通和标准型旅游产品。在主要目标市场采取密集型营销,效果往往更为明显,如许多海外旅游公司常通过中旅、国旅等大型批发商在我国开展促销。

其不足之处在于渠道费用高,控制难度大,信息反馈缓慢,渠道成员的积极性与责任心难以把控,为争夺客源易引发渠道冲突等。此外,当客源量过大时会导致旅游产品供求失衡及服务质量下降等问题,从而影响企业乃至旅游目的地国家和地区的信誉。因此,旅游企业可以根据具体情况给予中间商不同程度的重视。一种情况是给不同中间商支付的佣金水平不同;另一种情况是对不同中间商采用不同的报价。

2. 独家经营营销渠道策略

独家经营营销渠道策略是指旅游企业仅选用一家信誉卓著、销售能力强的中间商全面负责特定产品的销售工作,比如,一些游船公司往往就采用在某一区域指定独家代理商的方式进行销售。企业和中间商往往通过协议和限制性条款作出明确规定:合同期内,企业在特定的区域和市场范围内,不能再通过其他中间商来销售类似商品,而选定的中间商也不得经营其他同类商品。实际上,这是一种极端的限制性选择策略,也是最窄的一种营销渠道。通常这种策略适用于客源量少以及品牌知名度和美誉度高的豪华型或某些特种旅游产品的销售,也适用于客源量大且中间商具备较完备的零售系统的情况。

因产销双方利益紧紧捆绑,故该策略有利于密切双方协作,提高中间商积极性,成本也相对比较低;有利于强化企业对中间商的控制力,监督和参与质量、售价、宣传、服务等工作,提高双方的声誉、形象等;有利于共同应对市场竞争、产品创新及其服务提升等挑战,并收获良好的效益。当然,这种策略也存在灵活性小、不利于大众消费者分散购买等问题。而且,如果中间商选择不当或其信用等发生危机,都可能引发巨大的市场风险,严重影响企业在该市场的整体营销计划。所以,选择该策略需相当慎重。

3. 选择性营销渠道策略

选择性营销渠道策略是旅游企业有目的、有选择地挑选少数旅游中间商,经销或代理本企业在特定区域或市场的旅游产品。这种形式介于独家经营和广泛性营销渠道策略之间,有利于企业将主要力量放在主要目标市场上,既利于渠道控制及降低渠道费用,又利于扩大销量,因而得到最广泛的应用。

这种策略一般适用于档次高、专业性强或数量有限、对旅游中间商的要求比较高的旅游产品。比如,旅游中间商应有较强的销售能力、良好的信誉和形象、相应的专业知识、相匹配的实力和较高的服务水平,能给消费者提供针对性的服务等。由于旅游中间商经过筛选,选择性营销渠道策略有利于旅游企业与旅游中间商之间相互配合、协作,也能使旅游企业降低销售费用和提高控制能力,有助于旅游企业树立鲜明的整体形象,提高知名度和美誉度。这种策略适用性较广,旅游企业大多使用这种策略。

（四）旅游营销渠道的短宽化

短宽式渠道是指营销渠道的短化和宽化。传统的长渠道方式越来越难以适应现代市场竞争。渠道越长,取利者越多,管理难度越大,产品价格也越高,企业及其产品的竞争力就越弱。以往的"生产者—大批发商—中批发商—小批发商—零售商—消费者"的长渠道,如今已渐渐演化为"生产者—批发商—零售商—消费者"或"生产者—零售商—消费者"或"生产者—消费者",这种"短化渠道"缩短了中间环节,降低了销售成本,在市场推进时更直接、更有效。

同理,渠道越窄,企业对中间商的依赖性就越强,不仅容易失去主动性和话语权,也难以进一步拓展市场,同时经营风险也几乎完全依赖于中间商的实力、态度、形象等企业外部环节。

因此,窄渠道模式也逐渐向宽渠道模式演化,过去旅游产品"全国独家总代理""地区独家总经销"模式,逐渐被旅游产品"全国代理网""地区经销网"模式取代。这种"宽化"渠道,使代理商与代理商竞争,在市场推进时,旅游企业会更全面、更主动。

短宽式营销渠道兼有短渠道、宽渠道的优势。在现代市场竞争中,已有越来越多的公司选择"短化+宽化"的销售策略。传统的"长窄式-塔形分销模式"逐渐演化为"短宽式-圆形分销模式"。"短化"的优势是可以强力进行市场渗透,且立竿见影;"宽化"的优势是可以快速推进市场占有,构网筑势。

（五）旅游营销渠道选择方案的评估

营销渠道选择的最后环节就是对各备选方案进行评估,以确定最可行、最能满足企业营销目标的方案,评估的标准主要有以下三条。

1. 经济性标准

经济性标准是营销渠道方案评估中最基本、最重要的标准。一般来说,旅游企业增加渠道环节将扩大销售额,但销售成本也相应增加,因此,是否增添渠道环节关键看销售额的增量是否大于销售成本的增量。如图 8.3 所示,当销售水平低于 M 时,旅游企业宜利用中间商进行销售,而当销售水平高于 M 时,则企业自行销售获利更多。

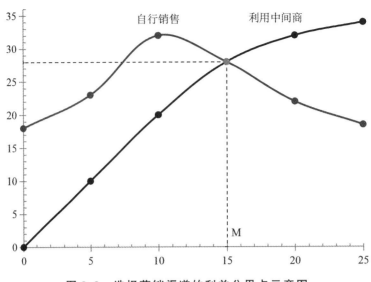

图 8.3 选择营销渠道的利益分界点示意图

2. 控制性标准

控制性标准即以旅游企业对渠道成员的可控制程度为标准。中间商是独立于旅游产品生产者以外而存在的组织,它同样以追求利润最大化为目标,因而中间商与生产者以及同一环节上的中间商之间难免会发生利益上的冲突,从而不利于销售活动的展开,因此,旅游企业在选择营销渠道时应尽量使渠道成员在自身的有效控制范围之内。

3. 适应性标准

适应性标准即主要根据营销渠道对市场环境的适应程度来选择营销渠道方案。旅游营销渠道的选择是一项预测性的管理活动,而且其耗时长、费用高,所以一经确立很难在短时间内做大的改变,因此,旅游企业在评估营销渠道方案时,还要充分考虑各方案对企业发展目标、目标市场变化、社会经济发展等的适应程度和应变能力。

三、旅游营销渠道管理

在选择了营销渠道模式和具体的旅游中间商后,旅游企业还必须对营销渠道进行有效管理,以明确旅游中间商的权利和义务,增强企业自身对营销渠道的控制能力,从而最大限度地发挥旅游中间商的销售职能。旅游市场营销渠道管理,即旅游企业在营销渠道建立后,为使营销效果最大化,根据企业自身产品特质及市场环境等变化,对渠道成员进行协调、激励、评价和改进的活动。

（一）营销渠道管理的主要功能

1. 调节功能

每个中间商在营销渠道系统中都是相对独立的,他们以追求自身利益为目标,并常常从本企业利益出发做出相应决策,因而与生产者和其他中间商之间难免会发生冲突。通过渠道管理,旅游生产者可有效调节各渠道成员的利益关系及销售行为,从而减少冲突,加强合作。

2. 激励功能

生产者不仅是利用中间商销售产品,也是把产品销售给中间商(代理商除外),因而必须采取相应措施,激发中间商的购买和销售热情。旅游企业通过给予中间商资金、技术、信息等方面的支持,能最大限度地调动中间商的积极性,从而保证营销渠道的高效。

3. 评价功能

对渠道成员的工作业绩进行科学评价是营销渠道管理的一项重要功能。渠道评价的作用主要有三点:一是对各中间商预期销售指标的完成情况进行考察,以控制企业营销计划的执行;二是发现营销渠道存在的问题,并采取相应对策;三是通过渠道评价,寻找理想的旅游中间商,并与之建立长期的合作关系。

4. 改进功能

为了适应市场变化的需要,旅游企业必须随时对部分渠道成员甚至整个营销渠道系统进行修正和改进,其主要依据便是上文所说的渠道评估结果。渠道改进可分为三个层次,即增减渠道成员、改变特定市场渠道以及调整市场营销系统。通过渠道改进,旅游企业可以提高整个渠道系统的运行效率和销售水平。

（二）旅游营销渠道的协调

1. 渠道合作与冲突

渠道成员的相对独立性决定了必然存在着一定程度的合作与竞争。
(1)营销渠道的合作,即渠道各成员结成利益共同体,为了共同的目标而相互补充、相互协作。旅游生产者、批发商和零售商互相创造市场机会,将会促进所有渠道成员的发展,因为由渠道合作所获取的效益和信息要比各成员单独经营所取得的效益大得多,而且,通过渠道合作,旅游企业能把更优质的产品和服务以更快捷的渠道传送给目标市场。

分销渠道体系中的每一个成员,都对体系中的职能分布方式(哪个成员负责哪项任务)和补偿各个成员的方式(每个成员得到的利润)施加影响。过去,人们总是认为制造商是渠道的控制者,有关分销网点的类型、数量和渠道成员的选择以及各成员应承担的分销任务等决策通常是制造商做出的。但是今天,对于消费者来说,企业品牌比产品更重要。事实上,现在越来越多的中间商往往有相当的自由来建立自己的品牌并形成独立渠道。

(2)营销渠道的冲突。营销渠道冲突一般分为横向冲突和纵向冲突。前者指同一营销渠道同一层次渠道成员之间的冲突,如零售商与零售商之间的冲突;后者指同一营销渠道不同层次渠道成员间的冲突,如生产者和批发商、批发商和零售商之间的冲突。渠道冲突是营销运行的不良影响因素,它会损害渠道中几个甚至全部成员的利益。

引起冲突的原因主要有四点:① 目标策略不一致,如生产商采取价格渗透策略迅速占领市场,而经销商却以高价保证盈利;② 责、权、利关系不明确,渠道成员之间承担的责任、义务等划分不清,也容易引起营销手段、销售方式等的不一致,从而导致冲突;③ 信息传递过程中各渠道成员的理解不同,如批发商认为生产者以扩大市场份额为目标,而生产者的初衷是在短期内收回成本;④ 相互依赖程度太小,一般来说,渠道成员之间相互依赖的程度越小,冲突的可能性越大。

2. 旅游营销渠道协调

为避免营销渠道冲突的发生或尽可能减小冲突带来的损害,旅游企业应根据具体情况采取适当的措施,有效规避冲突,或者将冲突控制在一定的限度之内。

(1)共同目标法,即旅游企业要让所有中间商意识到营销渠道系统是一个不可分割的整体,而自己是这个整体中不可或缺的一员;所有渠道成员有一个共同的目标——实现渠道的最大利润,这一目标由各中间商的分销目标组成,任何一家中间商的消极销售或低水平销售都会影响共同目标的实现。

(2)责权利法。不明确的职责权利和不合理的利益分配是引起营销渠道冲突的主要原因。渠道成员间的良好合作关系归根结底要靠利益来维系,若某中间商得到的利益与其所拥有的权利或承担的责任不相符,就会对生产商或其他中间商产生不满。因而,旅游营销渠道各成员必须共同协商,制定科学的责权利方案并以合同的形式确定下来,以约束和协调所有成员的行为。

(3)信息沟通法。由于追求的目标不一致,旅游企业和中间商之间经常因为观点不一而产生冲突,如延期付款或在产品价格上互不相让等,因此,旅游企业必须建立准确、畅通的信息渠道,如成立专门的信息机构,以协调各渠道成员的不同观点和建议,并及时向渠道成员传达有关市场信息,实现步调一致、信息共享。

(4)互相渗透法,指通过加强渠道成员间的相互合作,提高彼此的依赖程度,通过增进相互之间的理解,减少渠道冲突。这种方法有助于渠道成员互相认同,并形成共同的价值观念和行为准则。加强人员沟通、共同开展促销活动等是较常见的手段。

旅游营销渠道管理包括对直接营销渠道和间接营销渠道的管理。由于旅游产品生产者或供给者有能力完全控制直接营销渠道的运作,而对间接营销渠道的管理要相对复杂困难得多,而且间接营销渠道愈长、愈宽,管理愈是复杂困难。因此,对中间商的管理也是整个旅游营销渠道管理的关键。

（三）旅游中间商的选择原则

如果旅游企业采用间接营销渠道,旅游中间商的选择就十分重要。选用旅游中间商主要是为了解决两个问题,一是能够在恰当的时间和地点将企业的产品信息传递给有关目标市场,二是为旅游者提供方便的购买地点和便利的销售服务(包括售前、售中、售后的服务)。旅游中间商一般处在旅游消费者密集、客源丰富的客源地,拥有自己的目标群体,而且拥有一批懂业务、有经验、了解市场、掌握旅游者消费心理的专业人才。中间商的这些优势有助于旅游企业和旅游者的沟通,有利于解决上述两个问题。但是,问题解决的好坏,很大程度上取决于所选旅游中间商的质量,所以中间商的选择策略对企业来说十分重要。

1. 经济的原则

追求良好的经济效益是旅游产品营销渠道选择的基本原则,对旅游中间商的选择也应遵循这一原则。也就是说,选择中间商时应预测和比较由于采用中间商可能带来的销售收入增长与成本支出的关系,只有收入增长大于成本支出,才符合企业追求经济效益的原则。

2. 控制的原则

旅游企业对所选择的中间商要能够实行有效的控制。旅游中间商是否稳定、销售业绩是否良好,对于旅游企业能否保有其市场份额、获得良好的经济效益至关重要;一般地说,在同一地区,选用唯一中间商即独家营销策略较适合,但同时风险也较大;选用多个中间商,风险相对较小,但旅游企业对中间商的控制力会降低。旅游企业应根据具体情况,按照有效控制的原则确定中间商的数目。

3. 适应的原则

旅游中间商对企业而言是不完全可控的因素,所以选择中间商要遵循适应的原则,主要包括三个方面,一是地区的适应性,即所选中间商的销售适应该地区旅游者的消费水平、购买习惯、市场环境等;二是时间的适应性,在产品导入期,旅游企业应选择较多的中间商,而在旅游产品的成熟期,旅游企业可以减少中间商的数量;三是旅游企业对中间商的适应性,即旅游企业与中间商有着良好的合作关系。

选择旅游中间商是一项关系到旅游产品能否畅销并获取高效益的工作。因此,必须对旅游中间商有全面的、系统的、深入的了解,特别是在国际旅游中,对国外旅游中间商更要有明确的认识。

(四)旅游中间商评估

为确保中间商及时有效地完成任务,旅游生产者还应随时监督中间商的行为,检查其履行职责的情况,并按一定的标准对其进行评估,评价出每个旅游中间商的销售业绩。营销渠道评估指标通常包括销售额(量)、销售增长率、销售范围及扩展情况、产品流通情况、销售过程中对顾客的服务情况、营销中的合作情况和对经销商的投入产出比等。其中,销售额(量)、销售范围及扩展情况以及对经销商的投入产出比这三项指标最为重要。

1. 目标市场

旅游中间商销售覆盖面所涉及的旅游者应该与旅游产品所确定的目标市场相一致。旅游中间商的营销渠道或营业地点应在市场目标群体相对集中的区域。

2. 营销实力

营销实力主要包括旅游中间商的人力、物力和财力状况,服务质量以及开展营销工作的经验和实力等。同时,旅游中间商的经营规模意味着其销售网点的多少。在其他条件相同的情况下,应优先选择经营规模较大的旅游中间商。

3. 信誉程度

良好的信誉是旅游企业与旅游中间商建立合作关系时必须着重考虑的问题。由于从事代理零售预订业务的旅游中间商一般不存在偿付问题,因而这方面的评价主要是针对经销商而言。旅游企业所选的经销商必须有可靠的偿付能力和履行合同的信誉。旅游企业可以通过已与该中间商建立合作关系的企业进行了解,也可以从银行等金融机构或进行特别调查获取相关信息。

4. 合作意愿

旅游企业与旅游中间商的合作关系是建立在双方自愿、互利互惠基础上的一种双向选择。因此,旅游企业在选择旅游中间商时,必须考虑其合作意愿和诚意,这直接影响旅游中间商未来销售本企业产品的积极性,特别是为多家同类旅游产品供给者代理零售业务的中间商更是如此。

5. 经营情况

评估旅游中间商的重要程度,可以考虑在旅游中间商的经营过程中本企业产品的销售量占旅游中间商总销售量的百分比,以及旅游中间商为竞争对手产品投入的资源与精力。

6. 维持费用

为了建立和保持同旅游中间商的合作关系,旅游产品生产企业需要提供哪些方面的支持和援助,所涉及的费用有多少,旅游产品生产企业能否负担或者是否认为值得负担等,这些问题都应予以考虑。如果对方是从事零售代理业务的中间商,则还需要考虑对方佣金率的要求。

通过对营销渠道成员的检查评估,旅游企业一方面可以鼓励销售量大的中间商继续与本企业开展合作,另一方面能鞭策销售业绩差的中间商,促使其加大销售力度,同时还能发现营销渠道存在的问题,以便查明原因并及时采取补救措施。

(五)旅游中间商激励

旅游中间商是相对独立的企业,它拥有自己的市场和决策体系。在大多数情况下,中间商往往偏向顾客一边,认为自己首先是顾客购买旅游产品的代理人,其次才是生产者或供应商的销售代理人。而且,多数中间商往往不只经销一家企业的产品,它们将所有产品重新组合,并成套销售给顾客,而很少留意单项产品的销售记录。为了使中间商最大可能地为自己服务,旅游生产者需要不断了解渠道成员的需求,并及时采取相应的激励措施。

激励旅游中间商应以适度激励为基本原则,尽量避免过分激励和激励不足的情况,前者可能导致销售量提高而利润下降,后者会影响中间商的销售积极性。一般说来,激励方法可分为两种,即正刺激和负刺激。放宽信用条件、提高销售佣金等为正刺激;惩罚中间商甚至终止合作关系等属于负刺激,但使用负刺激时应注意可能会对其他成员造成的消极影响。对旅游中间商进行激励主要表现在以下五个方面。

1. 产品支持

一般来说,中间商最关心的问题是产品是否有销路而不是销售哪一种产品,因为价格低廉、适销对路的旅游产品是中间商销售成功的基本条件。旅游生产者应努力向中间商提供质量高、利润大、符合市场需求的产品,以提高中间商的销售积极性,同时还要经常征询中间商的意见和建议,不断对产品进行改进。

2. 利润刺激

经销或代理某种旅游产品所能获取的利润是中间商最关心的。在定价时旅游企业必须充分考虑中间商的利益,并针对其财力、信用及订货数量等情况给予相应折扣,以保证中间商能获取理想的利润。

3. 营销活动支持

在中间商进行营销活动时,旅游生产者应主动为其提供人员、技术等方面的支持,甚至为其分担部分广告宣传费用,或者根据中间商的销售业绩给予不同形式的奖励,以激发中间商对本企业产品的促销热情。

4. 资金支持

生产企业为中间商提供一定的资金支助,能缓解中间商的资金紧张问题,并增强它们大批量购买、销售本企业产品的信心和决心。旅游企业所提供的资金支持主要有售后付款、分期付款、直接销售补偿等几种形式。

5. 信息支持

旅游企业有必要定期或不定期地与中间商联系,及时和中间商沟通生产、市场等方面的信息,帮助其制定相应的策略,使其能有效地安排销售。

(六)旅游营销渠道调整和改进

为了适应多变的旅游市场需求,旅游产品的生产者往往需要对产品的销售渠道和中间商进行调整。例如,对于散客旅游占较大比例的旅游市场,旅游企业应努力发展直接营销渠道,并努力建立和扩大与广泛分布的旅游代理商的合作关系;对于团体旅游占优势的市场,则需更多地通过旅游批发商销售旅游产品。对旅游营销渠道的调整主要有四种方式。

1. 增减渠道成员

旅游企业在对中间商进行评价的基础上,时常需要对旅游中间商进行筛选,或者根据竞争对手营销渠道的变化,对自己的中间商进行调整,既保证旅游企业产品的销售量,也可以优化渠道、激发和激励中间商。增减渠道成员并不代表企业利润一定会提高或减少,比如,当旅游企业取消一个落后的经销商时,由该经销商负责的市场业务可能会被竞争者轻易占领,其他经销商也会因此而产生不安全感,甚至降低销售的积极性,因此,在决定增加或减少中间商之前,旅游生产者最好先利用整体系统模拟的方法对企业利润变化进行定量分析,然后再做决策。

2. 增减营销渠道

增减营销渠道即旅游企业根据损益平衡分析与投资收益率分析结果,增减某一条或几条营销渠道。当原营销渠道的销售业绩不理想、效益低下而成本又较高时,应考虑停止该渠道;当市场需求扩大、原有渠道无法满足需求、旅游产品不能有效地抵达目标市场时,以及目标市场消费行为和习惯发生较大变化,如传统消费模式被线上消费和移动终端消费广泛取代时,则必须考虑新增营销渠道。

3. 调整部分营销渠道

8-2 旅行社怎样玩转新媒体营销?

当旅游企业在某区域市场的销售量有较大的发展,而自有品牌又能得到当地市场认可时,为避免中间商过大的控制权及其形成的威胁,可以考虑调整中间商的组成及其渠道结构,或者设立自己的分支机构进行直接销售。

4. 改变整个营销渠道

改变整个营销渠道意味着取消原来的营销渠道,建立新的营销渠道。这通常发生在旅游企业无法解决原有营销渠道中存在的问题,整个营销渠道混乱或严重丧失功能,或者旅游企业的战略目标和营销战略发生重大调整,需要对营销渠道进行重新设计和组建时。对整个旅游营销渠道进行改变,旅游企业必须认真细致地进行市场调研,充分论证,谨慎决策。

【项目5】 请登录众信旅游悠哉官网,分析其旅游产品的特点,并说明如何变竞争关系为合作关系。

◇ 本章小结

第一,旅游营销渠道是旅游产品和服务在从旅游产品生产者和供给者转移到旅游者的过程中,包括所有取得该产品和服务的使用权,或者协助该使用权转移的组织和个人在内的有组织、多层次的销售系统。

第二,旅游产品直接营销渠道是指旅游产品的生产者或供给者直接向旅游者销售其产品,而不通过任何中间环节的销售途径。不少有条件、有实力的企业自行组建销售网,或者不给中间商提成或支付佣金。

第三,旅游产品的间接营销渠道是指旅游产品生产者或供给者通过旅游中间商将其产品转移给旅游者的销售途径。

第四，不经过任何中间环节，直接面对旅游者出售产品的营销渠道最短，这也就是人们常说的直接营销渠道，简称直销。通常，只有一个中间环节的渠道，称为短渠道；具有两个或两个以上中间环节的渠道，称为长渠道。

第五，旅游中间商是处于旅游生产者与旅游消费者之间，从事旅游产品的转售、流通等业务，促使旅游产品买卖行为发生和实现的集体和个人。旅游中间商的类型较多。按业务方式，可将其划分为旅游批发商、旅游零售商两大类。前者一般是不直接服务于最终消费者的旅游中间商；后者为直接面向广大公众从事旅游零售业务的中间商。根据不同旅游中间商的经营性质，又可将其划分为经销商和代理商。

第六，在实际的营销活动中，旅游企业一般会同时采用短渠道和长渠道两种营销渠道。营销渠道长度设定之后，旅游企业还应对每个环节中间商的数量，即渠道覆盖能力进行选择。制定旅游营销渠道的宽度策略大致面临三种选择，即广泛性营销渠道策略、选择性营销渠道策略和独家经营营销渠道策略。

第七，短宽式营销渠道兼有短渠道、宽渠道的优势。在现代市场竞争中，已有越来越多的公司选择"短化＋宽化"的销售策略。传统的"长窄式-塔形分销模式"逐渐演化为"短宽式-圆形分销模式"。

第八，引起渠道冲突的原因主要有四点：① 目标策略不一致，如生产商采取价格渗透策略迅速占领市场，而经销商却以高价保证营利；② 责、权、利关系不明确，渠道成员之间承担的责任、义务等划分不清，也容易引起营销手段、销售方式等的不一致，从而导致冲突；③ 信息传递过程中各渠道成员的理解不同，如批发商认为生产者以扩大市场份额为目标，而生产者的初衷是在短期内收回成本；④ 相互依赖程度太小，一般来说，渠道成员间相互依赖程度越小，冲突的可能性越大。

第九，为避免营销渠道冲突的发生或尽可能减小冲突带来的损害，旅游企业应根据具体情况采取适当的措施，有效规避冲突，或者将冲突控制在一定的限度之内，一般有共同目标法、责权利法、信息沟通法、互相渗透法等手段。

第十，为确保中间商及时有效地完成任务，旅游生产者还应随时监督中间商的行为，检查其履行职责的情况，并按一定标准对其进行评估，评价出每个旅游中间商的销售业绩。营销渠道评估指标通常包括销售额(量)、销售增长率、销售范围及扩展情况、产品流通情况、销售过程中对顾客的服务情况、营销中的合作情况和对经销商的投入产出比等。其中，销售额(量)、销售范围及扩展情况以及对经销商的投入产出比这三项指标最为重要。

第十一，对旅游中间商进行激励主要表现在以下五个方面：产品支持、利润刺激、营销活动支持、资金支持、信息支持。

第十二，对旅游营销渠道的调整主要有四种方式：增减渠道成员、增减营销渠道、调整部分营销渠道、改变整个营销渠道。

◇ **本章思考题**

1. 试述旅游营销渠道的概念和内涵。
2. 试述旅游营销渠道的特点。
3. 简述旅游营销渠道的作用。
4. 试述直接营销渠道的概念和主要模式。
5. 试述间接营销渠道的概念和主要模式。
6. 简述长短渠道和宽窄渠道的概念。
7. 简述旅游中间商的类型。
8. 简述旅游中间商的作用。
9. 简述旅游批发商的特点及其作用。
10. 简述旅游零售商的特点和职能。
11. 简述旅游代理商及其特点。
12. 简述旅游营销渠道选择的影响因素。
13. 简述理想营销渠道的特征。
14. 简述短渠道策略及其缺点。
15. 简述广泛性营销渠道策略的优点和不足。
16. 简述旅游营销渠道管理的主要功能。
17. 简述营销渠道的冲突及其成因。
18. 简述旅游中间商评估指标。
19. 简述旅游中间商激励的方法。

第九章 旅游促销策略

◇ **本章目标**

■ **知识与技能**

能准确说出旅游促销的概念和主要方法,会分析影响旅游促销策略选择的因素;能熟练运用各种促销策略,以及产品生命周期不同阶段的促销内容;能准确说出旅游广告的概念、功能和主要特点,会分析旅游企业选择广告媒体时应考虑的因素;能熟练运用广告效果测定方法和广告预算方法;能准确说出旅游销售促进的概念和基本特征、职能、作用和形式;能运用销售促进方式对旅游者、旅游中间商和旅游销售人员开展相关工作,熟悉旅游销售促进的步骤;能准确说出旅游公关关系的概念、内涵、特点和步骤;能分析主要旅游公共关系模式,熟悉旅游公共关系评估的内容和方法;能准确说出旅游人员推广的概念、特点、职能和步骤。

■ **过程与方法**

通过对旅游促销方法的学习和运营,培养综合分析旅游促销复杂问题,并合理选择旅游促销策略的思维和能力;通过对旅游广告媒体选择、广告效果测定方法和广告预算方法的训练,培养运用专业知识分析和解决实际问题的能力;通过运用销售促进方式对旅游者、旅游中间商和旅游销售人员开展相关工作的训练,培养系统思维和结合实际综合分析解决问题的能力。

■ **情感态度与价值观**

通过对旅游促销相关概念,以及旅游促销策略选择和运用的学习,培养学生逆向思维能力,形成准中客观实际,脚踏实地的作风和根据实际困境进行创新的能力和韧劲;通过对旅游广告媒体选择的训练,培养学生紧跟社会发展前沿的思想,形成与时俱进、勇于探索创新的基本素养;通过对旅游者、旅游中间商和旅游销售人员开展销售促进工作的学习,体会生活生产、人际交往的艰辛和不易,培养吃苦耐劳、勇于奉献的精神,以及为人处事的基本素养;通过对旅游公共关系评估的内容和方法的训练,培养实事求是、客观理性的思想。

■ 项目与方法

本章涉及的常见方法包括五种主要的旅游促销方法,旅游促销策略选择方法,推拉策略、锥形突破策略、创造需求策略应用,广告效果的测定方法,广告预算的方法,旅游销售促进实施效果评估,旅游公共关系效果的评估的五种方法等。通过本章学习需要完成的项目:用锥形突破策略为酒店的制定促销方案;为武汉旅游设计一个广告方案,要求有基本的主题、文案、媒体选择、预算等;结合湖北随州、黄冈等部分地方文旅局长被"AI换脸"的实际,从旅游危机公关的角度分析甘孜文旅局的应对策略对湖北旅游危机公关的启发意义;制作一个含江汉大学文化元素的实物作品,并尝试说服至少5位同学购买它。

◇ 引 例

武汉获评中国夜游名城 两案例入选中国旅游影响力榜单

1月16日,第九届中国旅游产业发展年会在北京举行,揭晓"第九届中国旅游产业影响力案例"名单,共19项100余个案例入选。其中,武汉市入选中国夜游名城及全国文化和旅游新媒体传播力优秀案例。同日,武汉市江岸区黎黄陂路历史文化街区入选文化和旅游部第二批国家级旅游休闲街区公示名单。

一、30多处夜游项目搅热"武汉缤纷夜"

获评第九届中国夜游名城案例的,是武汉着力打造的都市夜游品牌"武汉缤纷夜"。为了这个不一样的夜晚,武汉市全市上下积极投入。武汉市委市政府高度重视发展夜游经济,将其作为引领文旅新业态、构建双循环新格局和培育经济新增长点等的重要抓手,列入建设新时代英雄城市战略部署和《武汉市文化和旅游发展"十四五"规划》。

2022年,我市先后出台《关于进一步促进文化和旅游消费若干政策》《关于进一步促进夜游经济发展若干措施》两项政策,并为开展夜游的景区、街区兑现专项补贴,鼓励扶持夜游经济发展,着力打造"武汉缤纷夜"城市夜游品牌,推进形成布局合理、管理规范、各具特色、配套完善的"夜江城"地标、商圈、娱乐圈和生活圈。

目前,全市30余个夜游区域和项目整体联动,初步形成了"夜秀、夜演、夜游、夜逛、夜宴、夜健、夜娱、夜展、夜读、夜宿"十大夜游产品体系和"璀璨夺目之长江夜游"等夜游精品线路,"武汉缤纷夜"夜游特色基本形成,吸引外地游客纷至沓来。全市夜游区域和项目新增利友诚、武商里、太古里、华发中城商都、印象城等,全市夜游内容不断丰富完善。

1. 强阵容丰富武汉夜游产品菜单

春节小长假期间,长江灯光秀上新春节特辑,"夜上黄鹤楼"、武汉欢乐谷开启新春游园活动;"汉秀"剧场设置新年氛围满满的拍照打卡装置;文化大剧《知音号》首次在春节期间演出。"深入挖掘本地文化,打造更多夜游产品,是武汉夜游项目蓬勃发展的成功经验。"武汉市文化和旅游局相关负责人介绍。

近年来，武汉市各景区、街区围绕夜游特点，因地制宜，积极开辟新的夜游项目，延长景区开放时间，满足游客消费需求。黄陂区木兰草原景区定期举办篝火晚会和帐篷露营节，精心打造"夜草原"品牌，高峰时期景区单日夜游人次超过2万人，夜宿露营超过1万人次，创造武汉乡村夜游奇迹。蔡甸区花博汇景区深入挖掘花卉文化，大力发展赏花经济和旅游民宿，定期举办烟火表演，景区夜间人头攒动，人气旺盛。目前，全市已有15个景区相继自发组织开展夜游，而且还有继续增加的趋势。夜游景区和产品数量不断增多，为全市夜游经济持续发展提供了强劲动力。

夜演、夜秀、夜购、夜读……旅游新业态的不断增加，也为繁荣武汉夜游市场提供了新鲜血液。"楚风汉韵、戏水长流"戏曲上游船活动，将楚剧、汉剧等地方传统折子戏搬上船长九号游船表演，推出文旅演艺新模式。将美食与夜游结合，打造餐饮美食夜游新体验，武昌区户部巷、江汉区雪松路、汉阳区玫瑰街等夜间美食生意火爆，武汉地方小吃和以小龙虾为主要特色的地方美食深受外地游客青睐。在武汉卓尔书店、东湖时见鹿书店、江汉路上海三联书店，夜读成为一种夜游新时尚。随着以黎黄陂路酒吧一条街和东湖咖啡小镇为代表的较大规模集中休闲街区不断涌现，夜游休闲方式更加多样化、个性化。

2. 塑精品擦亮长江夜游核心品牌

美轮美奂的"长江灯光秀"，向世界传递武汉英雄之城的气概和担当；百里滨江画廊沿江47座码头实施美化亮化，提升了滨江岸线景观。武汉主城区依长江而建，长江主轴和两江四岸核心区是武汉旅游最重要、最核心的资源，在促进全市旅游产业发展中具有举足轻重的地位和作用。2014年，武汉市开始启动"两江四岸旅游景观与功能提升建设工程"，着力打造长江夜游核心品牌，推进建设武汉长江百里滨江画廊、建设美轮美奂的长江灯光秀、建设底蕴深厚的文化旅游景区。

目前，江汉朝宗景区已现雏形，内部新增景点12处，完善标识标牌200余处800余块，游客中心、集散中心均已建成，灯光亮化全部改造提升。下一步武汉市还将推进武汉长江大桥和紧密相连的龟山、蛇山两个景区（简称"一桥两山"）资源整合，力争打造"龟蛇锁大江"景区。核心景区建设为长江夜游提供了支撑。

长江灯光秀、知音号游船、夜上黄鹤楼和"汉秀"等4个夜间大型实景演艺项目备受欢迎，成为外地游客来汉必看必玩和热门打卡的旅游项目。以"知音文化"为主题，《知音号》自2017年公演以来，演出千余场，接待游客约60万，几乎场场爆满，一票难求。"夜上黄鹤楼"项目，将大型光影秀和实景演艺相结合，通过行浸式表演与观众互动，展现武汉历史和黄鹤文化，这是黄鹤楼建成以来首次实现夜游常态化，市场反响热烈，开演即成爆款。

3. 聚人气打造国家夜间文化和旅游消费集聚区

江汉路步行街是武汉市首个百年老街，提档升级后新增加了江汉大舞台、壹号艺术博物馆、国际旅游商品城等文旅新平台，引入了文和里、华耀星空艺术馆等文旅新业态,集中打造咖啡街、酒吧街等休闲业态,街区面貌焕然一新。而今,街区人气急剧提升,尤其是夜间,日均流量同比开街之前提高20%。2021年4月29日,在江汉路步行街举办"汉风国潮"文化和旅游消费文旅市集,共持续7天时间,每天营业至晚上9点,包含80个摊位,集中展示动漫游戏、创意设计、汉服表演等。受文旅市集带动,江汉路步行街2021年5月1日当天客流量超过45万人次,创造了有史以来该街区单日客流量新高。

目前,武汉已有江汉路步行街、江汉朝宗风景区、楚河汉街3个国家级夜间文化和旅游消费集聚区。迈入2023年,武汉夜游继续发力,将新创建1~2个国家级夜间文化和旅游消费集聚区,从亮化步行街、城市灯光秀、乘船游夜景发展到美食夜宴、夜间演艺、沉浸体验、文创集市、夜间节庆、文博夜场等,为市民游客提供五彩缤纷的夜生活,成为展示城市风采的新名片。

二、"10亿+"流量热捧文旅传播力顶流

新媒体时代,城市知名度、美誉度必然要经历流量的验证。截至目前,武汉文旅国内加海外总曝光量达10亿+,强大的新媒体流量托举起城市知名度、美誉度。

1. 爆款频出晋级顶流

近年来,武汉市文化和旅游局创新开展城市文旅形象宣传,高度重视新媒体、新技术运用,全力打造武汉文旅新媒体宣传矩阵,整合以"微信、微博、头条、抖音"为主的国内政务新媒体平台和以"脸书、推特、油管、图墙"为主的海外宣传平台,已成为城市文旅宣传阵线的主力军,取得亮眼成就。

"大武汉·新年好""相约春天赏樱花""惠游武汉打卡一夏""相见在武汉·我们的十年""灯火里的中国""2023,过好每一天"等爆款作品,在朋友圈"刷屏"传播,全网浏览量超6亿人次。其中,《灯火里的中国》《中秋节夜晚,月亮送上了最浪漫的礼物》《2023,过好每一天》等作品被中央网信办全网置顶推送,学习强国、人民日报、央视新闻、中新社等央媒以及各大网络平台争相转载转发。

武汉市文旅局新媒体矩阵在全国地级文旅新媒体传播力综合指数排名榜上长居前两位。海外文旅账号粉丝量近170万,曝光总量超4亿次。武汉市文旅局新媒体矩阵影响力也稳居全国前十。2022年2月,武汉文旅海外社交媒体平台在全国旅游城市新媒体国际传播力排名榜上位居第四,其中武汉文旅账号在油管平台、脸书平台传播力指数TOP10排行榜上稳居前三,吸引了包括外交部和中国各大驻外使领馆的关注。

2. 创意策划行业领跑

结合热点时段和重大节会等时机,武汉文旅新媒体用丰富的创意,引发业内广泛关注。

在党的二十大胜利召开之际,武汉文旅新媒体矩阵策划《相见在武汉·我们的十年》系列,其中,SVG创意图文《哇哦,武汉!》两小时内突破10万+,总阅读量超过40万;《灯火里的中国》引发市民的城市自豪感,被中央网信办全网置顶推送。

2022年,开展"惠游武汉,打卡一夏"主题推广活动期间,为推进市场人气恢复和消费提升,武汉文旅官微平台结合不同城市地标和消费场景,创作35张夏日主题海报及创意视频《夏天,不要来武汉?》,融合美食、夜游、玩水等打卡方式,微博话题"惠游武汉打卡一夏"阅读量超1.4亿次,案例成功经验引发"广告文案""旅游营销策划"等专业媒体关注。

3. 平台联动提升影响

2022年3月春季赏花游期间,武汉文旅新媒体以"相约春天赏樱花"为主题,联动学习强国、央视新闻、人民日报、央视频等40多家中央、省、市主流媒体及网络平台推出樱花大直播,将浪漫唯美的武汉樱花IP与卡通动漫、国风表演、特色舞蹈、线上直播等创意融合,在东湖樱园举办沉浸式国风音乐会,推出《樱花宇宙》主题宣传片、《醉花间》音乐MV及系列图文海报,赏花系列作品瞬间引爆,在微信、微博、抖音、百度等网络平台广泛传播,武汉文旅海外四大账号同步推送,樱花主题营销海外曝光量1200万,评论、转发总量近100万。

武汉文旅宣传矩阵以文旅资源推广、主题宣传营销为契机,充分发挥多渠道、多平台联动宣传优势,做到重大节点营销推广时有主题、有声量,日常内容精彩纷呈,同时提升新媒体传播力影响力。

三、专家点赞:武汉两个案例含金量高

湖北省旅游学会会长、湖北大学旅游发展研究院院长马勇表示,中国旅游产业发展年会在国内外具有广泛的影响力。武汉两个案例榜上有名,标志着武汉文旅发展朝着新业态转型,在文旅行业有着示范作用,对武汉文旅行业迈入新年恢复发展,及时送来了强大助力。

马勇认为,夜游长江品牌特色鲜明,在全国乃至全球都具备吸引力、表现力和竞争力;中山大道等历史文化街区,通过旅游"活化"起来,而且举办了一系列主题性创意活动,满足了游客的夜游需要,"武汉获评第九届中国夜游名城案例名副其实,既是一个总结,也是一种彰显。"而武汉文旅获得第九届中国文化和旅游新媒体传播力案例,显示了武汉在城市形象传播方面的新变化。武汉文旅新媒体宣传矩阵充分利用新媒体多元化的形式平台,持续推进传播,并进行创新,使武汉在全国的知晓度、传播度有了更积极的拓展。

四、武汉持续擦亮"夜游名城"新名片

目前,全市夜游已开发30余个夜游区域和项目。

初步形成了"夜秀、夜演、夜游、夜逛、夜宴、夜健、夜娱、夜展、夜读、夜宿"等十大夜游产品体系和"璀璨夺目之长江夜游"等10条夜游精品线路。

长江灯光秀、知音号游船、夜上黄鹤楼和"汉秀"等4个夜间大型实景演艺项目成武汉夜游招牌。

五、武汉文旅新媒体矩阵传播力领跑全国

武汉市文旅局新媒体矩阵在全国地级文旅新媒体传播力综合指数排名榜上长居前两位。

武汉市文旅局官微、官博账号粉丝数分别达到 342 万、218.9 万,其中爆款推文全网浏览量超 6 亿人次,武汉市文旅局官方微信稳居全国各城市文旅部门的微信公众号传播力指数第一。

武汉海外文旅账号影响力稳居全国前十。2018 年,武汉文旅开通海外新媒体账号矩阵"VisitWuhan"。目前,海外账号粉丝总量接近 200 万,曝光总量 4.2 亿次。

(资料来源:http://hb.ifeng.com/c/8McaNRwLxEa.)

【思考】

1. 你知道武汉夜游名片是怎样擦亮的吗?除了案例中的信息,你生活中还碰到了哪些其他类似的相关信息?你觉得光凭广告和促销能不能达到这个目的?

2. 新媒体目前已成为最重要的旅游宣传手段和形式了,武汉在打造旅游新媒体传播力方面,有哪些值得肯定的思路和对策,你能分析一下吗?

通过本章的学习,相信你不仅能很好地回答上述问题,还会有更多其他收获。

第一节 旅游促销概述

一、旅游促销的概念

促销(Promotion)的定义有很多,但在营销工作中对其最一般的理解是"营销沟通"。一般来说,促销是指企业把产品或服务向目标顾客进行宣传说服,促使顾客采取购买行为的活动。旅游促销则可理解为:旅游营销者通过各种媒介将旅游目的地、旅游企业及旅游产品的有关信息传播给潜在购买者,促使其了解、信赖并购买,以达到扩大销售目的的一种活动。旅游促销的根本目的在于激发目标旅游者的购买欲望,最终导致购买行为发生。

促销的存在是市场竞争和信息不对称条件下的必然。也就是说,在消费者不可能充分了解每个生产者的产品和生产者总是面临竞争威胁的情况下,促销是市场营销中的重要话题。

相对于其他产品而言,旅游产品具有不可储存性、生产和消费的同时性等特征,而且旅游产品的需求弹性也较大,所以,促销在旅游企业的营销策略中占有十分重要的地位。在激烈的市场竞争环境中,旅游企业要生存和发展,就应该选择适当而有效的促销策略。促销策略也称为促销决策,是指旅游产品的生产者在促销信息选择、信息发送方式和发送渠道、信息接收者的类型、财务预算、促销组合、衡量促销效果以及管理和协调整个促销过程等方面的决策之总和。换句话说,也就是对促销对象、促销方法、促销投入、促销效果进行科学选择、配置、控制和评价的过程。

二、旅游促销的组合

旅游产品生产者一般可以采取五种方式,来实现与旅游产品购买者之间的有效沟通。

1. 广告

以付费方式进行的创意、产品和服务的非人员展示和促销活动,对有关产品信息进行广为宣传和传播。广告是一种标准化和高度大众化的沟通工具。它的优点主要有:辐射面广且效率高,可在短时间内将信息传播到较大范围,是大规模沟通最经济的方法;可将信息反复传达给受众,有利于提高产品的知名度或建立长期形象;形式多样,富于表现力,容易为消费者所记忆。缺点是缺乏针对性,说服力较弱,难以形成即时的购买行为;有些广告媒体费用十分昂贵。

2. 销售促进

各种鼓励购买或销售产品和劳务的短期刺激。常见形式有折扣、赠品、赠券、抽奖、竞赛等。其优点是:吸引力大,容易引起消费者的注意;刺激性强,能有效增加消费者的购买动机和在短时间内改变消费者的购买习惯,从而导致冲动型购买。缺点是不利于建立长期品牌,且成本较高,组织工作量较大。

3. 公共关系与宣传

设计各种计划以促进和/或保护公司形象或它的个别产品,树立和改善企业在公众中的形象,增强旅游者的购买信心。通过媒体进行的公关活动,因为有中立的、具权威性的第三者说话,可信度高;容易消除潜在顾客的心理防御机制,建立良好形象和信誉;戏剧化,容易引人注目;影响面较广,影响力较大。缺点是设计、组织有难度,销售效果不够直接,运用限制性大。

4. 人员推广

与一个或多个可能的购买者面对面接触以进行介绍、回答问题和取得订单。优点是：双向沟通，易于在短时间内强化购买动机；个人行动，形式灵活；易与顾客建立良好的商业关系；易于随时收集顾客的反馈意见，并根据顾客的意见及需求很快作出调整。缺点是成本高、费时多，沟通面窄，且对推销人员自身素质要求较高。

5. 直接营销

使用直邮、电话、传真、电子信箱和其他以非人员接触工具沟通或征求特定顾客和潜在客户的回复。优点是及时、覆盖面广，有针对性，且效果容易衡量。缺点是有强制性和泛滥的嫌疑，制作不好的直邮被视为"垃圾邮件"，反而引起消费者的厌恶。

广告、销售促进、公共关系、人员推广和直接营销是旅游促销的五种主要方法，它们的组合和综合运用就称为促销组合。五种促销方法的具体应用如表9.1所示。在供过于求的市场形势下，要解决旅游产品销售问题，单一的促销方式所能产生的影响力是十分有限的，也往往不是一种经济的做法。旅游营销人员通常需要将以上多种促销方式，有目的、有计划地配合起来，形成一个整体的促销组合，以获得最佳的促销效果。

表 9.1 旅游促销组合工具

广告	销售促进	公共关系	人员推广	直接营销
印刷和电台广告	竞赛、游戏	报刊稿件	推销展示陈述	目录
包装广告	兑奖	演讲	销售会议	邮购
包装中插入物	彩票	研讨会	奖励节目	电信营销
电影画面	赠品	年度报告	样品	电子购买
简订本和小册子	样品	慈善捐款	交易会和展销会	电视购买
招贴和传单	交易会和展销会	捐赠		传真邮购
工商名录	展览会	出版物		电子信箱
广告复制品	示范表演	关系		音控邮购
广告牌	赠券	游说		
陈列广告牌	回扣	确认媒体		
销售点陈列	低息融资	企业杂志		
视听材料	款待	事件		
标记和标识语	折让交易			
录像带	商品组合			

三、旅游促销的策略

（一）影响旅游促销策略选择的因素

1. 旅游促销目标

不同的旅游目的地、不同的企业，或者同一个旅游目的地、同一企业在不同的时期、不同的市场环境下，都有其特定的促销目标。不同的促销目标需要不同的促销组合来实现，例如，如果旅游企业以迅速增加销售量为短期目标，可以选择增加广告、销售促进和直接营销的投入；如果企业以树立良好形象为促销目标，公共关系则可能是主要的促销手段。

2. 旅游产品生命周期

一般来说，在旅游产品生命周期的不同阶段上，不同的促销方法产生的效果也不同（如图 9.1）。在导入期，广告和公共关系对于扩大产品的知名度、建立良好的声誉起着非常重要的作用；同时，人员推广可以在很大程度上鼓励旅游者对旅游新产品的尝试性消费。而在成长期，则要强化广告和公共关系的作用，并适当采用人员推广来加强旅游者对产品的理解和信任；成熟期是销售促进发挥作用的重要时期，充分的销售促进能较好地发挥刺激旅游者产生购买行为的作用；此时，在广告上采用提醒式即可。在衰退期，销售促进的成本效应继续保持较强的势头，广告和宣传的成本效应则降低了，而销售人员只需给产品最低限度的关注即可，以尽量延长产品退出市场的时间。

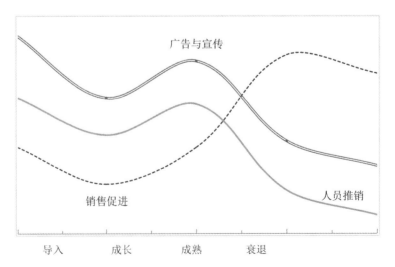

图 9.1 促销工具在产品生命周期的成本效应

3. 旅游产品和市场特征

不同的促销方法在不同的产品、不同的市场中的重要程度不同。一般来说，人员推广更适合价格昂贵、人们不太熟悉的产品和买主少的市场，如会议旅游、探险旅游，而广告比较适合客房、娱乐等人们熟悉的、简单的、价格相对较低的旅游产品和分布较广的市场的促销。另外，旅游产品生产者对中间商市场多采用人员推广为主，而对最终旅游者的促销则主要采用广告和销售促进。

4. 旅游企业特征

旅游企业由于其经营规模、资金实力、市场覆盖率不同，决定了其旅游促销组合也有差别。一般来说，规模小、资金有限，经营目标市场是一些细分市场的旅游企业，应以某一个促销手段为主，把其他促销手段作为辅助；而规模大、资金实力雄厚、市场覆盖率大的旅游企业则需要综合采用多种促销手段。

（二）旅游促销策略的类型

旅游企业可以选择的促销策略很多，最常见的有以下三种策略。

1. 推拉策略

推式策略着眼于积极地推销，把本企业的产品直接推向目标市场，表现为用推销人员与中间商将产品推入销售渠道，并向前推销给消费者，即旅游产品生产者采取积极措施将产品推给批发商，批发商采取积极措施将产品推给零售商，零售商再采取积极措施将产品推给旅游者。这种策略重视使用人员推广，旅游企业将促销活动对准销售渠道成员，通过销售渠道推出产品。

拉式策略立足于直接激发旅游者对旅游产品的注意和兴趣，要求在广告和销售促进方面使用较多资源，建立消费者的需求欲望，促使其主动向旅行社或其他中间商寻求旅游服务，最终达到把旅游者逆向拉引到旅游企业或旅游目的地，实现旅游产品销售的目的，即旅游企业促销激发旅游者需求，零售商为满足旅游者需求而产生销售需求并向批发商购买产品，批发商同样产生需求并向旅游企业购买产品。

推拉策略示意图见图 9.2。

"推"的观念强调"推销""硬销"，例如，在广告表现上强调品名、特征和低廉的价格，勤用促销工具。而"拉"的观念强调"营销""软销"，始于 20 世纪 50 年代以后，例如，在广告策略上善用情感诉求，立足品牌塑造，启用顾客数据库建立顾客关系等。大多数旅游企业通常会结合使用这两种策略。

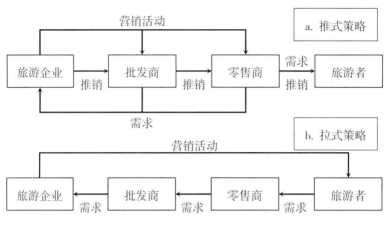

图 9.2 推拉策略示意图

2. 锥形突破策略

锥形突破是一种很奏效的非均衡快速突破策略，它是指旅游企业或旅游目的地将自身的多种旅游产品排列成锥形阵容，而以唯我独有、最具吸引力的拳头产品作为锥尖挤占市场，然后分阶段地层层推出丰富多彩的旅游产品，进一步巩固目标市场。

在相对饱和的市场，唯有足够的冲击力、穿透力、震荡力和突破力，才能使市场发生企业想要的改变。锥形突破策略就是旅游企业将最具竞争力、最能打动市场、最能实现引流的产品作为锋利的前端，以求形成局部优势，引导更多购买，并将粗壮的后端，作为旅游企业获取利润的关键。

旅游企业对产品进行前端力量设计的策略主要有以下几种。

（1）保持低价位，甚至低到无利可图。那么这种情况下企业图的是什么呢？当然是后端的较大销量和利润，牺牲前端利润，为后端销量的扩大打下基础。

（2）在旅游者所关注的某个指标上做到极致。既然是不赚钱的买卖，不图利润，那就图热闹嘛！以性能突破、价格低廉的粗暴方式实现高效引流。

（3）进行无所不在的宣传渗透。以小见大，以尖端作为切入点、制高点和战略支撑点，来为企业品牌立足立威。

9-1 武汉木兰天池"三龙竞舟"解码

3. 创造需求策略

需求的本质是在短时间内难以发生大的变化的需要，需求产生的重要基础是人们找到了自认为能满足自身需要的目标，当一个需求目标被实现，新的目标又会出现，因此人们可以不断地开拓新的目标，各类需求被逐级发掘出来。如贫困时人们只想吃饱，条件好了就希望吃好，收入丰厚了就产生高档和特色餐饮需求。销售的目的是用产品去被动满足需求，而营销的目的是让用户认识到其具备通过你的产品更好地满足需要的能力——让用户主动对你的产品有需求。

创造需求策略的做法主要有以下几种。

(1)魔力：创造无法割舍的情感共鸣。好的产品首先必须拥有卓越的性能,还需具备情感方面的诉求,这种产品才能够为客户创造良好的情感体验。

(2)麻烦：解决顾客没开口告诉你的困扰。对于尚待实现的潜在需求,麻烦都是最先出现的提示线索,解决麻烦是发现新需求的第一步。

(3)背景因素：看似无关的因素左右产品成败。每一个附加步骤、每一个多余的限制、每一个额外的部件,都有可能决定一款产品的成败。

(4)激发力：让潜在需求兑现。多数人不愿主动打破需求满足后的平衡状态。企业需要努力展示优势、教育引导、获取信任,激发人们采取行动。

(5)45度精进曲线：缓慢的改进等于平庸。面对高速变化的市场,需要不断对产品进行优化迭代,让每个人成为需求的协同创造者。

(6)去平均化：一次增加一类顾客。产品的设计首先要关注的是核心用户的需求并按照核心用户的需求来决定产品功能的取舍。

只要我们能结合产品的特点,去创造一个合理的场景,就能够创造需求,但是,想要成为成功的需求创造者,就要把思维方式从劝说人们购买产品,升华到人与人之间的深入理解,升华到从客户的双眼和情感角度看世界。

（三）产品生命周期不同阶段的促销策略

产品处于生命周期的不同阶段,市场营销的战略目标随之不同,促销的目的也应当变化。

1. 产品导入期

产品刚刚投放市场,尚不为市场所了解,此时市场营销战略目标是要开拓市场,相应的促销目的是使消费者了解产品,因此促销内容主要是介绍旅游产品。

2. 产品成长期和成熟期

产品一旦进入市场就将面临激烈的竞争,此时促销的战略目标就变为竞争市场,促销的目的也转向使旅游者对自己的产品产生兴趣,并达到信任和偏爱的程度。另外,促销的内容也转向特色化、多样化,突出宣传与竞争对手相比,自己的产品有什么长处、特色。

3. 产品衰退期

产品由成熟期走向衰退期,促销的战略目标是努力保持市场,这就要使消费者对自己的产品保持信任感,良好的信誉和质量就显得很重要。因此,促销内容就要在质量上下功夫。

不同生命周期的产品促销策略见表9.2。

表 9.2 不同生命周期的产品促销策略

生命周期	战略目标	促销目的	促销内容
产品导入期	开拓市场	了解	介绍性
产品成长期	竞争市场	兴趣	特色性
产品成熟期	竞争市场	偏爱	多样性
产品衰退期	保持市场	信任	重质量

【项目1】 试用锥形突破策略为武汉经济技术开发区的维也纳酒店制定一个简单促销方案。

第二节 旅游广告

一、旅游广告的概念与作用

旅游广告主要是指由旅游企业出资,通过各种媒介进行有关旅游产品、旅游服务和旅游信息的有偿、有组织的、综合的、劝服性信息传播活动。值得注意的是:① 旅游广告是一种大众传播手段和形式;② 旅游广告是有计划地传递有关旅游产品和服务信息的;③ 旅游广告需借助一定的宣传媒体(如报纸、杂志、电视、广播等);④ 旅游广告需要付费,目的是促进商品的销售,获取利润。旅游广告是在企业的促销中应用最为广泛的手段之一。

旅游广告的功能主要表现在以下四个方面,一是便利购买,促进销售;二是树立形象,塑造名牌;三是传播信息,沟通产需;四是创造需求,指导消费。

广告之所以能对旅游业有巨大的促进作用,主要是由旅游消费的两个特点所决定的。一是旅游消费的弹性较大,在可自由支配的收入和余暇时间既定的情况下,人们能去外地旅游,也可以在本地休闲,甚至能在家休息。在旅游目的地,旅游者既可以选择消费甲项目,也可以消费乙项目。旅游消费弹性越大,广告的劝说诱导功能也就越大。二是旅游购买决策通常是在旅游者并未亲眼见到旅游产品的情况下做出的。人们对所欲购买的产品知道越少,广告推荐介绍、提供信息的功能就越大,旅游者将更多地依赖旅游广告进行选择性购买决策。

二、旅游广告的主要特点

（一）旅游产品的高卷入性带来广告传播的高互动性

传播学上的"互动性"是发生在双方或者多方之间的智能的、复杂的、多向的、动态的特性。产品购买的卷入程度越高，消费者与广告主进行信息交流的要求越高，沟通也越顺畅，广告的互动性越强。

越复杂的决策凝结的购买者的反复衡量越多，对广告的依赖也就越强。在旅游决策之前，旅游消费者需要经过反复地比对、斟酌和衡量。此外，旅游活动的异地性与陌生感、跨文化性与神秘感、充满未知和不安全感等，都会增强旅游消费者对旅游信息、旅游企业以及所信任的过往旅游者信息交流的需求。旅游企业若能针对性提供高互动性的传播与信息交流渠道，便能很好地帮助旅游消费者加深对其旅游产品的认知和记忆，增加销售的可能和机会。

（二）旅游产品的综合性决定广告信息高度的立体化

旅游产品的综合性决定了旅游广告信息的全面性、系统性等极高的要求，旅游企业除了需要提供食、住、行、游、购、娱等专业信息，还需要提供旅游常识与技巧、旅游审美与文化、旅游沟通与协作等综合信息，让旅游者放心、安心、舒心。因此，旅游广告既要能诱发旅游者旅游欲望，又要客观提供旅游信息满足旅游欲望，甚至制造惊喜，以丰富、立体的信息，有效推广旅游产品和旅游地形象。

（三）旅游产品的同一性决定广告表现形式的多元化

旅游产品的生产过程也是旅游者消费产品的过程，旅游者消费前往往已经预支付了旅游产品的全部费用，旅游者的参与程度决定了旅游体验的丰富性和满意度。因此，旅游广告承担了对旅游者的教育、引导、感染、熏陶等预备功能和责任。同时，旅游消费者的多元性、旅游活动的多维性、旅游过程的复杂性、旅游交流沟通的广泛性等又强化了旅游广告传播和表现形式的多元性、多层次性等要求，并承担起承托、兑现和回报旅游消费者全程信任的重任。

（四）旅游体验性和享受性决定广告信息鲜明的个性化

旅游通常被归入享受性消费领域，旅游产品具有诸多"奢侈品特性"，决定了旅游消费行为对个性化、定制化、专享性、奢侈性等要求较高，因此旅游广告也应具备足够的个性化。旅游企业必须充分体现旅游产品人无我有、人有我优、人优我奇、人奇我专的独特性和独占性，而这些特性只有个性化旅游广告才能凸显，广告制作与发布也将向"个性定制"发展。

三、旅游广告媒体类型及优缺点

根据 Statista 数据,2021 年全球广告市场规模达到 7632 亿美元,2015—2021 年复合年均增长率 8.2%,全球广告市场进入稳健发展阶段。从不同广告类型来看,众多传统媒介广告触达天花板,互联网广告为全球广告市场的增长主要驱动力。其中,纸媒广告市场规模及市场份额不断降低,2021 年杂志+报纸占总广告市场规模比例为 6.97%;电视广播及户外广告保持低速增长;互联网广告增速快于全球广告市场增速,市场占比从 2015 年的 31.8%提升至 2021 年的 57.6%。

总体上,以电视、广播电台、报刊、户外广告(OOH)等为代表的传统媒体依然具有较大影响力,以互联网、移动终端等为代表的新兴媒体早已成为主流广告平台,且地位和重要性越来越突出,它们都是旅游广告传播的重要阵地。2015—2021 年全球广告市场份额见图 9.3。

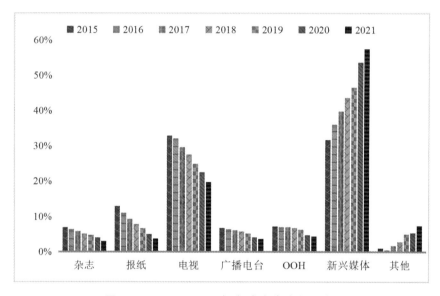

图 9.3　2015—2021 年全球广告市场份额

(一)传统媒体

1.电视

电视台有天然的公信力,因而影响力最大。电视广告具有权威性和可信度高、广泛性、覆盖面广、各类人群都能触达等优势。但是,电视广告费用高,缺乏针对性,媒体到达率不高、性价比较差等是短板,尤其是网络和移动终端普及后,看电视的人越来越少。

2. 报纸杂志

在移动互联网时代,这类传统纸媒已经逐渐淡出人们的视野,许多报纸杂志已经网络化。

3. 广播电台

由于移动终端的广泛应用,广播电台落入了与报纸杂志一样的窘境,而且只有听觉印象,缺乏视觉冲击力。

4. 户外广告（OOH）

这是最古老的媒体形式之一,户外广告的优势是视觉冲击力强。设计优良的户外广告甚至会被消费者拍照发到网络上引起二次传播。但户外干扰因素过多,广告的创意设计要求极高。

（二）新兴媒体

1. 互联网

互联网,尤其是移动互联网成为一种新的广告媒体。人们几乎将全部的业余时间用在移动终端和手机上追剧、看书、玩游戏、购物、看资讯、刷短视频等,有时甚至还会挤占工作、学习等非业余时间。于是互联网广告成为时代宠儿。在互联网广告方面,搜索广告市场份额常年稳定在50%以上,2018—2021年复合年均增长率达18.8%。社交广告与视频广告为高成长性板块,2018—2020年复合增速均超过25%。特别是随着Tok-tok、YouTube等短视频平台的加速布局,视频广告快速发展为全球广告增长的主要动力,市场规模从2015年的103.8亿美元,增长到2021年的534.1亿美元,占比从6.85%提升至12.16%。2022年TikTok及抖音广告收入达116.4亿美元,对应2019—2022年复合增速超过200%,eMarketer预计2024年TikTok在全球互联网广告市占率将超过6.7%。

2. 分众类营销媒体

人们的工作、生活空间一般相对稳定,因此,基于住所、办公室、学校、交通场所等的场景营销,具有强制、封闭、高效、针对性强等优点,如楼宇和电梯影视以及平面媒体、影院视频、交通工具上的视听系统等媒体。

电梯及其周边的楼宇影视和平面媒体,利用强制性、封闭性传播,给消费者留下印象。

如果和互联网结合,增加和消费者的互动机会,可以随时转化为购买行为。和大数据结合,这类媒体甚至可以做到对不同人群进行收入水平、消费习惯、消费偏好分析,从而做到不同楼宇投放不同的广告,更具有精准性。影院视频、车载类影视媒体也具有类似的效果。

常见广告媒体类型及优缺点见表9.3。

表9.3 常见广告媒体类型及优缺点

类别	优点	缺点
广播电台	信息传播迅速、及时,传播范围广泛,选择性和即时性较强,受众多样、成本低	储存性差、表现性差、较为落后、听众注意力容易分散,信息展露转瞬即逝
报纸	弹性大、灵活、及时,信息量大、受众广泛、覆盖率高,易被接受和被信任	传递率低、保存性差、时效性短、传真度差、易被忽视、理解能力受限
杂志	针对性强、选择性好、可信度高、有权威性、阅读率高、传读率高、保存期长	时效性差、受众面窄、理解能力受限、成本较高、声势较小、前置时间长
电视	权威性强、直观性强、触及面广、送达率高、感染力强、能引起高度注意,利于不断加深印象,利于激发情绪和购买欲	成本高、干扰多,瞬间传达,被动接受,信息转瞬即逝,选择性、针对性较差,容易产生抗拒情绪、效果难把握
移动电视	移动性和伴随性、信息流动性强、受众注意力集中、收视群体庞大	强行转移乘客视线、新闻性滞后、内容重复性、内容质量较差、信号不稳定
户外媒体	可读性、亲和力、灵活性强,投放方式多样,反复诉求效果好,具有一定的强迫诉求性质,传真度高、费用较低	信息简单,时空限制和偶然性高,无法详细介绍,受众难以把握,传播区域小,创造力要求极高
邮寄广告	针对性、选择性、灵活性强,送达率、注意率、传读率、重读率高,无竞争	成本高、受众面窄,传播率低,易被视为骚扰而形成负面影响
网络	成本低、覆盖广、交互、开放、灵活、体验性强、可实时优化,操作方便简单,精准推送,精于利用用户闲余时间和偏好	权威性与可信度不高,用户抵触情绪强烈,网站及其流量控制影响大,广告信息庞杂难出位,价格与效果难把握

四、旅游广告媒体的选择

旅游企业选择广告媒体时,一般应考虑四个因素。

(一)企业的广告和营销目标

一般来说,旅游企业的广告或营销目标大致可分为三类:扩大销售额、增加市场占有率、提高企业或产品的声誉。

扩大销售额要求广告能促使旅游消费者立即购买,缩短他们的购买决策过程。较为理想的媒介选择顺序应该是网络、电视、电台、售点广告、直销广告、报纸、杂志,这个顺序是由媒介本身的传播速度及信息接收者的接收方式决定的。

增加市场占有率主要表现为旅游产品之间,及其与相关替代品之间的竞争。它要求广告既要争取新的旅游消费者,还要吸引竞争对手的顾客购买,同时也要争取消费者放弃其他可选、替代的产品或方案。对于这个营销目标,网络、报纸、杂志广告效果最佳,其次是电视与广播广告,再次是售点广告、直销广告。

提高企业或产品的声誉。强调旅游企业着眼长远和未来,它要求广告能培养和提升受众对企业及其产品的好感与信任度,能教育消费者提升旅游体验的技巧、方法和途径,能引导旅游消费的习惯和观念等。因此,媒体选择首先应该注重权威性,特别是有权威机构背书的电视、广播、权威性报社和媒体,以及重大文体、经济活动和事件,如赞助世界杯、各类官方论坛和展会等,例如,"灵秀湖北、楚楚动人"活动选择在央视投放就比其他平台更有效果。

9-2 灵秀湖北,
霸屏央视

(二)目标市场

目标市场是旅游企业经营活动指向的对象,它是选择广告媒介的关键因素。

1. 针对以地理范围划分的目标市场选择广告媒介

以地理标志来划分,旅游企业的目标市场包括全国性目标市场和重点区域目标市场。在已有区域销售网基础上,旅游企业想把产品推向全国,可寻求一个成本低、广告信息暴露量尽量大的媒介组合,杂志、广播、交通媒介、全国性报纸和电视台比较理想。对于特定重点区域目标市场,广告媒体的选择要重视有效覆盖。因此,选择地方性报纸、地区性电台、户外广告、交通广告较为适宜。

2. 针对不同目标群体选择媒介

不同旅游消费者所关注的媒体类型、传播内容及风格等各方面会有不同的习惯和倾向性。在第三章,我们一起学习了旅游消费者做出购买行为的过程,以及影响最终购买决定的因素,可以依据这些因素进行媒体选择。当然,我们也可以利用数据调查和统计分析工具,将目标群体的特征进行统计并形成画像。根据这些信息,结合某次特定传播活动的营销目标和主要目标群体,我们就可以确定旅游消费者在不同时段中做出的媒介信息接触选择。同时也应该考虑传播的信息策略,特别是广告创意方式要与媒介特征相匹配。

(三)产品特性

1. 报纸广告是旅游线路、旅游交通等产品信息传播的主要渠道

一般来说,报纸广告的主要受众正是旅游产品的主要或潜在消费者。报纸更新快、覆盖

广、渗透性强、传播速度快、备受信赖、费用较低且保存性较好。过往,旅行社通常借此对旅游项目、旅游线路及旅游交通等旅游产品进行全面、详细的宣传。如今,诸多旅游推介活动、旅游节庆活动、旅游展会等均选择使用报纸整版进行专题宣传。

2. 电视广告是旅游地形象宣传推广的重要表现形式

9-3 灵秀湖北宣传片

电视广告通过运用不同的拍摄手法和广告创意,在较短的时间内形成情节性的片段,具有较强的感染力,更容易为受众所接受和记忆,是旅游地形象宣传的最佳表现形式。目前,在旅游推广中多用电视广告对旅游目的地进行概括性的形象宣传,从视觉上生动地展现旅游地形象。如在央视及湖北诸多电视台上热播的"灵秀湖北、楚楚动人"旅游形象广告。旅游专题片、旅游专题节目、旅游电视杂志等是比较流行的电视广告形式,此外,许多省份也设立了旅游频道进行专门宣传。

3. 互联网是最佳的旅游广告形式和未来发展趋势

网络广告在形式上和发布上都逐渐模糊了信息与广告的界限,更进一步地实现了广告主与广告受众的互动,有效地满足了不同受众不同的需要和习惯,实现了广告的个性化和碎片化。网络广告的这些优势和特点,完全符合了旅游广告信息和旅游市场教育的诸多要求,必将成为旅游广告的最佳发布形式。

虚拟社区为旅游广告的发布提供了梦寐以求的受众资源。网络社区的人们一般都有着共同的兴趣或相似的需求,交流平等,信息传播方式近似人际传播,信息交流不存在绝对的权威或功利形式的传播者,更容易在人们之间形成信赖感,从而大幅度地增加了信息的说服力。虚拟社区的共征性能提高广告的针对性和广告信息对目标受众的到达程度,有利于旅游企业建立更为详细的客户资料数据库,了解旅游者心理,把握市场动向。

4. 杂志是旅游企业形象和产品形象宣传的得力媒体

杂志广告比报纸广告更加讲究艺术性和专业性,有较强的表现力,且受众明确,具有保存价值。杂志广告通过广告创意将产品图片与版面设计、广告文案结合起来,适合对旅游饭店、旅游景点等旅游产品进行全貌性、形象性的宣传。但是,由于杂志广告的传播范围有限,广告成本较高,时效性不强,不适合进行重复性高、时效性强的旅游信息的发布,对于进行旅游地的整合形象宣传有一定的局限。

5. 其他广告形式可以辅助旅游企业形象宣传

旅游企业也常常运用不同的手段、不同的载体宣传企业形象,如旅游宣传单、宣传册、介绍册、旅游交通工具上的流动广告、户外广告、旅游地图,以及旅游企业发布的其他隐性广告,如旅游企业的公共关系活动、企业现场活动等。

旅游交通工具上的流动广告主要是指喷绘在公交车、的士、旅游车、游轮车身、船体等上的广告或滚动 LED 屏幕。广告流动性强，曝光时间长，价格较低廉，制作相对简单，应用广泛。

户外广告是由旅游企业出资发布的、具有较长的时间性和一定表现力的一种广告形式，多用于旅游景点的宣传。户外广告的地域性明显，影响力较小，不可移动，一般处在旅游景点的附近。主要形式有标牌广告、灯箱广告、标语广告等。

9-4 马蜂窝的地铁广告有"问题"，但是我又被种草了

旅游地图是沟通旅游者与旅游地的平面信息载体，虽然目前旅游企业、旅游单位对旅游地图的重视不足，旅游地图的价值仍未得到开发，但是旅游地图作为一种直接沟通媒介，具有美学、科学的价值，恰当地运用旅游地图发布旅游广告，将为旅游企业的形象宣传和旅游产品的推广提供良好的空间。

（四）媒介费用

选择媒介还要考虑自身的财力，量力而行。不同的广告媒介其收费标准不同，就是同一媒介，也因发布的时间、位置的差异采取不同的收费标准。媒介的费用分为两种：绝对费用和相对费用。

1. 媒介的绝对费用

绝对费用是指使用媒介的费用总额，不同媒介的绝对费用差距很大。一般来说，电视的费用是最高的，依次是杂志、报纸和广播。

2. 媒介的相对费用

在对广告相对费用的研究中，千人成本（Cost Per Thousand，CPT）是一个具有代表性的重要的指标，它是指向每千人传播广告信息所支付的费用。用公式表示为：

$$CPT = 广告媒介的绝对费用/预计传播人数（以千人为单位）$$

以电视广告为例，虽然它的绝对费用很高，但由于传播范围广，所以算下来电视的相对费用还要低于其他媒介。

此外，旅游企业在选择媒体时，通常的流程如图 9.4。

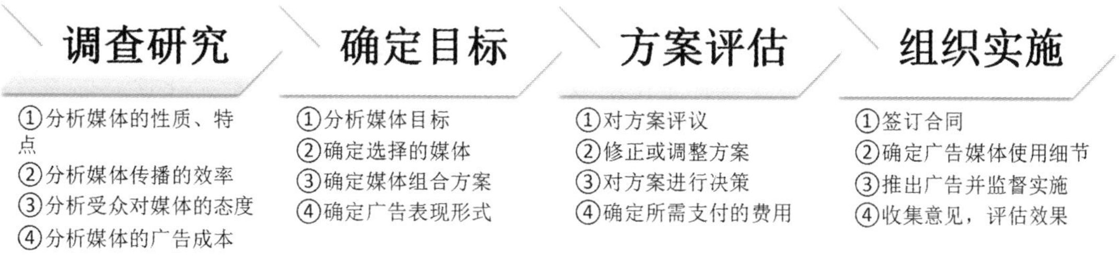

调查研究	确定目标	方案评估	组织实施
①分析媒体的性质、特点 ②分析媒体传播的效率 ③分析受众对媒体的态度 ④分析媒体的广告成本	①分析媒体目标 ②确定选择的媒体 ③确定媒体组合方案 ④确定广告表现形式	①对方案评议 ②修正或调整方案 ③对方案进行决策 ④确定所需支付的费用	①签订合同 ②确定广告媒体使用细节 ③推出广告并监督实施 ④收集意见，评估效果

图 9.4 选择媒体的一般流程

五、广告效果的测定

(一)广告效果的测定内容

1. 注意程度

这是指多种广告媒体吸引人的程度和范围,主要包括三个指标:读者率、收听率、收视率。

2. 记忆程度

这是消费者对广告主要内容,如商标、产品名称、特色等记忆程度的测定,可以检查广告主题是否鲜明突出,是否与众不同。

3. 理解程度

这是消费者对广告的内容、形式理解程度的测定,可以通过改进广告的设计和制作使受众加深理解。

(二)广告效果测定的方法

1. 直接评估法

邀请顾客代表和广告、经销方面的行家,对广告的吸引力、辨别力、感人性及可理解的程度等,进行打分评价或评论,填写拟制的问卷。

2. 分块实验法

可将相同产品市场分为三个部分,其中一部分按原比例进行广告支出;一部分按一定比例增加广告支出;而第三部分则按一定比例减少广告支出。过一定时期后对比这三部分的销售量、变化情况,并以此来测定广告的效果。

3. 相关分析法

将过去每期的广告支出与每期销售额进行比较,特别是计算广告费用增加率与销售额

增加率的比值,得出广告效果率:

$$广告效果率 =(销售额增加率/广告费增加率)×100\%$$

或者分析每期广告支出与每期销售额的关系,求出广告支出对销售额增减的相关系数与方程,再测定每增加一个单位的广告费对增加销售额的幅度。

4. 抽样调查法

详见第四章相关内容。

六、旅游广告预算

广告预算是旅游企业为作广告而预先拟定的开支计划,它规定了广告计划期内开展广告活动所需的费用总额、使用范围和使用方法。

旅游企业面临的最困难的营销决策之一,是在促销方面应投入多少费用。百货业巨头约翰·沃纳梅克说:"我认为我的广告费的一半是浪费的,但我不知道是哪一半。"如果说,广告目标是说明广告策划人、旅游企业想做什么广告,达到什么目的,那么广告预算则限制广告策划人能做什么,要求以尽可能少的经费达到尽可能好的广告效果。确定广告预算,是旅游广告的重要内容,不仅直接影响到旅游产品和服务的广告效果,而且影响到旅游企业的整体利益。

(一)广告预算的内容

一般可以列入广告预算的费用有以下几种。

1. 广告媒体费

主要指购买媒体的时间和空间的费用,约占广告费用总额的80%～85%。

2. 广告设计制作费

主要包括广告设计人员的报酬、广告设计制作的材料费用、工艺费用、运输费用等,约占广告费用总额的5%～15%。

3. 广告调查研究费

包括广告调研、咨询费用、购买统计部门和调研机构的资料所支付的费用,广告效果检测费用等,约占广告费用总额的5%。

4. 广告部门行政费用

包括广告人员的工资费用、办公费、广告活动业务费、公关费、与其他营销活动的协调费用等，约占广告费用总额的 2%～7%。

（二）影响广告预算的因素

1. 产品因素

大多数产品在市场上都要经过导入期、成长期、成熟期和衰退期四个阶段，处于不同阶段的同一产品，其广告预算有很大的差别。

2. 销售量与利润因素

旅游企业为了增加销售量和利润，往往会采取增加广告投入的方式，但是，通过广告能否产生相应的效果，将在很大程度上影响旅游企业投入广告的积极性。

3. 竞争对手因素

广告是企业进行市场竞争的一种手段，竞争对手之间进行市场竞争，往往以广告宣传的形式表现出来。在一定程度上，广告的竞争也可能会演变为广告预算的竞争。

4. 企业实力因素

广告预算的高低，受旅游企业财力状况、技术水平、生产能力和人员素质的影响。

5. 消费者因素

消费者是市场的主体，也是广告宣传的受众。当消费者对旅游产品的反应较为冷淡时，旅游企业应该加大广告的宣传力度，刺激消费；当广告商品已被消费者认同，在消费者心目中有较高的地位时，企业可以适当地控制或减少广告预算规模。

6. 媒体因素

不同的传播媒体有不同的广告受众、不同的广告效果和不同的媒体价格。因此，在制定广告预算时，必然要考虑媒体因素的影响。

（三）广告预算的方法

1. 销售比例法

销售比例法是按照上一年度广告费用占销售额的百分比，根据本年度制定的计划销售额推算本年度的广告预算。这种方法计算简单易行，但忽略了旅游市场可能发生的变化。

2. 竞争对抗法

竞争对抗法是参照竞争对手的广告费来制定本企业的广告预算，目的在于保持在广告宣传中与竞争对手处于平等或优势的地位。这种方法有利于旅游企业展开竞争，但使用时不可盲目追随，必须从企业自身的实力、信誉、规模、产品质量等出发。

3. 能力支付法

能力支付法是完全根据企业的财务能力来决定广告预算的方法。虽然这种方法在一定程度上缺乏前瞻性和开拓性，但不失为一种较为稳妥的方法，特别适用于小型企业和临时性、突发性的旅游广告开支。

4. 目标与任务法

目标与任务法是根据旅游企业的销售目标和任务确定旅游广告预算的方法。比如，某旅行社推广某一旅游线路，计划从某一个有 10 万外出旅游者的客源地争取 8% 的市场份额，计算其旅游广告预算，具体步骤如下。

（1）确定市场份额。根据该旅行社的计划，其所需市场份额＝10 万人×8%＝0.8 万人；

（2）计算广告的触及面。广告的触及面是指接触到广告的人数占目标市场总人数的百分比。根据经验，广告触及者、态度转变者、实际购买者之间的比例为 10∶5∶1，那么要获得 0.8 万人的实际购买，就需要使目标市场中 0.8 万人×10＝8 万人接触到广告；

（3）确定广告发布的次数和广告触及每人次的成本。根据经验，要实现上面的比例，需要发布或登载的广告次数为 10 次，触及成本为 0.3 元/人次；

（4）计算广告的发布费用。广告发布费用＝8×10×0.3＝24 万元；

（5）计算广告总预算。通常广告发布费用占总费用的 70%～90%，我们取中间值 80%，则该旅行社为使该旅游线路在所确定的目标市场中获得 8% 的市场份额应投入的广告费为：24÷80%＝30 万元。

【项目2】 试为武汉旅游设计一个广告方案,要求有基本的主题、文案、媒体选择、预算等。

第三节 旅游销售促进

一、旅游销售促进的概念和特征

旅游销售促进也称为旅游营业推广,它是与广告、人员推广、公共关系相并列的四大促销工具之一,是构成促销组合的一个重要方面。旅游销售促进是指旅游目的地国家、地区、旅游组织或旅游企业在某一特定时期与空间范围内,通过刺激和鼓励交易双方,并促使旅游者尽快购买或大量购买旅游产品及服务而采取的一系列促销措施和手段。

旅游销售促进强调在特定的范围内,针对某些特定产品,是临时或短期的带有馈赠或奖励性质的促销方法。由于其带有强烈的刺激性,比较容易获得旅游者或旅游中间商的快速反应,因而会产生立竿见影的大量即时销售效果。虽然从长期看,旅游销售促进并不能使产品销售有很大的改观,甚至在旅游销售促进活动停止后的一段时间里,销售额常常会回落,但在较短的一段时间内,它往往比广告更能促进销售的增长。旅游销售促进的基本特征如下。

(一)非常规性和非周期性

限于人员费用高、短时刺激强等特征,旅游销售促进不能作为一种常规性的促销活动出现,而是作为旅游广告、人员推广的补充措施,用于短期和额外的促销工作,着眼于解决一些具体的促销问题,其目标是在短时间内激发潜在消费者购买,达成特定的企业经营和竞争目标。对顾客或推销人员只具有暂时而特殊的促进作用,因此在出现和使用时往往是非规律性、非周期性的。

(二)针对性强,灵活多样

为了吸引和调动更多的旅游目标顾客、旅游中间商或推销人员尽快做出购买决定,旅游销售促进方式灵活多样,既可采用免费、打折等方式进行,也能创造性地运用包括额外服务、红利提成等方式进行。旅游企业根据自身优势、产品特点、顾客心理以及市场形势选择恰当的销售促进方式,使自身的旅游产品具有强烈的吸引力,能引起广泛的关注,迅速地收到促销效果。

(三)强刺激性

为了追求短期内的轰动效果,旅游销售促进应具备强刺激性。旅游销售促进的目标在于短期内增加特定产品的销售额。为了达成即时销售的目标,旅游企业的销售促进活动必须从顾客需求和顾客心理入手,通过多种渠道和多个角度加强和加快潜在消费者对促销信息的理解,迅速激发其购买行为。

(四)短期效益明显

旅游销售促进是一种战术性营销手段,它着眼于迅速采取具体措施应对或解决具体问题,以在特定时空范围内完成特定的销售目标,追求短期效果。一般来说,只要销售促进的方式选择运用得当,其效果往往可以很快地在其经营活动中显示出来。因此,销售促进最适合用于完成短期的具体目标。

二、旅游销售促进的职能和作用

(一)开拓市场

旅游销售促进可以有效地加速新的旅游产品进入旅游市场的进程。旅游产品与服务在投入旅游市场初期,市场认知度、接受度等都比较低,不可能立即产生积极的反应和强烈的购买欲望。然而通过一些必要的促销措施,能够在短期内迅速地为旅游新产品销售开辟通路。如免费旅游、特价优惠旅游、特价美食节、新旧产品搭配出售以及退款优待等销售促进方式是行之有效的措施。

(二)参与竞争

旅游销售促进能有效抵御竞争者的销售促进促销活动。当竞争对手大规模地发起销售促进促销活动时,企业若不及时采取相对有效的促销措施,就会落入被动的境地并损失市场份额。此时,旅游企业通常采取比竞争对手更有吸引力的促销措施,如免费赠品、折扣优惠、服务促销、联合促销等,来增强旅游产品对旅游消费者的吸引力,以稳定和扩大消费购买群体,抵御竞争者的侵蚀。

(三)增加销量

旅游销售促进有利于增加旅游产品及其关联产品的消费,提高整体产品的销售额。运用旅游销售促进手段,既可以通过购买馈赠、交易补贴、批量折扣、经销竞赛等方式激励中间商更多地购买,并同企业保持稳定、良好的购销关系,促使其制定有利于旅游企业的经营决策;又可以加强对旅游消费者的刺激与激励,形成重复购买和推荐购买。如用产品试用、赠品印花、类别顾客折扣、旅游者竞赛与抽奖等方式来指明旅游产品新的利益,提高旅游者对该旅游产品的注意与兴趣,从而增加对旅游产品的消费,提高销售额,改善销售状况。

三、旅游销售促进的对象与形式

根据旅游销售促进的对象的不同,可以分为三类,每一类销售促进都有一些不同的方式。

(一)旅游销售促进的对象

1.针对旅游者的销售促进

对旅游者进行销售促进,目的在于"吸引新客人,稳住老客人",即说服新的旅游者积极尝试购买,鼓励已有的旅游者经常、重复和推荐购买,或争夺竞争对手的市场份额等。其方式主要有:① 为旅游者提供优惠项目;② 增加新的旅游项目;③ 免费赠送礼品、优惠券、会员卡、宣传品和旅游纪念品;④ 为旅游者提供亲切、热情、周到的服务和其他特殊服务项目。

2.针对旅游中间商的销售促进

针对旅游中间商的销售促进,目的是调动中间商的积极性,鼓励中间商大量购进并出售本企业的产品。常采用的推广方式有编制小册子、开展销售竞赛、让利折扣、推广津贴、举办和参加国际旅游展览会或博览会等。主要形式有:① 价格折扣,如旅游饭店给予有业务往来的旅行社一定比例的价格折扣;② 提供旅游宣传品和给予推广津贴,如为中间商提供用于旅游产品陈列和展示的方案和资料,以及推广费用支持等;③ 举办旅游交易会,这是为旅游中间商提供宣传促销的一种常用方法。

3.针对旅游销售人员的销售促进

对旅游销售人员的销售促进,目的在于激励其销售行为,鼓励推销人员多销售、开拓更多的潜在市场,特别是淡季的销售和寻找潜在购买者。其方式可以采用奖励(包括物质的和精神的)、竞赛(利用人们的好胜、竞争的心理)、组织奖励旅游、免费提供人员培训、技术指导等。

（二）旅游销售促进的形式

1. 免费销售促进

免费销售促进是指向旅游消费者提供免费的物品或利益。在提供短程激励的销售促进领域里，这种销售促进刺激和吸引力强度最大，旅游者也乐于接受，包括赠品、免费纪念品和赠品印花等。

赠品印花是指在活动期间，旅游者必须收集积分点券、标签或购买凭证等证明（即印花），积累到一定数量时，则可兑换赠品；或者旅游者必须重复多次到某旅游企业消费，才能够收集足够的赠品印花。因此，很多人将赠品印花也称为积点优惠。赠品印花最大的好处就是建立品牌忠诚度，并有利于用较低成本创造产品和服务的差异化。

2. 优惠销售促进

优惠销售促进是让旅游企业以低于正常价格水平的价格，向旅游者或中间商提供旅游产品。其核心是推广者让利，接受者省钱。优惠销售促进工具十分广泛，重点是运用折扣衍生出的多种推广工具，如折价券、折扣优惠、退款优惠等。

3. 竞赛销售促进

竞赛销售促进是利用人们好胜、竞争、侥幸和寻求刺激等心理，通过举办竞赛、抽奖等富有趣味和游戏色彩的推广活动，吸引旅游者、经销商或销售人员的参与兴趣，推动和增加销售。主要工具有旅游者竞赛与抽奖、经销商销售竞赛和推销人员的销售竞赛等。

4. 组合销售促进

(1)联合推广。指多家旅游企业联手进行旅游推广，以达到互利共赢的效果。举办旅游年、观光年等是世界各国普遍采用的行之有效的联合推广方法之一。

(2)服务推广。通过售前服务、订购服务、代办服务、咨询服务、售后跟踪服务等多种服务形式，提高旅游企业的声誉，增加旅游产品的知名度和信任度，促成旅游企业市场渗透的顺利实现和更好地完善、更新旅游产品。

(3)包价旅游。包价旅游是一种特殊推广方法，是各类销售促进工具的集成使用。包价旅游形式繁多，常用的有会议组合包价旅游、商务组合包价旅游、周末组合包价旅游、节假日组合包价旅游、目的地组合包价旅游、特别主题组合包价旅游等多种多样的形式。

四、旅游销售促进方案策划实施

（一）确定旅游销售促进目标

旅游销售促进目标是从总的促销组合目标中引申出来的，它受到旅游企业的营销目标的制约，是营销总目标在促销策略上的具体体现。确定旅游销售促进目标要回答"向谁推广"和"推广什么"两个问题。因此，销售促进应针对不同类型的目标市场，拟定不同的旅游销售促进目标。例如，针对旅游消费者而言，目标可以确定为鼓励老顾客经常和重复购买旅游产品，劝诱新的旅游者试用等；针对旅游中间商而言，目标可以确定为促使中间商持续地经营本企业的旅游产品和服务，提高购买水平和增加短期销售额等；针对旅游推销人员而言，目标可以确定为鼓励推销人员大力推销旅游新产品和服务，刺激淡季销售和寻找更多的潜在旅游者等。

（二）选择旅游销售促进的方式

旅游销售促进目标确定之后，就需要选择适宜的销售促进手段和措施。旅游销售促进的方式多种多样，选择时应考虑目标市场类型、竞争情况和成本效益等。一个销售促进目标可以由一种推广方式实现，也可以由多种推广方式优化组合实现。为实现销售促进目标，可以选择一种促进方式或多种促进方式的有机组合。

（三）制定旅游销售促进方案

一个完整的旅游销售促进方案包括以下主要内容：第一，确定销售促进的规模，即确定用于投入激励的经费和人力；第二，确定旅游销售促进的对象，即选择以旅游者为主，还是以中间商或推销人员为主加以激励，促销目标范围的大小，直接影响到销售促进方案的制定和最终的促销效果；第三，确定销售促进媒介，即选择通过哪些途径向销售促进对象传递推广信息，如广告、直邮、广告传单等，各种推广途径优缺点和适用性不同，旅游企业需要权衡利弊，进行费用与效益比较，选择最有效、最合理的推广途径；第四，确定销售促进时机，销售促进时机的确定主要包括开始的时点和推广期的长短。时点的选择多根据市场销售情况确定，推广期长短应该适中，太短会造成一部分旅游者来不及购买，特别是对产品的重复购买，使企业应获取的利益不能实现；太长会造成企业开支过大和失去刺激旅游者立即购买的作用，甚至造成旅游产品长期降价的假象；第五，提出销售促进预算，即根据所选择的旅游销售促进方式、规模、媒介等估计整个销售促进活动的总费用。旅游销售促进是一项较大的支出，事先必须进行筹划。拟定推广预算通常有两种方法，一种是先确定销售促进方式，然后再计算其总费用；另一种是按一定时期内推广预算占总促销预算的比例来确定。

（四）方案实施与控制

旅游销售促进方案的实施过程，必须按已制定的方案进行，并根据市场的反应和变化，及时对销售促进的范围、强度、频度和重点进行调整，很好地控制和保障旅游销售促进方案的实施。因此，旅游企业要尽可能地对旅游销售促进进行周密的策划和组织，对实施中可能产生的问题有所估计，并做好应对突发性事件的准备与安排。

（五）实施效果评估

对旅游销售促进活动的效果进行评估，是检验推广促销活动是否达到预期目标的唯一途径。旅游销售促进的效果评估包括对短期效果的评估和对长期效果的评估。由于旅游销售促进这一促销手段的特点，在很多情况下，长期效果的评估，只能采用定性或定量预测的方法来判断估计，而且结果也较粗略。因此，效果评估多数侧重于短期效果的评估。最普遍而且又简单的一种短期效果评估方法是比较法，即将销售促进之前、销售促进期间和销售促进之后的销售情况进行比较，因为短期销售量的变化幅度是评估旅游销售促进效果的最好依据。

【项目3】 试为开学季的明德酒店设计一个销售促进方案。

第四节　旅游公共关系

一、旅游公共关系的概念

旅游公共关系是旅游组织为了塑造良好的组织形象、增强组织实力、占领旅游市场、获得良好的社会效益和经济效益，而利用各种传播沟通手段来影响公众的心理与行为的一门科学与艺术。

（一）旅游公共关系的目的是塑造形象

形象和声誉对旅游组织来说是一种无形财富和无形资产，良好的组织形象和声誉只有借助于公共关系的特有传播沟通方式才能实现。饭店、旅行社不仅要对代表"硬件"的外观形象颇为讲究,对代表"软件"的服务形象也要更加苛求,绝不允许有损企业形象的事件发生。旅游公共关系塑造组织的形象和声誉,它贯穿于旅游企业公关实务活动的始终,是旅游公共关系活动的核心内容。

(二)旅游企业是旅游公共关系的主要行为主体

旅游公共关系活动的主体包括各类旅游组织(如旅游行政和行业管理部门、旅游企业及旅游社会团体等)及其内部的全体员工,也包括专门从事公共关系的组织和人员。其中旅游企业(如旅行社、饭店、旅游交通企业、景区、旅游商店、旅游主题公园等)及其全体员工是旅游公共关系的主要行为主体。旅游企业要重视协调好与各级行政和行业管理部门、新闻媒体、社区、内部员工、股东等方方面面的公众关系,通过开展公共关系活动争取各方面的支持、谅解与合作。

(三)传播沟通是旅游公共关系影响公众的手段

旅游企业公共关系是专门运用传播沟通媒介来处理组织与公众之间关系的。旅游业开展公共关系所运用的方式与手段是双向沟通与传播,既将企业的信息通过大众传播的方式进行有效输出,从而了解和影响公众的意见、态度和行为;又将社会信息通过反馈的渠道进行输入,不断地调整经营方针和策略,不断完善企业形象。通过双向沟通,双方在利益底线内最大限度地去理解对方,达成共识,以促成组织与公众关系的顺利发展。

(四)旅游公共关系追求的是组织与公众的共同利益

旅游公共关系强调以社会效益为依据,着眼长远,实现组织与公众的共同利益。公众是组织生存与发展的基础,社会是组织存在的基本环境,任何只追求组织眼前经济利益、有损公众利益、有悖于社会公共利益的短期行为,最终都必将不利于组织的长远发展,甚至彻底被社会和公众所抛弃。因此,旅游公共关系反对旅游组织只顾自身经济效益、实施有损公众利益和公共利益的政策与行为,当组织自身利益与社会和公众利益发生冲突时,公共关系要优先考虑社会和公众利益及组织长远利益,必要时应该牺牲组织眼前利益以赢得社会和公众的支持,实现组织与公众的共同的、长远的利益。

(五)旅游公共关系既是一门科学,又是一门艺术

公共关系学是一门建立在传播学、管理学、行为科学等学科基础上的新型学科,它的最大特点是内核小、外延大,它要广泛运用其他学科的知识来构架体系和拓展职能。但是,它的学科重心是确定的,那就是研究和探讨在当代社会塑造组织形象、协调内外关系的基本规律和一般方法。旅游公共关系是公共关系学的一个分支学科,具有公共关系学的一般属性

和特征，又有旅游行业的特殊性，是研究旅游组织与公众关系的科学，它有定规但无定法，提倡积极的创新、科学与艺术的统一。从旅游公共关系的实践过程来看，它具有很强的创造性和艺术性。

二、旅游公共关系的特点

（一）复杂性

从供给角度看。供给方为旅游者提供的食、住、行、游、购、娱等服务离不开上述各行业的支持与配合，特别是旅游产品生产和消费的同一性，使旅游产品供给方在整个旅游产品体系中占据重要地位，供给者只有与各级行政管理、支撑保障部门和机构，以及各类中间商、服务商、投资商等企业和个人建立良好的合作关系，才能保证旅游消费的正常进行。因此，公共关系的内容涉及与其合作的方方面面，呈现出复杂性的特点。

从公众角度看。旅游者的构成人员复杂多样，不同国家和地区的组织、个人，在思维方式、行为方式、价值观念、风俗习惯、宗教信仰等方面的差异很大，在旅游接待和服务中会出现各种复杂的情况。

（二）应变性

旅游业是十分敏感的行业。从内部来说，食、住、行、游、购、娱所涉及的各个组成部门之间都要协调运作，任何纰漏都可能造成供给失调，影响整体旅游质量、效益和形象；从外部看，各种自然、政治、经济、军事和社会因素等的波动，如恶劣天气、疾病流行、市场监管混乱，社会环境与公共安全状况恶化等，都可能对旅游目的地及其旅游业经营和形象产生巨大冲击和深远影响。再者，旅游"奢侈"消费特征，意味着旅游者具有众多替代选择和随时放弃的可能。旅游业的敏感性特征决定了旅游公共关系要有超常的应变性，特别应加强旅游危机预测意识，强化旅游危机管理能力，及时应对各种突发事件。

（三）情感性

情感性由旅游活动及旅游公共关系的特点所决定，人际交流在旅游公共关系中的比例较大，是旅游公共关系中最独特的方面。旅游产品价值的实现，离不开旅游生产、消费过程的各方友好的交流互动与深度的情感参与。旅游公关人员在提供服务、传播信息的同时也在传播情感、交流感情，通过彼此的沟通交流建立良好的关系，获得公众对旅游组织的理解、信任和支持。旅游业作为一种人对人服务的、以精神消费为主的产业，旅游公共关系情感效应就更加突出。

（四）全员性

所谓全员公共关系，是指旅游企业通过对全体员工进行公关教育与培训，增强全员公关意识，使全体员工自觉实施公关行为，形成企业公关文化氛围。旅游产品的生产、销售和消费往往需要员工与旅游者共同参与才能完成。因此，旅游组织中的大多数成员都是组织对外交往的触角，处在与旅游消费者或其他外部公众直接接触的第一线。他们就是组织形象的代言人，其言行举止、仪容仪表、外貌风度等都会影响公众对组织的印象和评价。因此，旅游从业人员均必须强化旅游公共关系意识，提高旅游公共关系技能。

三、旅游公共关系的类型

根据组织不同时期的公共关系目标任务，公共关系的工作类型可分为战略型公共关系模式和战术型公共关系模式。

（一）战略型公共关系模式

战略型公共关系模式是指在一定时期内，组织为达到宏观战略目标所选择的公共关系活动模式，这些活动往往由一系列或一组工作构成。常见的战略型公共关系活动模式有建设型、维系型、进攻型、防御型、矫正型等。

1. 建设型公共关系

建设型公共关系是在旅游组织初创时期或新产品、新服务首次推出时期，为开创新局面采用的公共关系活动模式。这一时期组织常常采取高姿态的宣传交际方式，主动向社会做自我介绍，目的在于提高知名度和美誉度，形成良好的第一印象，或者使社会公众对组织及产品有一种新的兴趣，形成一种新的感觉，直接推动组织事业的发展。建设型公共关系的工作重点是宣传和交际，采用的方法一般包括开业广告、开业庆典、新产品试销、新服务介绍、新产品发布会、免费试用、免费招待参观、开业折价酬宾、赠送宣传品、主动参加社区活动等。

2. 维系型公共关系

维系型公共关系是指旅游组织在稳定发展期间，针对公众心理特征而精心设计的，用来巩固良好形象的公共关系活动模式，目的是通过不间断的、持续的公共关系活动，巩固、维持与公众的良好关系和组织形象。其做法是通过各种渠道和采用各种方式持续不断地向社会公众传递组织的各种信息，使公众在不知不觉中成为组织的顺意公众。

（1）"硬维系"。"硬维系"是指维系目的明确、主客双方都能理解彼此意图的维系活动，一般用于已经建立了购买关系或业务往来的组织和个人。其特点是通过显露的优惠服务和感情联络来维系同公众的关系。其具体方式灵活多样，可利用各种传媒进行宣传，也可经常派发小纪念品或礼品，邀请用户联谊等。

(2)"软维系"。"软维系"是指活动目的虽然明确，但表现形式却比较超脱、隐蔽的公共关系活动，其目的是在不知不觉中让公众不忘记组织。"软维系"一般是对广泛的公众开展低姿态宣传的公共关系活动，其具体做法可以灵活多样，如服务社区，赞助客户的主题活动，关心客户的家庭成员，散发旅游指南等。在这个过程中，要注意保持一定的媒体曝光率，使公众在不知不觉中提升对组织的好感。

3. 进攻型公共关系

进攻型公共关系是指旅游组织采取主动出击的方式来树立和维护良好形象的公共关系活动模式。当组织需要拓展（一般在组织的成长期）或预定目标与所处环境发生冲突时，便主动公关，及时调整决策和行为，积极改善环境，以减少或消除冲突的因素，树立和维护良好形象。其特点是抓住一切有利时机和条件，以主动积极的姿态来开展公共关系活动。

4. 防御型公共关系

防御型公共关系是指旅游组织为防止自身的公共关系失调而采取的一种公共关系活动模式。防御型公共关系的特点在于组织敏锐地发现自身公共关系失调的预兆和症状，并采取对策消除隐患，适用于组织发展过程中的战略决策。

5. 矫正型公共关系

矫正型公共关系是指旅游组织在遇到问题与危机、公共关系严重失调、组织形象受到损害时，为了扭转公众对组织的不良印象或已经出现的不利局面而开展的公共关系活动。其目的是对严重受损的组织形象及时进行纠偏、矫正，挽回不良影响，转危为安，重新树立组织的良好形象。

（二）战术型公共关系模式

战术型公共关系模式是指组织未来落实公共关系的战略规划，在特定公共关系状态下，根据公共关系具体目标任务选择的具有特定功能的公共关系活动模式。常见的战术型公共关系活动模式有宣传型、交际型、服务型、社会型、征询型、文化型、网络型等模式。

1. 宣传型公共关系

宣传型公共关系是运用大众传播媒介和内部沟通方法开展宣传工作，树立良好组织形象的公共关系活动模式,目的是广泛发布和传播信息,让公众了解组织,以获得更多的支持,从而形成有利于组织发展的社会舆论,使组织获得更多的支持者和合作者。其特点是主导性强,时效性强,传播面广,能快速推广组织形象。

2. 交际型公共关系

交际型公共关系是以人际接触为手段,与公众进行协调沟通,为组织广结良缘的公共关系活动模式。它的目的是通过人与人的直接接触,进行感情上的联络,建立广泛的社会关系网络,形成有利于组织发展的人际环境。交际型公共关系活动实施的重心是创造或增进直接接触的机会,加强感情的交流。它的特点在于灵活性强、人情味浓。

交际型公共关系活动可以分为团体交往和个人交往。团体交往包括招待会、联谊会、参观考察团、团拜和慰问等;个人交往有上门拜访、祝贺、个别参观等。

3. 服务型公共关系

服务型公共关系是一种以提供优质服务为主要手段的公共关系活动模式,其目的是以实际行动来获取公众的了解和好评,建立良好形象。对于一个企业或者旅游组织来说,要想获得良好的社会形象,宣传固然重要,但更重要的还在于自己的工作,在于自己为公众服务的程度和水平。组织应依靠向公众提供实在、优惠、优质的服务来开展公共关系,获得公众的赞誉。

4. 社会型公共关系

社会型公共关系是组织通过举办各种社会性、公益性、赞助性活动,来塑造良好组织形象的模式。它实施的重点是突出活动的公益性特点,展现组织的社会责任,为组织塑造一种关心社会、关爱他人的良好形象,从而扩大组织的社会影响,提高社会声誉,赢得公众支持。社会型公共关系的特征是公益性、文化性、社会性。实践证明,经过精心策划的社会型公共关系活动,往往可以在较长的时间内发挥作用,显示出潜移默化地加深公众对组织美好印象的功能,取得比单纯商业广告更好的效果。

5. 征询型公共关系

征询型公共关系是以采集社会信息为主的公共关系活动模式,其目的是通过信息采集、舆论调查、民意测验等工作,加强双向沟通,使组织了解社会舆论、民意民情、消费趋势,为组织的经营管理决策提供背景信息服务,使组织行为尽可能地与国家的总体利益、市场发展趋势以及民情民意一致;同时,也向公众传播或暗示组织意图,使公众印象更加深刻。

征询型公共关系的工作方式有:产品调查、市场调查、员工调查,用户访问、合作商和中间商访问,业务咨询,投诉处理和意见征集等。

6. 文化型公共关系

文化型公共关系是指旅游组织或受其委托的公共关系机构和部门在公共关系活动中有意识地进行文化定位、展现文化主题、借助文化载体、进行文化包装、提高文化品位的公共关系活动。这是现代公共关系发展的一个重要趋势。

7. 网络型公共关系

网络型公共关系是指社会组织借助现代联机网络、计算机通信、手机移动通信、数字交互式媒体等技术,在网络环境下实现公共关系目标的实践活动。由于现代网络通信技术灵活而强大的传播优势,这种新型的公共关系在旅游组织公共关系战略布局和战术运用上拥有巨大潜力,具有独特的价值效应。

网络型公共关系使组织拥有更大的主动权和传播优势。网络传媒具有即时性、互动性、低成本及全方位传播等多重特性,使组织可以直接与公众交流并对公众产生影响。公众也不再是被动的信息接收器,也是信息传播源,为组织提供更多人性化的增值服务提出了更高要求,也创造了可能。网络公关的信息传播渠道和传播方式不断拓展,使得主客体双方均可轻松快捷地实施信息传播与互动沟通,且成本低廉。

但网络型公共关系应注意网络虚拟性的弊端,如人情味下降,信任度降低,谣言和危机的无限放大效应,以及安全和网络犯罪问题等。

四、旅游公关策划与评估

(一)旅游公共关系策划

旅游公共关系策划是一项系统工程,涉及的范围很广,策划者要仔细斟酌每一个环节,以便策划出一个构思完整、周密严谨的方案,作为旅游组织将来开展公共关系活动的指导和依据。

1. 确定旅游公共关系的目标

旅游公共关系目标是公共关系策划的前提,是指导和协调公共关系工作的依据,也是评价公共关系计划方案实施效果的标准。基本原则是要与组织整体目标保持一致、要具有可行性和可操作性。

2. 确定旅游公共关系的目标公众

确定旅游公关目标公众有利于明确传播对象,确保工作实效,有利于缩减开支,节约经费。具体而言，首先要分析旅游组织的公众范围和分类，再根据组织实力、活动目标等确定具体公众对象，然后对目标公众对象及其权利和要求进行分析，找出其中的共同点，并把这些共同点作为策划的基础。

3. 确定旅游公共关系活动的主题

公共关系活动的主题是全部公共关系活动内容的集中体现，是公共关系目标的具体化，也是对公共关系活动内容的高度概括。首先，公共关系主题必须与公共关系目标一致，并能充分地表现目标；其次，表述主题的信息要独特、新颖，具有强烈的吸引力和感召力；再次，主题的设计要适应公众心理的需求，既形象生动，又可信可行；最后，主题设计要简明扼要，易于传诵。

4. 选择公共关系活动类型

在选择活动项目及其类型时，要为公共关系目的服务，量力而行，并要考虑目标公众的特点。

5. 选择恰当的传播媒介

选择媒介应根据目标公众的类型和特点来进行，传播内容和传播时间的选择要与目标公众习惯、作息时间相吻合，根据组织的实力，媒介选择应既有利于目标实现又经济合算。

6. 把握公共关系活动的时机

旅游业组织要特别注意以下时机：旅游业组织创办、开业；组织更名、迁址或与其他组织合并；组织推出新产品、新服务；组织举行纪念活动；旅游企业上市；国际、国内节庆纪念活动；重大的社会活动和社会事件；组织出现突发事件或危机事件；国家或地方政府相关新政策出台；社会公众观念和需求发生转变。

7. 编制公共关系活动预算

旅游公共关系活动预算一般包括：① 人力预算，建立组织架构，按需定岗，按岗定责，按责定酬，做到少用人、会用人、多办事、办好事；② 资金预算，建立项目管理和开支制度，合理规划项目资源分配，适当留出回旋空间；③ 时间规划，可通过甘特图等工具明确和细分项目时间，做好各细分阶段规划、检查、验收工作。项目总体截止和完成时间要适当提前，但不宜对外发布。此外，在人员、项目、时间、工作量和工作强度等方面的分配上，要尽量保持平衡，规避时松时紧、时忙时闲、有人忙碌有人清闲等情况，特别是要规避过多的加班和赶工。

8. 编制旅游公共关系活动策划书

公共关系计划经过论证后,必须形成书面报告,即策划书。职业化的公共关系策划必须建立自己完整的文书档案系统。策划书的内容应包括:封面、序文、目录、宗旨、活动内容、预算、活动进度表、有关人员目标责任分配表、活动所需的物品和场地安排等。

(二)旅游公共关系活动评估

评估是旅游公共关系工作的重要组成部分,可以为旅游公共关系活动的不断调整和修正提供依据,使旅游公共关系活动朝着顺利实现旅游公共关系战略目标的方向发展。

1. 旅游公共关系活动的评估内容

旅游公共关系评估的内容包括总体效果的评估和公共关系活动过程的评估。

总体效果评估的内容包括:① 活动目标是否切实,主题是否明确,感召力如何;② 旅游组织内部的了解和支持情况;③ 传播媒介的选用及其效果;④ 活动计划方案是否科学合理;⑤ 预算执行情况;⑥ 活动效果及其后续影响;⑦ 遗留问题及隐患的处理。

活动过程评估的内容包括:① 准备阶段,重点检验信息资料是否符合问题本身、目标及媒介的要求,沟通活动时间、地点、方式是否符合目标公众的愿望,人员与预算资金是否充分等;② 实施阶段,重点是检验发送信息的质量,信息被传播媒介采用的情况,信息被公众接受、理解、熟知的程度及其产生影响的情况。

2. 旅游公共关系活动效果的评估

公关效果的评估方法主要有目标监测法、公众反馈法、专家评定法、资料分析法、传播媒介调查法等五种。

(1)目标监测法。目标监测法将旅游公共关系活动的目标作为评价标准,按目标规定的具体项目,把活动结果与原定目标进行对照,找出二者之间的差距。目标监测法能否有效实施,关键取决于公共关系策划阶段是否制定了科学、合理、可行的目标及衡量标准。

(2)公众反馈法。评估离不开对旅游公众的反复调查,调查可以帮助了解和分析旅游公众的态度、行为的变化及其原因。公共关系活动结束后,旅游组织领导要直接与旅游公众见面,虚心听取旅游公众对此次活动的意见,并认真地分析和比较活动前后旅游公众态度的变化,进而准确评估公共关系活动的效果。

(3)专家评定法。在旅游公共关系人员拟定评估项目、制定评估标准以后,聘请旅游公共关系专家进行评估。评估时要保证专家的独立性和自主性。评估专家通过对计划实施对象的调查,与实施人员交换意见,最后撰写评估报告。

(4)资料分析法。资料分析法要求旅游公共关系部门把调查搜集到的资料进行概括和分析,评估公共关系效果。同时,旅游公共关系人员还要对公共关系预算和公共关系活动结束后得到的可计量的经济效果进行对比分析,科学地预测公共关系活动的经济效益,准确评价公共关系活动效果。

(5)传播媒介调查法。通过对传播媒介发布的本旅游组织信息的统计分析,评价有关信息的传播情况,包括传播的数量、形式、范围、影响、媒介的类型等。据此可以比较有效地分析和概括出旅游组织形象的变化情况,测量出旅游公共关系活动的效果。

【项目4】 请结合湖北随州、黄冈等部分地方文旅局长被"AI换脸"的实际,从旅游危机公关的角度分析甘孜文旅局的应对策略对湖北旅游危机公关的启发意义。

第五节　旅游人员推广

一、旅游人员推广的概念

旅游人员推广是指旅游企业的从业人员直接与旅游消费者或潜在消费者接触、接洽,宣传介绍旅游产品和服务,以达到促进销售目的的活动过程。

旅游人员推广是一种人与人沟通的方式,是旅游推销人员说服旅游消费者购买旅游产品和服务的过程,达到既做成交易、销售产品,又能满足旅游者需求、帮助他们解决问题的双重目的。如同全员公关,旅游企业的销售工作也要求全体员工共同努力和参与,尤其是一线对客员工,如酒店前台、导游和餐厅服务员等均肩负着销售职责。

旅游人员推广是促销组合中唯一利用人员进行的最古老的、成本较高的一种营销方式。产品销售之前,旅游企业就必须投入大量的培训费、差旅费、办公费等,以及必要的时间成本、招待成本、礼品成本和旅游产品让利等,就是为了在与旅游消费者面对面交流的短短几十分钟时间内,能够用诚意、细节、专业等打动他们,让他们认可、接受,甚至是追捧本企业的理念及其产品和服务的价值,并最终做出购买决策。这就更凸显了全体员工,尤其是一线员工综合素质的重要性,以及沟通时间的宝贵。

日常经营活动中,对现有顾客进行推销虽说在酒店比较常见,但很多旅游企业更倾向于将人员推广用于能形成大量购买的团体和合作伙伴的销售,如会议团体、企业团体、大客户团体,以及中间商、合作企业等。

旅游人员推广工作包括销售人员联系和走访各地的旅游中间商、社会团体购买者和散客;用印刷品、多媒体等工具进行宣传;聘请专家为潜在旅游者进行专题介绍等。

二、旅游人员推广的特点

（一）信息传递的双向性

人员推广是一种双向沟通的促销形式。旅游推广人员一方面必须通过向顾客宣传旅游商品的价值、适用性、使用方法等，为顾客提供商品本身的有关信息；通过向顾客介绍旅游商品的竞争优势、价格与定位、市场反应等，为顾客提供商品的市场信息；通过向顾客传递信息来达到招揽顾客、促进销售的目的。另一方面，推广人员还必须通过与顾客交谈，了解顾客对本旅游企业及所推广旅游产品的态度、意见和要求；通过推广观察及有意识地调查了解所推广商品所处的生命周期、市场占有率等，并发掘产品未来改良的方向、潜力和功能、创意。在推销过程中不断地收集信息、反馈信息，为旅游企业的经营决策提供依据。

（二）推广目的的双重性

人员推广的目的不仅是为了推销商品，更重要的是为了帮助顾客解决问题，满足顾客的需求，具有推销商品和满足需求的双重目的。只有将帮助顾客解决问题，满足顾客需求作为推销的目的，才能不断地增进推广对象与销售人员的感情，使那些客户成为本企业的经常顾客和忠诚顾客。一个有经验的推销员，可以使宾主双方从单纯的买卖关系发展到建立深厚的友谊，彼此信任，彼此谅解，从而更好地实现推销商品的目的。

（三）推销过程的灵活性

人员推广过程中，买卖双方当面洽谈，易于形成一种直接、活跃、友善的互动关系，因而成交迅速，成功率高。推广人员可以通过交谈和观察，掌握顾客的购买心理。有针对性地从某个侧面介绍旅游产品的特点和功能，抓住有利时机促成顾客的购买行为；可以根据顾客的态度和特性，有针对性地采取必要的协调行动，相应地满足顾客的需要；还能及时地发现问题，进行解释，并通过提供服务来解除顾客的疑虑，消除顾客的不满意感，提升顾客的信任感。

三、旅游人员推广的职能

（一）传递信息

旅游人员推广是推广人员与旅游中间商和潜在旅游者的直接交流。通过面对面的沟通，能够详细地介绍自己的产品和服务，及时反馈信息并回答询问，易产生亲切感和信任感。

（二）销售产品

旅游人员推广的最终目的是将旅游产品卖给旅游消费者。同时，推广人员是旅游企业、旅游目的地的代表，有责任解释旅游者提出的问题，如产品和企业的相关政策和规则，在一定的权限范围内处理一些技术问题，如旅游线路中的价格、交通、旅游项目和食宿安排等。

（三）获取市场信息

在企业里，推销员又常被看作顾客的代言人，他们与市场最贴近，最了解旅游者的需求、产品可改进和增加的功能、服务和价值等，也最了解竞争对手及其产品、竞争策略和战略等。所以，旅游人员推广还具有获取旅游市场信息，为企业制定和调整营销战略、实施计划、实行控制、改良和创新产品等提供决策咨询的功能。

（四）提供服务

旅游推广人员在推广过程中还要为现实的和潜在的旅游消费者提供各种服务，包括回答咨询、给予技术协作、提供产品售后服务等。

（五）开拓新市场

通过旅游人员推广，为旅游者排忧解难，协调双方的利益，巩固老客户，寻找新客户，从而不断扩大旅游产品的市场覆盖面。

四、旅游人员推广的步骤

（一）寻找潜在消费者

旅游推广人员必须利用各种渠道和方法为所推广的旅游产品寻找购买者，包括现实的购买者和潜在的购买者。然后对旅游购买者的特征、需求状况、购买能力等进行详细的了解和调查，找出具有销售价值和接近可能的目标旅游者，以便集中精力进行推广，使推广工作有针对性和目的性，以提高推广成功的可能性和推广的工作效率。

（二）做好各项准备工作

旅游推广人员在实施推广之前，必须做好各方面的充分准备。首先，在对目标旅游者有详细了解的基础上，确定具体的工作目标，是长期建立关系还是马上促成交易；选择接近的方式,电话、邮件或面谈,分析哪一种方式更为推广对象所接受;拟定推广时间和线路安排,根据推广对象的时间安排、工作和心理状况确定推广时机;准备好推广所需的材料,包括旅游目的地或旅游设施的图片、说明材料、价目表、旅游产品介绍等。其次,旅游推广人员需要通过电话或其他方式与推广对象预约,并确定面谈的时间和地点等内容。最后,在前往约见前,要注意衣着和仪容仪表,再次确认各种材料是否准备齐全。

(三)面谈推广

接近与面谈是与顾客接触过程中的不同阶段,两者之间没有明显的界限,本质区别在于谈话的主题不同。接近阶段多侧重于让顾客了解自己,有利于沟通双方的情感交流和创造良好的推销气氛,常用方法有介绍接近、产品接近、利益接近、好奇接近、问题接近、搭讪接近等。而面谈阶段往往集中在推销旅游产品、建立和发展双方的业务关系、促使顾客产生购买欲望并付诸实施。一般地说,面谈推广需要推广人员利用各种方法、技巧和手段,引发和维持他们对访问的兴趣,传递信息、展示顾客利益、解答有关问题,消除顾客疑虑,让他们认识并喜欢所推广的旅游产品,进而产生强烈的购买欲望。

(四)应对异议

面谈过程中,顾客往往会提出各种各样的购买异议,诸如需求异议、价格异议、产品异议、服务异议、购买时间异议、竞争者异议、对推销人员及其所代表的企业的异议等,这些异议都是顾客的必然反应,它贯穿于整个推销过程之中,销售人员只有针对不同类型的顾客异议,积极采用不同的策略、方法和技巧,在尊重其合理建议的前提下,有效地加以处理与转化,才能最终说服顾客,促成交易。

(五)成交

成交是面谈的继续,也是整个推销工作的最终目标。优秀的推销员,必须培养正确的成交态度,善于从被推广者的工作、语言、评论中发现成交信号,弥合分歧并消除成交障碍,谨慎对待顾客的否定回答,把握最后的成交机会,灵活机动,采取有效的措施和技术,帮助消费购买者做出最后选择,促成交易,并完成成交手续。

(六)后续工作

达成交易后,推销员就应着手履行各项具体工作,做好各项服务,妥善处理可能出现的问题。应着眼于旅游企业的长远利益,与顾客建立和保持良好的关系,树立消费者对旅游产品与服务的安全感和信任感,促使他们连续、经常、重复购买,利用顾客的间接宣传和辐射性传导,争取更多的新顾客。

【项目5】 请制作一个含江汉大学文化元素的实物作品,并尝试说服至少5位同学购买它。

◇ 本章小结

第一,旅游促销是旅游营销者通过各种媒介将旅游目的地、旅游企业及旅游产品的有关信息传播给潜在购买者,促使其了解、信赖并购买,以达到扩大销售目的的一种活动。广告、销售促进、公共关系、人员推广和直接营销是旅游促销的五种主要方法,它们的组合和综合运用就称为促销组合。

第二,影响旅游促销策略选择的因素有旅游促销目标、旅游产品生命周期、旅游产品和市场特征、旅游企业特征等。

第三,旅游企业可以选择的促销策略很多,最常见的有推拉策略、锥形突破策略、创造需求策略等。

第四,产品生命周期不同阶段的促销策略:产品导入期促销目的是使消费者了解产品,因此促销内容主要是介绍旅游产品;产品成长期和成熟期,促销的目的是使旅游者对自己的产品产生兴趣,并达到信任和偏爱的程度,促销的内容突出宣传与竞争对手相比,自己的产品有什么长处、特色;产品衰退期要使消费者对自己的产品保持信任感,促销内容就要在质量上下功夫。

第五,旅游广告主要是指由旅游企业出资,通过各种媒介进行有关旅游产品、旅游服务和旅游信息的有偿的、有组织的、综合的、劝服性信息传播活动。旅游广告的功能主要表现在以下四个方面,一是便利购买,促进销售;二是树立形象,塑造名牌;三是传播信息,沟通产需;四是创造需求,指导消费。

第六,旅游广告的主要特点:旅游产品的高卷入性带来广告传播的高互动性,旅游产品的综合性决定广告信息高度的立体化,旅游产品的同一性决定广告表现形式的多元化,旅游体验性和享受性决定广告信息鲜明的个性化等。

第七,总体上,以电视、广播电台、报纸杂志、户外广告(OOH)等为代表的传统媒体依然具有较大影响力,以互联网、移动终端等为代表的新兴媒体早已成为主流广告平台,且地位和重要性越来越突出。它们都是旅游广告传播的重要阵地。旅游企业选择广告媒体时,一般应考虑四个因素:企业的广告和营销目标、目标市场、产品特性、媒介费用。

第八,广告效果的测定内容包括:注意程度、记忆程度、理解程度。广告效果测定的方法:直接评估法、分块实验法、相关分析法、抽样调查法等。广告预算的方法:销售比例法、竞争对抗法、能力支付法、目标与任务法等。

第九,旅游销售促进是指旅游目的地国家、地区、旅游组织或旅游企业在某一特定时期与空间范围内,通过刺激和鼓励交易双方,并促使旅游者尽快购买或大量购买旅游产品及服务而采取的一系列促销措施和手段。旅游销售促进的基本特征有:非常规性和非周期性;针对性强,灵活多样;强刺激性;短期效益明显等。

第十，旅游销售促进的职能和作用：开拓市场、参与竞争、增加销量等。

第十一，针对旅游者的销售促进方式主要有：① 为旅游者提供优惠项目；② 增加新的旅游项目；③ 免费赠送礼品、优惠券、会员卡、宣传品和旅游纪念品；④ 为旅游者提供亲切、热情、周到的服务和其他特殊服务项目。针对旅游中间商的销售促进主要形式有：① 价格折扣；② 提供旅游宣传品和给予推广津贴；③ 举办旅游交易会。针对旅游销售人员的销售促进方式：奖励、竞赛、组织奖励旅游、免费提供人员培训、技术指导等。

第十二，旅游销售促进的形式：免费销售促进、优惠销售促进、竞赛销售促进，以及组合销售促进如联合推广、服务推广、包价旅游等。

第十三，旅游销售促进的步骤：确定旅游销售促进目标、选择旅游销售促进的方式、制定旅游销售促进方案、方案实施与控制、实施效果评估等。

第十四，旅游公共关系是旅游组织为了塑造良好的组织形象、增强组织实力、占领旅游市场、获得良好的社会效益和经济效益，而利用各种传播沟通手段来影响公众的心理与行为的一门科学与艺术。旅游公共关系的目的是塑造形象，旅游企业是旅游公共关系的主要行为主体，传播沟通是旅游公关关系影响公众的手段，旅游公共关系追求的是组织与公众的共同利益，旅游公关关系既是一门科学，又是一门艺术。

第十五，旅游公共关系的特点：复杂性、应变性、情感性、全员性等。

第十六，战略型公共关系模式包括建设型、维系型、进攻型、防御型、矫正型公共关系等。战术型公共关系模式包括宣传型、交际型、服务型、社会型、征询型、文化型、网络型公共关系等。

第十七，旅游公共关系策划的步骤：确定旅游公共关系的目标，确定旅游公共关系的目标公众，确定旅游公共关系活动的主题，选择公共关系活动类型，选择恰当的传播媒介，把握公共关系活动的时机，编制公共关系活动预算，编制旅游公共关系活动策划书等。

第十八，旅游公共关系评估的内容包括总体效果的评估和公共关系活动过程的评估。公关效果的评估方法主要有目标监测法、公众反馈法、专家评定法、资料分析法、传播媒介调查法等。

第十九，旅游人员推广是指旅游企业的从业人员直接与旅游消费者或潜在消费者接触、接洽，宣传介绍旅游产品和服务，以达到促进销售目的的活动过程。旅游人员推广的特点有信息传递的双向性、推广目的的双重性、推销过程的灵活性等。

第二十，旅游人员推广的职能：传递信息、销售产品、获取市场信息、提供服务、开拓新市场等。旅游人员推广的步骤：寻找潜在消费者，做好各项准备工作，面谈推广，应对异议、成交、后续工作等。

◇ **本章思考题**

1. 简述旅游促销及促销策略的概念。
2. 简述旅游促销的组合。
3. 简述影响旅游促销策略选择的因素。
4. 简述旅游企业可以选择的三种促销策略。
5. 简述创造需求策略的主要做法。
6. 简述产品生命周期不同阶段的促销策略。
7. 简述旅游广告的概念、作用与主要特点。
8. 简述影响旅游广告媒体的选择的因素。
9. 简述旅游销售促进的概念和特征。
10. 简述针对旅游者的销售促进的主要方式。
11. 简述针对旅游中间商的销售促进的主要方式。
12. 简述针对旅游销售人员的销售促进的主要方式。
13. 简述旅游公共关系的概念和内涵。
14. 简述旅游公共关系的类型。
15. 简述旅游公共关系活动的评估内容。
16. 简述旅游人员推广的特点。
17. 简述旅游人员推广的职能。

第十章　旅游营销策划

◇ **本章目标**

■ **知识与技能**

能阐述旅游市场营销策划的相关概念内涵,能解释旅游营销策划的特点、作用、基本要素和基本原则;能正确运用旅游营销策划的主要程序开展相关工作;能熟练运用联想思维、发散思维、逆向思维、侧向思维、形象思维等分析、解决身边问题;能说出旅游营销策划的主要要点;能熟练掌握和运用旅游营销策划的常用技巧和方法,解决营销策划相关问题;能较系统和全面地制作出特定对象的旅游营销策划书;能熟练进行旅游形象策划和旅游品牌策划。

■ **过程与方法**

通过对旅游营销策划基本要素的分析,掌握旅游营销策划的程序和方法;通过旅游营销策划的常用思维的训练,帮助学生掌握联想思维、发散思维、逆向思维、侧向思维、形象思维等思维方式及其运用技巧;通过对旅游营销策划的基本技法的训练,提升学生灵活运用旅游营销策划"势""时""术"的综合能力;通过旅游营销策划书的撰写和制作,提升学生旅游营销策划的综合素养;通过对旅游形象和旅游品牌策划的训练,提升学生深度开展旅游营销策划的能力。

■ **情感态度与价值观**

通过对旅游营销策划活动的要素、程序、技巧、方法等的系统梳理,培养学生的旅游营销策划伦理的观念和思维,并指导具体实践;通过对旅游营销策划要素和程序的分析,培养学生脚踏实地、实事求是的学习和生活态度和作风。

■ **项目与方法**

本章涉及的主要方法有旅游营销策划中常用的信息收集和分析方法,旅游营销策划中常用的方案评估与遴选方法,旅游营销策划效果评估的常用方法;联想思维法、发散思维法、逆向思维法、侧向思维法、形象思维法等;旅游营销策划的基本技法——"势""时""术",如借势、顺势、转势、造势等,以及出奇制胜、合理定位、以人为本、文化为魂等;旅游营销策划的常用方法,如头脑风暴法、纲举目张法、优势强化法、移植模仿法等;

旅游营销策划书的制作等;旅游形象定位的基本策略,旅游品牌策划36计,旅游品牌塑造的基本方法等。通过本章的学习,需完成的项目:简要策划一个营销方案,提升调酒实验室的知名度、美誉度;选取武汉的任意一个景区,设计一款文创旅游产品;尝试提出一个有关湖北旅游的主题形象口号,并说明理由。

◇ 引 例

网红直播时的金句营销魅力

网红经济时代,通俗易懂的"金句"简单好记,一看一听就懂,更能表达产品特色和卖点。"金句"营销成为直播带货的重要语言工具和载体,成为提高和增强产品辨识度的重要"筹码",也是网红直播带货时的"必选项"。

罗田县燕窝湾村第一书记徐志新在直播带货时"金句"频频。就让我择其"金句"进行剖析。

"三更灯火五更鸡,'谷哥'还在卖土鸡。"

这是"谷哥"在卖力帮退伍小哥严彬在直播间创新卖土鸡时喊出的"金句",抖音首次创新卖订单式农业,首推全年12只土鸡和24只土鸡,每月分别发一只、两只土鸡和额外福利,聚合高端优质客户推动整合土鸡供应链,从此严彬就有了稳定的土鸡销售收入。

前面一句是农村广为流传的谚语,最早出自颜真卿的《劝学》一诗:"三更灯火五更鸡,正是男儿读书时。黑发不知勤学早,白首方悔读书迟。"此刻,一个勤勉敬业的"卖货郎"的正面形象呼之欲出,让人收获感动。收获了感动,就赢得了认可,吸引了眼球,抓住了流量。

"世界上有两种艾,一种是蕲艾,一种是其他艾。"

这句话很巧妙,直接定义了"世界上有两种艾",乍一听这句话很"霸道",但慢慢咀嚼就觉得很过瘾。把"蕲艾"和"其他艾"相提并论,更加凸显了"蕲艾"的非同凡响和独特魅力,是"蕲艾"品牌形象的最好背书。

"既有颜值,又有气质,麻城金丝皇菊。"

颜值是外观美,好看! 气质是内在美,耐看! 内外兼修,好看又耐看,就是麻城金丝皇菊的特征。想一想,这样的产品,你还会不动心吗? 把一个产品最有个性化的特点"挖"出来,才是成功营销的关键点。世界上没有完全相同的两片叶子,这就启示我们做直播带货时要善于挖掘产品的"里子",讲出独一无二的内在特质,才能抓住顾客的眼球。

"你挑水来我浇园,夫妻恩爱菜也甜。"

这是"谷哥"送给浙江台州菜农李仁红和罗田媳妇周香夫妻俩的"金句"。他们夫妻俩从浙江返回到大别山罗田农村照顾年迈生病的母亲,种植露天包菜、叶路大蒜和西兰花。他们种植蔬菜非常辛苦,轮班照顾年迈生病的母亲,还要起早种菜,得知这个情况,"谷哥"就在直播间帮他们卖蔬菜,他们乐观积极面对人生的态度,让人佩服。

经典的黄梅戏《新天仙配》中有"你挑水来我浇园,夫妻恩爱苦也甜"的唱词,被"谷哥"用在直播间里演变为卖菜时的场景,韵味十足,回味无穷。眼前立马浮现挑水、浇园、种菜等生活气息浓郁的画面。直播间不仅弥漫着田园风情,还回荡着千年名戏黄梅戏的身影。

"大别山南麓,'谷哥'直播间,您北纬30度的菜篮子。"

北纬30度线贯穿四大文明古国,是一条神秘而又奇特的纬线。独特的经纬度,特殊的气候条件等,孕育了不一样的种植优势。"谷哥"直播间里的菜源自北纬30度,这样的菜篮子你还会错过吗?

"金句"营销的魅力十足,他会不经意间让消费者动情。在感性营销场景下,"情感"是一个贯穿营销全过程凸显决定性作用的重要因素,瞬间赋予了产品生命力和吸引力,让产品"会说话",与消费者之间建立情感联系,让他们不自觉地爱上产品。

流量变为销量,其实是广大网友为爱下单、主动分忧的自觉,也是搭把手、拉一把的担当。带的是货,暖的是心,传递的是爱,展现的是全网一家亲,彰显的是手足情深,血脉相连。让我们携手向前冲,用最动听的"金句",诉说最温暖朴实的感动瞬间和人间故事!

(资料来源:https://mp.weixin.qq.com/s/x_63vCnKY_I0OoGiBKUHaQ.)

【思考】
1.你知道旅游营销"金句"创作和策划的一般技巧吗?
2.你能把"金句"策划的技巧运用于旅游品牌策划和旅游形象策划领域吗?
通过本章的学习,相信你不仅能很好地回答上述问题,还会有更多其他收获。

第一节 旅游营销策划原理

一、旅游营销策划概述

(一)策划

策划就是出谋划策,是指对未来将要发生的事情和从事的活动进行提前谋划、设计和决策的行为过程。中国"策划"思想和智慧源远流长。

中国古代的策划主要集中在权、势、术这几个层面。权,即策划都围绕权力更替进行,如商鞅变法、王安石变法等。势,即通过分析和论证形势和局势,因势利导,顺势而为。术,就是战术或办法,即主动策划,出奇制胜。

策划起源于军事,但随着实践的发展和理论的完善,它迅速走向政治、经济、外交、文化、体育等各个领域,特别是企业策划的兴起,使得策划成为企业经营成功与否的重要手段。

(二)旅游营销策划

市场营销策划是指企业为达既定目标,从新的营销视角、观念、思维出发,运用系统、科学的方法,分析企业生存和发展环境,寻找企业与目标市场的利益共性,重新组合和优化配置企业资源,对市场营销活动进行分析、判断、推理、预测、构思、设计和制定营销方案的行为和过程。简而言之,它是在市场营销中为某一企业、某一商品或某一活动所做出的策略谋划与计划安排。营销策划的对象可以是某一个企业整体,也可以是某一种商品或某一项服务,还可以是一次活动;营销策划的核心和关键是要设计和运用一系列周密计划和精心安排,实现各方利益协调均衡和最大化。

旅游营销策划就是将市场营销策划的原理与方法运用于旅游实践的专项营销策划活动。它是旅游营销主体根据自身资源状况,以及在旅游市场环境的基础上,对旅游营销活动或旅游营销项目、产品、服务等进行创意构思、设计规划并制定营销方案的行为和过程。

从本质上说,旅游营销策划是一个预知未来、描绘理想的旅游文化营造、再现和创造的过程,体现着策划主体基于旅游组织及其产品的理解、认知和看法,对其未来蓝图的科学谋划、系统创造和艺术展现的智慧,是旅游思想在旅游领域的具体体现和应用。

(三)旅游营销策划的类型

依据不同的标准,可将旅游营销策划分为不同的类型。

根据策划对象差异,旅游营销策划可分为旅游地或旅游区域营销策划、旅游企业营销策划、旅游产品和服务营销策划。

根据策划业务不同,旅游营销策划可分为旅游景区(景点)营销策划、旅行社营销策划、旅游饭店营销策划、旅游交通营销策划、旅游娱乐营销策划、旅游购物营销策划等。

根据策划功能不同,旅游营销策划可分为旅游形象策划、旅游产品开发策划、旅游客源市场开发策划、旅游定价策划、旅游分销渠道策划、旅游广告与公共关系策划、旅游节事活动策划等。

根据策划的市场目标差异,旅游营销策划可分为市场选择策划、市场进入策划、市场渗透策划、市场拓展策划、市场对抗策划、市场防守策划、市场撤退策划等。

根据策划过程,旅游营销策划可分为旅游目标市场营销策划、旅游产品营销策划、旅游品牌营销策划、旅游形象营销策划、旅游价格营销策划、旅游渠道营销策划、旅游促销营销策划等。

根据旅游营销层次不同,旅游营销策划可分为旅游营销战略策划与旅游营销战术策划。其中,战略策划分为总体战略策划与经营战略策划两个层次,前者从整体角度决定竞争和发展战略,区分和明确战略经营单位及其目标任务,为经营战略指明方向;经营战略策划则是根据总体战略要求,为市场调研、细分、选择和定位等各职能战术建立基本框架。

旅游营销战术策划是对7Ps营销手段进行的组合策划和个别策划,其目的在于把战略性市场营销规定的任务落到实处。

二、旅游营销策划的特点和作用

(一)旅游营销策划的特点

1. 旅游营销策划的目标性

策划要指向策划的对象和要解决的问题。明确具体的目标是制定策划方案的依据和前提,即策划的对象和内容必须确切,时间和范围清晰,背景和条件明确,有一定的评价标准。策划实际上也是目标分解的过程,策划的子目标越具体、明确,创意与方案越容易形成,总目标实现的可能性就越大。

2. 旅游营销策划的程序性

旅游营销策划是策划主体基于旅游营销环境及其未来趋势的判断分析,对未来行为的超前筹划和部署。为了保证正确性、合理性和高成功率,营销策划就必须从完全依赖策划者的能力、才干、经验、阅历等非程序性策划,转向在科学理论指导下,依照严格的逻辑推理程序进行的程序性和规范性策划。这种程序性营销策划既是管理活动、决策活动和计划活动之前的一种制度化的程序,又是策划程序的结晶。同时,策划自身也是一种科学程序,只有严格按照运作程序进行策划,才能保证策划结果的科学性。

3. 旅游营销策划的理论性

旅游营销策划必须立足现实和理论去进行周密的谋划,是以旅游学、营销学、文化学、信息学、心理学、传播学、社会学、工程学等多种学科知识和理论为依据,应用创造学、思维学理论和开发创造力的过程。因此,旅游营销策划在本质上是一种运用理论的理性行为。这种策划借助于坚实的营销理论、丰富的经验和高超的创造力,将各种营销要素进行优化组合,形成各种营销方案和行动措施。

在策划活动全过程之中,理论既是它的逻辑起点,又贯穿于策划行为过程的始终,理论作为创造性策划的内核,在策划活动各要素相互作用中,始终发挥着指导作用,离开理论的参与和渗透,策划的创造力就缺少来源。无论是遵循策划程序进行的典型策划,还是根据临时变化情况,运用策划经验和策划艺术进行的随机策划,其成功与否,以及其成功的程度,都与理论的应用密不可分。因此,理论性是策划的重要特征。

4. 旅游营销策划的系统性

旅游营销策划的主要任务是用科学、周密、有序的系统分析方法,对旅游营销策划对象及其营销活动进行分析、创意、设计和整合,系统地形成目标、手段、策略和行动高度统一的逻辑思维过程和行动方案。

旅游营销策划依据系统论的整合原理,寻求市场营销活动中各类资源整合效益最大化,是建立在点子和谋略之上的多种因素、多种资源、多种学科和多个过程整合而成的系统工程。

5. 旅游营销策划的调适性

时间和环境是策划的重要因素,这要求策划者把握环境变化特点,充分设想未来环境和旅游发展变化趋势,使旅游营销策划方案具有相应的灵活性,能适应环境的变化。

事物变化都是按照由量变到质变的过程,这要求旅游营销策划实施过程中,既要根据市场的反馈信息及时修正、调整方案,让方案充分贴近市场,取得预期的效果;也要策划主体及时和快速地把握时机,因时而异,果断行策;还要把握偶然事件中的必然规律,因势利导,随机策划。这是一种高超的策划艺术。

6. 旅游营销策划的创造性

创造性是旅游营销策划的本质特性,是旅游营销策划生命力的源泉,它贯穿策划活动的方方面面和策划过程的始终。策划主体在特定时空环境和资源条件下,灵活运用各种思维和方法,实现旅游要素与市场需求、社会效益的最佳对接。旅游创意所产生的化腐朽为神奇、化对立为共存、化小事为大势的效果就是创造性在旅游策划中的最好表现。如黎黄陂路、昙华林等老街区变成新地标、破厂房变为打卡地、乡土味变为文艺范儿、小生意成为大产业、老物件做出新趣味等。

此外,旅游营销策划还具有谋略性、体验性、艺术性、操作性等显著特征。

(二)旅游营销策划的作用

1. 强化旅游营销目标

从管理心理学的角度看,目标对行为有牵引力,而行为者又有朝向目标的趋近力。两种力的综合作用,不仅可以加速旅游地或旅游企业的营销由现实状态向目标状态靠近,而且可以减少许多迂回寻找目标造成的无效劳动。旅游地或旅游企业通过精心的策划,使营销目标更清晰,更具有牵引力,从而强化了旅游地或旅游企业对营销目标达成的愿望和努力。

2. 增强旅游营销针对性

旅游营销策划的一个基本任务就是要找到市场的空档,为旅游地或旅游企业进行市场定位,即根据竞争者的市场地位和旅游消费者对旅游产品的某种特征或属性的需求程度,强有力地为旅游地或旅游企业塑造与众不同、个性鲜明的旅游形象,并把这种形象生动地传递给旅游者,从而使该旅游地或旅游企业在市场上确定适当的位置。一旦位置确立,旅游地或旅游企业就可以围绕其开展定向营销。

3. 提升旅游产品和服务价值

旅游营销策划的目标是运用独特视角和创新思维,帮助旅游地和旅游企业提升原有旅游产品与服务的价值,发现新的旅游产品和服务,并通过系统的创意来实现潜在旅游产品和服务的现实转化,甚至是引领一种前所未有的全新旅游产品和服务的潮流,从而大大提升旅游产品和服务的功能和价值,如高端定制游、专题和专项旅游产品和服务的出现。

4. 提高旅游营销计划性

旅游营销策划就是要确立未来营销的行动方案。方案一经确定,就成了未来营销的行动计划,未来的各项营销操作都可以依照此计划执行,从而使旅游地或旅游企业的营销工作有章可循,有条不紊。

5. 降低旅游营销费用

经过精心策划的旅游营销活动,可以用较少的费用支出取得较好的效果。旅游营销策划要对未来的营销活动进行周密的费用预算,并对费用支出进行最优组合安排,这样就能有效避免在旅游营销过程中由盲目行动造成的巨大浪费。

三、旅游营销策划的要素和程序

(一)旅游营销策划的基本要素

1. 营销现状分析

营销现状主要指企业现阶段的经营状态和内部环境,包括市场状态、产品状态、竞争形势、渠道建设等方面的基本特征。

对市场状态的描述应包括现有市场的规模、市场增长的趋势、本企业近年来的销量等，同时应了解旅游消费者在需求、购买行为和消费观念方面的新变化等。对产品状态的了解应包括每个主要产品的销售额、价格和利润率等情况，还有简要的说明和分析。竞争形势包括主要竞争者的规模、经营目标、市场占有率、产品质量、市场营销策略及未来经营战略规划的情况。渠道的建设对企业能否成功进入目标市场是至关重要的，在渠道上各主要产品的销售量，各渠道的地位和重要性都是企业要研究的重要因素。

2. 营销环境分析

人口、经济、技术、政策法规和社会文化等因素会直接影响到旅游市场发展的前景，对这些因素及其变化趋势的分析，能够帮助旅游企业制订出最大限度满足旅游消费者期望的销售计划。

营销环境分析主要针对企业外部环境，包括机会与威胁的分析。企业在任何一个机会中能否成功取决于其具备的竞争优势是否能得到充分发挥，其拥有的资源是否满足实现目标所必须具备的要求，企业是否能比竞争对手利用同一市场机会获得较大的"差别利益"。威胁指环境中对企业营销不利的外部因素及其发展趋势，国际形势、金融危机、新政策的出台及消费者环保意识的觉醒等，都可能给企业的经营带来威胁。

3. 营销目标制定

对营销现状和环境的准确把握，可以帮助旅游企业客观拟定营销目标，为以后制定战略和行动方案指明方向。营销目标包括市场营销目标和财务目标。市场份额、相对市场份额、销售增长目标、企业的社会影响力等属于市场营销目标，而销售额、利润率、长期投资收益率等属于财务目标。如某旅游产品的投资利润和回报期、纯利润、销售利润、市场占有率、销售量、价格，以及销售网点覆盖面，企业及品牌的知名度等。

4. 营销策略设计

由于对市场环境已有较为准确的认识，在了解自身的优势及劣势的基础上，有针对性地设计自己的营销组合，可以对竞争者发动有力进攻，也可采取守势，保护自己的市场份额。总之，营销策划的设计是营销策划的核心要素。

5. 营销策划资料利用

科学准确、有保障的营销策划建立在市场的大量信息和资料之上。而这些资料的获取，主要有以下几种途径，首先，最可靠的途径是采取市场调研的方式收集资料，不过由于受资金、人员等因素的限制，其成本较大；其次，可采用实验方法获取资料，在小范围内进行探索性的实验,认为所得的实验结果即整个市场的特点;最后,采用案头调研法,广泛收集各种前人分析得出的结论,或媒体、政府的各种报道和报告等文件,从中获取进行策划所必需的资料。

6.营销策划执行

在策划的设计过程中,要落实营销策划的承担者,即制定营销策划的执行者收集营销策划资料,进行营销策划的具体设计。应尽量避免责任不明或责任交叉、权力分散或多头负责等情况。整个策划案的制定是一个完整的、科学的行动计划,必须由专业人员负责,并集思广益,尽量多地征求不同部门的意见。

(二)旅游营销策划的基本程序

1.明确任务,拟定策划计划

1)明确策划目的

第一,经济目的,也称效益目的。旅游营销策划要使旅游策划对象及其营销活动更加系统化、科学化和有效化,以最少的投入产生最大的效益。

第二,市场目的。旅游策划对象及其营销活动应更具有效率,从而扩大市场影响,提高市场地位,创造市场品牌和价值。

第三,形象目的。旅游营销策划要对内提高员工职业技能和素养,使其形成自我认同归属感和凝聚力;对外传播企业理念、价值观,以及产品和组织形象,提升其知名度、美誉度和忠诚度,使社会公众产生认知与信赖。

第四,发展目的。旅游营销策划要明确未来发展基础、定位、方向、规划、步骤,以及社会责任等,同时也使其更好地把握发展的阶段性目标。

2)拟定策划进程

第一,准备阶段。包括明确策划问题,确定策划主题,做好策划的物资、人员、知识和舆论准备等,以为正式策划工作的开展提供必备的条件。

第二,调研阶段。此为旅游营销策划收集资料、获取信息的阶段。在时间安排上要充足,在资料和信息收集方面要充分。

第三,创意设计阶段。这是旅游营销策划的核心阶段。

第四,实施阶段。旅游营销方案一般有两种:一是旅游营销战略方案,涉及旅游营销活动的全局,具有长期性、战略性的特点;二是旅游营销策略方案,涉及旅游策划对象及其具体营销活动,如武汉黄鹤楼景区门票调价策划、神农架科考旅游产品开发策划等。它起于何时、终于何时,由活动的目的和性质而定。

3)策划经费预算

旅游营销策划工作需要一定的资金投入,而投入多少资金,什么时候投入,投入哪些方面等问题,均牵涉策划经费的预算。因此,在策划之前要明确策划费用结构与重点、资金来源与去向、使用与监管等;在拟定旅游营销策划书时,必须认真、合理、科学地匡算费用。经费的预算要遵循效益性原则、经济性原则、充足性原则、弹性原则。

4) 预测策划结果

经济效益预测用以确定方案实施的必要性和紧迫性。形象效果预测主要针对旅游地和旅游企业的知名度、美誉度等的正向影响。

2. 界定问题,确定策划主题

1) 界定问题的主要思路

第一,专注主要矛盾。旅游事业发展过程中,旅游经营管理主体总会面临市场萎缩、无序竞争、危机公关、产品迭代等诸多矛盾。这些矛盾在特定时空背景下会相互联系和转化,策划者要善于抓住主要矛盾。

第二,细分宏观问题。将问题进行细分的常用方法是金字塔原理,请参见第四章。

第三,转换问题角度。例如,旅游服务人员态度不好、意愿不强、情绪不高等状况明显,如果管理者能转换角度,思考一下企业文化建设,以及对员工的激励、培训、成长关注等环节是否出了问题,可能就不会一味处罚员工了。

第四,寻找问题根源。"打破砂锅问到底"也能使问题明确化、浅显化。如某旅游度假村各方面条件都很不错,但效益一直不佳。寻根究底就是:因为游客少,为什么→因为知名度不高,为什么→因为市场营销不足,为什么→因为部门人才和资金不足,为什么→因为……,通过不断地追问就能找到问题的症结所在。

2) 明确策划主题

第一,确定经营目标。可以通过业务定义和任务书来明确,如企业经济和社会目标、主要产品或服务、主要客源特征、主要竞争优势等。

第二,明确策划主题。一是过滤策划主题,在形象策划、产品策划、品牌策划、公关策划、节事策划等主题中,选取最重要的主题。二是细化策划主题,使主题更具体明确和可操作。

3) 设定策划目标

旅游营销策划目标设定一般包括:① 描绘策划形象,通过对包含创意、构想以及引发构想的着眼点的描绘,确定旅游营销策划的总体方向;② 设计具体的策划目标,策划目标的设定应既具有现实性又富有挑战性;③ 分解策划目标并使之可衡量,通常可把目标分解成具体的任务、责任、度量标准及完成的时间。

4) 拟定责任分工

策划的计划主要包括进程安排、阶段目标和任务、工作组织与分工等,其中,组织分工是最为关键的任务之一,策划者不仅要合理分配资源,也要充分了解项目成员及其能力和特长,还要做好协调沟通和团队凝聚力建设等工作,做到人尽其才、物尽其用。

3. 收集信息，打好策划基础

现有资料主要来源于企业内部的各类报表、报告和档案资料等；政府公报、文件、报告等；商业资料如第三方研究报告和数据等，这些资料一般都是二手资料，使用过程中的局限性较大。因此，策划方更需要自主收集一手资料，实地考察和会议座谈都是常用方法，前者可以获取许多有针对性、时效性、可靠性和真实性，符合自身特色的信息资料。会议座谈可实时调研情况、沟通需求、商讨重点问题、统一思想等。策划方需做好会前沟通、会议记录和会后跟进等工作。

实地考察主要包括内外部环境考察、市场调查、产业考察、竞合考察等。经常用到的分析工具和模型有 PEST 分析法、SWOT 分析法、旅游目的地 6A 模型、体验经济 4E 模型、VALS 细分模型、波士顿矩阵、旅游产品生命周期模型、旅游生态位模型、钻石模型、核心竞争力分析模型等。

在收集和处理信息方面，常用的方法如表 10.1 所示。

表 10.1 旅游营销策划中常用的信息收集和分析方法

类别	方法名称	含义及要求
信息收集方法	观察法	到事件发生现场利用感觉器官或借助仪器设备来观察有关参与者及其环境，以得到第一手资料
	访谈法	通过对相关利益主体进行当面谈话、电话访问等形式来获取所需信息，要求科学设计访谈提纲、灵活控制谈话方向、认真记录访谈结果
	调查法	通过问卷发放、回收与统计来获取信息，要求做好问卷设计、样本选取和问卷处理
	实验法	将选定的刺激因素引入被控制的环境中，系统地改变刺激程度，测量调查对象的反应，主要适合具有因果关系的信息的收集
	网络搜索法	通过百度、谷歌等搜索引擎或借助专业数据库来获取自己需要的信息
	文献检索法	根据一些既定的标志从文献的集合体中检索自己需要的文献，这些标志主要包括作者、文献名称、主题(或关键词)、分类
信息分析方法	因果法	利用事物之间的因果关系去分析信息，可以找出新信息；把已知信息当作原因，可分析它可能引起的后果；把已知信息当作结果，可分析得到它的前因
	关联法	从已知信息出发，利用客观事物之间普遍存在的相互作用关系，分析获取与此有关联的新信息
	重组法	将原有的信息分解成若干信息，然后将这些信息以新的关系重新组合在一起形成新的信息，或者将若干分散的信息组合成一条新的信息
	综合法	将反映客观事物各个局部的多方面信息结合起来，以便推出反映整体事物的新信息

续表

类别	方法名称	含义及要求
信息分析方法	挖掘法	从已知信息着手,通过对信息由表及里的分析,找出隐藏在一般信息里的深层信息,发现其中尚未被人们注意到的细节信息或本质信息

此外,收集信息需要注意:① 重点把握政府、管理部门、行业协会、媒体等的相关政策、动态和信息;② 经常关注和探访行业及其前沿信息,尤其是策划对象及其上下游相关企业和行业的相关动态;③ 建立广泛的人际关系,包括行政、市场、产业链、竞争对手等;④ 要有强烈的好奇心,并养成做记录、勤思考的习惯。

4. 形成创意,确定策划方案

1)寻找灵感

灵感是指在艺术创作、科学研究、技术创造、产品研发等活动中,由于艰苦学习,长期实践,不断积累经验和知识而突然产生的富有创造性和顿悟性的思维状态。灵感状态具有孕育的长期性、出现的突然性、形式的模糊性、消失的瞬时性和结果的创造性等基本特征。

灵感来自心脑对现实生活的思索、实践、学习。陆机在《文赋》中提出,灵感即"应感兴会",是物之触动和心之感发的结果,即激发灵感的是心与物的相互作用。不管从灵感产生的来源(情与境会),还是从灵感的积蓄过程(勤于思考和读书)来说,中国"灵感论"均较西方的"神赐天启"说更理性、科学,更富有实践性。灵感源于生活实践及其体验积累,源于广泛涉猎和知识积累,源于勤奋和独立思考。

一般来说,灵感多需要外物的诱发,包括来自外界的偶然机遇与来自内部的积淀意识。来自外界的偶然机遇大致可以分为四种情形:① 思想点化,如在旅游策划中偶然得到某种闪光的思想提示;② 原型启示,如因参观体验类似旅游产品而启发出更好的策划创意;③ 形象体现,如影视片段和人物在景区的还原与再现;④ 情境激发,这里的触发媒介不是某种具体的信息,而只是一种气氛、一种情境。

来自内部积淀意识的灵感,可分为两类:一是由无意遐想产生的思想火花,如在散步或郊游等休闲时因沉思或回忆而闪现的灵感,它多是因为心情的放松而使得积淀在无意识中的体验自由涌现,这一类情形还可以是在幻梦中出现;二是在危机状态中突然激发的灵感,即绝境创造奇迹,如曹植作《七步诗》等。

2)创意产生

好的策划创意往往来自创意的灵感,也就是创意暗示、创意联想、模糊印象、灵机闪现等,将灵感经过整理、加工和组合,就形成创意。

策划离不开创意,创意离不开点子。点子可分为两类:一是长期职业价值取向和经验的积累;二是经过调查研究,长期酝酿及缜密的理性思考、逻辑推理,演绎出新观点或新思想的

"火花"。创意常常产生于半梦半醒之间,人在这种状态下往往能想出好的点子,人在睡眠时也可思考问题或"孵化"问题。

创意需要建立"构想银行",要避免遗忘一些好构想、好点子,应该建立一个记录系统,包括卡片、记事本、录音带、摄像带、软盘等。

3)确定策划方案

营销策划方案设计通常包括以下六个部分。

(1)市场营销环境分析。对整个市场进行分析,重点是对市场需求、消费者购买行为和竞争对手状况的分析。分析要扣主题,要全面、准确、有条理。

(2)核心产品定位设计。从消费者角度出发,对产品的"效用",能够为消费者提高的"利益"进行定位设计。设计描述要简练、概括和准确。

(3)产品组合方案设计。从满足消费多样化和个性化出发,根据产品组合的宽度和深度,设计"新产品系列"方案。

(4)产品质量方案设计。要从产品生产和流通的全过程、全方位设计保证产品质量的方案。

(5)提升品牌方案设计。从消费者认知心理和消费模式角度,设计品牌推广宣传的重点内容;设计品牌推广的途径和手段。

(6)售后服务方案设计。从给消费者提供更多附加利益,以及当前市场的竞争特征出发,设计具有吸引力的售后服务项目。

在旅游营销策划中,往往会出现几个创意、几种思考。在确定策划方案时,要综合考虑多方面的因素,比较各种创意方案的优劣,最终选择有创意、风险不大、实施难度较小、预期结果较理想的策划方案。

评估和遴选初步方案一般参照政策、经济、技术、资源、环境、时间、经费等可行性分析结果,采取定性与定量相结合的方法进行,常用的方法如表 10.2 所示。

表 10.2 旅游营销策划中常用的方案评估与遴选方法

方法名称	含义及要求
经验判断法	依靠专家们积累的经验、知识、技术等对方案进行判断,该方法简单易行,运用较多
数学分析法	依靠系统分析、线性分析、网络规划、层次分析等定量化分析技术,对受多种数量因素影响的策划方案进行评估
头脑风暴法	以小组讨论会的方式,相互启发,相互激励,群策群力,集思广益,充分发挥团体的智慧对策划方案进行评估的方法
函询法	为了克服集体讨论的弊端,运用匿名方式反复多次征询意见和进行背靠背的交流,充分发挥专家们的智慧、知识和经验,对方案进行评估和遴选

5. 做好预算,确保策划落地

财务预算包括经费预算、投资回报、实施保障与风险控制等方面。在第一步中我们只做了概算或估算,在正式的策划书中,需要做出详细具体的财务预算。如人员开销、广告费用、公共关系费用、渠道建设费用等。编制详细合理的预算成为策划案能否顺利实施的重要物质保证,没有前期的经费投入,后期可能很难取得预计的效果,甚至由于后期的经费不能维持,前期已经投入的经费全部化为乌有造成不必要的损失。

6. 反馈控制,完善策划方案

一是加强各方沟通协调。旅游营销策划的制定和实施,需要相关部门的配合和帮助。各部门之间因各自的任务、目标,甚至利益冲突,时常会产生各种矛盾,如销售部门偶尔削减公关部门承诺的产品优惠和服务等,所以树立整体营销观念,有效沟通各部门之间的意见和平衡各自利益变得越来越重要。

二是及时修正策划方案。在策划按部就班的实施过程中,客观环境的变化或者在制订计划时忽视了某个因素,往往会导致事态的发展已经出现了脱离计划的趋势,这个时候就必须对计划进行及时的修正。方案的修正是方案本身不断完善,不断适应新形势的需要而必须经历的环节。

三是加强反馈控制。反馈控制是利用反馈的原理来进行管理控制的一种控制方式。在评定实际工作绩效与采取纠正措施之间,实际上可以进一步细分出一些重要的环节来,每一个环节的工作质量都对控制工作的最终结果有着重要影响。反馈控制既可以用来控制最终的成果(称为端部反馈),如产量和利润等,也可以用来控制系统的中间结果(称为局部反馈),如生产过程和工序质量控制等。其中局部反馈可以及时发现问题,排除隐患,避免造成严重后果,因此要注意运用反馈控制去改善管理控制系统和营销策划方案。

旅游营销策划效果评估的常用方法见表10.3。

表10.3　旅游营销策划效果评估的常用方法

方法名称	含义及要求
观察体验法	策划人员亲自参加策划活动,现场了解策划工作的进展,直接观察、评估其效果
目标管理法	将测量到的结果与原定的目标相对照,以衡量策划活动效果
参照评估法	以其他旅游地或企业的策划活动为标准,通过比较来分析策划效果
专家评估法	邀请经验丰富的专家来测评策划活动效果,他们的测评结论一般都比较公正、准确
民意调查法	通过调查公众对委托方或策划对象的态度在策划实施前后的变化来测评策划活动效果
新闻分析法	通过观察、分析新闻媒介对策划活动实施情况的报道来测量策划活动效果

【项目1】　请简要策划一个营销方案,提升调酒实验室的知名度、美誉度,要求运用本课程相关知识和技能,方案要形象、合规、可持续,具有一定的参与性和可操作性。

第二节 旅游营销策划方法

一、旅游营销策划的基本原则

1. 战略性原则

旅游营销策划实质上是旅游营销中的一种战略性决策。首先,策划一旦完成,就成为旅游地或旅游企业在相当长一段时间内的工作方针和行动指南,必须严格贯彻执行;其次,一个系统完整的旅游营销方案应保持其相对稳定性,不能随意变动;再次,一个成功的旅游营销策划方案,它是站在战略的高度为旅游地或旅游企业所做的谋划,它是旅游地、旅游企业未来进行营销决策的依据。

2. "三本"原则

首先是"以人为本"原则。旅游营销策划是否成功,应看其是否以旅游消费者的需求为导向、为中心,是否能较好地满足客源市场的需求,同时也尊重旅游从业人员的利益。其次是"以生态为本"原则。旅游营销的一个重要特点,就是要保持人与自然的和谐,将生态本身作为一种旅游资源,通过保护性开发来为人类的发展服务。保护是第一位的,开发是第二位的,必须在保护的前提下进行开发,在开发中实现更好的保护,目的是促进旅游的可持续发展。最后是"以社会为本"原则。旅游经营者总是在一定的社会环境中生存和发展的,它们所赖以运作的资源、要素及客源等,都来源于一定的社区,来源于社会,因此,旅游经营者必须回报社会,承担相应的社会责任,如提供高质量的产品与服务,保护环境和文化,照章纳税,支持公益事业等。旅游经营者应将以上三者有机地结合起来,并使之趋向统一和协调。

3. 竞争性原则

旅游地或旅游企业能否在市场上获得成功,关键在于它的竞争性及在市场环境中的地位。差异性是竞争性的典型特征,只有具有鲜明特色和个性的营销策划,才能使其具有独一无二的优势,才可能在旅游市场的竞争中赢得优势。

4. 实用性原则

旅游营销策划的目的在于为旅游营销实践服务并提供行动指南,所以,旅游营销策划方案不仅应当实用,而且应易于操作。

5. 经济性原则

旅游营销策划应坚持经济性原则。首先要节约开支,减少不必要的费用;其次要有详细的预算,做到心中有数;再次,要求策划产生预期的收益。一个不能带来效益的旅游营销策划方案不可能是好方案,这是检验旅游营销策划方案优劣的基本标准。

二、旅游营销策划的常用思维

(一)联想思维法

联想思维法是指人脑记忆表象系统中,某种诱因导致不同表象之间发生联系的一种没有固定思维方向的自由思维活动。通俗地讲,联想一般是由某人或某事引起的相关思考。联想是人们经常用到的思维方法,主要思维形式包括幻想、空想、玄想。其中,幻想,尤其是科学幻想,在人们的创造活动中具有重要的作用。联想思维的形式有以下几种。

1. 接近联想

甲、乙两事物在空间或时间上接近,在审美主体的日常生活经验中又经常联系在一起,已形成巩固的条件反射,于是由甲联想到乙,而引起一定的表象和情绪反应,如听到蝉声联想到盛暑,看到大雁南去联想到秋天到来等。人们经常见某景、睹某物、游某地,而想到与此景、此物、此地有关的人和事。

2. 类比联想

类比联想是指由外形、性质、意义上的相似引起的联想,即对某一事物的感受引起对与其在性质上或形态上相似的事物的联想。如用暴风雨比喻革命,用雄鹰比喻战士。这种联想带有社会的、时代的、民族的普遍性,但也带有个人思想感情的特殊性。同是大江,有人联想到"大江东去,浪淘尽,千古风流人物",有人却联想到"问君能有几多愁,恰似一江春水向东流。"

3. 对比联想

对比联想是由事物间完全对立或存在某种差异而引起的联想,是对不同对象对立关系的概括。其突出的特征就是背逆性、挑战性、批判性,如形象的反衬就是对比联想思维,看到疾病或医院就想到健康的宝贵,看到西方个别国家不断拱火战争,就想到中国负责任的大国形象。

4. 相似联想

相似联想,即由一个事物外部构造、形状或某种状态与另一种事物的类同、近似而引发的想象延伸和连接。如迎客松、象鼻山,还有些主题酒店的设计装饰、设施设备,以及服务环节都模仿特定动物、武侠小说等特殊主题。此外,仿生联想也是通过生物的生理机能、结构特征和生存现象等产生的相似联想,如雷达的发明就是模仿蝙蝠的声波收发系统。

5. 因果联想

因果联想是指两个事物存在因果关系而引起的联想。这种联想往往是双向的,既可以由起因想到结果,也可以由结果想到起因,是源于人们对事物发展变化结果的经验性判断和想象,触发物和联想物之间存在一定因果关系。如看到蚕蛹就想到飞蛾,看到鸡蛋就想到小鸡。

(二)发散思维法

发散思维法又称辐射思维法,就是从一个目标或思维起点出发,沿着不同方向,顺应各个角度,提出各种设想,寻找各种途径,解决具体问题的思维方法。思维像一个光源向四面八方辐射,当思维纵横交错时,思路就纵横扩散。发散思考法通常以材料、功能、结构、形态、组合、方法、因果、关系等8个方面为"发散点",进行具有集中性的多端、灵活、新颖的发散思考。该方法适用于旅游策划过程中带有不确定性、风险性问题的策划分析。

(1)材料发散是以某个物品作为"材料",设想它的多种用途,如尽可能多地写出客房里的浴巾的用途。

(2)功能发散是以某种功能和目标为发散点,设想获得该功能的各种可能性和途径,如尽可能多地写出让游客更节省体力地到达山顶的方法。

(3)结构发散是以某种事物的结构为发散点,设想出该结构的各种性能与利用方式,如尽可能多地写出利用拱形结构提升游客体验的形式。

(4)形态发散是以事物的形态(如形状、颜色、音响、味道、气味、明暗等)为发散点,设想出利用某种形态的各种可能性,如尽可能多地写出利用不同铃声、气味等吸引游客注意的方式。

(5)组合发散是以某一事物为发散点,尽可能多地设想其与另一事物联结成具有新价值(或附加值)的新事物的可能性,如尽可能写出游客利用自己的手机,就能够实现酒店客房消费的方式,例如,入住退房、电子门锁、电器遥控、灯光调节、电话漫游服务、前台呼叫、点餐送餐等。

(6)方法发散是以人们解决问题或制造物品的某种方法为发散点,设想利用该种方法的各种可能性。如尽可能多地写出能够让游客便捷携带盥洗用品的方法,如折叠伞、折叠盆、折叠牙刷、折叠包等。

(7)因果发散是围绕某个事物发展的原因和结果进行思考,如尽可能多地写出游客摔倒的原因和结果。

(8)关系发散是围绕某个事物可能产生的其他意料外或潜在的需求,如尽可能多地写出客人离店时需要处理的各种可能的事宜和关系,如打车、咨询、餐饮、订票、预约、失物招领等。

(三)逆向思维法

逆向思维法即从现有事实或传统理论的对立面出发,用从一种事物想到相对的事物,从一种条件想到相反的条件,从结果想到原因的思维方法探求新事物、新理论的一种策划方法,亦称反面求索策划法。事物的对立面常蕴含着事物的本质属性,或是对事物本质属性的重要补充。事物内部和事物之间的对立统一的内在关系法则是逆向策划法的基础。逆向策划法的主要形式有以下几种。

1. 反转型逆向策划

反转型逆向策划指从已知事物的相反方向(多指功能、结构、因果关系等)进行思考,产生发明构思的途径。如当大家都在挖空心思设计各种旅游产品和服务吸引游客时,淄博却抓住了游客始终不变的需求——旅游体验和尊重,从而获得了巨大的成功。

2. 转换型逆向策划

转换型逆向策划是指在研究问题时,转换解决问题的手段,或转换思考问题的角度,使问题得以顺利解决。如当众多酒店绞尽脑汁抢客源的时候,有的酒店集团开始转换思路,做起了加盟商和合作商的生意,并取得巨大成功。

3. 缺点逆向策划

缺点逆向策划是一种利用事物的缺点,化被动为主动,化不利为有利的方法。这种方法并不以克服事物的缺点为目的,而是将缺点加以利用,从而找到问题的解决方法。如华夏影视城巧妙利用了"大西北的荒凉"这个缺点,成为影视旅游成功典范。再比如反向旅游的走红、类似甘肃博物馆马踏飞燕玩具的"辣眼睛"设计却得到广泛追捧等,也算是一种缺点逆向策划。

表10.4列举了逆向策划思维的主要形式。

表10.4 逆向策划思维的主要形式

逆向模式	运用情境	正向思考	逆向思考
由追随变化到思考不变	身处快速变化之中,感到危机四伏之时	追逐新方法和新思路	思考到底什么东西恒久不变,如淄博烧烤的文旅营销策划
由"红海"转向"蓝海"	选择创业方向的时候	追逐"红海"	为"红海"提供服务的"蓝海",如华住为合作伙伴提供服务
启动"事前验尸"	要做重要决策的时候	思考关键成功因素	思考所有"致死"因素,如甘孜旅游"谁砸锅,砸谁碗"狠话
如果时间减少一半	需要改善时间管理的人和情况	继续提高单位时间的效率	思考如果时间减少一半该如何完成目标,如对"旅游特种兵"的反思
缺点转化法	无法忽视也无法改变弱点或缺点的时候	用其他优点冲淡、中和或掩盖	转换思路,将缺点转化为优点,发挥其正向作用,如华夏影视城旅游营销
寻找反义词	需要发明创造的时候	循规蹈矩,按部就班	寻找正向思考的反义词,如反向旅游

(四)侧向思维法

侧向思维又称"旁通思维",以总体模式和问题要素之间关系为重点,使用非逻辑的方法,设法发现问题要素之间新的结合模式,并以此为基础寻找问题的各种解决办法,特别是新办法。侧向思维是发散思维的另一种形式,这种思维的思路、方向不同于正向思维、多向思维或逆向思维,它是沿着正向思维旁侧开拓出新思路的一种创造性思维。通俗地讲,侧向思维就是利用其他领域里的知识和资讯,从侧向迂回地解决问题的一种思维形式。

侧向思维富有浪漫色彩,看似问题在此,其实"钥匙"在彼;似乎瞄着问题的焦点,答案却在远离焦点的一侧。侧向思维的要义在于"他山之石,可以攻玉",借助系统之外的信息、知识、经验来解决面临的难题。侧向思维是利用事物间的相互关联性,经由常人始料不及的思路达到预定的目标,这就要求思维的主体头脑灵活,善于另辟蹊径。侧向思维的应用形式有以下几种。

1. 侧向移入

这是指跳出本专业、本行业的范围,摆脱习惯性思维,侧视其他方向,将注意力引向更广阔的领域;或者将其他领域已成熟的、较好的技术方法、原理等直接移植过来加以利用;或者从其他领域事物的特征、属性、机理中得到启发,导致对原来思考问题的创新设想。侧向移入是解决技术难题或进行管理创新、产品创新的最基本的思维方式,其应用实例不胜枚举,如计算机、互联网、无线终端、视频号、大数据等技术向旅游领域的每一次延伸,都是对以往旅游业务的"降维打击",美团在旅游、酒店等领域迅速崛起,携程猝不及防且只能望洋兴叹。这说明,从其他领域借鉴或受启发是创新发明的一条捷径。

2. 侧向移出

与侧向移入相反,侧向移出是指将现有的设想、已取得的发明、已有的感兴趣的技术和本厂产品,从现有的使用领域、使用对象中摆脱出来,将其外推到其他意想不到的领域或对象上。这也是一种立足于跳出本领域、克服线性思维的思考方式。如酒店共享办公空间、文创产品的旅游新用途等。

3. 侧向转换

10-1 文娱界看了"直呼内行"

这是指不按最初设想或常规直接解决问题,而是将问题转换为它的侧面的其他问题,或者将解决问题的手段转为侧面的其他手段。如各地发展旅游业的目的都是拉动经济社会发展,但经济目的过于功利和明显就会引起游客的抵触和反感,于是很多地方政府出台一揽子相关管理、补贴、优惠,甚至是免费旅游政策,再利用旅游业极强的带动作用,依靠再分配全域旅游的红利来调整和平衡各方,尤其是补贴"让利"的旅游企业的收入和利益,实现经济社会发展的目的。

总之,不论是利用侧向移入、侧向转换还是侧向移出,关键的窍门是要善于观察,特别是留心那些表面上似乎与思考问题无关的事物与现象。这就需要在注意研究对象的同时,要间接注意其他一些偶然看到的或事先预料不到的现象。也许这种偶然并非偶然,可能是侧向移入、移出或转换的重要对象或线索。

(五)形象思维法

形象思维法是指用直观形象和表象进行思维活动、解决问题的思维方法,其特点是具体形象性、完整性和跳跃性。形象思维的基本单位是表象。它是用表象来进行分析、综合、抽象、概括的过程。

当人利用他已有的表象解决问题时,或借助于表象进行联想、想象,通过抽象概括构成新形象时,这种思维过程就是形象思维。例如,一个人要外出旅游,他要考虑环境、气候、交通、住宿、餐饮等情况，分析比较出游方式、携带衣物、游娱活动筹划与准备等，这种利用表象进行的思维就是形象思维。

形象思维分为初级形式和高级形式两种。初级形式称为具体形象思维，主要凭借事物的具体形象或表象的联想来进行思维活动。高级形式的形象思维就是言语形象思维，它是借助鲜明生动的语言表征，以形成具体的形象或表象来解决问题的思维过程，往往带有强烈的情绪色彩。言语形象思维的典型表现是艺术和审美思维，它是在大量表象的基础上，进行高度分析、综合、抽象、概括，形成新形象的创造。旅游的本质是一种综合性的审美活动，因此旅游体验性很大程度上取决于形象思维能力，旅游策划者应高度注意旅游者形象思维的激发和引导。

形象思维法常见的形式如表10.5。

表10.5 形象思维法常见的形式

名称	含义
模仿法	以某种模仿原型为参照，在此基础之上加以变化产生新事物的方法，有原理、形态、结构功能、仿生等模仿形式，如世界之窗、锦绣中华等缩微景观的形态模仿
想象法	在脑中抛开某事物的实际情况而构成深刻反映该事物本质的简单化、理想化的形象，如武汉市推出的新汉阳十景
组合法	从两种或两种以上事物或产品中抽取合适的要素重新组合，构成新的事物或新的产品的创造技法，常见组合技法有同物组合、异物组合、主体附加组合、重组组合等，如鸡尾酒的调制、情侣款旅游纪念品、带自拍功能的登山杖、色盲红绿灯等
移植法	将一个领域中的原理、方法、结构、材料、用途等移植到另一个领域中去，从而产生新事物的方法，主要有原理移植、方法移植、功能移植、结构移植等类型

三、旅游营销策划的基本技法

旅游营销策划的三大根本因素为"势""时""术"。

（一）旅游营销策划的技巧

1. 地利之势

势是指组织本身环境形势的发展变化，就是通常所说的氛围、环境、趋势等。对"势"的运用，就是对谋略所处空间的策划，是度势、附势、借势、驭势、造势的统一。旅游营销策划者既要长于审时度势、顺势而为，也要善于逆流而上、声张造势。常见的"用势"方式有借势、顺势、转势、造势等。

10-2 藏不住想"红"的心，小众旅游目的地需要"出圈"秘籍

1）借势

一是借事件之势，是借助某一事件进行的旅游营销策划，如 2015—2016 年的第十届中国（武汉）国际园林博览会，武汉依托丰富的人文资源，用园林艺术造景的手法，将武汉乃至中国近现代工业文明发展的历史脉络，铺陈在游客面前；将大江大湖大武汉的大气之美、灵秀之美，浓缩地展现在世界舞台。

二是借政策之势，是借助政府的相关旅游决策进行旅游营销策划，如 WTA 超五巡回赛之一的武汉网球公开赛，每年有 2000 多万人次观看，覆盖人口近 10 亿。赛事期间，汉阳高龙、汉剧、编钟、湖北大鼓、夜游长江、黄鹤楼、东湖、热干面等强烈的武汉地域文化符号惊艳了全世界，树立了城市文化和旅游形象。

10-3 旅游营销，五大成功吸睛案例分析

三是借时间之势，是借助某一特殊的、有重大意义的时间进行旅游营销策划，如花朝节是我国传统节日，节日期间，人们结伴到郊外游览赏花，称为"踏青"。2023 武汉园博园汉口里花朝节，25000 多名游客来到现场，参观体验汉服巡游、国风表演、手作市集、水上表演，以及其他丰富多彩的传统民俗活动。

四是借人物之势，是借助名人效应进行旅游营销策划，如武汉利用毛泽东、刘少奇、周恩来、陈潭秋、郭沫若等故居开展红色旅游营销策划。湖北热情参与女娲、花木兰、李白等的故里，以及诸葛亮躬耕地争夺，不为胜利，只为营销。川、藏围绕丁真的多轮"相互配合"旅游营销策划更是让人拍案叫绝。

五是借山水之势，是利用文化旅游景观，尤其是山水特色进行旅游营销策划，如恩施大峡谷有"世界地质奇观，喀斯特地形地貌天然博物馆"美誉，清江升白云、绝壁环峰丛、天桥连洞群、地缝接飞瀑、暗河配竖井的壮美景象，再配上实景剧演出《龙船调》，展示了恩施土家族、容美土司等地域特色和历史文化。

六是借建筑之势，是利用独特的建筑景观、文化和艺术进行旅游营销策划，如 30 万民工、15 年时间才建设完成的武当山古建筑群远近驰名。从山脚到主峰天柱峰、太子坡、紫霄、南岩、金顶，一路红墙碧瓦，琉璃殿宇，富丽堂皇，尽显皇家风范，代表了近千年中国古代建筑艺术的最高水平。

七是借特产之势，是利用地方特产和独特的地域资源环境进行旅游营销策划。2021 年，湖北国家地理标志保护产品达 165 个，累计获准使用新版国家地理标志专用标志企业 1109 家，年度产值达 330 亿元。"土字号"变身"金名片"的背后，旅游营销策划功不可没，如恩施旅游将"硒"特产做到极致就是典型。

八是借民俗之势，是借助地方独特的民风民俗进行旅游营销策划，如三峡人家的土家婚俗、巫傩文化、峡江号子、民俗歌舞等土家风情表演，以及南曲、刀山火海、皮影戏等民俗风情表演；神龙溪的巴文化、巫文化、纤夫文化等，都是因旅游营销策划而存，因旅游而兴的典型。

九是借宗教之势，是借助宗教活动进行旅游营销策划。湖北有"东禅西道"的传统宗教文化格局。归元寺、五祖寺、玉泉寺、武当山、长春观、古德寺等众多寺观，以及归元寺祈福、长春观庙会、荆门观音岩庙会、荆州关帝庙庙会等都是旅游营销策划的素材。

2）顺势

顺势就是顺应潮流之势,即趋势和苗头已经出现,但还不是有目的的自觉行动,这就需要策划人员的包装和引导,不断丰富和创新旅游产品和服务,不断提升旅游产品和服务的可得性和易得性,使之适应消费需求发展变化的趋势。

多年来,湖北各地坚持以文促旅,以旅彰文,持续深化文旅融合,推出系列文旅活动,打造文旅融合精品,文旅新业态、新项目、新场景不断涌现,不断满足游客多样化、多层次、多方面文旅消费需求,如屈原祠"诗里画里,屈原故里"大型实景交响音乐会;武汉博物馆环境式驻演汉剧《贵妃醉酒》;荆州古城历史文化旅游区大型歌舞《凤鸣楚天》在护城河水上舞台实景循环演出;武汉剧院环境式驻演音乐剧《灯塔》,坐在沙滩上看戏,演员与观众面对面;湖北省博物馆西馆大型沉浸式全息剧《遇见·楚庄王》等。

全省各级文旅部门和市场主体紧跟旅游需求新趋势打造旅游产品新供给,推出更多惠民政策、优质产品和贴心服务,不断增强游客获得感、幸福感、安全感,如惠游湖北活动不断优化和纵深推进,"引客入鄂"专项奖励资金的设立,"钟情湖北"文旅消费券的投放,以及全省各地纷纷推出免票游、半价游、套票优惠等系列叠加优惠措施,持续满足居民和游客的文化和旅游消费需求。同时,荆州方特"凤出荆楚"主题焰火秀,恩施大峡谷的夜游大峡谷,巴东神农溪景区《梦回神农溪》,神农架观星、观鸟、观云等新型旅游特色产品不断创新和投放市场,各地各相关单位持续挖掘和优化产品和服务供给,不断引导、丰富和优化游客游览需求和体验。

这些活动均是顺势而为,取得了较好的效益。游客有旅游需求,湖北文旅就创新产品和服务;游客有消费顾虑,湖北文旅就发放惠游补贴;旅游企业需要积极性,湖北文旅就设立专项奖励基金等。

3）转势

转势就是通过一定的手段和方法将某种势转化为另一种对自己有利的势。转势的目的是要使无势变为有势,劣势转为优势。

"魅力武汉,好戏连台!前不久,我们刚参加了'首届全球旅行商(湖北)大会',此刻又在武汉迎来万众瞩目的中国(武汉)文化旅游博览会。"谈及湖北武汉发展,携程集团副总裁李欣玉表示,文旅盛会接踵落户武汉,可以看到湖北武汉加速打造世界级旅游目的地的步伐铿锵有力。"荆楚文化的根基很稳,文化底蕴深厚,有着独一无二的魅力,相关文旅产业一定会逐渐长成参天大树。"国内文化旅游专家、中国山水实景演出创始人梅帅元认为,"在文旅深度融合发展领域,武汉的潜力巨大,武汉正在迎来弯道超车的时代,我很看好武汉旅游业的发展。"

2021年11月26日,作为首届中国(武汉)文化旅游博览会重要内容之一的2021中国文化和旅游高峰论坛,在武汉东湖国际会议中心拉开帷幕。文化和旅游部数据中心主任戴斌表示:"过去两年,湖北及武汉的旅游业在逆势中展现了英雄的风格和气概"。他认为,疫情给旅游业带来新变化,一是旅游出行距离越来越短,国庆期间,我国游客的平均出游半径只有140公里,较疫情前有大幅度的下调,而游客到了旅游目的地后,游憩半径也变小了,只有14公里;二是小团出游、定制游、研学游、家庭出游、自驾游等渐成主流,旅游市场化整为零,化大为小;三是旅游发展的动能开始变化,必须靠文化、科技的力量,靠年轻人的知识、能力来推动产业增长的时代到来了。戴斌表示,武汉旅游业的恢复和发展,一是紧紧抓住了当代旅游发展的新变化和新需求;二是充分发挥了市场主体力量,以文化为引领,以科技为动能,推动旅游业高质量发展;三是湖北武汉对文化的理解,以及在文化创意方面的发展走在全国前列,获得了广大游客的认可。

4)造势

造势主要是通过制造一种声势,营造一种旅游氛围,从而树立形象,激发旅游者的旅游动机。造势有战略造势和战术造势之分,战略造势主要影响人们的观念和发展潮流,从而引导旅游消费;而战术造势主要是为了达到单项产品销售或其他单项目的而采取的具体措施。

备受关注的2023全国露营大会暨"钟情湖北"露营嘉年华活动于4月13日至16日成功举办。这场盛会全网宣发曝光量达1.67亿,泛户外生活方式领域达人300余位,融媒体直播观看1000万+。截至4月17日,人民日报、新华网、中新社、湖北日报等30余家中央、省市级主流新闻媒体累计发布预告与活动稿件172篇,央视新闻网4月16日以"人间四月天,一起露营吧"为主题开展了30分钟的直播活动。央视新闻13频道4月18日给予了39秒的专题报道。湖北卫视在新闻黄金时段进行专题报道,深入宣介活动盛况和各项创新,堪称行业"顶流"。

活动首日便吸引了200万市民游客线上线下参与露营打卡,活动主办地东湖绿道白马驿站和桃花岛三天接待游客达6万人次。大会还启动了"不负春光——万人露营在湖北"活动,面向全国用户发放湖北露营优惠券10000份。露营房车、乡村文旅等展区上千种农特产品、旅游文创商品和旅游线路,引得游客纷纷出手,相关产品现场销售和签约成交额超2000万元,带动婚庆、餐饮、租赁、会展等产业间接消费近3000万元。

活动成功探索出集展会、论坛、音乐、潮玩、市集、婚典于一体的一站式"露营+"模式,描画出露营2.0时代的绚烂图景,揭晓全国露营旅游十大网红打卡地和湖北十大网红露营线路,露营产业典型示范带动作用明显增强。作为国内首个露营产业IP,"湖北露营音乐地图"用"露营+音乐"生动展示了湖北露营产业的空间布局和文化风情,从洪湖畔到神农架,从襄阳古隆中到荆州古城,从黄梅到随州,编钟标记联结起荆楚6大风景板块和露营胜地,拓展了"露营+"目的地经济文化内涵,成为我省2.0版露营产业的风向标。

2. 天时之时

时就是时机、时间、机会和机遇等,是对谋略所处时间的筹划,即"进退之机"。旅游营销策划中对时的把握最为复杂,因为时可遇不可求,而且很难判断和把握时的出现和发展变化,能在对的时间与对的人做正确的事十分难得。

旅游时机具有两重性:一是旅游时机具有偶然性,旅游发展的契机总是蕴藏在社会、文化、自然等诸多日常事件之中,契机的出现、辨识、捕捉、转化、利用等均具有偶然性;二是旅游时机具有规律性,旅游营销策划者可以根据经验、工具、模拟等理论和方法,对大多数旅游时机的出现和发展做出预测和判断,如大多数赏花游活动的营销策划,均可依据不同花卉的生长节律性进行提前谋划。

1）未雨绸缪，时刻准备

时机总是悄悄地来临，为了避免机会的丧失，必须把功课做到前面。只有如此，才能保证在机遇来临时，迅速做出反应，从而抓住机遇。比如，诊断出旅游市场的走势，当旅游市场发育成熟时，适时推出旅游产品，从而抢得先机。旅游业的特点决定了旅游组织要取得溢出利润，必须走在市场前面，这就要求既要有预见性，又要有准备性。

2）细心观察，准确预测

绝大多数时机的出现，均有或大或小的前兆，因此时机是一种偶然中带着一定必然的机遇。旅游营销策划者要不断培养、训练和提升市场、行业、技术的专业敏感性和洞察力，以及用职业眼光和思维辨识、分析事件和时机的职业敏感性和专注力等，积累相关挖掘、利用时机及其前兆的经验和技巧。

3）创意独特，鲜活生动

时机总是隐藏在不经意的细微事物中，只有少数具有独特的眼光和创造性思维的旅游营销策划者，才能捕捉和发掘其真正的价值。任何现象的发生、发展和变化，都可能内隐着旅游营销和发展的契机。作为旅游营销策划者，应该主动出击，积极地探寻机会，通过有意识的运筹，自行设计和创造出旅游营销策划的最佳时机。

旅游是一种相对感性的行为，旅游动机被特定事物刺激、激发、强化的表现较为显著。利用旅游者的时间心理现象，是开展旅游营销策划的重要技巧之一。在实践中，常见的营销时机包括三种：一是社会节假日，特别是各种重大节庆时机，如2011年3月30日，国务院常务会议通过决议，自2011年起，每年5月19日为"中国旅游日"，各地文旅部门和企事业单位庆祝、优惠活动精彩纷呈；二是重大社会活动，如各种盛大的体育赛事、博览会、交易会等；三是公众热点事件，如近期火爆的"旅游特种兵"，成为众多城市进行旅游品牌形象推广的重要手段。

3. 人和之术

所谓"术"是营销谋略所采用的招数，即计谋、策略、手段、方法和技巧等。任何一种招数都以人为对象，或鼓舞之、或蒙蔽之、或说服之、或推动之，均需使对方的行动对己有利，符合自己行动的方向。这一"术"其实便是对谋略行使方式的筹划。

旅游营销策划者对"术"的把握，要在遵循基本规则的前提下，先守正后出奇，敢为天下先，为别人所不能，想别人想不到的，做别人做不到的。根据不同的形势和时机，采用不同的招数和手段，用最少的资源撬动最大的市场。常用的旅游营销策划之术有出奇制胜、合理定位、以人为本、文化为魂等。

1）出奇制胜

旅游营销策划的出奇制胜，就是要追求独创奇异，形成独特性卖点，化平淡为辉煌，化腐朽为神奇，语不惊人死不休，景不震撼不出手。因此，在进行旅游营销策划时，策划者要紧紧抓住旅游者求新、求奇、求异的需求特点，全面认真地分析、研究策划对象，以独到的眼光，去发现独特、打造独特、彰显独特，然后运用策划手段，把所发现的独特之处做大、做足，做成策划对象的亮点。

同时，策划者还要善于使用逆向思维，反其道而行之，以无穷的智慧，推动想象力和创造力，在旅游悟性和超前意识的引导下，展开激情创意，形成出奇制胜的市场卖点和商业感召力。

2）合理定位

旅游营销策划首先要为策划对象做出科学、准确、合理的定位。旅游策划定位的实质及核心，就是差异化、合适化，是对现有旅游资源的一种有效利用和整合、重新认识与发掘，是根据旅游市场需求而采取的有别于他人、优于他人的一种竞争策略，也是寻找包括产品、市场、形象、文化、营销等各方面的差异点、创新点和兴奋点。在进行具体定位时，要做到以资源为基础，以市场为导向，以产品为核心，以提高竞争力为突破口，要特别关注旅游者的消费心理和需求特点，并了解竞争对手的优势和弱点，从而进行科学、准确、合理的定位，做到知己知彼，百战不殆。

3）以人为本

旅游营销策划坚持以人为本就是遵循人体生理与心理的规律，满足人类审美、修学、交流、康体、休憩及整个生活方式的需求，向广大游客提供优质的旅游产品和服务，让游客游得开心、住得舒心、吃得放心，充分体验旅游地的人文关怀和人性化设计，时时处处都感到舒适、温馨、满意。人文关怀、人性化设计不仅要体现在总体策划的指导思想之中，更要体现在具体项目的细节设计上。以人为本，设计出互动体验、亲和吸引、情境感悟、个性娱乐的旅游产品，形成旅游项目的市场核心竞争力，是旅游策划追求并执行的原则和目标。

4）文化为魂

文化是旅游策划的核心和灵魂，旅游策划中要特别注重深度挖掘旅游地的地脉、文脉、人脉，运用情境化、体验化、娱乐化手法设计产品，具体要注意如下几点：① 依附某种文化，以这种文化为"红线"串联整个策划过程，使之具有明确的文化主题、浓厚的文化色彩；② 强化文化氛围，淡化旅游企业和旅游者的商业心理和金钱心理；③ 努力寻找并找到典型消费群带头消费这种文化，树立消费榜样；④ 进行文化形象的统一设计，形成一项形象文化系统工程；⑤ 深入挖掘潜在文化，甚至制造一种现代文化。

（二）旅游营销策划的常用方法

 1. 头脑风暴法

头脑风暴法又称集体思考法或智力激励法，其核心是高度自由的联想，提倡创造性思维、自由奔放、打破常规和创造性地思考问题。其目的是以集思广益的方式在一定时间内大量产生各种主意或设想。

头脑风暴法应遵循自由畅想、延迟批评、追求数量、借题发挥、不断完善等原则。与会者在充分自由、开放、宽松的气氛中，彼此互相启发、互相激励，能使创造性思维产生一系列的共振和连锁反应，从而诱发越来越多的新点子、好点子。当然，头脑风暴法须有高屋建瓴式的领袖人物甄别和统筹各种想法。头脑风暴法在旅游营销策划中经常得到成功的运用。

2. 纲举目张法

纲举目张指提起大网的总绳一撒,所有的网眼就都张开,比喻抓住事物的主要环节,就可带动一切。旅游策划就是要在千头万绪中"理清脉络、确定大纲",然后围绕大纲"梳理条目、整合资源、塑造形象、聚拢人气",并以此反过来烘托大纲,强化品牌和形象。确定大纲实际上就是做好市场、产品、形象、功能、客户、竞争、目标、战略、策略等主题定位,并作为"灵魂"统筹和引领策划方向、目标和路径,围绕"灵魂"整合组织资源,并进行合理的衍生、发散。只有抓住了定位这个"纲",旅游发展的"目"才会张,才能把一颗颗散落的珍珠串起来,形成形象鲜明、光彩夺目的策划项链。

如恩施市围绕"世界硒都、仙居恩施"的旅游主题定位,整合、挖掘康养旅游文化资源,塑造、提升康养旅游文化品牌和形象,发展康养主题全域旅游服务与产业体系,就是"纲举目张"的典范之一。

3. 优势强化法

优势强化法有三个关键点:定位优势,可发挥优势,整合劣势。定位优势就是挖掘产品和服务的差异化。特定时空条件下,旅游营销策划者只能也只需定位并放大产品和服务的一两个核心差异化特征。营销策划者必须换位思考,旅游消费者不太关心旅游产品是什么,而更关心自己会得到什么(需求满足)和成为什么(自我实现)等。旅游产品和服务的差异化,主要体现在成本、功能、营销等方面,挖掘时可以考虑同行竞品差异、行业痛点、自身产品创新点等。

可发挥优势主要包括时机优势,如规模经济、声誉与转换成本、渠道与宣传拥挤、用户群效应、竞争者学习壁垒、稀有资源垄断等;专业知识优势,如创新能力、客户知识、市场进入能力、弹性制造能力等;行业壁垒优势,如资金、技术、人才、专利、文化等进入障碍,转换成本、渠道与公关获取,相关政策与支持体系,不平等竞争、并购及其障碍等;以及技术和资本优势等。

整合劣势主要可采取补短板、做优化、转用途等策略。就旅游产品和服务本身而言,主要有解释缺点、美化缺点、扩大缺点、反借缺点、袒露缺点、淡化缺点、改变用途等具体做法,如武汉人给外界的印象是嗓门大、性子急,但经过缺点解释,就转变为武汉人热情、豪迈、直爽等优点,目前已被很多深入了解和体验过武汉文化、民俗,以及市井生活等的人接受和理解,事实上武汉也正在积极打造更富有亲和力和情感性的旅游形象。美化缺点、扩大缺点就是把缺点当作优点并不断宣传造势,如交通不便就是原生态;时间观念差是促进深度旅游;摄入过量硒元素会导致脱甲的风险,但现在却成为旅游卖点等。其他做法不再赘述。

4. 移植模仿法

移植模仿法就是以某一领域已经成功的产品、事物、模式、项目为模板，进行本土化、个性化复制，模仿运用到当前的策划对象上。仿生学是移植模仿法典型的应用学科。

移植法又分为直接移植和间接移植两种。直接移植是学习过程，也是全面的抄袭过程；而间接移植不仅是学习过程，还包括创造过程，是策划者通过对事物相似性的发现，套用某一事物的规律的结果。

移植模仿本身也是一种创新策划，尽管从大的层面上看没有新颖性，但对于当前的策划人、策划地、策划对象、策划行业与市场，以及特定时空背景、应用场景而言，却是一种新的应用、新的体验、新的项目等。较为典型和成功的移植模仿如世界之窗、锦绣中华等主题公园。

如今摩天轮火遍全国，且不论谁模仿谁，各自结合城市文化和形象，进行独特创意才是成功的关键，如广州塔摩天轮是横向的，沿着倾斜的轨道运转，游客可以从各个角度观赏广州迷人夜景。天津之眼、北京梦幻之星、苏州水上摩天轮等纵向摩天轮，也各具特色。武汉东湖之眼也采用纵向设计，充满樱花元素和浪漫气息，整体装饰色调以粉色为主，与樱花园相呼应，旋转一周的时间是 13 分 14 秒，成为武汉城市旅游的标志建筑之一。

【项目 2】 请尝试运用营销策划的思维方法，选取武汉的任意一个景区，设计一款文创旅游产品。

第三节 旅游营销策划实施

一、旅游营销策划概述

（一）旅游营销策划的要点

靠自说自话的旅游营销时代已经远去，话题、渲染、渴望、口碑、分享、创意、感动成为基本要素。这既对旅游营销策划提出了挑战，也提供了无限的机遇和广阔的空间。总体而言，旅游营销策划的要点包括：全面把握营销发展趋势，准确进行市场定位，注重市场营销创意，灵活组合营销方式，及时跟踪社会热点，遵守旅游营销伦理。

1. 全面把握营销趋势

现代科技,特别是通信、网络、传媒等技术的飞速发展,不仅带来合作营销、心灵营销、精准营销等旅游营销表现形式的日益多元化;还出现了以数字化与移动化、智慧化与定制化、沉浸化与交互化为特征的"第五媒体",传播定向化、分众化、即时化和互动化,媒介和渠道融合化,大众媒体个人化等成为重要趋势。策划者面临的不仅是科技营销的巨大挑战,也面临着不得不准确把握的契机。市场营销观念及其趋势如图10.1所示。

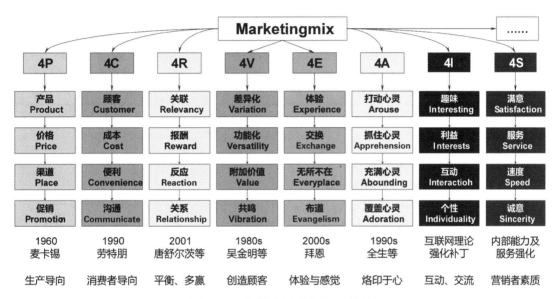

图 10.1　市场营销观念及其趋势

2. 准确进行市场定位

旅游营销实质上只能是目标市场营销,策划人员应在深刻把握STP战略的基础上进行创意和营销活动。策划者应关注"00后新生代""千禧爸妈""互联网土著""空巢青年""小镇青年""银发一族""隐形新中产""高净值人群""小众趣缘群体"等新崛起的主力消费群体,重视下沉市场。

3. 注重营销策划创意

旅游营销策划必须以新颖、独特、可行的创意为基础。策划人员应树立"创意也是生产力"的理念,利用创意来打造特色、塑造品牌、培养游客黏性。灵活运用各种表现载体与媒介、表现技巧与手法、表现时机与对象等方面突出创意,通过倡导新观念、引导新需求、宣传新产品、展现新形象、形成新社群等方式来突出创意成果。

4. 灵活组合营销方式

传统的旅游促销模式正在被多元化的营销模式所取代,仅靠一部电影、一句营销口号、一项大型活动等单一营销手段取胜市场的时代已经一去不复返,取而代之的是整合营销和多元化的营销。因此,旅游策划人员应结合策划对象的实际,灵活使用各种已有的营销方式,并通过组合变换推进营销方式的创新。

 5. 及时跟踪社会热点

及时跟踪社会热点,将旅游地与热会热点事件巧妙地联系在一起,是旅游营销的又一法宝。策划者应密切关注时事热点,特别是党和国家、省市县等层面重大的政策、会议精神、重大论述等,如二十大、生态文明、文化自信、美好生活、乡村振兴、夜间经济、文旅融合、红色文化等,甚至迪士尼霸王条款等负面热点。

 6. 遵守旅游营销伦理

旅游营销应立足旅游活动的精神文化属性,扼守道德底线,传播正能量,拒绝低俗创意。近年来,一些三俗策划引起巨大的负面影响,如"鬼子进村""当一天地主""土匪抢亲"等。

（二）旅游营销策划书

 1. 旅游营销策划书的内容

旅游营销策划书没有一成不变的格式,它依据所要策划的内容不同而在编制格式上也有变化。一般来说,旅游营销策划书的结构要与旅游营销策划的构成要素或内容保持一致。

旅游营销策划书的基本结构包括封面、前言、目录、策划摘要、策划背景、策划目标、环境分析、战略及行动方案、预期收益及风险评估、方案实施计划、结语、附录等。

(1)封面应包含以下内容:策划书名称、委托方、策划机构或策划人、完成日期、适用时间段等。

(2)前言是对策划内容的高度概括性表述,其内容一般包括:接受委托情况,策划背景、目的和意义,策划的概略介绍,以及致谢等。

(3)目录使旅游营销策划书的结构一目了然,可以方便查找旅游营销策划书的内容。

(4)策划摘要是对旅游营销策划书内容的概述或浓缩,便于理解策划内容、要点和结论。

(5)策划背景主要介绍策划的基本情况、目的,以及必要性、重要性、可行性和紧迫性。

(6)策划目标是在一定时间内要达到的标准和效果。策划目标一般须满足 SMART 原则,即目标或指标必须具体明确(Specific)、可衡量或量化(Measurable)、可实现及达成(Attainable)、相关(Relevant)和有时限(Time-bound)。

(7)环境分析是旅游营销策划书的出发点、依据和基础,通常用SWOT分析法,有时还可用PEST和波特五力分析模型等予以辅助。

(8)战略及行动方案是策划书最主要的部分,包括旅游营销战略目标、战略原则、旅游主题形象、市场STP策略、4Ps或7Ps策略、竞合战略等,并基于此推出各项具体行动方案。

(9)预期收益及风险评估。旅游营销策划书应细致评估资源及成本负担、投入产出效益、预期收益及其盈利周期、风险及其防范应对预案等。

(10)必须有明确的方案实施计划,包括组织及人员配备、权责分配、阶段目标及其时限、监督机制等,甘特图是较为常用的工具。

(11)结语是总结性文字,需要简洁提炼策划精髓。

(12)附录有注释、佐证、补充等功能,一些辅助性图表、推导演算过程、调研及数据采集处理、辅助性数据资料等也可列入附录。

2. 旅游营销策划书撰写的基本技巧

逻辑性、切实性、可操作性、创新性等是旅游营销策划书可信度和说服力的根本。

(1)为了提高策划案的逻辑性和系统性,通常采取套用特定理论框架,借用事物认知、推理和判断模型,合理参考和借鉴典型优秀策划案并依据自身条件积极创新等。当然,条件允许时,可聘请专业人士和机构进行指导、咨询。

(2)策划案的切实性指的是理论联系实际,包含两方面要求:一是拒绝空谈和教条,真正具有思想穿透力的理论必然反映实际,切中实际的需要;二是实际要联系理论,马克思提出的"光是思想力求成为现实是不够的,现实本身应当力求趋向思想"正说明了这个道理。因此,旅游营销策划必须树立问题意识,聚焦突出矛盾和问题,创造性开展工作;杜绝经验主义、事务主义、主观主义等。

(3)可操作性是策划案及其产品、服务的设计和功能,被其用户理解和使用的容易程度。可操作性强能让用户更高效地完成任务,减少错误和挫败感。首先,策划案要尊重用户习惯、期望和现实条件,即方案措施要换位思考、实事求是。其次,策划案要考虑各方的认知和学习负荷,即方案措施要简洁明了、具体详细。再次,策划案要有监督、反馈机制,即方案措施要部署具体、推进有序、分工明确、权责清晰。最后,策划案的主要变量要基于可观察,可测量、可操纵、可验证等操作特征和原则,即方案措施最好要提供一定的方法、工具、途径、模型的指导和重复验证的技巧等。

(4)策划要创新性。"创意"是策划的灵魂,没有创意的策划毫无意义。创意体现着策划者的鲜明个性,反映着策划者的独特风格。策划切忌平淡、平庸,要有特色,尤其要尽量避免模式化、形式化,使策划具有鲜活的特征。

(5)策划案要有效果和结果的预测。策划案要体现出超前意识和预测能力,能通过科学推理、论证,洞察未来实施效果和发展趋势,依据足以信赖的根据,提出且能清晰展示策划实施后所能期待的效益、效率、效应、效果、效能,包括各种资源投入量、产出比、盈利能力、回收周期,以及可获得的回报、吸引的外部资源、树立的品牌形象、产生的社会经济生态效益、可持续发展能力等。

(6)策划书要善于运用数字、数据和图表等直观说明问题。数据是保证策划书可靠性和说服力的前提和基础,但要注意所使用的数字都要有可靠的出处。图表有着强烈的直观效果,并且比较美观,有助于阅读者理解策划的内容,用其进行比较分析、概括归纳、辅助说明等非常有效。

二、旅游形象策划

(一)旅游形象策划概述

旅游营销形象是旅游消费者、社会公众对特定旅游区域或目的地、旅游企业的营销活动的总体印象和综合评价,是旅游目的地和旅游企业的地脉、文脉特色和营销理念、营销文化的高度浓缩和象征,包括旅游主题形象、品牌支撑形象、市场指引形象、产业发展形象、产业贡献形象等。

旅游决策受旅游地(包括旅游吸引物、活动、服务和管理等)感知形象的巨大影响。旅游产品无形性、不可转移性、不可储存性、生产与消费同步性、重复消费率较低的特征,决定了它更需要通过形象来向旅游者传达积极、实在的感受。

随着旅游业,尤其是文旅融合与数字化应用的迅猛发展,旅游竞争的内容、形式、领域、跨度等越来越复杂激烈,但旅游形象总是居于基础和核心环节,各旅游地对通过树立独特的旅游形象来识别本旅游地的位置、强化与其他竞争者的差异、吸引旅游消费的期望。这给旅游形象策划提出了很多新问题,为策划带来了新挑战。

(二)旅游形象策划要点

旅游形象策划是指策划主体基于旅游地资源、产品、质量、文化等特色和市场需求特征,找寻差异化优势,科学设计和刻画其个性、完善其文化、塑造其形象,进而提升其业绩和效益的过程,目的在于形成良好的市场口碑和独特的销售点。旅游形象策划是在调查研究的基础上进行创意构思和艺术创作的过程,创新思维和艺术修养是进行形象策划的必备条件。

根据旅游形象的形成机理,旅游形象策划的流程可以表述为:地脉与文脉分析→旅游者感知行为分析→旅游形象竞争性分析→提炼旅游形象的主脉络(理念)→明确旅游形象定位→拟定旅游形象表达口号→构建旅游形象塑造体系→设计旅游形象传播方式。

1.旅游形象策划基础

旅游形象策划必须基于三个重要基础:一是地域背景,策划者应充分挖掘和深入分析旅游地的地脉、文脉等背景,并提取代表性的本土精神元素;二是旅游者感知,策划者需要严谨调研,科学分析旅游地的人脉、情脉背景,尤其是目标市场对旅游地的感知形象和感知行为等,找准目标市场痛点和主要诉求;三是竞争者形象,策划者还应全面调查旅游地的商脉环境,尤其是竞争者形象,实施差别定位、错位发展。

2. 旅游形象定位策划

旅游形象定位要考虑主体个性、传达方式和受众认知等三个基本要素。遵循主题标志化、设计艺术化、功能多样化、活动参与化、定位动态化原则,灵活采取领先定位、比附定位、逆向定位、空隙定位、重新定位等策略,如表10.6所示。

表10.6 旅游形象定位的基本策略

名称	说明	举例
领先定位	适用于独一无二或无法替代的旅游资源	万里长江第一桥——武汉长江大桥 亘古无双胜境,天下第一仙山——武当山
比附定位	攀龙附凤,挤进高级俱乐部	水与浪漫,新天下之中——湖北 全国五大道教名山之一——九宫山
逆向定位	突破常规,以相反或侧面内容和形式,来塑造新的易于接受的形象	地球上最美丽的伤痕——云龙地缝 人间四月天,麻城看杜鹃——麻城
空隙定位	树立一个与众不同、填补市场空白的形象	华东最后一片原始森林——天堂寨 养生山水,长寿钟祥——钟祥
重新定位	对原有旅游区域的形象重新塑造	襄阳:从"诸葛躬耕地,传奇襄阳城""千古帝乡,智慧襄阳"到"襄阳好风日" 荆州:从"楚国故都、三国名城"到"楚国古都、三国荆州" 神农架:从"神秘神奇神农架"到"世界那么大,我想去神农架"

(三) 旅游形象表达方式

旅游形象定位往往借助口号加以表达。旅游形象口号的提炼应遵循内容源自文脉、表达针对游客、语言紧扣时代、形式借鉴广告的基本原则,可以从以下角度来考虑:表现旅游地的优势特征,突出旅游地的文化内涵,强调旅游内容的多样性,显示旅游地的神秘色彩,重视旅游地与旅游者之间的联系,具有时代感、独创性和深刻的寓意。根据李向明的总结,旅游地形象口号创意设计的模式主要包括七种:① 资源主导型,如"大江大湖大武汉,美山美水美黄陂";② 借船出海型,如"人间仙桃,梦里水乡";③ 利益许诺型,如"随心随愿随州城";④ 利益诱导型,如"问道武当山,养生太极湖""香城泉都,温馨咸宁";⑤ 历史典故型,如"诸葛躬耕地,传奇襄阳城";⑥古今对接型,如"屈原昭君故里,世界水电名城";⑦意味深长型,如"十堰,一个人人称道的地方"等。

(四)旅游形象塑造体系

旅游形象塑造可以分为理念识别系统(MI)策划、视觉识别系统(VI)策划、行为识别系统(BI)策划。理念识别是旅游企业或组织的个性化思想或观念,主要体现在组织使命、经营理念、价值取向等方面,是旅游形象系统的灵魂。视觉识别是建立在视觉传播理论、视觉传达设计和视觉传播媒体控制管理基础上的一项系统的、科学而又复杂的传播工程。发展视觉传播媒体,开发符号化、标志化的视觉设计系统,是传达精神理念、建立知名度和塑造形象的最有效的方法。行为识别主要表现为三个方面:对内的员工管理行为、面对旅游者的活动参与和旅游服务行为、对外的社会公共关系行为。旅游形象的支撑体系见表10.7。

表10.7 旅游形象的支撑体系

名称	基本内涵
理念识别	使命、精神、价值观和目标,回答"我们是谁""我们为什么而生存""我们要做什么""我们将怎么做",如华住 初心:一群志同道合的朋友,一起快乐地成就一番伟大的事业; 使命:成就美好生活; 价值观:价值创造、平等共生、奋斗为本; 企业哲学:求真、至善、尽美; 愿景:成为世界级的伟大企业
视觉识别	视觉符号系统,基本要素包括名称、标志、标准字、标准色彩、象征图案、标语口号、吉祥物、专用字体,如武汉动物园多种明星动物形象的组合标识
行为识别	是理念系统的具体化,涉及从业人员的服务意识、服务技巧、服务态度和服务行为等,工商、行政、市场、治安等相关部门的支持保障程度,社区居民的文明友善、热情好客程度等,如淄博烧烤成功的关键就是全体淄博人民的真诚、友善

(五)旅游形象传播方式

旅游形象传播的途径主要包括形象广告、公关宣传、节庆活动、网络等,基本工具有电视、电影、广播、报纸、杂志、书籍、宣传册、信件、网络、推介会等。其实,旅游形象传播的途径与工具十分广泛,只要用心策划,几乎任何时间、地点、人物和事件都可以成为传播的媒体,如城市地标、街区、景点、公共交通工具、夜景、餐饮、服饰、非遗、吉祥物、旅游商品和纪念品、相声曲艺、名人名企等。经过巧妙策划的旅游形象传播活动,能够以较低的成本在较短的时间内取得轰动效应,达到一举多得的效果。例如,作为武汉表演艺术及悠久历史文化的旅游胜地之一,月湖公园凤鸟浮雕、屈原壁雕及文化铺装,成为景区文化展现的点睛之笔。同样作为标志性景观,东湖楚城门、楚市街、楚天台、祝融观星台等建筑及其楚凤标、凤壁画,也彰显着楚文化的独特魅力。

三、旅游品牌策划

(一)旅游品牌策划概述

旅游品牌能给旅游消费者带来独特的消费体验和精神享受,给旅游地创造巨大的社会、经济、环境等效益和附加价值,成为区域旅游特质和吸引力、旅游经营水平和效益,以及旅游业综合竞争力的综合体现和重要标志。因此,旅游品牌的营销推广逐渐成为区域旅游发展的最重要组分之一。

除名称、形态、色彩、声音、动作、标记、符号、图案等要素及其组合外,旅游品牌还包括质量、服务、管理、文化、广告、形象等要素,是相互依存的各个要素合力集成的价值系统。一般认为,优异的质量是品牌的根基,完善的服务是品牌的支撑,良好的形象是品牌的脸面,深厚的文化是品牌的依托,科学的管理是品牌的重心,公关与广告是品牌的左膀右臂。对旅游者来说,品牌是利益的承诺,是价值的载体。

(二)旅游品牌策划要点

旅游品牌建设需要经过品牌定位、品牌设计、品牌塑造、品牌保护、品牌监控等阶段,是一个系统和科学的管理过程,也是一个长期而深入的工作。

1. 理解优秀旅游品牌的特征

优秀旅游品牌的主要特征有:① 突出的识别度,能占据和垄断大众心智资源,例如,只要一提起主题公园,就让人想起欢乐谷和华侨城;② 行业中先知先觉的领导者,例如,一提起连锁酒店,就让人想起锦江、华住等品牌;③ 有鲜活的个性和态度,品牌与消费者交往总是能形象饱满而稳定,情感丰富而细腻;④ 有时间韧性,品牌塑造越历久弥坚,越难以被时代遗忘;⑤ 富有历史、文化和传统,总能给人带来积极向上的美好暗示和消费体验,以及精神、文化追求;⑥ 丰富而深刻的情感报偿,能挖掘情感深处的记忆和共鸣;⑦ 注重细节,富有亲和力,贴近消费者。

2. 认识旅游品牌建设的现状

21 世纪以来,尽管我国旅游业品牌建设与管理取得了巨大的进步和成就,但依然存在一些不可忽视的问题。刘汉清曾列举当前中国旅游品牌建设的主要缺陷:认识模糊不清,策划创意不够,定位难接地气,形象单调呆板,营销手段单一,盲目跟风模仿,延伸信马由缰,建设规划不足等。此外,谭小芳曾指出景区品牌推广中的十大"埋伏":邯郸学步、鼠目寸光、任人摆布、纸上谈兵、守株待兔、随波逐流、怨天尤人、弱不禁风、墨守成规、受制于人。时至今天,这些现象还不同程度地存在,应引起旅游策划人员的重视。

3. 借鉴一般品牌策划的艺术

邵春先生提出了品牌策划的36计(见表10.8),可供旅游策划人员进行旅游品牌策划时参考。品牌管理7F模型则提醒旅游策划人员在综合调查、市场定位、品牌规划、品牌审定之后,要注重品牌的后期管理,在品牌推广、品牌监控和品牌提升三个环节下足功夫。

表 10.8 旅游品牌策划36计

名称	具体内容
开金计	上兵伐谋、逆流而上、灵感追踪、借势造势、速度为王、抢占高地
补桶计	自垒门槛、更新理念、厚积薄发、增长补短、剔凿缺点、不与人争
提水计	宏观采气、微观求义、虚不恋战、借名扬名、移穗接砟、搭车远行
救火计	化腐朽为神奇、点沙土为黄金、变失误为财富、置之死地而后生、退市中捕捉商机、烫山芋变成香饽饽
埋头计	逆向思维解读失败、个性之中寻特性、捅破一层窗户纸、捻根绳子拴顾客、搞策划应抱大西瓜、三根筋拧成一股绳
多思计	自勉——保持青蛙反应、激励——不忘马氏理论、管理——用活二八定律、促销——用好环比分式、牢记——成本放大法则、调查——评估品牌价值

4. 掌握塑造旅游品牌的基本方法

闫文斌提出了打造旅游品牌的七种方法,包括塑造服务品牌、科学管理全面创新、稳定的服务质量、营建品牌客户关系、积极进行广告宣传、加强品牌注册工作、把握品牌的文化底蕴。这是针对旅行社提出的,但对其他旅游企业旅游品牌的塑造具有借鉴意义。谭小芳提出了旅游品牌快速成长的九条秘诀(亦即旅游品牌速成的九大步骤),对于旅游品牌策划具有一定的参考价值,分别是:确立先进的品牌理念、实施科学的品牌调研、制定精准的品牌规划、创作独特的品牌标志、掌控四维的品牌传播、推进共享的品牌营销、施行感人的品牌维护、实施定期的品牌检视、进行及时的品牌修正。

5. 构筑旅游品牌支撑体系

旅游品牌支撑体系是指导旅游品牌建设的基本框架和评价旅游品牌建设水平的基本依据。旅游品牌的成功塑造和维护,高度依赖其完善的品牌支撑体系。从宏观层面看:一是要厘清旅游品牌类型,按照旅游目的地品牌、旅游企业品牌、旅游产品品牌和旅游服务品牌等类型,分级分类,各司其职,重点突破;二是要构建品牌评价指标体系,围绕质量、市场、效益、创新和管理等要素建立指标体系,突出类型差异、体现培育引导;三是要明确评价方法和路径,按照类型制定评价细则、设置指标权重,分类开展品牌评价工作;四是要实施旅游品牌战略,以品牌评价为抓手,创品牌、树品牌、强品牌,发挥品牌价值效应与引领作用。

从旅游城市品牌支撑体系建设的微观角度看:一是保护、创新和发掘城市旅游资源特色,基于城市文化内涵塑造品牌个性和形象;二是协调和优化城市旅游产品的类型与服务、需求与定位、地域与文化等结构;三是创新城市旅游产品的开发方法、组合方式、品牌联结等;四是完善和优化旅游接待和服务体系,强化接待服务的人性化、地方化,重点突出、适度超前;五是不断优化旅游市场监管机制和效能,充分发挥政府部门、行业协会、旅游企业、社区公众的规范、联动、协调、自律等作用;六是围绕旅游城市品牌个性和形象,强化文明城市建设和引导;七是健全旅游城市品牌营销和传播系统;八是强化品牌宏观管理,建立健全城市旅游品牌定位、识别、传播、维护、保护机制。

6. 注重品牌延伸和复制输出

成功的旅游品牌可以适时考虑将品牌要素完全或部分地向新产品延伸,以及跨行业、跨区域输出。实施品牌延伸和复制输出时,要避免陷入品牌稀释、定位偏离等陷阱:一是要紧抓品牌核心精神价值,依据企业核心竞争力有规划地延伸;二是要注意旅游消费动机的分类管理,根据新老产品的关联性和差异性适当延伸;三是要集中优势资源,围绕一个优势产品,开发整合外围产品和供应链条,形成整体产品和品牌生态链;四是紧盯竞争者品牌及其延伸策略,市场竞争越激烈,越要攥紧拳头,塑造品牌个性;五是把握技术更新、产品换代等市场空隙和机遇。

【项目3】 请运用旅游形象策划的思想,尝试提出一个有关湖北旅游的主题形象口号,并说明理由。

◇ 本章小结

第一,策划就是出谋划策,是指对未来将要发生的事情和从事的活动进行提前谋划、设计和决策的行为过程。市场营销策划是指企业为达既定目标,从新的营销视角、观念、思维出发,运用系统、科学的方法,分析企业生存和发展环境,寻找企业与目标市场的利益共性,重新组合和优化配置企业资源,对市场营销活动进行分析、判断、推理、预测、构思、设计和制定营销方案的行为和过程。

第二,旅游营销策划的特点:目标性、程序性、理论性、系统性、调适性、创造性,此外,旅游营销策划还具有谋略性、体验性、艺术性、操作性等显著特征。

第三,旅游营销策划的作用:强化旅游营销目标、增强旅游营销针对性、提升旅游产品和服务价值、提高旅游营销计划性、降低旅游营销费用等。

第四,旅游营销策划的基本要素:营销现状分析、营销环境分析、营销目标制定、营销策略设计、营销策划资料利用、营销策划执行。

第五,旅游营销策划的基本程序:明确任务,拟定策划计划;界定问题,确定策划主题;收集信息,打好策划基础;形成创意,确定策划方案;做好预算,确保策划落地;反馈控制,完善策划方案。

第六,旅游营销策划的基本原则:战略性原则、"三本"原则、竞争性原则、实用性原则、经济性原则。

第七,联想思维法是指人脑记忆表象系统中,某种诱因导致不同表象之间发生联系的一种没有固定思维方向的自由思维活动。联想思维的形式有:接近联想、类比联想、对比联想、相似联想、因果联想。

第八,发散思维法又称辐射思维法,就是从一个目标或思维起点出发,沿着不同方向,顺应各个角度,提出各种设想,寻找各种途径,解决具体问题的思维方法。发散思考法通常以材料、功能、结构、形态、组合、方法、因果、关系等8个方面为"发散点",进行具有集中性的多端、灵活、新颖的发散思考。该方法适用于旅游策划过程中带有不确定性、风险型问题的策划分析。

第九,逆向思维法即从现有事实或传统理论的对立面出发,用从一种事物想到相对的事物,从一种条件想到相反的条件,从结果想到原因的思维方法探求新事物、新理论的一种策划方法,亦称反面求索策划法。逆向策划法的主要形式有:反转型逆向策划,转换型逆向策划,缺点逆向策划。

第十,侧向思维又称"旁通思维",以总体模式和问题要素之间关系为重点,使用非逻辑的方法,设法发现问题要素之间新的结合模式,并以此为基础寻找问题的各种解决办法,特别是新办法。侧向思维的应用形式有:侧向移入、侧向移出、侧向转换。

第十一,旅游营销策划的技巧:地利之势,是指组织本身环境形势的发展变化,就是通常所说的氛围、环境、趋势等,常见的"用势"方式有借势、顺势、转势、造势等;天时之时,就是时机、时间、机会和机遇等,是对谋略所处时间的筹划,即"进退之机";人和之术,是营销谋略所采用的招数,即计谋、策略、手段、方法和技巧等,常用的旅游营销策划之术有出奇制胜、合理定位、以人为本、文化为魂等。

第十二,旅游营销策划的常用方法:头脑风暴法、纲举目张法、优势强化法、移植模仿法等。

第十三,旅游营销策划的要点:全面把握营销趋势,准确进行市场定位,注重营销策划创意,灵活组合营销方式,及时跟踪社会热点,遵守旅游营销伦理等。

第十四,旅游营销策划书的基本结构包括封面、前言、目录、策划摘要、策划背景、策划目标、环境分析、战略及行动方案、预期收益及风险评估、方案实施计划、结语、附录等。

第十五,根据旅游形象的形成机理,旅游形象策划的流程可以表述为:地脉与文脉分析→旅游者感知行为分析→旅游形象竞争性分析→提炼旅游形象的主脉络(理念)→明确旅游形象定位→拟定旅游形象表达口号→构建旅游形象塑造体系→设计旅游形象传播方式。

◇ **本章思考题**

1. 简述策划的概念和中国古代策划的主要层面。
2. 简述旅游营销策划的特点和作用。
3. 简述旅游营销策划的基本要素。
4. 简述旅游营销策划方案设计通常包括的六个部分。
5. 举例说明联想思维的主要形式。
6. 简述发散思维法的八个发散点。
7. 简述逆向策划思维的主要形式。
8. 简述形象思维法的常见形式。
9. 简述借势的几种典型形式。
10. 简述可发挥优势的主要类型。
11. 简述旅游形象策划的概念。

参 考 文 献

[1] B. W. 里切,P. 伯恩斯,C. 帕尔默. 旅游研究方法:管理研究与社会研究的结合[M]. 吴必虎,于海波,译. 天津:南开大学出版社,2008.

[2] IMS(天下秀)新媒体商业集团. 新媒体平台运营与管理[M]. 北京:清华大学出版社,2022.

[3] IMS(天下秀)新媒体商业集团. 新媒体数据分析与诊断[M]. 北京:清华大学出版社,2022.

[4] IMS(天下秀)新媒体商业集团. 新媒体营销学[M]. 北京:清华大学出版社,2022.

[5] 艾德里安·帕尔默. 服务营销原理[M]. 刘安国,谢献芬,译. 北京:世界图书出版公司北京公司,2012.

[6] 安贺新,张宏彦. 服务营销[M]. 北京:清华大学出版社,2015.

[7] 安贺新. 旅游市场营销学[M]. 北京:清华大学出版社,2011.

[8] 鲍富元. 旅游市场营销学[M]. 北京:机械工业出版社,2015.

[9] 曹兴平. 旅游市场营销[M]. 成都:西南财经大学出版社,2021.

[10] 陈国柱. 旅游市场营销学[M]. 天津:天津大学出版社,2010.

[11] 程栋,朱生东. 当代旅游学规划教程:旅游市场营销[M]. 合肥:合肥工业大学出版社,2005.

[12] 戴鑫. 新媒体营销:网络营销新视角[M]. 北京:机械工业出版社,2017.

[13] 杜靖川. 旅游市场营销学[M]. 昆明:云南大学出版社,2002.

[14] 杜文才,常颖. 旅游电子商务[M]. 北京:清华大学出版社,2015.

[15] 范秀成. 服务营销学[M]. 北京:首都经济贸易大学出版社,2018.

[16] 菲利普·科特勒,约翰·T.鲍文,詹姆斯·C.麦肯斯. 旅游市场营销[M]. 谢彦君,译. 4版. 大连:东北财经大学出版社,2006.

[17] 菲利普·科特勒,约翰·T.鲍文,詹姆斯·C.麦肯斯. 旅游市场营销[M]. 谢彦君,译. 北京:清华大学出版社,2017.

[18] 傅建祥. 旅游策划实录[M]. 北京:中国旅游出版社,2010.

[19] 龚铂洋. 左手微博右手微信2.0:新媒体营销的正确姿势[M]. 北京:电子工业出版社,2017.

[20] 苟自钧. 旅游市场营销学[M]. 郑州:郑州大学出版社,2006.

[21] 谷慧敏. 旅游市场营销[M]. 北京:旅游教育出版社,2003.

[22] 郭义祥,李寒佳. 新媒体营销[M]. 北京:北京理工大学出版社,2022.
[23] 郭英之. 旅游市场营销[M]. 大连:东北财经大学出版社,2006.
[24] 韩枫,黄永强. 旅游市场营销[M]. 北京:电子工业出版社,2008.
[25] 胡海胜. 旅游市场营销教程[M]. 北京:中国旅游出版社,2018.
[26] 胡玲. 新媒体营销与管理:理论与案例[M]. 北京:清华大学出版社,2020.
[27] 胡亚光,胡建华. 旅游市场营销学[M]. 北京:旅游教育出版社,2015.
[28] 胡自华,曹洪. 旅游市场营销[M]. 武汉:武汉大学出版社,2009.
[29] 黄浏英. 旅游市场营销[M]. 北京:旅游教育出版社,2007.
[30] 江金波,舒伯阳,黄伟钊等. 旅游策划原理与实务[M]. 重庆:重庆大学出版社,2018.
[31] 姜超雁,宋彬. 旅游市场营销[M]. 上海:上海浦江教育出版社,2021.
[32] 克里斯·库珀. 旅游研究经典评论[M]. 钟林生,谢婷,译. 天津:南开大学出版社,2006.
[33] 克里斯托弗·霍洛韦. 旅游营销学[M]. 修月祯,译. 北京:旅游教育出版社,2006.
[34] 莱斯·拉姆斯顿. 旅游市场营销[M]. 大连:东北财经大学出版社,2004.
[35] 李克芳,聂元昆. 服务营销学[M]. 北京:机械工业出版社,2020.
[36] 李天元. 旅游市场营销纲要[M]. 北京:中国旅游出版社,2009.
[37] 李巍. 服务营销管理:聚焦服务价值[M]. 北京:机械工业出版社,2019.
[38] 李昕. 全能运营:新媒体营销和运营实战手册[M]. 北京:清华大学出版社,2019.
[39] 李玥,杨仲基,胡艳玲. 新媒体营销[M]. 北京:清华大学出版社,2022.
[40] 李增绪,慕晓涛. 新媒体营销综合案例教程[M]. 天津:天津大学出版社,2022.
[41] 梁文光. 服务营销学[M]. 广州:华南理工大学出版社,2015.
[42] 林巧,王元浩. 旅游市场营销:理论与中国新实践[M]. 杭州:浙江大学出版社,2018.
[43] 林巧,王元浩. 旅游市场营销原理与实践[M]. 杭州:浙江大学出版社,2010.
[44] 林绍贵. 旅游市场营销实务[M]. 西安:西北工业大学出版社,2010.
[45] 林颖. 电子商务实战基础:新媒体营销实战[M]. 北京:北京理工大学出版社有限责任公司,2019.
[46] 刘德光. 旅游市场营销学[M]. 北京:旅游教育出版社,2002.
[47] 刘亚男,胡令. 新媒体营销:营销方法+平台工具+数据分析[M]. 北京:人民邮电出版社,2021.
[48] 娄宇,周立. 新媒体营销101招:内容运营+引流技巧+营销推广[M]. 北京:化学工业出版社,2022.
[49] 卢良志,吴江. 旅游策划学[M]. 北京:旅游教育出版社,2009.
[50] 卢云亭. 旅游研究与策划[M]. 北京:中国旅游出版社,2006.
[51] 陆均良,沈华玉,朱照君. 旅游电子商务[M]. 北京:清华大学出版社,2011.
[52] 陆均良,沈华玉,朱照君. 旅游电子商务[M]. 北京:清华大学出版社,2021.
[53] 罗明义. 旅游经济分析:理论·方法·案例[M]. 昆明:云南大学出版社,2001.
[54] 马勇,毕斗斗. 旅游市场营销[M]. 汕头:汕头大学出版社,2003.
[55] 马勇,刘名俭. 旅游市场营销管理[M]. 大连:东北财经大学出版社,2002.

[56] 马勇,王春雷. 旅游市场营销管理[M]. 广州:广东旅游出版社出版发行,2002.

[57] 马勇. 旅游市场营销学[M]. 北京:科学出版社,2006.

[58] 牟绍波,韩勇. 旅游电子商务[M]. 成都:西南交通大学出版社,2011.

[59] 欧海鹰. 旅游电子商务企业案例分析[M]. 北京:旅游教育出版社,2015.

[60] 秦志强. 新媒体营销与运营实战笔记:精准引流与快速变现[M]. 北京:人民邮电出版社,2020.

[61] 秋叶,刘勇. 新媒体营销概论[M]. 北京:人民邮电出版社,2017.

[62] 曲亚琳,娄本宁. 新媒体营销策略与实战[M]. 长春:吉林科学技术出版社,2022.

[63] 饶勇. 旅游企业隐性知识创新与共享的激励机制研究[M]. 北京:旅游教育出版社,2012.

[64] 任昕竺. 旅游市场营销与管理[M]. 北京:人民邮电出版社,2006.

[65] 沈刚,雪飞. 旅游策划实务[M]. 北京:清华大学出版社,2008.

[66] 沈祖祥,张帆. 旅游策划学[M]. 福州:福建人民出版社,2000.

[67] 师守祥,耿庆汇,尹改双. 旅游项目管理[M]. 天津:南开大学出版社,2013.

[68] 舒伯阳. 旅游市场营销[M]. 北京:清华大学出版社,2009.

[69] 舒伯阳. 旅游市场营销案例实训[M]. 北京:清华大学出版社,2015.

[70] 舒晶. 旅游市场营销[M]. 上海:上海交通大学出版社,2007.

[71] 宋国琴. 旅游市场营销学[M]. 杭州:浙江大学出版社,2016.

[72] 苏朝晖. 服务营销管理:服务业经营的关键[M]. 北京:清华大学出版社,2012.

[73] 孙庆群,王铁. 旅游市场营销学[M]. 北京:化学工业出版社,2005.

[74] 孙在福. 新媒体营销[M]. 北京:电子工业出版社,2021.

[75] 王晨光. 旅游营销管理[M]. 北京:经济科学出版社,2004.

[76] 王成慧,陶虎. 旅游营销学[M]. 北京:高等教育出版社,2006.

[77] 王德静,贺湘辉. 旅游营销学[M]. 北京:清华大学出版社,2009.

[78] 王锦. 旅游市场营销学[M]. 郑州:郑州大学出版社,2002.

[79] 王珏,黎莉,霍妍如. 旅游市场营销[M]. 北京:电子工业出版社,2015.

[80] 王凌洪,张定方. 新媒体营销[M]. 北京:中国商业出版社,2020.

[81] 王琴,方明. 旅游市场营销实务[M]. 北京:对外经济贸易大学出版社,2015.

[82] 王衍用,曹诗图. 旅游策划理论与实务[M]. 北京:中国林业出版社,2008.

[83] 王跃梅,高海霞,陈颖. 服务营销[M]. 杭州:浙江大学出版社,2016.

[84] 王仲君. 旅游市场营销实用教程[M]. 天津:南开大学出版社,2010.

[85] 韦福祥. 服务营销[M]. 北京:人民邮电出版社,2014.

[86] 韦福祥. 服务营销[M]. 北京:中国人民大学出版社,2016.

[87] 维克多·密德尔敦. 旅游营销学[M]. 向萍,等译. 北京:中国旅游出版社,2001.

[88] 魏成元. 旅游市场营销[M]. 北京:中国旅游出版社,2007.

[89] 魏正兴,闫红霞. 旅游市场营销学[M]. 北京:电子工业出版社,2017.

[90] 吴必虎. 旅游研究与旅游发展[M]. 天津:南开大学出版社,2009.

[91] 吴金林,黄继元. 旅游市场营销[M]. 重庆:重庆大学出版社,2002.

[92] 吴应良,左文明. 旅游电子商务[M]. 广州:华南理工大学出版社,2012.

[93] 伍飞,苏耀荣. 旅游营销中国[M]. 北京:新华出版社,2009.

[94] 武彬,龚玉和. 旅游策划文化创意:河山·因我们的到来而改变[M]. 北京:中国经济出版社,2007.

[95] 奚骏,崔久玉. 旅游电子商务[M]. 北京:北京理工大学出版社,2011.

[96] 肖升. 旅游市场营销[M]. 北京:旅游教育出版社,2010.

[97] 谢春昌. 服务营销组合标准化对服务忠诚的影响研究[M]. 成都:西南财经大学出版社,2013.

[98] 谢彦君,梁春媚. 旅游营销学[M]. 北京:中国旅游出版社,2008.

[99] 熊凯,刘泉宏. 服务营销[M]. 北京:北京大学出版社,2013.

[100] 熊元斌. 旅游营销策划理论与实务[M]. 武汉:武汉大学出版社,2005.

[101] 徐岚. 服务营销[M]. 北京:北京大学出版社,2018.

[102] 许春晓,胡婷. 旅游研究方法[M]. 武汉:华中科技大学出版社,2018.

[103] 杨不悔,李广顺,梦芝. 爆款文案策划:新媒体营销宝典[M]. 北京:化学工业出版社,2021.

[104] 杨益新. 旅游市场营销学[M]. 北京:清华大学出版社,2008.

[105] 杨振之,周坤. 旅游策划理论与实务[M]. 武汉:华中科技大学出版社,2019.

[106] 杨振之. 旅游项目策划[M]. 北京:清华大学出版社,2007.

[107] 杨志熙. 旅游市场营销学[M]. 武汉:华中师范大学出版社,2006.

[108] 叶万春,叶敏,王红,等. 服务营销学[M]. 北京:高等教育出版社,2020.

[109] 余扬. 旅游电子商务[M]. 北京:旅游教育出版社,2010.

[110] 俞锋. 旅游市场营销学[M]. 北京:中国商业出版社,2002.

[111] 俞慧君. 旅游市场营销[M]. 天津:南开大学出版社,2005.

[112] 袁平. 旅游市场营销[M]. 郑州:郑州大学出版社,2006.

[113] 泽丝曼尔,比特纳,格兰姆勒. 服务营销[M]. 张金成,白长虹,杜建刚,等译. 北京:机械工业出版社,2015.

[114] 詹宁斯. 旅游研究方法[M]. 谢彦君,陈丽,译. 北京:旅游教育出版社,2007.

[115] 张超广,王中雨. 旅游市场营销[M]. 北京:机械工业出版社,2013.

[116] 张睿. 旅游电子商务:理论与实践[M]. 武汉:华中科技大学出版社,2022.

[117] 张圣亮. 服务营销与管理[M]. 北京:人民邮电出版社,2015.

[118] 张婷. 旅游市场营销[M]. 广州:华南理工大学出版社,2008.

[119] 张文锋,黄露. 新媒体营销实务[M]. 北京:清华大学出版社,2018.

[120] 章海荣. 旅游业服务营销[M]. 昆明:云南大学出版社,2001.

[121] 赵西萍. 旅游市场营销[M]. 天津:南开大学出版社,2003.

[122] 赵西萍. 旅游市场营销学:原理·方法·案例[M]. 北京:科学出版社,2006.

[123] 赵西萍. 旅游市场营销学[M]. 北京:高等教育出版社,2011.

[124] 赵毅,叶红. 新编旅游市场营销学[M]. 北京:清华大学出版社,2006.

[125] 郑红,贾然,周敏. 智慧交通理论与实务[M]. 北京:旅游教育出版社,2021.

[126] 郑锐洪.服务营销:理论、方法与案例[M].北京:机械工业出版社,2019.
[127] 周帆,刘三明.旅游营销方案与公文实战范本[M].长沙:湖南科学技术出版社,2006.
[128] 周宗庆.旅游电子商务[M].北京:高等教育出版社,2005.
[129] 邹统钎,高舜礼.探险旅游发展与管理[M].北京:旅游教育出版社,2010.
[130] 左莉.服务营销管理:服务价值视角[M].北京:清华大学出版社,2021.

与本书配套的二维码资源使用说明

本书部分课程及与纸质教材配套数字资源以二维码链接的形式呈现。利用手机微信扫码成功后提示微信登录,授权后进入注册页面,填写注册信息。按照提示输入手机号码,点击获取手机验证码,稍等片刻收到4位数的验证码短信,在提示位置输入验证码成功,再设置密码,选择相应专业,点击"立即注册",注册成功。(若手机已经注册,则在"注册"页面底部选择"已有账号? 立即注册",进入"账号绑定"页面,直接输入手机号和密码登录。)接着提示输入学习码,需刮开教材封面防伪涂层,输入13位学习码(正版图书拥有的一次性使用学习码),输入正确后提示绑定成功,即可查看二维码数字资源。手机第一次登录查看资源成功以后,再次使用二维码资源时,只需在微信端扫码即可登录进入查看。